Jean MALNOURY

Au lieu des vacances...

LA GUERRE

Parcours d'un jeune étudiant messin
dans l'Armée allemande,
tout au long de la guerre de 14-18

Editions Serpenoise

© 2008, Éditions Serpenoise, BP 70090 - 57004 Metz Cedex 1
ISBN 978-2-87692-773-5

Sommaire

Avant-Propos

Le plus vieux souvenir que j'ai de mon père remonte à la « drôle de guerre » de 1939-1940. J'avais alors 7 ans.

Je me souviens d'un homme d'âge mur et de grande taille, doté d'une petite moustache à la Charlie Chaplin, vêtu d'une tenue militaire défraîchie de Réserviste (bleu horizon, bandes molletières, béret basque) qui m'emmène gentiment avec lui prendre livraison d'une énorme miche de pain frais à la boulangerie militaire des casernes situées au bas de la butte Metz-Bellecroix.

Les jours suivants, la ville est bombardée par les Allemands. Une bombe détruit une maison située à 50 mètres de la nôtre à Queuleu, tout en bas de la rue Chabert. Pour des raisons de sécurité, ma famille se réfugie alors à Jallaucourt près de Delme jusqu'à l'arrivée des troupes allemandes en juin 1940. Pendant ce temps-là, mon père reste pour son emploi à Metz et ne nous rejoint, je crois, qu'un dimanche sur deux. C'est peu ! Trop peu pour le petit garçon que je suis.

Pendant les quatre années d'occupation allemande ensuite, nos chemins ne se croisent, hélas encore une fois, que les soirs assez tard et les week-ends. Les autres jours, quand je me lève pour aller à la Volksschule (communale) ou plus tard au Gymnasium Saint Vincent, il est déjà parti en tramway à son lieu de travail près de la brasserie Amos à Montigny et il ne rentre qu'assez tard dans la soirée.

Un beau jour de février 1944, il ne se sent pas bien au travail et, fait exceptionnel pour lui, rentre vers 10 heures du matin chez nous, rue des Trois Evêchés, et s'alite. Une heure plus tard, en venant lui demander s'il va mieux, ma mère le retrouve mort dans son lit : crise cardiaque. A 12 ans, je n'avais pas vraiment connu mon père.

La vie familiale a repris ensuite sans lui. Mes sœurs, mon frère et moi gardions de lui le souvenir d'un père affectueux, nous témoignant toujours beaucoup d'amour et de tendresse. Mais aussi hélas, celui d'un père assez mystérieux. Au fil des ans, j'ai ressenti inconsciemment que quelque chose de grave avait dû se passer au cours de sa vie et que ma mère en souffrait. Pour ne pas la chagriner, je n'ai jamais cherché à en savoir plus, ma famille (5 enfants), mon travail et le sport m'occupaient pleinement.

Ma mère est morte à 90 ans en 1989. Deux années plus tard, je prenais ma retraite. J'avais désormais la liberté et le temps de me mettre à la recherche du passé de mon père. En consultant les archives municipales et départementales de Metz, je découvris alors le secret de sa vie : revenu vivant, mais handicapé et très éprouvé, de quatre longues et très douloureuses années de guerre où il avait très souvent côtoyé la mort, il avait voulu par la suite mener la grande vie. Se laissant entraîner dans un tourbillon de folies, il avait dû recommencer toute sa vie d'adulte à zéro. Je comprenais maintenant le silence de ma mère.

Mais je ressentais en même temps un véritable besoin de découvrir mon père beaucoup plus à fond. Je me renseignais tout d'abord auprès de mes proches, de mes deux sœurs aînées surtout, qui l'avaient connu plus longtemps que moi. Mais cela ne suffisait pas.

En 1993, au cours d'un repas de famille, j'apprends par hasard et avec grand plaisir que mon frère cadet a hérité du livret militaire de mon père, livret dont j'ignorais totalement l'existence. A la lecture très précise de ce document, je découvre à la fois son parcours scolaire, mais surtout son parcours militaire dans les troupes bavaroises de l'armée allemande (Metz étant annexée à l'époque à l'Empire Germanique). Pour étoffer mes recherches, je me rends en Allemagne, aux Archives Militaires de Munich. J'ai de la chance d'y être reçu par un Directeur très sympathique et très coopératif, qui s'intéresse à mes recherches et me donne une multitude de documents concernant « l'Infanterist Leo MALNOURY » : états signalétiques et des services, livres de marche de régiments, revues historiques, états des blessures et des hospitalisations, citations et médailles…

Je peux maintenant retracer fidèlement le parcours de mon père pendant les quatre années de guerre. Pour mieux le connaître encore, je vais visiter des champs de bataille, aux endroits mêmes où il s'est battu : Flandres belges, Lorraine, Chemin des Dames, Verdun, Marne, Argonne, diverses villes de séjour ou de passage, casernes… Je fréquente des bouquinistes lorrains et allemands et même anglais (à Ypres). Partout je prends des notes. Je rassemble les nombreux documents obtenus. Je les classe, les résume et rédige un papier sur chacun d'eux. Je les rassemble ensuite dans l'ordre chronologique (toutes les dates et lieux cités sont absolument exacts). Après quinze années de recherches, assez générales au début, puis de plus en plus pointues, je me retrouve finalement avec un manuscrit d'au moins deux cents pages. Je les fais circuler dans la famille. « Mais Papa » me disent mes enfants, « c'est presque un livre ».

Et c'est ainsi que, en le peaufinant encore assez minutieusement avec des faits divers récoltés par-ci, par-là, en le complétant par des renseignements obtenus auprès d'Anciens du Lycée de Metz et auprès d'organismes de pension à l'époque, en le romançant très légèrement pour rendre sa lecture plus facile et plus agréable…, j'ai achevé ce récit familial et historique, que les Editions Serpenoise ont bien voulu prendre en charge et diffuser.

J'ai eu beaucoup de plaisir à le réaliser. Je remercie ceux qui m'y ont aidé, notamment pour la frappe des textes et la copie des documents annexés.

J'espère qu'il saura susciter la curiosité et l'intérêt des lecteurs.

Jean MALNOURY

Metz
Été 1914

La période des examens terminée, l'été 1914 débute à Metz dans le plus grand calme. Ville au passé français, mais devenue allemande après la guerre de 1870, par sa cession à l'Empire germanique en application du traité de Francfort du 10 mai 1871, Metz vit à présent, jour après jour, sa routine habituelle.

Les ménagères vont au marché, les élégantes portent d'immenses chapeaux à plumes et des jupes longues qui entravent leur marche. La vie dans les rues est colorée : côte à côte les uniformes multicolores des différents régiments messins contrastent avec les soutanes noires et les habillements spécifiques des religieux. La population allemande est de toute origine : Prussiens et Bavarois, mais surtout Rhénans, Westphaliens et Saxons. Avec les autochtones lorrains et divers étrangers, cette diversité de vie fleure bon l'Europe.

Personne en ce moment ne se prononcerait pour une guerre. La preuve : comme les années précédentes, bon nombre de Messins ont franchi la frontière à Arnaville pour aller à Nancy assister à la revue militaire française du 14 juillet.

La famille Malnoury s'est réunie le soir du 21 juillet au domicile familial, 1, en Jurue, pour y fêter son chef de famille, à l'occasion de la Saint-Victor. Ils sont tous présents autour de lui :

- sa femme Rosalie, 50 ans, un an de moins que lui, qui a confectionné le gâteau de la fête, un superbe Kouglof, spécialité de son village natal, Neuwiller-lès-Saverne, à la frontière de l'Alsace et de la Moselle ;
- sa fille aînée Juliette, 27 ans, jeune mariée, mère d'une petite Rose depuis le 1er juin dernier, venue avec son bon vivant de mari, Adolf Maas, cordonnier, installé rue Taison, un peu plus haut sur la butte Sainte-Croix ;
- sa deuxième fille, Marie, 24 ans, couturière-culottière, et son mari Nicolas, épousé début 1913, ainsi que son fils René, qu'elle a mis au monde comme mère célibataire en juin 1911 à Paris ;
- sa troisième fille, Rose, 21 ans, surnommée Olla, employée des Postes comme son père ;

- sa quatrième fille, Alice, la cadette de la famille, 13 ans, encore écolière.

Et au milieu de toutes ces femmes, Léo, 18 ans, le fils unique de la lignée.

C'est son histoire que désormais nous allons suivre tout au long de la guerre 1914/1918.

-o-o-o-o-

Il est là, debout devant son père assis dans un fauteuil très profond. Il est grand, plus d'un mètre quatre-vingt-cinq, assez mince, les cheveux foncés courts, les sourcils épais, bien sapé dans son costume gris foncé, chemise blanche au col cassé, nœud papillon assorti à l'ensemble, chaussures noires bien cirées… On le croirait sorti d'un catalogue de mode.

Le 8 février dernier, il a fêté son dix-huitième anniversaire. Il est jeune, il est beau, est intelligent, a de bonnes manières. C'est un véritable gentleman. Il a tout pour réussir. Il regarde son père avec un très large sourire.

"Tu y viendras, Papa. N'est-ce pas que tu y viendras ? Et dans ton plus bel uniforme de facteur. C'est bien à toi que je dois d'avoir fait de brillantes études !".

En effet, il y a près de huit années à présent, son père l'a inscrit à l'*Oberrealschule* de Metz, établissement scolaire huppé de la ville, accolé à l'arrière de l'église Saint-Vincent et situé à côté du lycée impérial.

Alors que ce lycée classique conduit en dix années ses élèves à l'Abitur puis ensuite aux longues études universitaires, l'*Oberrealschule*, elle, en deux ans de moins, forme des cadres supérieurs pour les administrations, les collectivités municipales, départementales, centrales, les grands services publics, l'artisanat, l'industrie, le commerce…

Et depuis toujours, c'était l'idée de Victor de faire entrer son fils très rapidement dans la vie professionnelle. Si possible, dans un emploi cadre du très important service des Postes. Ou alors, mais c'était là son désir le plus secret, dans la si respectable administration municipale messine. Voir son fils devenir un jour secrétaire général de la municipalité de Metz, que rêver de mieux !

Pour ce faire, il lui a fallu se saigner aux quatre veines, faire de grands sacrifices pour payer, mois après mois, le coût très élevé (140 Marks par mois en 1913/1914) de son fils à l'*Oberrealschule*. En contrepartie, pendant tout ce temps, il a été pour Léo un père extrêmement sévère, très rigoureux, souvent envahissant, parfois même tyrannique.

Alors que ses sœurs aînées faisaient pratiquement ce qu'elles voulaient, et elles en profitaient largement encore à l'heure actuelle, Léo, lui, devait rester à la maison la plupart du temps et étudier, étudier, étudier… Peu de sorties lui étaient tolérées et surtout pas le soir. Heureusement que, de temps à autre, sa brave mère savait fermer les yeux. Il devait accompagner ses parents aux offices religieux de la paroisse Sainte-Ségolène, il ne pouvait recevoir chez lui que des copains de classe, de préférence des Lorrains et parmi les plus studieux.

Sa véritable bouffée d'air c'était le foot. Il faisait partie de la brillante équipe junior du M.S.V. (Metzer Sport Vereinigung) comme grand nombre de joueurs issus de son école, et dont l'équipe première était patronnée par… la mairie de Metz. Vu sa passion pour ce club, ses amis lui avaient d'ailleurs donné le surnom de "M.S.V.".

Son entraîneur actuel est Karl, un Bavarois, sous-officier au 4e Régiment Royal Bavarois d'Infanterie, dont la caserne est située à côté de l'Ancienne gare. Ce jeune homme est sympathique, aime beaucoup la France dont il pratique la langue, et il se plaît beaucoup parmi les Messins de souche. Il a pris Léo sous son aile. Il le juge excellent joueur et espère le voir rapidement évoluer en équipe fanion senior.

Sachant qu'il est en Classe 1B à l'*Oberrealschule*, classe réservée aux *Einjährige Freiwillige*, les "Volontaires d'un an", il sait qu'à l'issue de ses études, Léo, pour effectuer son service militaire, aura non seulement la possibilité de choisir son arme d'affectation et la ville de garnison où il veut être engagé, mais aussi la faculté de débuter son année unique de Service due à l'Empire, dès la fin de ses études. Donc avant son entrée dans la vie professionnelle, laquelle ainsi ne connaîtrait aucune interruption.

C'est le gros privilège réservé aux *Einjährige*. Les autres conscrits ne sont appelés à débuter leur période obligatoire sous les drapeaux qu'après leur 20e anniversaire, donc après s'être engagés dans la vie civile depuis un certain temps déjà. D'autre part, ces derniers effectuent non pas une seule année de service mais deux, voire même trois, selon qu'ils sont affectés d'office dans l'Infanterie ou dans une arme d'élite, la Cavalerie par exemple. Et ils peuvent être envoyés dans n'importe quelle ville de garnison du Reich. Certains Lorrains ont déjà été incorporés à Berlin ou dans la très lointaine Prusse Orientale.

Le sous-officier Bavarois a donc conseillé à Léo de faire les démarches nécessaires pour qu'aussitôt après sa réussite à la *Reifeprüfung*, l'examen terminal de toutes ses études, il soit incorporé dans "son" Régiment, le 4e Bavarois d'Infanterie.

"Tu resteras ainsi à Metz, tout près de ta famille. Et tu pourras, dans tes temps libres, continuer à pratiquer le foot, avec moi à la caserne, ou au M.S.V.".

Bien entendu, Léo a souscrit avec grand plaisir à cette proposition. Et après avoir subi une rigoureuse visite médicale auprès d'un Médecin-Major Bavarois, puis fourni tous les certificats d'aptitude exigés (scolaires, de bonne vie et mœurs, d'état-civil…) ainsi que l'acceptation écrite de son père de financer son habillement et ses équipements pendant son année de service (c'était une des rares mais très coûteuse - 2 200 Marks - obligations des Volontaires d'un an), il avait vu sa demande d'intégration au 4e Bavarois agréée par l'autorité supérieure militaire bavaroise.

Son incorporation avec d'autres *Einjährige Freiwillige*, dont plusieurs Lorrains, est prévue pour la mi-septembre 1914, quelque temps avant l'arrivée des nouvelles recrues "ordinaires" au Régiment. "On ne mélange pas les torchons et les serviettes, les instruits et les ignares", lui a soufflé à l'oreille un camarade de classe de souche allemande. "Une recrue ordinaire ne doit pas voir ramper dans la boue un de ses futurs supérieurs (les Volontaires d'un an accédaient assez rapidement au grade de sous-officier)". Les *Einjährig*e avaient vraiment la cote.

"Tu y viendras, Papa. N'est-ce pas que tu y viendras ? Ce sera une belle fête… et même une très belle fête".

Depuis des semaines, on la prépare à l'*Oberrealschule* de Metz. Et avec le mot d'ordre suivant : "la Cérémonie de la remise des prix - Schlußfeier - du vendredi 31 juillet 1914 devra être au moins égale à celle de l'année précédente qui a remporté un énorme succès". Elle est prévue dans la "Aula", salle des fêtes du lycée voisin.

Et plus encore, le banquet qui, le soir même, doit lui succéder. Une salle de la célèbre brasserie "Münchner Braü" a déjà été réservée à cet effet en début d'année scolaire par les élèves de la classe de Léo, la fameuse terminale 1^B, die "Einjährige 1^B von 1913-1914 der *Oberrealschule* zu Metz". Quoi de plus sympathique en effet, que de se réunir une dernière fois, autour d'un bon repas, après des années de vie scolaire commune, pour y fêter les succès aux examens, et se dire adieu avant la grande dispersion dans le monde professionnel.

Et aussi pour y boire de bons coups. Et surtout pour y chanter à tue-tête toute la nuit. Et même jusqu'au petit matin, si certains arrivent encore à se tenir debout.

Cette future soirée à la Münchner Braü, ils ont commencé à la préparer le 2 juillet dernier, lors de leur voyage de fin d'études aux confins de l'Alsace et de la Moselle. Ils ont visité les lieux historiques de Saverne, Oberhof, Graufthal et Phalsbourg, d'où le petit tortillard local les a conduits jusqu'à Lutzelbourg, pour y reprendre le train express les ramenant à Metz. Ils ont profité de cette sortie pour ébaucher leur journal de fin d'études, la "Bier-Zeitung", document qui sera polycopié, et sur lequel chacun s'immortalisera en y apposant sa signature (maintes fois illisible). Journal de la "Quille" où chacun y sera aussi de sa petite histoire drôle ou satirique, de son petit dessin, de son poème… Et les professeurs n'y seront pas ménagés. "Qui aime bien, châtie bien".

Bien sûr que Victor assistera à cette fête. Et d'autant plus que son fils y recevra, paraît-il, un prix.

En attendant, la fin juillet s'annonce des plus agréables pour Léo. Il n'a plus de cours, son père lui lâche la bride. Il peut donc retrouver ses amis (et ses petites amies !) en ville, rue Serpenoise, à l'Esplanade, ou en canoë sur la Moselle, le long de l'Île Saint-Symphorien.

Il ira peut-être, avec d'autres élèves, aider aux moissons pendant le mois d'août, mais il veut surtout profiter à fond des six semaines de vacances qu'il lui reste avant son entrée à l'Armée. L'avenir s'annonce prometteur pour lui. Il est heureux.

-o-o-o-o-

Mais voilà que toute cette quiétude disparaît. Subitement tout est bouleversé, tout est dans un état d'effervescence indescriptible.

Quand le 29 juin, dans la Halle de la *Metzer Zeitung*, rue Serpenoise, avait été affichée la dépêche de l'assassinat par un Serbe du couple héritier d'Autriche, la foule n'y avait pas accordé grande importance, intéressée qu'elle était surtout par le procès de Madame Cailloux, l'épouse du ministre des Finances français, qui avait tué d'un coup de revolver Gaston Calmette, le directeur du journal *Le Figaro*, lequel avait fait une campagne de diffamation contre son mari.

Le 23 juillet, l'Autriche-Hongrie adresse un ultimatum à la Serbie. Les jours suivants, la Russie fait savoir qu'elle n'admettrait aucune atteinte à la souveraineté serbe. La fièvre monte. On sent venir la catastrophe. Les Messins courent aux nouvelles, les dépêches succèdent aux dépêches. Les rues sont noires de monde. Des ménagères assiègent les boulangeries, stockent de la farine, s'affairent chez l'épicier. On regarde avec un étrange frisson passer des voitures chargées de baïonnettes.

L'assassinat commis à Sarajevo a détruit l'équilibre en Europe. Le continent est une poudrière, tous les pays participent à une course aux armements ruineuse pour leurs finances.

Le dimanche 26 juillet 1914 au matin, les canons du fort de Metz tirent trois coups. Les soldats ne peuvent plus quitter la ville. Les forts ont reçu leurs contingents de guerre. On voit partout des officiers en tenue de campagne, le casque à pointe recouvert d'un manchon de camouflage. Partout aussi fourmillent des militaires de toutes armes. Dans la petite ville de garnison de Metz sont en effet entassés six régiments d'Infanterie prussienne, une brigade royale bavaroise, deux régiments de Dragons, trois régiments d'Artillerie de campagne, sans compter les bataillons du Génie, les Corps d'Intendance, de Santé, les États-Majors…

D'importants préparatifs ont lieu dans toutes les casernes. Les rues de Metz sont envahies par la population. Les brasseries regorgent de clients assoiffés qui chantent, crient, hurlent, vocifèrent des "Deutschland über alles", poussent des "Hoch" en l'honneur du Kaiser et du Kronprinz. Les Lorrains, eux, se taisent. Minoritaires au milieu des familles d'immigrés et du très grand nombre de militaires, ils ont obscurément désiré la guerre et vécu en cette attente. C'est leur seule possibilité de redevenir Français. mais maintenant l'énormité du conflit leur apparaît. La force étalée par l'Allemagne prend un aspect redoutable.

Le mardi 28 juillet 1914, les Autrichiens ouvrent les hostilités en déclarant la guerre à la Serbie. La grande majorité des Messins ne se doutent pas que c'est le signe précurseur à la guerre en Europe. Des bruits de mobilisation courent en fin de journée. Les conséquences sont immédiates : excitation de la population, renchérissement des vivres, refus des billets de banque par les commerçants…

La majorité des élèves de l'Oberreale se retrouvent le soir devant les affiches de la *Metzer Zeitung*. "Devrons-nous aller à la guerre ? Suivrons-nous les exhortations fanatiques de certains de nos professeurs d'Outre-Rhin et irons-nous, tous, d'un seul élan, nous engager immédiatement comme volontaires ? Et contre les Français ?".

Pour l'instant les affaires semblent s'arranger. Heureusement, pensent les Lorrains, parmi lesquels grand nombre ont de la famille de l'autre côté de la frontière.

Par curiosité, Léo se rapproche des casernes des Bavarois près de la Porte Serpenoise. Y sera-t-il incorporé plus tôt que prévu ? Pour l'instant, il y croise de longs convois d'artillerie. C'est désormais un spectacle quotidien.

La nuit, personne ne peut dormir. En l'air, des bruits d'hélices. Les avions allemands manœuvrent. Les rues sont animées par des soldats en tenue de campagne. Ils se dirigent vers les forts extérieurs. Font-ils partie de la garnison messine ou viennent-ils déjà des confins de l'Empire ? Les villages frontaliers seraient bondés de soldats, avec cette consigne : un Allemand ne peut plus passer la frontière, un Français ne peut plus venir en Moselle.

Les officiers qu'on mute dans d'autres régions font leurs adieux à leurs familles. Partout des uniformes gris. Nulle part on ne voit plus les beaux uniformes bariolés. Tout est gris. Comme les pressentiments de tous.

De plus en plus d'élèves sont absents à l'Oberreale. Et aussi un nombre de plus en plus important de professeurs.

Jeudi 30 juillet 1914. Il fallait s'y attendre. La grande fête de la remise des prix du lendemain est annulée. La décision est affichée sur le portail de l'école. Cette fête qui devait être somptueuse sera remplacée par un simple discours du chef d'établissement, suivi de la remise des diplômes et des prix par classes. Plus d'orchestre, plus de chorale, plus de poèmes, plus aucun faste… Quel gâchis ! Une fin de scolarité complètement ratée.

Le lendemain, la salle des fêtes n'est pas pleine, loin de là ! Certains élèves, fils d'officiers pour la plupart, ont déjà quitté Metz pour rejoindre le nouveau lieu l'affectation de leurs pères, ou tout simplement le cœur de l'Allemagne.

Le discours du directeur est extrêmement court. Discours non fanatique et basé uniquement sur le travail. Prononcé sous forme de harangue, il est suivi par l'hymne national, le *Deutschland über alles*, puis par une rapide remise des diplômes. Léo ne garde de la fin de cette séance que le souvenir confus d'un chahut de gosses excités.

Le banquet du soir a été maintenu dans une arrière-salle de la Münchner Braü. C'est le dernier rassemblement avant la grande dispersion. Le groupe homogène des immigrés entoure les professeurs invités au festin. La douzaine de Lorrains est au bout de la table. Tous debout, ils chantent le *Gaudeamus igitur*. Oui, ils se réjouissent, car ils sont jeunes. Et la fête continue. On mange, on boit, on rit, on chante. On boit surtout beaucoup. Les chœurs se répondent. Puis chacun y va de sa romance, de son poème, de son monologue.

On ne se voit plus dans la fumée. De la fin de la séance, Léo n'a souvenance que d'une énorme beuverie. Aux Allemands célébrant le *Vaterland*, les Lorrains répondent par une *Marseillaise* hurlée avec une conviction farouche, accompagnés même par leurs amis germains, encore plus ivres qu'eux. Le patron de la brasserie intervient brusquement et fait taire sèchement l'assemblée :
"Chanter cela maintenant, à l'heure d'une proche confrontation avec les Français et alors que l'"état de danger de guerre" vient d'être proclamé ? Vous ne vous rendez pas compte ? Vous pouvez faire fermer mon établissement ! Et vous faire tous incarcérer, voire déporter !
Allez, fichez le camp en vitesse, tant qu'il est encore temps !".

Léo ne sait plus comment il est rentré chez lui mais, au petit matin, il se réveille avec la langue pâteuse, le crâne douloureux.

-o-o-o-o-

Dès la publication de l'"état de danger de guerre", un "état de siège" a aussitôt été décrété à Metz. Il instaure la dictature militaire. Il suspend les libertés de presse, de réunions, des personnes. Les jours suivants, la correspondance privée est soigneusement contrôlée, les facteurs lorrains aussi. Le père de Léo, facteur-chef honnête et consciencieux, en est profondément choqué. Les lettres doivent être remises ouvertes aux guichets de la Poste, ne peuvent dépasser quatre pages, être bien lisibles…

A proximité de la frontière, Rémilly, Morhange, Dieuze…, les déplacements de personnes durant la journée sont soumis aux visas de passage. La nuit, seuls les curés, les sages-femmes et les médecins peuvent quitter leur localité, et seulement après autorisation exceptionnelle.

A l'école primaire, la langue française voit son usage très sérieusement restreint.

A Metz, les plaques de rues en fonte, avec lettres blanches sur fond bleu, qui jusqu'alors portaient à la fois le nom allemand (Römerstrasse) avec en dessous le nom français (Rue Serpenoise), par un coup de pinceau grossier, ne conservent plus que l'appellation germanique.

Dès la déclaration d'état de siège, commence à fonctionner un régime de délation et de terreur. Des "listes noires" provoquent l'arrestation et la déportation de personnalités suspectées pour leurs sympathies ou leurs attaches françaises.

Les journaux de langue ou d'influence française (*Messin, Lorrain, Courrier de Metz, Patriote Lorrain...*) sont supprimés. Leurs rédacteurs sont incarcérés et déportés, grand nombre dans la forteresse d'Ehrenbreitstein près de Coblence. Un journal au service de l'Allemagne, *La Gazette de Lorraine*, essaie de jeter le doute, le désespoir dans l'âme de la population lorraine. Celle-ci n'est encore qu'aux premiers jours de la tourmente. Il lui faut maintenant ronger son frein, se soumettre à l'autorité désormais brutale, louvoyer continuellement, peser ses paroles...

Les autorités font appel au concours des Allemands de souche (*Alt Deutsche*) pour surveiller la population indigène. Cette ambiance de suspicion ne se ressent toutefois que très peu parmi les élèves de la Reale et des lycées voisins. Tout au moins dans les grandes classes où la longue amitié forgée entre élèves au cours des années écoulées demeure ferme et constante.

Le samedi 1er août, dans toute l'Alsace-Lorraine, les cloches sonnent pour annoncer l'arrivée de la guerre. L'Allemagne a déclaré la guerre à la Russie... Partout on affiche l'ordre de mobilisation (*Mobilmachung*). Les réservistes alsaciens et lorrains commencent à rejoindre leurs unités et grossissent les régiments messins. La plus grande partie pourtant est expédiée vers la Prusse Orientale, à la frontière russe.

Metz, ville de garnison, est la proie d'un énorme vacarme. Des trains bondés de militaires arrivent sans arrêt à la nouvelle gare. Les rues sont pleines de monde. Sans arrêt circulent des camions chargés de nourriture, de matériel, d'armement. Metz, à présent une des plus grandes places militaires d'Allemagne, n'a sûrement jamais connu un trafic humain aussi intense. Sur chaque place on fait de l'exercice, des manœuvres, de la marche... Des commandements résonnent de partout. Vraiment la guerre est proche.

Les "Territoriaux" de la Landwehr commencent à être enrôlés pour des travaux de fortification. Des voitures et des chevaux sont réquisitionnés. L'Intendance militaire achète bétail et fourrage. Le soir, des projecteurs balayent le ciel, à la recherche d'éventuels avions ennemis.

Le dimanche 2 août, Metz devient zone frontalière et zone de combat. L'Allemagne envahit le Luxembourg et adresse un ultimatum à la Belgique. En application de la loi Rayon, les familles de tous les fonctionnaires et officiers doivent quitter le plus rapidement possible la ville forteresse de Metz et rejoindre l'intérieur de l'Allemagne.

Certains futurs élèves de classe de première sont autorisés à passer, séance tenante, un *Kriegs-Abitur* (bac de guerre), à condition qu'ils se présentent aussitôt dans une caserne comme *Kriegs-freiwilliger* (Volontaires pour la guerre).

Onze professeurs sont enrôlés dans l'Armée comme officiers de réserve.

Le lundi 3 août, Metz se réveille sous un ciel d'été tout bleu. Grand nombre d'élèves de la Reale et des autres établissements scolaires messins, désormais en vacances, sillonnent les rues archi-pleines de la ville à la quête de nouvelles. Ils se retrouvent comme d'habitude pour la plupart devant les affiches de la *Metzer Zeitung* et s'interrogent sur leur sort. L'affreuse nouvelle tombe en cours de journée : "l'Allemagne a déclaré la guerre à la France".

De suite, grand nombre de jeunes hommes se rendent dans les casernes pour s'engager pour la durée de la guerre. Encouragés, exhortés, voire même pressés par leurs camarades de classe allemands de souche, Léo et quelques Lorrains de la classe 1^B vont à la Bayernkaserne "pour se faire une opinion".

La caserne est devenue une véritable fortification : porches et grilles cadenassés, garde renforcée, sacs de sable empilés aux entrées, contrôles des papiers… C'est la grosse pagaille. On y court dans tous les sens, certains encore en tenue civile, d'autres déjà équipés. Là encore de grandes disparités : les équipements de guerre (vert-de-gris) n'ont pas encore été complètement livrés. La tenue de travail bleu bavarois du temps de paix habille encore la plus grande partie des arrivants. La file, formée par ceux qui veulent s'inscrire comme volontaires, est impressionnante. Elle ne cesse de s'allonger.

Après de longues recherches et de minutieuses tractations, Léo arrive à joindre Karl, son entraîneur sportif, qui est occupé au bureau d'accueil des mobilisés. Il est extrêmement fatigué et très nerveux. Il reçoit Léo entre deux portes. Il lui conseille d'attendre avant de faire quoi que ce soit. "Ce sont les Bavarois qui vont être opposés aux Français si ces derniers, comme cela paraît certain à présent, vont attaquer en Lorraine. Ne te bats pas contre eux. Ne te porte pas volontaire. Tu risquerais d'ailleurs à cette occasion de perdre ton option pour les troupes bavaroises et d'être muté dans un régiment d'Infanterie prussien quelconque, appelé à se battre de suite contre les Russes.

Et de toute façon, il y a tellement de volontaires pour la guerre partout en Allemagne que tu ne serais certainement pas pris dans les premiers. Tu pourras venir me voir de temps à autre, si avec mon régiment j'ai la chance de rester à Metz.

Et puis (gros sourire), la guerre risque d'être rapidement gagnée par les Allemands.

Alors, retourne chez toi, et attends sagement ton ordre d'appel".

Le mercredi 5 août, l'Angleterre déclare la guerre à l'Allemagne. Les jours suivants, les premiers Lorrains sont envoyés sur le front russe. Les étudiants en vacances participent aux travaux des moissons proches de Metz et, en fin d'après-midi, se retrouvent très nombreux devant les affiches de la *Metzer Zeitung*. Les nouvelles sont inquiétantes : l'Alsace serait le théâtre d'affreux combats près de Mulhouse.

A la mi-août, des convois de soldats en tenue de campagne, venant de Bavière, traversent la Gare de Metz et se dirigent directement vers Rémilly et Morhange. Laissant son bataillon de réserve en place, le futur régiment de Léo, de son côté, quitte sa caserne de Metz dans l'après-midi du 19 août, défile au pas jusqu'à la gare centrale et sort de la ville en direction de Magny et le sud de la Moselle. Sa tâche est de flanquer, le long de la Seille, l'armée du Kronprinz de Bavière qui s'attend à une attaque française plus à l'est, des hauteurs de Delme au Donon.

Le 20 août, au soir, partout des hourra ! hourra ! Les Français auraient été battus près de Morhange et auraient eu beaucoup d'hommes prisonniers. La nouvelle se confirme le lendemain. Un officier d'état-major annonce tout haut, devant la *Metzer Zeitung*, un grand succès allemand entre la côte de Delme et Dieuze. La ville nage dans l'enthousiasme. Chaque véhicule militaire qui passe est salué par des acclamations.

Et voilà que résonne, long et sourd, le premier coup de cloche de la Mutte, l'imposant bourdon de la cathédrale. La *Metzer Zeitung* a sorti une édition spéciale : "Hier, sous la conduite de son Altesse Royale le prince héritier de Bavière, des troupes allemandes ont été victorieuses dans des combats qui ont eu lieu entre Metz et les Vosges. L'ennemi qui avait envahi la Lorraine avec de gros effectifs, a été rejeté sur toute la ligne du front après avoir subi de lourdes pertes. Des milliers de prisonniers et un grand nombre de pièces d'artillerie sont restés entre nos mains. Nos troupes, animées d'un insatiable désir d'avancer, poursuivent l'ennemi et continuent le combat. La retraite des Français dégénère en déroute".

"Hourra… Hourra… Hourra…". La foule délire.

Par un homme de troupe du 4ᵉ Bavarois, rapatrié sanitaire, Léo apprend que son régiment a été engagé contre l'ennemi à Nomeny, localité qu'il a investie après un court combat. mais une fois en place, ses hommes ont été surpris dans les rues par le feu nourri de civils, ou de soldats déguisés en civils, cachés dans les sous-sols des maisons. Alors, conformément aux ordres, et en représailles de l'intervention des francs-tireurs dans le combat, Nomeny a été évacué et réduit en cendres par l'artillerie allemande.

Un nombre très important d'habitants périt lors de ces tragiques événements, lesquels occasionnèrent simultanément au régiment ses premières pertes.

Le surlendemain, nouvelle sonnerie de victoire de la Mutte. Les troupes allemandes sont entrées à Bruxelles. La foule se dirige vers la place d'Armes. Il s'y trouve déjà une infranchissable masse humaine. L'hôtel de ville est illuminé. Les gens sont agglutinés, poitrine à poitrine. On ne peut ni avancer, ni reculer. Mais cela n'a pas d'importance. Tout le monde attend.
Et de nouveau la Mutte sonne. Léo ne l'avait jamais entendu d'aussi près. Elle gronde au-dessus de la foule, lui coupe le souffle. Puis silence profond sur la vieille place d'Armes, si belle, tandis que le son de la cloche expire lentement, lentement…

La foule se remet en mouvement et quand la cloche sonne un troisième coup, on ne l'entend même plus tant les gens crient.

Le bourgmestre, le docteur Forêt, s'est approché de la fenêtre de l'hôtel de ville. Les cris s'adressent à lui. Ce sont des acclamations. Il annonce d'une voix haute et claire, et les dernières vibrations de la Mutte donnent à ses mots un accent mélodramatique : "L'Armée du Duc Albrecht de Wurtemberg, qui avait avancé des deux côtés de Neufchâteau en Belgique, a complètement défait et poursuivi une armée française qui avait passé la Semois. De nombreux canons, des drapeaux, et des prisonniers, parmi lesquels plusieurs généraux, sont tombés entre les mains allemandes. A gauche de la Meuse, nos troupes avancent vers Maubeuge". La foule, par trois "hourra", le remercie de son bulletin de victoire. Le bourgmestre poursuit : "Grande nouvelle encore, Lunéville a été pris !". Une fois de plus, trois vibrants "hourra" ! Et la foule chante *Heil Dir im Siegerkranz*, en l'honneur de l'empereur Guillaume II, *Die Wacht am Rhein*, pour l'Armée allemande, et l'hymne national, le *Deutschland über alles*.

La Mutte sonne une dernière fois. On doit l'entendre très au loin dans la campagne messine.

Quelques jours après, une grande bataille s'engage à l'ouest de Metz. Les canons grondent et font rage. L'horrible concert a commencé dans la nuit, vers deux heures du matin. Un voisin, fils d'un officier supérieur allemand, apprend confidentiellement à Léo que près de Mars-la-Tour, les Français ont tenté un coup de main et surpris leurs adversaires. Au lever du jour, cela devient intenable. Le bruit des canons remplit l'atmosphère. Dans la ville circulent les rumeurs les plus fantastiques : une brigade de Français serait tombée sur le dos du Kronprinz allemand. Des pertes terribles du côté allemand. Les troupes de la garnison de Metz y seraient engagées, entre autres le 4e Bavarois. D'autres parlent d'effroyables effusions de sang sur le territoire de Sainte-Marie-aux-Chênes. La ville de Metz est désormais en danger. Elle risque d'être attaquée. Et d'être investie !

Toutes les troupes encore en place sont sur le pied de guerre.

Des trains de blessés s'arrêtent un court instant à la gare centrale. Des brancardiers en sortent avec leurs tristes fardeaux et se dirigent vers le centre de la ville. Tout le monde sait, hélas, que seuls s'arrêtent dans les hôpitaux de Metz, les grands blessés, les intransportables et ceux qu'on ne peut transporter que... dans l'autre monde.

Le 28 août paraissent les premières annonces de décès. Le frère d'un ami de Léo a été tué en Belgique, un professeur du lycée voisin grièvement blessé. Sa Majesté l'empereur Guillaume II adresse, depuis son grand quartier général, un message par la T.S.F. à sa 1re Armée : "Après de rapides et décisifs combats gagnés contre les Belges, les Anglais et les Français, l'Armée, dans sa marche victorieuse, se rapproche du cœur de la France.
Je félicite l'Armée pour les brillants succès qu'elle a remportés et lui adresse mes remerciements impériaux et l'expression de ma vive reconnaissance".

Traversant la ville, et écoutant ce qui se dit à gauche et à droite, Léo est littéralement atterré et complètement abattu. Il court des bruits terribles sur le compte des Bavarois, ses amis : partout où ils passent, ils volent, ils pillent, ils incendient, ils frappent des prisonniers désarmés, ils violent... Léo ne peut pas y croire. De telles choses tolérées dans une armée courageuse et victorieuse ! Dans quelques jours, il en fera partie. Il n'ose y penser.

Le premier mois de guerre s'achève. Un deuxième va-t-il suivre ?

Les premiers prisonniers russes transitent par la gare. On apprend à présent des détails sur la grande bataille qui s'est jouée autour de Metz. Du lundi 24 août au lendemain soir, la situation de la ville a été critique.

Les Allemands avaient vaincu les Français, l'ennemi battant en retraite était poursuivi… mais il s'est concentré quelque part, dans la plaine de la Woëvre, et s'est avancé à son tour, fort de six corps d'armée, vers un point du front à peine défendu. Quatre régiments régionaux, dont le 4e Bavarois, se trouvèrent là. Ils se battirent avec le courage du désespoir et se sacrifièrent jusqu'à ce que les canons de Metz, notamment ceux du fort Wagner, puissent prendre part à la bataille et que les renforts arrivent. Mais les Français ne se rendirent pas compte de l'énorme supériorité de leurs forces, et arrêtèrent leur avance. Certaines d'entre elles auraient, semble-t-il, été transférées vers la Marne et la région parisienne.

4 septembre : le secteur de Metz semble plus calme à présent. Les canons se taisent. Ce n'est plus cette folle circulation d'autos avec leur tintamarre de troupes. Ce sont beaucoup de camions chargés d'énormes rouleaux de fil de fer barbelés, de harnais de chevaux, de couvertures de laine… Et des soldats venant du combat et allant au repos. Parfois ils mettent leurs fusils en faisceaux, entassent leurs sacs les uns sur les autres et campent dans les rues. Les habitants leur portent toutes sortes de choses à boire et à fumer, que ces hommes fatigués et sales acceptent avec plaisir et reconnaissance.

Grand nombre de civils messins se sont réfugiés hors de la ville au cours de la dernière quinzaine. On s'en aperçoit seulement maintenant, pendant ces journées plus calmes. La rue est toute grise des uniformes de campagne. Il doit y avoir une quantité impressionnante de soldats à Metz, mais difficile à dénombrer.

Le lendemain, le quartier de la gare est envahi par la troupe. La nouvelle gare est vraiment opérationnelle. Il ne faut que très peu de temps à un bataillon pour se caser dans un train, avec armes et bagages. Et les convois quittent Metz en très peu de temps, presque accolés les uns aux autres. C'est incroyable ce que, de nouveau, l'on envoie d'hommes sur le front ouest.
Il y a certainement quelque chose en préparation. Quelque chose de décisif ?

Le 6 septembre, un tonnerre d'enfer se déclenche autour de Metz. Depuis l'aube, on entend le tumulte de la bataille. Les forts sont entrés en action. Cela semble si proche, si effroyablement proche. A chaque coup, les vitres tremblent dans leur châssis. Cela doit être affreux, là-bas !

Rosalie, la maman de Léo, récite son chapelet dans un coin du salon. Elle est terriblement inquiète. Dans une toute petite dizaine de jours maintenant, Léo va quitter le nid douillet du domicile familial. Et partir à la guerre ! Ô mon Dieu, préservez-le de tout mal !

En une marche forcée épuisante, le 4ᵉ Bavarois d'Infanterie a été déplacé du secteur d'Étain vers Thiaucourt et le Bois-le-Prêtre. Par une attaque de la rive droite de la Moselle, il doit aider et faciliter l'offensive de la 6ᵉ Armée allemande sur Nancy. Mais celle-ci échoue devant la résistance héroïque des troupes françaises au Grand Couronné, au nord de la ville.

Les troupes allemandes refluent vers Metz et s'installent dans la vallée de la Moselle, entre Longeville-lès-Metz et Hagondange. Il y a eu beaucoup de pertes. Des voitures garnies de bottes de paille partent de Metz et ramènent des corps d'hommes saignants et ensanglantés.

Il n'empêche que, en dépit de ses pertes effroyables, la Brigade bavaroise traverse Metz, musique en tête. Les uniformes de ses hommes sont tachés de terre argileuse et de sang. La population leur réserve le plus chaleureux des accueils.

-o-o-o-o-

Pendant que se déroulait cette seconde partie de la bataille de Lorraine, la situation s'est complètement retournée plus à l'Ouest, sur le front principal de l'offensive allemande.

Une dépêche en fait état dans la *Metzer Zeitung* : "Dernières nouvelles : les troupes franco-anglaises qui, dans les premiers jours du mois avaient été repoussées jusque sur la Marne, ont contre-attaqué les 6, 7 et 8 septembre dans la vallée de l'Ourcq et sont remontées vers le Nord.
Le 10 septembre, nos troupes ont entamé une retraite stratégique et se sont installées au-delà de l'Aisne, sur des positions inexpugnables préparées à l'avance". Cette bataille de la Marne, perdue, est une énorme déception pour la population messine de souche allemande. On n'entend plus le son triomphal de la Mutte. Il n'y a plus de rassemblements joyeux de foule. Les gens sont inquiets. Et de plus en plus tristes et choqués. D'autant plus que la liste des morts et des disparus, placardée à l'hôtel de ville, ne cesse de s'allonger, de s'allonger…

Le 4ᵉ Régiment Bavarois d'Infanterie profite de son séjour dans sa ville de garnison pour compenser ses pertes et refaire le plein de ses troupes avec des réservistes et des hommes frais (permissionnaires de retour, blessés et malades remis sur pied, recrues ayant terminé leur instruction), issus de son bataillon de réserve de la Prinz Friedrich Karl Kaserne (Bayernkaserne), son lieu d'affectation en temps de paix.

Début août 1914, à la déclaration de la guerre, ce bataillon était en sureffectifs. Ces derniers ont été très vite absorbés et s'avèrent insuffisants à la mi-septembre. Obligation est faite de procéder à un nouveau recrutement. L'arrivée incessante et programmée des "Volontaires d'un an" tombe donc à point. Léo et ses amis *Einjährige* savent qu'ils seront désormais plus que les bienvenus à la caserne messine.

Léo au 4ᵉ Régiment royal bavarois d'Infanterie
(17 septembre 1914 - 23 décembre 1914)

A la mi-septembre 1914 est formé en Moselle le détachement d'Armée du général von Strantz, constitué du 3ᵉ Corps d'Armée Bavarois, de diverses forces badoises et prussiennes, ainsi que de la 33ᵉ Division de Réserve de Metz dont fait partie le 4ᵉ Régiment Bavarois d'Infanterie (4ᵉ R.I.B.).

Le Vᵉ Corps d'Armée allemand a pour objectif d'isoler Verdun, en prenant la ville en pince à l'aide d'un autre corps d'armée. Tandis qu'à l'Ouest, le corps d'armée du général von Mudra tentera une manœuvre d'encerclement en passant par la forêt de l'Argonne, le détachement von Strantz, lui, partant de la plaine de Woëvre à l'Est, essaiera de fermer la boucle par le Sud en s'attaquant aux Hauts de Meuse et à la ville de Saint-Mihiel, sur la Meuse.

Toute la nuit du 16 au 17 septembre, des troupes ont quitté Metz et sa proche région, en direction des hauteurs de Gravelotte et d'Amanvillers. Un grand désordre règne dans les rues et sur les places de la ville. Aux abords des casernes également, notamment celle du 4ᵉ R.I.B.

C'est là qu'arrive Léo à 6 h 45 du matin. Énervé par son proche départ, et surtout par la trop grande tristesse manifestée par ses parents, il n'a pas dormi de la nuit. Il s'approche de la grille d'entrée de la caserne. Quelques groupes de soldats, armés jusqu'aux dents, en sortent encore, la tête haute mais le dos courbé par le poids de leur paquetage. Une grande inquiétude se lit sur leurs visages. Léo s'avance vers un groupe d'une douzaine de jeunes gens en tenue civile. Il aborde le sous-officier, chef du poste de garde, qui se tient en avant du groupe.

- Je suis convoqué ce matin comme Volontaire d'un an.
- Mettez-vous là avec les autres, lui répond-on assez sèchement.

Les autres sont pour la plupart des Allemands de souche qui doivent venir des quatre coins de l'Empire. Chacun se présente courtoisement à ses futurs camarades. Léo n'en connaît aucun. mais arrivent en courant deux autres Volontaires, deux Lorrains, auxquels Léo donne de grandes tapes dans le dos, car ce sont des camarades de classe. A 7 heures pile, précédant les quinze jeunes gens, le sergent, un vétéran de l'armée, entre par la grande porte qui s'ouvre au milieu de la caserne et entraîne les nouvelles recrues vers une salle du second étage, où doit avoir lieu la visite médicale d'incorporation. Une heure plus tard, les Volontaires sont à nouveau réunis dans la cour, non plus groupés selon leur fantaisie, mais alignés sur deux rangs et surveillés de plus près par un adjudant. On attend le colonel.

- Attention ! commande l'adjudant.
- Fixe !

Lui-même se porte vivement à dix pas en avant et s'arrête, la tête haute, les deux bras le long du corps, la main gauche tenant le sabre au-dessus de la garde. Le colonel, un officier enveloppé dans son manteau gris, s'arrête devant la première ligne que forment les jeunes gens.

- Monsieur le Colonel, dit l'adjudant, voici les Volontaires d'un an.

Le colonel fronce aussitôt les sourcils et dit, en fixant l'un après l'autre chacun de ces jeunes gens avec la même sévérité :

"Nos trois bataillons d'active viennent de quitter la caserne pour monter au front. Vous êtes affectés à son "dépôt", un bataillon de réserve, où vous serez formés pendant deux mois, afin que vous soyez prêts ensuite à subvenir aux besoins en hommes que ces bataillons éprouveront au fil de cette guerre.

Vous êtes des Einjährige... des privilégiés ! Votre instruction vous permettant de ne faire qu'une année de service obligatoire. Mais sachez-le : pour l'instant, c'est chose incertaine ! Rassurez-vous, cependant. Je suis fermement convaincu que nous aurons remporté la victoire avant la fin de votre année de service.

Montrez-vous dignes de votre formation. Soyez l'exemple des autres soldats. Pensez que vous serez plus tard leurs chefs. Et pas d'infraction à la discipline. Je punirai ferme !".

Il se fait alors donner la liste des Volontaires et lit à haute voix chaque nom. Et très correctement ceux à prononciation française. L'intéressé, à chaque fois, sort du rang.

- C'est bien, dit-il à la fin. Il porte rapidement deux doigts à sa casquette et s'en va.

À peine a-t-il disparu, qu'un lieutenant vient se placer devant le front des Volontaires rassemblés et lit un ordre qui affecte chacun d'eux à l'une ou l'autre des sections du bataillon. Chose bizarre, les trois Messins sont affectés à des groupes différents.

Hasard ? Ou méfiance ?

Désormais les 15 Volontaires sont vraiment incorporés : ils ont leur place marquée dans cette multitude ordonnée, leurs chefs, le droit de demander des vêtements militaires (plus question, à présent en temps de guerre, de devoir payer vêtements et armements).

Au magasin d'habillement, Léo a beaucoup de mal à trouver des effets à sa taille. La taille moyenne d'un homme en ce début de siècle se situe en effet autour de 165 cm. Le magasinier, vieil homme apparemment un peu éméché, se moque de lui :

- T'es mal fichu, fiston ! T'es trop grand, trop mince, t'as une grosse tête, et des pieds énormes. Tu devrais t'habiller sur mesure !

Léo trouve quand même ce qui lui faut, parfois en fouillant longuement dans des séries de tenues déjà défraîchies. Trouver un casque à pointe à sa taille fut pour lui la chose la plus difficile. Tous étaient trop petits ou trop étroits. Il en trouva finalement un grand et large, mais légèrement cabossé.

- Avec un manchon de camouflage tout neuf, on ne verra plus rien. Tu seras même mieux coiffé que le Kaiser !, le charrie une dernière fois le magasinier, en lui faisant signer son bon de réception.

Il est déjà dix heures du matin lorsque Léo repère sa chambre et y range ses habits civils. Revêtu de ses effets militaires de service, il visite ensuite, avec ses camarades, l'ensemble de la caserne : les différents bâtiments, les installations pour les exercices, la salle de garde, les écuries, un pas de tir…, et la cantine, où leur est servi très rapidement un repas. L'après-midi lui paraît interminable. Après les premiers et pénibles exercices de jeunes recrues, la réception des armes, l'étude des règlements…, Léo est enfin libre. Quelques Volontaires sont si las, qu'ils préfèrent gagner leurs lits sans souper. Léo fait comme eux.

Il s'endort, mais pour bien peu de temps. A 4 heures du matin, il repasse déjà les grilles de la caserne pour une marche de 20 km en dehors de Metz, avec un lourd barda sur le dos. La marche conduit les hommes à la ferme de Colombey, avec passage près du fort de Queuleu et traversée du village de Borny. Léo connaît très bien le coin, car il y a déjà été à plusieurs reprises auparavant, en promenade avec ses parents, pour une visite des petits cimetières français et allemands datant de la guerre de 1870. Leur instructeur profite de cette sortie pour leur apprendre le "garde à vous" et quelques rudiments de maniement d'armes. Il leur annonce par la même occasion que le lendemain aurait lieu la cérémonie de "prestation de serment de fidélité (*Fahneneid*) à l'empereur. ce jour-là, le 21 septembre 1914, Léo se retrouve avec ses amis *Einjährige*, dans la grande salle d'honneur de la Friedrich Karl Kaserne, où les regardent, dans des tableaux, le roi de Bavière et l'empereur Guillaume II, alignés aux murailles, au milieu de grands-ducs et de généraux casqués, et entre des faisceaux de baïonnettes et de fusils.

Ils sont mis au "garde à vous" avec une sévérité implacable.

Les Volontaires d'un an d'origine bavaroise occupent un côté de la salle. Ils doivent prêter serment à la fois à l'empereur et à leur roi. Tous les autres, regroupés dans une autre partie de la grande pièce, prêtent serment à l'empereur uniquement.

Un capitaine fort élégant s'avance et prend un air de circonstance. Rapprochant ses talons éperonnés dans un bref mouvement, il salue longuement et profondément cet empereur auquel les jeunes gens vont promettre fidélité. D'une voie perçante, les talons toujours joints, le buste rigide, l'élégant capitaine proclame cérémonieusement :

"Devant Dieu qui sait tout et peut tout, je prête le serment de servir fidèlement, en toutes circonstances, sur terre et sur mer, en temps de paix et en temps de guerre, en n'importe quel lieu, Sa Majesté Guillaume II, mon très gracieux Souverain ; de le seconder en tout ; d'écarter de lui tout ce qui pourrait le désavantager ; d'observer exactement toutes les prescriptions et tous les ordres qui me seront donnés ; de me conduire comme un brave, intrépide, honnête et honorable soldat".

Le capitaine enveloppe alors les recrues d'un regard inflexible. Un geste…, et son épée sort du fourreau, tendue à bout de bras. A l'appel de leurs noms, la main gauche ouverte au-dessus de l'acier, la droite relevée, la paume tournée vers le visage, les hommes psalmodient la fin du serment :

"…, so wahr mir Gott helfe und sein heiliges Evangelium (avec l'aide de Dieu et de son Saint Évangile)".

Alors…, un collectif rejet du buste, un claquement des talons, une pesante immobilité…, puis un bruit sec : l'épée repoussée dans son fourreau.

Un dernier ordre, et Léo et ses deux amis lycéens se retrouvent libres pour la journée, dans la cour où brille un léger soleil de début d'automne. Entre eux s'établit un long silence gêné :

- Nous voilà sacrés Allemands, devant Dieu et devant les hommes" déclare finalement Léo avec résignation.

- Pouvions-nous faire autrement ? lui répond le second. "Contre la force, pas de résistance », dit un proverbe souvent cité en Lorraine.

Et le troisième de conclure, en blaguant :

- Allons déjeuner. On prêtera serment sur un plat bien lorrain, un bœuf mode, piqué de lard, assaisonné de carottes et d'oignons, et cuit à feu doux dans son jus. Miam… Miam !

Il y a alors un grand éclat de rire libérateur, un éclat de rire d'adolescents, heureux de s'en tirer par une pirouette d'autant plus désinvolte qu'on n'est pas à son aise. Mi-songeurs, mi-railleurs, les trois gagnent alors prestement un petit restaurant messin discret, où ils mangeront bien et pourront converser sans crainte en français.

Le peloton des *Einjährige* reprend sa formation militaire dès le lendemain matin et la poursuit, de jour en jour, huit semaines durant. L'instructeur du groupe, maître en dressage (*drill*), est un Feldwebel (sergent-major), d'un certain âge déjà.

Karl, du M.S.V., avait dit avant son départ au front à Léo, "Si tu as ce Feldwebel comme instructeur, attends-toi à en baver. Avec lui, on n'arrête jamais d'apprendre. Il a été formé aux méthodes de la guerre de 1870, et ses mots-clé sont : travail, rigueur, discipline. mais aussi, justice. Contrairement à beaucoup d'autres formateurs, comme ceux qui instruisent actuellement les engagés volontaires des premiers jours de la guerre, il ne maltraite pas les recrues, il les dresse, les dompte, les apprivoise, les conquiert…". Il n'empêche que Léo et ses pairs en bavent sérieusement avec lui pendant ces deux mois de "dressage".

L'instructeur est en effet une terrible machine à écraser les volontés sous le poids du règlement. Planté à 10 mètres de son peloton, il éructe des ordres, promène un regard soupçonneux de la pointe du casque aux semelles, se précipite, mesure des distances, psalmodie comme paroles d'Évangile les prescriptions réglementaires…, puis recommence, recommence à nouveau, jusqu'au moment où ses subordonnés, la bouche ouverte de fatigue, hallucinés, réagissent comme des pantins mus par la même ficelle.

Le souvenir des heures consacrées au "Salut sans arme" et "Sur place" restera à Léo toute la vie. Se redresser en creusant les reins et en rejetant la tête en arrière, claquer les talons violemment rapprochés, demeurer longtemps sans ciller, sans cligner des yeux, sans respirer, sans se gratter, sans penser…, comme foudroyé par une décharge électrique ! A la millième reprise de cet exercice, l'instructeur eut ses premiers mots d'encouragement :

- Dans un mois ou deux, cela ira mieux. Allez, *noch mal*! Encore une fois".

Oui, encore une fois, en attendant toutes les autres! Par la suite, le menu se corsa d'exercices connus sous le vocable *Parademarsch*, qui était moins un pas de défilé qu'un terrible exercice d'assouplissement. Ce *Parademarsch...*, un art, une science. Pendant des jours et des jours, le peloton l'essaya "au ralenti" - *langsamer Schritt* (114 pas à la minute). Solidement d'aplomb sur une jambe, amenant l'autre d'arrière en avant, la pointe du pied, rasant le sol, brusquement lancée dans l'espace. Alors, se laisser tomber en avant de tout le poids de son corps, se remettre en équilibre et recommencer, encore, et toujours...

- Jusqu'à ce que le *"liebe Gott* (Bon Dieu) soit fatigué! criait l'instructeur. Et il tournait autour du groupe comme un chien autour de son troupeau. Les hommes s'arrêtaient, fumants, un vertige au centre du crâne, le cou raidi par le torticolis, les reins démantibulés, les fesses douloureuses, les tibias mordus par la crampe, la plante des pieds en feu... Lui riait de contentement:
- Il faut s'exercer jusqu'à ce qu'on trouve de la joie dans le *Parademarsch*! *Noch mal...* Oui, encore une fois!

Puis vint l'habitude. Le peloton fut admis alors à la volupté du "Parademarsch accéléré", dit *Sturmschritt* (120 pas à la minute) et à passer à la marche libre, en colonne, au pas martelé, lent ou rapide. Quand le Feldwebel sentit ses hommes à sa disposition, le corps et l'âme soumis, il les invita au "maniement du fusil".
- *Das Gewehr... über*! (l'arme sur l'épaule..., droite!)".
D'abord, et mille fois, au ralenti. Il leur montra ensuite comment on arrache l'arme du sol, comment on la gifle en la faisant tourner devant son buste, comment on la plaque avec violence dans le creux de l'épaule jusqu'à en avoir la chair meurtrie. Parvenus à ce point de leur instruction, ils connurent alors la fierté d'une troupe prête à honorer son chef, l'unanimité impérieuse des talons heurtés, l'impressionnante montée des fusils sur l'épaule, dans une succession de bruits et de froissements énergiques. Entre-temps, l'instructeur leur avait appris à composer "la charge du *Tornister*" (sac à dos en peau de vache). Chaque objet devait occuper une place bien déterminée.

- N'oubliez pas! La brosse à dents non loin du livre de prière!

Appris aussi à saluer, à pivoter, à se jeter réglementairement à plat ventre; et encore la façon de répondre à un supérieur et de se taire devant lui.
Bref, tout ce qui fait le parfait soldat.

Il restait aux quinze "intellectuels privilégiés" ainsi domptés, à récompenser le Feldwebel de la rude sollicitude dont il les avait entourés durant ces huit semaines de dressage. Les cadeaux aux sous-officiers étaient plus qu'une habitude dans l'armée allemande, une véritable tradition. Il fut décidé de lui offrir, au cours d'une cérémonie qui vit couler beaucoup de bière brune ou blonde bavaroise, un grand coffret de cigares hambourgeois, couchés sur un billet de 100 Marks. Ceci pour éviter au zélé Feldwebel la peine de formuler la plaisanterie classique :

- Ces cigares sont un peu légers !

Le billet leur donnait le poids et la force souhaités.

"Drillés" depuis deux mois, le groupe de Léo était enfin jugé digne d'être versé dans une Compagnie normale du Bataillon de réserve, au milieu d'anciens soldats, avec lesquels ils formeraient bloc quand les rejoindrait à leur tour la classe des nouvelles recrues ordinaires (paysans, ouvriers d'industrie, mineurs…, dont une bonne partie hélas encore, ne savait ni lire, ni écrire)".

-o-o-o-o-

Le jour de l'incorporation de Léo à la Bayernkaserne, le Corps d'Armée von Strantz a quitté Metz et la vallée de la Moselle, pour s'attaquer aux Hauts de Meuse, au sud de Verdun. La plus grande partie de ce corps progresse rapidement du 20 au 22 septembre, jusqu'à atteindre la ligne Combres-Vigneulles-Thiaucourt, d'où il bombarde les forts des côtes de Meuse.

Le 25, il réussit à prendre pied sur ces hauteurs, dans la région de Vigneulles-Hattonchâtel. Il poursuit ensuite son avance vers la ville de Saint-Mihiel qu'il investit. mais, après plusieurs attaques et contre-attaques, il y reste bloqué sur la Meuse

Le 29, la ligne atteinte par les Allemands passe, au sud d'Étain, par Combres, où ils occupent la crête des Éparges, pour eux véritable observatoire vers le nord, puis par Saint-Mihiel, Apremont et Flirey. Une hernie est ainsi formée dans le front français, appelée désormais le Saillant de Saint-Mihiel. Pendant cette attaque, la 33e Division de Réserve, avec le 4e Régiment Bavarois de Léo, a assuré la protection du flanc nord de l'offensive tout au long de la route de Metz à Verdun, entre Mars-la-Tour et Fresnes-en-Woëvre, livrant des combats particulièrement durs autour de Pintheville et Riaville, avec d'importantes pertes. À partir du début d'octobre, la "guerre de mouvement" cède la place, à l'est de Verdun, à une "guerre de position".

Le 4e Régiment Bavarois d'Infanterie occupe désormais la ligne de front courant le long des hauteurs des côtes de Meuse, son secteur allant de Combres-Herbeville à Dommartin, dans la vallée du Longeau. Son bataillon au repos prend quartier assez loin en arrière, à Labeuville, 7 km à l'ouest de Mars-la-Tour. C'est dans ce village passablement détruit que se retrouve Léo à la mi-novembre, quelques jours après la fin de ses huit semaines de formation. Il est venu, en camion, accompagner une vingtaine de permissionnaires rejoignant la zone du front. Et par la même occasion, en récupérer autant et les ramener à la nouvelle gare de Metz, d'où ils rejoindront rapidement le cœur de la Bavière.

La route après Gravelotte et Rezonville, les célèbres et sanglantes localités victimes de la guerre de 1870, s'est avérée très cahoteuse, labourée qu'elle a été quelque temps auparavant par les obus des deux camps, lors des durs et meurtriers combats de la fin août et de début septembre. En témoignent encore de nombreuses tombes fraîches creusées et coiffées de croix provisoires, disséminées un peu partout le long de la route ou dans les champs voisins.

A Labeuville, d'où l'on entend gronder le canon tout proche du côté de Verdun, Léo a la grande joie de retrouver Karl. Ce dernier lui rapporte assez brièvement ce qui se passe sur la ligne de combat des côtes de Meuse. Le front est relativement calme, plus aucune attaque des deux côtés. En revanche, beaucoup d'échanges d'artillerie qui, encore et toujours, font des victimes. mais de ce côté-là aussi, cela semble se calmer. Les adversaires n'auraient plus de munitions. Les usines de fabrication n'arriveraient plus à subvenir aux besoins.

Les troupes se consacrent alors à l'organisation défensive des positions. Fini le simple trou d'homme (*Fuchsloch*) d'avant la guerre de position. Désormais il faut creuser de profondes tranchées, les protéger à l'avant par des abattis d'arbres et différents autres obstacles. Confectionner aussi sur les pentes des côtes, des abris recouverts de gros troncs d'arbres et chargés d'une épaisse couche de terre pour les protéger contre les intempéries et les éclats d'obus.

A la caserne, Léo participe aux différentes tâches imparties à sa 2e Compagnie :
- monter la garde aux points stratégiques des bâtiments et aux différents lieux de passage vers l'extérieur ;
- tout au long de la semaine, effectuer les corvées traditionnelles du soldat à l'intérieur de la caserne : entretien des chambres, des lieux d'aisance, de l'armement, des vêtements…, séances de tirs, maniement

d'armes, montée du drapeau, parades, corvées de cuisine..., encadrement des nouvelles recrues... ;
- rondes et patrouilles dans le secteur de la ville de Metz affecté au 4ᵉ Régiment Bavarois d'Infanterie, à savoir celui compris entre la citadelle, l'ancienne gare, la poste et la nouvelle gare, en gros tout le nouveau quartier d'architecture allemande ;
- assurer la sécurité dans les bâtiments de la nouvelle gare et aider dans leurs travaux d'accueil des trains sanitaires le personnel très jeune, féminin et souvent lorrain, de la Croix-Rouge allemande.

Les dimanches et les jours de grandes fêtes religieuses, comme la Toussaint, deux groupes de soldats du 4ᵉ Bavarois traversent au pas les rues de Metz au petit matin, pour rejoindre leurs lieux de culte ; la cathédrale pour les catholiques, le temple de garnison pour les protestants. Les parents de Léo profitent de sa présence en ville pour le saluer chaleureusement à la sortie de l'office. Léo s'est intégré très vite dans la 2ᵉ Compagnie du Bataillon de réserve, à laquelle il a été affecté le 11 novembre 1914.

Bien entendu, comme il est de coutume, les premiers jours il s'est fait "chambrer" par les anciens, la plupart bien plus vieux que lui. Son lit a été mis "en portefeuille", ou encore "en bascule"..., il a dû "cirer les pompes" de toute la chambrée, payer des tournées de bière, subir quelques brimades... mais Léo, le lycéen, le footballeur, le membre d'une famille nombreuse... a l'habitude de la vie en communauté. Il a joué le jeu, laissé faire, participé à son tour à des bizutages, mené des chahuts, rendu service à plusieurs illettrés en écrivant leurs lettres... Il s'est vite fait apprécier par son entourage. Mais aussi remarquer par ses supérieurs !

Début décembre, un jeune lieutenant se formant à la charge de *Zahlmeister* (officier trésorier-payeur) le fait affecter à son bureau, comme secrétaire, pour le seconder dans ses travaux de comptabilité et de paiement de la solde de la troupe. Si cet officier a souhaité s'attacher tout particulièrement les services de Léo, c'est en raison de sa souplesse d'esprit, de sa connaissance des langues étrangères (français, anglais), de sa facilité d'écriture, de sa rapidité intellectuelle, qualités rares chez les jeunes recrues de ce début de guerre 1914.

Son travail est très harassant mais le met à l'abri de nombreuses corvées extérieures. "Une planque", lui diront certains. Il s'y adonne avec méticulosité et passion. Hélas, ce travail, "bien au chaud", ne dure pour lui que trois semaines à peine.

Par ordonnance du 18 décembre 1914 du ministère de la Guerre bavarois, 18 officiers du 4ᵉ Bavarois sont affectés, à compter du 24 décembre 1914, au IIᵉ Corps d'Armée Bavarois à Comines, dans la région des Flandres, à la frontière franco-belge, 15 km au nord-est de Lille. La liste des mutés est affichée à la caserne : 1 officier d'état-major, 3 capitaines, 14 lieutenants, des ordonnances, des secrétaires et plusieurs dizaines d'hommes de troupe. Le *Zahlmeister* en fait partie. Et tout naturellement aussi, avec lui, Léo !

- Nous allons au front, mon Lieutenant ?
- Hélas oui, car là-bas on a besoin de nous. Certains régiments ont eu d'énormes pertes et sont littéralement saignés à blanc.

Le dimanche 20 décembre, grâce à une intervention de son lieutenant, Léo a une permission de quelques heures pour retrouver sa famille. Après la messe du matin à la cathédrale, il se retrouve au 1, en Jurue. Son très court séjour en famille est pour lui une véritable souffrance. Son père, très marqué par son prochain départ au front, ne dit pas un mot. Sa mère ne cesse de pleurer. Ses sœurs l'entourent avec gentillesse... mais trop, c'est trop ! A 16 heures, à la tombée de la nuit, il est presque heureux de rentrer à la caserne.
- N'oublie pas de nous donner de tes nouvelles !

Les deux jours qui suivent sont entièrement consacrés à la préparation du déplacement : choix des effets à emporter, entretien des armes et des munitions, rassemblement des papiers, des cartes topographiques, des amulettes (photos, médailles, chapelet...), sans oublier une bible.

Le 23 décembre, avant même le lever du jour, rassemblement de la centaine de partants dans la cour d'honneur de la caserne. Tous les yeux sont pointés sur le chef de Bataillon qui vient d'arriver. Il se montre très paternel :

- *Tag, meine Herren und Soldaten* ! (bonjour).
- *Tag, Herr Hauptmann* ! répond le groupe d'une seule voix.
- En cercle, à gauche, à droite, autour de moi !
Le commandant est à présent en plein centre, au milieu de ses hommes. Il tient son dernier discours, en véritable ami :
- Eh bien, mes chers garçons, ainsi commence à présent pour vous la guerre ! Dans une heure, vous roulerez hors de la ville, vers un lieu fixé par le Kaiser. Conduisez-vous avec civilité pendant le trajet. En service, soyez énergiques, courageux, obéissants. Au repos, gais, et fiers d'être des hommes qui ont à défendre des êtres chers devant l'ennemi.

Et surtout, et c'est mon vœu le plus cher, gardez toujours entre vous une vraie amitié (*Kamaradschaft*), tant dans les jours heureux que dans la peine. Faites m'en la promesse !

Il se met alors au garde à vous, lève le bras, et d'une voix puissante et ferme, s'écrie :
- A sa Majesté, notre Tout-Puissant Kaiser et chef suprême des armées... hourra ! hourra ! hourra !
Et tous de reprendre en chœur : - Hourra ! hourra ! hourra !
- *Rührt euch* ! (Repos). Et il s'en va, d'un pas lourd, sans plus se retourner.
Aussitôt, la voix du chef de convoi :
- *Stillgestanden* ! (Garde à vous), *das Gewehr über* ! (Arme sur l'épaule), *Kompagnie - marsch* !

Et la troupe s'en va. Il est cinq heures du matin. L'heure de départ a été tenue rigoureusement secrète. Metz ne se doute pas qu'une partie de ses chers Bavarois est en train de quitter la ville si tôt ce matin. Les rues sont vides. Seules, par-ci, par-là, quelques têtes de femmes effrayées apparaissent furtivement aux fenêtres. La troupe atteint la nouvelle gare. Les uns derrière les autres, les hommes traversent très rapidement le grand hall d'entrée et grimpent vers le quai n° 1. C'est là que les attend un train sans fin qui les conduira à destination.
- En voiture, lance le chef de gare.
En un rien de temps, les fourgons à bagages qui doivent accueillir la troupe sont remplis à ras bord d'un chargement humain débordant de vitalité. Ils veulent couvrir les parois de leurs fourgons de divers graffitis, le décorer de verdure... mais le chef de convoi le leur interdit :

- Nous le ferons lorsque nous reviendrons comme vainqueurs !

Les officiers grimpent dans les wagons de voyageurs tout spécialement insérés pour eux dans le convoi et s'y installent comme pour un très long trajet. Tout cela s'exécute dans un grand calme, sans énervement, mais aussi sans allégresse, comme s'il s'agissait d'aller en manœuvre. Le public n'a pas accès à la gare. Enfin, les portières sont claquées. Le chef de gare fait un signe avec sa casquette rouge, le train se met en marche et se dirige vers Diedenhofen (Thionville).

A la sortie de la gare, le long du ballast, une centaine de personnes s'est assemblée. Elles agitent des mouchoirs et saluent. Léo reconnaît parmi elles son père. Il a certainement appris, en dernière minute, le passage devant la Grande Poste d'un important groupe de Bavarois, équipés et armés jusqu'aux dents, se dirigeant vers la gare toute proche.

En tenue de facteur-chef, il a dû alors, en toute hâte, quitter pour quelques instants son poste de travail pour venir le saluer. L'a-t-il seulement reconnu, lui qui, avec quelques autres, était agrippé à la porte coulissante d'un des fourgons à bagages. Léo en est complètement retourné, bouleversé… Son père, habituellement si impassible et si réservé, il était venu là, désertant son poste, lui faire un dernier adieu. Les larmes de Léo peuvent alors se comprendre.

Aussi longtemps que le train est en vue, les officiers du 4ᵉ Bavarois de permanence à la gare, restent au garde à vous, la main au casque. Leurs regards sont inquiets :

- Lesquels d'entre-eux en reviendront ? Lesquels y resteront ?

Des infirmières de la Croix-Rouge traversent à la hâte les voies. De l'autre côté de la gare, sur le quai le plus reculé, le plus à l'abri des regards, elles s'apprêtent à soigner et réconforter les malades et les blessés, graves ou légers, qui arrivent dans le long et lugubre train sanitaire qui entre très lentement en gare.

Le convoi de Léo a disparu à l'horizon. Au lever du jour, il poursuit sa marche vers l'Ouest, toujours plus vers l'Ouest. Il traverse le nord de la France, en direction de Lille et des Flandres belges.

Et vers Comines, nouvelle affectation de Léo. Il devrait y arriver demain, dans la soirée, pour la veillée de Noël.

Léo au 5ᵉ Régiment royal bavarois d'Infanterie
(24 décembre 1914 - 15 janvier 1917)

Après les batailles de Lorraine, des Hauts de Meuse, de la Marne, et de l'Aisne, c'est en d'autres endroits surtout, que se poursuit le combat en fin d'automne 1914. Les opérations les plus dures de cette période se déroulent maintenant plus à l'Ouest et en remontant au Nord. Immobilisés sur un front qui reste à peu près inébranlable de part et d'autre, les deux partis veulent se donner de l'air, se déborder réciproquement dans les espaces qui jusqu'alors se sont trouvés en dehors des hostilités. C'est alors, depuis Compiègne jusqu'à la mer du Nord, une sorte de lutte de vitesse, une course à la mer, un glissement continu d'infanterie et d'artillerie, précédées par la cavalerie, qui a pour caractéristique de maintenir la ligne de front sur une perpendiculaire la rapprochant toujours plus de la frontière belge.

Il y a tout d'abord la bataille de Picardie, suivie en octobre de la bataille d'Artois autour d'Arras, puis la bataille des Flandres à Lens et La Bassée et enfin, en remontant vers le Nord jusqu'à la mer, celles de l'Yser et d'Ypres, en Belgique. Dans cette dernière région, les Allemands y lancent leurs innombrables bataillons par masses épaisses de huit hommes de front, sur vingt ou trente rangs de profondeur, en une ou plusieurs vagues (comme en 1870 diront certains). Il en résulte un massacre de ces troupes, composées souvent des jeunes universitaires qui se sont si joyeusement portés volontaires pour la guerre au début des hostilités, à peine huit semaines auparavant. Cette armée marche aveuglément au sacrifice.

Les Belges, les Français, et les Anglais fraîchement débarqués, résistent avec une vaillance inégalable. Ces derniers, surtout autour d'Ypres, ville que les Allemands, malgré leur ardeur au combat, ne parviennent pas à investir. Ils y renoncent à la fin novembre. Ainsi, après la bataille d'Ypres, la barrière des tranchées s'établit d'une façon continue : commencée aux dunes flamandes, elle descend au Sud jusqu'à Noyon, puis se dirige vers l'Est jusqu'à Verdun, d'où elle repart s'inclinant au Sud-Est, pour aboutir en avant de Belfort. Dans toute cette longueur, la guerre s'immobilise. Il n'y a plus de grandes avancées, ni de profonds reculs… C'est la guerre de position.

Mais pas un jour, pas une nuit ne se passe sans que la canonnade et la fusillade ne résonnent en cent endroits à la fois. Et c'est presque à l'extrême nord de cette immense ligne de front (800 km environ) que Léo est affecté au 5ᵉ Régiment d'Infanterie Bavarois, le jour de Noël 1914.

Léo arrive le 24 décembre, en début de soirée, dans la petite gare de Comines, sur la frontière franco-belge. Il fait déjà nuit lorsque le long convoi s'arrête sur une voie de garage. Enfin la délivrance pour le groupe de mutés, après 36 longues heures de cahots dans les fourgons à bagages. Des cris, des mouvements de foule, des remous…, le groupe s'extrait péniblement au grand air. Tous sont inquiets. Des canons grondent ici continuellement et désagréablement proche. La guerre occupe sans cesse les esprits.

- 5ᵉ Bavarois, préparez-vous!… Rassemblement! Les hommes se précipitent. Certains tempêtent:
- Si seulement nous n'avions pas autant de bagages, on n'en finit pas de ranger! Et, en plus, il nous faut charger dans un camion tous les bagages des officiers!

Les fantassins s'aident mutuellement à charger leurs énormes sacs sur leur dos.

Et "En avant marche", par-dessus les voies ferrées, les quais, le long de hangars, de dépôts…, et toujours au son des canons. Il fait froid et humide; le brouillard tenace ne se déchire que lentement. Pas question de rejoindre les bataillons en place encore ce soir. Il est beaucoup trop tard. Et les hommes sont épuisés. Un centre de transit leur est destiné, un peu plus loin. Ils y accèdent très rapidement. C'est un petit hangar en bordure de route d'où s'échappe une bonne odeur de cuisine. Elle chatouille les papilles des voyageurs qui, depuis leur départ de Metz, n'ont eu qu'un frugal repas chaud, lors de leur court passage la veille à la ville étape de Charleville.

A l'entrée du bâtiment, une immense pancarte. Sur le haut de celle-ci est peint en blanc sur fond vert: *Fröhliche Weinachten* (Joyeux Noël). Et sur le bas, encore plus réjouissant, le menu: *Erbsensuppe und Schweinefleisch* (soupe de pois et viande de porc). Un régal, d'autant plus que les gamelles sont pleines à ras bord et les gobelets remplis d'une belle et savoureuse bière belge couleur ocre. À la fin du repas, les officiers, qui ont dîné dans un chalet voisin, viennent rejoindre la troupe sous un immense sapin décoré. Un petit orchestre joue à présent des airs de Noël. Les convives les reprennent en chœur avec ferveur. L'ambiance est chaleureuse, à tel point que le bruit de la canonnade qui, au début, couvrait parfois la musique et ternissait un tant soit peu la fête, n'est plus que rarement perçu à présent. Le climat devient encore plus enthousiaste lorsque chacun reçoit un colis de Noël, confectionné par des êtres bienveillants, aux quatre coins de l'Allemagne.

En cours de soirée, le général Schrott, chef de Division, se lève à la table officielle et déclame :

- *Meine Herren*, bienvenue au 5ᵉ Régiment Bavarois d'Infanterie… Il est venu à présent, le moment que nous considérons tous comme le plus important de notre vie de soldat.
La fidélité que, lors de notre serment au drapeau, nous avons jurée à notre chef suprême des Armées, nous allons avoir le courage de la confirmer par des faits. Chacun de nous n'a qu'un seul désir : être capable du plus grand dévouement.
Nous connaîtrons des heures graves, dures, pleines de responsabilités. mais, nous le savons déjà, nous pouvons avoir confiance en notre hiérarchie, en nos fantassins bavarois. Nous connaissons notre tâche, nous l'exécuterons jusqu'au dernier moment, jusqu'à notre dernière goutte de sang !
Cette promesse solennelle, *meine Herren*, les officiers de l'actif et dynamique 5ᵉ Régiment Bavarois la réitère par ces vivats : A sa Majesté, notre Kaiser tout puissant et chef de nos Armées… hourra ! hourra ! hourra !

Le chef de bataillon, Hauptmann Rabenstein, prend ensuite le relais et expose brièvement aux hommes présents le parcours du 5ᵉ Régiment dans les Flandres belges au cours des deux derniers mois :
- Fin octobre, après de longues et pénibles marches de nuit, il a participé aux très durs et très sanglants combats livrés par l'armée allemande au sud de la ville d'Ypres, tenue par les Anglais.
Le 30 octobre notamment, il s'est emparé brillamment, mais avec d'énormes pertes, du château de Hollebeke. Les jours suivants, il a conquis encore quelques parcelles de terrain défendues par un adversaire extrêmement coriace.
Après cela, complètement épuisé, saigné à blanc, il a dû arrêter sa progression. L'adversaire, lui non plus, n'a plus eu la force de mener de nouvelles attaques.
La guerre de position s'est installée alors sur les zones acquises. Celle où le 5ᵉ Régiment a cessé sa progression, se situe à Saint-Éloi, à 8 km au sud d'Ypres. Le front est entièrement dirigé vers le nord, autour des routes Saint-Éloi-Oosttaverne et Saint-Éloi-Wytschaete, lesquelles se rejoignent au milieu du bourg. En ce début de guerre de position, ce

front ne comporte que de simples tranchées, sans aucune communication avec l'arrière, ou alors très peu.

Les premières lignes sont très humides et n'offrent que de rares protections contre les tirs d'artillerie adverses. Les travaux d'amélioration et d'agrandissement des tranchées ne peuvent être accomplis que de nuit. La relève se fait à l'intérieur du régiment, par les trois bataillons :
- un bataillon en première ligne dans une très petite vallée devant Saint-Éloi et à quelques centaines de mètres de la "Piccadily Farm" tenue par les Anglais. Derrière lui, le *Lehmhügel* de Diependaalhoeck, une véritable colline de boue ;
- un bataillon de réserve (renforts), dans des tranchées de soutien, au lieu-dit "In de Sterkte Cabaret", sur la route d'Oosttaverne. L'état-major est logé entre les deux bataillons, dans la ferme détruite du *Jäger Cabaret* ;
- le troisième bataillon est au repos, à Comines, sur la frontière franco-belge, 10 km environ à l'arrière du front.

Dans quelques instants, en fin de soirée, vos responsables de compagnies vous indiqueront votre marche à suivre dans la quinzaine à venir. J'espère qu'ainsi vous aurez tous les renseignements souhaités.

L'aumônier militaire Dück prend ensuite le relais pour une courte prière et une bénédiction. La soirée se termine avec la douce mélodie *Stille Nacht, Heilige Nacht* (Douce Nuit, Sainte Nuit).

Avant que Léo ne parte vers ses quartiers du centre de transit, il est rejoint par son supérieur, le lieutenant-trésorier messin, qui lui annonce :
- Tu fais désormais partie de la 1re Compagnie, appartenant au Ier Bataillon. Celui-ci était en première ligne. Il retourne en ce moment en réserve en deuxième ligne, pour trois jours, avant de revenir ici à Comines, au repos, le 27 décembre. Il remontera ensuite à nouveau en première ligne, le 30 décembre.

Il a été décidé que tu resterais avec moi à Comines jusqu'au 29, veille de ta montée au front avec ta compagnie. En attendant, tu participeras avec d'autres comptables à l'élaboration de la solde de décembre 1914 du régiment et à son paiement à tous les hommes qui viendront en repos à Comines jusqu'à la fin du mois.

Jusque-là, tu logeras avec des secrétaires, des chauffeurs, des estafettes…, dans un local communautaire situé à côté des bureaux de l'état-major qui sont installés dans le *Rathaus* (hôtel de ville) partiellement détruit de Comines, tout près du beffroi et du pont voisin, sur la Lys, conduisant en Belgique.

Partis se coucher au sous-sol de l'hôtel de ville, dans un local assez humide, chauffé par un énorme poêle à bois et éclairé par des lampes à pétrole, Léo et ses camarades sont aussitôt interpellés par un vieux briscard éméché accroupi sur une paillasse :

- Regardez-moi ce troupeau de nouveaux que nous attendons depuis si longtemps. Leurs uniformes et leur armement sentent le neuf. Ils nous ont apporté jusqu'ici l'odeur du magasin. Regardez-les de plus près, ils n'ont pas grand-chose en commun avec des soldats. Ils portent leur équipement en dilettantes : leurs courroies mal serrées leur ont déjà fait des écorchures. Leurs bottes brillent, mais elles sont raides. Elles n'ont pas été mises à tremper dans de l'urine, puis frottées vigoureusement avec les mains pour les tanner. Il serait impossible d'aller loin dans des bottes si raides. Voyez nos bottes, elles sont exemplaires. Elles sont si douces qu'on voit son petit doigt de pied dedans. Il est vrai qu'elles puent l'urine de très loin. Tant pis ! L'essentiel pour un soldat, c'est ses pieds. C'est l'arme secrète de l'Infanterie.

Changeant brusquement de ton, il se redresse, regarde les nouveaux avec un grand sourire condescendant :

- Fini les leçons, Kamaraden ! Soyez les bienvenus auprès des ronds-de-cuir du Régiment.

Et de leur tendre une gourde de schnaps. Ceux-ci, faisant fi des invectives du poivrot, acceptent de boire une gorgée avec lui mais, très fatigués par leur long voyage depuis Metz, ils se cherchent rapidement une paillasse libre et ne mettent que très peu de temps pour s'endormir en plein cœur de cette ville frontalière, nouvelle étape de leur parcours militaire.

Comines, à la frontière entre la France et les Flandres belges, est une ville de moyenne importance qui comptait environ 8 000 habitants avant la guerre. Une bonne partie de ceux-ci avait fui la ville lorsqu'avait commencé, trois mois auparavant, son bombardement par les canons de 420 Allemands. La terreur panique que provoquèrent les dégâts occasionnés par un seul obus de ce monstre d'acier, peut facilement s'expliquer. Même si un bon nombre de fuyards a réintégré la ville après coup, celle-ci à présent n'est toujours pas très animée. Un peu plus qu'ailleurs pourtant, le quartier français où réside et travaillera Léo, à savoir, celui près de la Lys, rivière faisant frontière entre la France et la Belgique.

Là, un beffroi en briques rouges, doté d'un carillon et d'une grosse cloche-tocsin, domine la cité du haut de ses cinquante mètres. Devant lui se dresse une église gothique monumentale entourée d'un cimetière et, à l'arrière, un hôtel de ville rectangulaire de style Renaissance. Les deux édifices ont subi quelques tirs d'artillerie. Aux alentours, des écoles et des hangars occupés par la troupe, des tisserands, un petit port fluvial, une pêcherie, une tannerie, un ancien hôpital, modernisé et réorganisé en *Lazarett*, des brasseurs, des commerces de gros, des artisans, quelques cafés, et dans les rues adjacentes, des maisons d'habitation dans lesquelles logent certains officiers supérieurs.

-o-o-o-o-

Après avoir passé une bonne nuit au sous-sol de l'hôtel de Ville, Léo occupe, très tôt le lendemain matin, son nouveau lieu de travail, un étage au-dessus du dortoir. C'est une ancienne salle de réunion du bâtiment, dont les fenêtres ont été rafistolées après les tirs d'artillerie. Éclairée par la lumière du jour, elle n'est que légèrement chauffée. Un calendrier mural français indique la date de cette nouvelle journée : vendredi 25 décembre 1914. NOËL. Mais pour cette fête de la Nativité, aucun sapin illuminé, aucune décoration.
- Que voulez-vous, c'est la guerre !

Le lendemain de Noël, un brouillard épais a envahi la ville, Léo en profite pour, à la nuit tombante, rejoindre dans une courte idylle, une jeune dame en mal d'amour, croisée plusieurs fois au cours des dernières heures sur son lieu de travail, une petite entreprise locale artisanale d'embouteillage de bière, où les secrétaires militaires allaient régulièrement se ravitailler en boissons alcoolisées pour satisfaire les demandes de leurs supérieurs.

Parlant de Léo, elle avait confié peu de temps auparavant à l'un de ses camarades :
- Il est si beau, si distingué…, je crois que je ne saurais résister à ce jeune Allemand qui parle si bien d'amour… en français"

Sa connaissance du français le fait d'ailleurs, à une ou deux reprises, appeler dans les bureaux voisins de l'état-major pour la traduction de quelques textes accompagnant des cartes géographiques de la région. Une autre fois encore, pour se faire l'interprète entre un officier du génie allemand et un ingénieur français responsable des groupes électrogènes alimentant divers secteurs de la cité.

-o-o-o-o-

Le 27 décembre est une journée calme. La canonnade n'est que très intermittente à l'Est, du côté de Wytschaete et du Mont Kemmel. Il est vrai que, pendant toute la journée, une tempête violente empêche toute opération. Le Iᵉʳ Bataillon est revenu des secondes lignes du front vers 1 heure du matin. Léo, qui y est affecté, s'y présente dès le lever du jour, avec une vingtaine d'autres soldats, mutés en même temps que lui du 4ᵉ

Régiment Bavarois de Metz. Il intègre la 1re Compagnie. Dans celle-ci, il fait la connaissance de véritables vétérans de la guerre ; vétérans, car ils ont déjà derrière eux cinq mois de longs et très durs combats.

- Tu es de Metz, Léo ? Nous étions déjà sur le *Delme Rücken* (la côte de Delme), tout au début du mois d'août dernier".

Ils ne se leurrent pas sur l'accalmie relative des combats de décembre. Les multiples engagements de tranchées sont en fait très coûteux en vies humaines. Ils ne craignent pas non plus d'exposer à Léo ce qui se passe réellement au front. Certaines défaillances se sont manifestées dans les premières lignes où les hommes pataugeaient dans la boue. Certains corps de réserve ont connu le découragement. Il a fallu, au prix d'efforts inouïs, empêcher ces hommes surmenés, épuisés, de se rendre dès le premier engagement. En effet, des désertions et des abandons de tranchées étaient constatés des deux côtés des lignes.

Épuisés par les attaques partielles, mais plus encore par les longues heures de veille et de guet dans la boue et la neige, les soldats commençaient à se demander si cette guerre aurait jamais une fin. Les hommes croyaient fêter Noël chez eux. Ils pensaient à leur foyer, à leur village et, dans bien des cas, ils se sentaient proches de ceux qu'ils combattaient. Ils commençaient à se sentir du même bord, contre l'arrière qui les oubliait. Des sentiments de fraternisation les assaillaient.

Et de fait, le IIe Bataillon, qui était en première ligne à Noël, connut une curieuse trêve. Au petit matin, les Anglais ont sorti un drapeau blanc pour indiquer qu'ils proposaient une suspension des combats. Dans leurs lignes très proches, notamment près de la Piccadily Farm, on cuisinait beaucoup et de temps à autres des silhouettes couraient d'une de leurs lignes à l'autre.

Curieusement, les Bavarois ont cessé alors de tirer et, comme aucun tir ne venait d'en face, ils ont pu se déplacer sans aucune gêne dans leurs positions, reconstruire leurs abris, enterrer leurs morts. Certains ont même rodé au milieu des nombreux cadavres anglais et belges qui depuis longtemps se trouvaient encore devant les lignes, recherchant des conserves de viandes, du tabac et des spiritueux. Certains ont même rapporté des cigarettes presque sèches, qu'ils fumaient avec délice. Dans un secteur voisin, Allemands et Anglais auraient même bu le café ensemble.

C'était la première fois qu'une telle trêve était intervenue. L'ambiance pacifique n'a cependant pas duré trop longtemps. En fin d'après-midi, des obus sont tombés très près des tranchées, sans provoquer néanmoins de victimes. L'état-major allemand a également repris très sévèrement ses troupes en main. Les hommes, inquiets et redoutant les sanctions, n'ont rien dit. mais le récit en a néanmoins été fait dans certains journaux de route des unités.

-o-o-o-o-

Comme le 27 décembre est un dimanche, le Ier Bataillon va assister à un service religieux. A 9 h 30, ses quatre compagnies se rassemblent devant le portail de l'église gothique et, fait curieux, tous les hommes ont avec eux leurs fusils. On ne fait sans doute plus assez confiance à la population pour laisser les fusils de toute une troupe au quartier pendant l'office. Et c'est alors un spectacle fascinant, que de voir tous ces hommes, côte à côte, chanter les psaumes le fusil entre les genoux.

L'après-midi est libre. Les hommes se consacrent à leur toilette, se font soigner à l'infirmerie si nécessaire, entretiennent et rangent leurs affaires personnelles, lisent, jouent aux cartes ou à d'autres jeux, boivent de la bière par petits groupes en se racontant des histoires, très souvent triviales, rédigent leur courrier... A ce sujet, Léo est à nouveau à disposition de ceux qui ne savent pas écrire. Dans toute sa vie, il n'écrira certainement plus jamais autant de lettres d'amour que ce jour-là. Il n'a ainsi pas le temps de se torturer l'esprit en pensant à sa très proche montée au front.

-o-o-o-o-

La montée au front débute le mardi soir vers 18 heures Le rassemblement a lieu près du pont de la Lys conduisant en Belgique. C'est une longue marche qui débute vers le nord. Tout d'abord, le long du *Verwezen Kanaal* (canal de Comines à Ypres) jusqu'à Houthem. La zone des combats se dessine alors : des trous d'obus récents, des maisons criblées de balles, de nombreuses tranchées individuelles, et puis de petits cimetières militaires clôturés et soigneusement entretenus. La marche se poursuit vers le nord-ouest, sur des chemins de rondins. Une dernière halte est faite près d'un village, Oosttaverne, complètement détruit. On entend des bruits d'explosions très proches. Une pluie fine tombe sur la troupe. Les nouvelles recrues sont agitées et tendues, les habitués du front, entièrement résignés.

La marche en longues files des quatre compagnies se poursuit jusqu'à la position *In de Sterckte Cabaret* où campe, en réserve, le IIe Bataillon. Les hommes y remplissent leurs gourdes car il n'y a pas d'eau potable dans les premières lignes. Et il n'est pas possible non plus d'y faire du café. La marche se poursuit sur la route défoncée conduisant à Saint-Éloi. La situation est relativement calme. Quelques coups de canon seulement par-ci, par-là.

Parvenue au lieu-dit *In Jäger Cabaret*, siège de l'état-major du bataillon, la 4ᵉ Compagnie s'y installe pour assurer la protection du site. Le *Truppenverbandplatz* (centre de premiers soins) y a été installé tout à côté, le long de la route, sur laquelle les trois autres compagnies poursuivent leur cheminement vers le front. Cinq cents mètres plus loin, à la *Hiele Farm* située au sommet de la *Diependaalhoek,* la 3ᵉ Compagnie prend ses quartiers dans des locaux et abris relativement secs. On y voit encore le panneau HIELE FARM posé par les Anglais avant leur retrait. Il est prudent alors de bien suivre les tranchées car on entend dans le secteur le sifflement de balles anglaises. Bien que la nuit soit tombée depuis longtemps, on aperçoit encore assez nettement en dessous, les arbres décapités bordant la route Saint-Éloi-Wytschaete. Plus loin encore, au-delà, dans les profondeurs de la brume, se devine le petit vallon du ruisseau Diependaalbeck, derrière lequel les Anglais sont terrés. La position de première ligne du bataillon est un terrain accidenté situé au nord-ouest du village de Saint-Éloi. Il comporte une partie haute et une partie basse.

La 2ᵉ Compagnie s'installe sur la partie haute, au sommet du Lehmhügel, lequel est relié avec la partie basse par un long boyau en zigzag. Celui-ci ne peut pas être occupé de jour, car il offre presque partout une cible parfaite aux tirs de flanc des mitrailleuses anglaises. La partie haute est relativement confortable : terrain assez sec, de nombreux et solides abris, d'épais parapets munis d'épaisses plaques de protection. L'adversaire n'est pas très loin de la partie basse, cent vingt mètres au plus en avant, enterré près de la *Piccadily Farm* et dans les clairières du *Bois du Confluent* voisin.

Toute la position est compliquée. Trop longue, trop étalée et, en cas d'attaque, extrêmement difficile à défendre. Deux sections de la 1ʳᵉ Compagnie se la partagent. Léo se trouve dans la section installée à l'aile gauche, laquelle est au plus profond dans l'eau. La moitié de ses hommes sont des jeunes, tous très inquiets.

Leur misère se caractérise maintenant par le supplice de la boue. Ils en font le premier apprentissage. Chaque pas les fait enfoncer jusqu'aux genoux dans le cloaque visqueux, sous le fardeau du sac à dos et de l'armement. On avance avec une lenteur désespérante, en s'appuyant des coudes aux parois. On transpire à grosses gouttes, on se sent épuisé au bout de cent mètres. On s'arrête, on décroche son sac, on le dépose à ses pieds pour s'y asseoir... et, masse pesante sur un fond fuyant, on descend insensiblement, empâté jusqu'au ventre. Et l'on décrit alors, pendant un ou deux quarts d'heure dans cette boue, des dizaines et des dizaines d'angles droits qui se succèdent impitoyablement tantôt à gauche, tantôt à droite.

A l'approche des postes les plus avancés, les boyaux sont absolument impraticables, les travaux d'entretien ne pouvant pas s'exécuter avec le minimum de garanties. On circule presque en pleins champs. Il faut franchir par des passerelles branlantes ces fleuves de boue que l'on ne peut utiliser : combien, qui dorment à moitié, posent le pied dans le vide et sont précipités. Alors ce sont d'indescriptibles séances de repêchage : on s'appelle, on crie, malgré les ordres les plus sévères, on se sert des fusils comme perches de sauvetage, on forme un groupe désordonné que la fusée adverse trahit bientôt et au milieu duquel les obus et les balles viennent gicler avec un bruit de mort.

En tête de file, le commandant de compagnie avertit les hommes en place du IIIe Bataillon de l'arrivée de la relève.

L'arrivée dans les tranchées est un soulagement, du moins quelques-uns y croient en y descendant. Ils occupent rapidement les postes de garde, les tranchées inondées, les abris humides... Ils s'installent, n'ayant plus aucune illusion quant au confort de leur habitat, et décidés cependant à y vivre le mieux possible pendant les deux ou trois jours que durera leur service de garde. Ils sont maintenant couverts d'argile jaunâtre, des pieds à la tête, et leur visage lui-même est zébré de traces sordides qu'y apportent leurs mains à chaque geste. Presque aucun abri souterrain ne peut leur donner asile, tout est isolé et envahi par l'eau et la boue. Stoïquement, ils s'accroupissent sur leurs talons, les coudes aux genoux, le menton dans les mains, et ne cherchent plus à se défendre contre le déluge. Leurs méninges sont vides et incapables d'aucun autre effort que le strict minimum correspondant au service de veille : guetter au créneau quand leur tour vient, allumer les fusées que l'humidité n'a pas rendue inutilisables, écoper sans conviction, rentrer les jambes par un retrait du corps, et non sans grommeler, lorsque passe une ronde d'officiers, baisser la tête au niveau des épaules si la trajectoire sifflante d'un obus vient raser de trop près le parapet.

A la relève, les partants du IIIe Bataillon ont chargé leurs sacs, ont récupéré leurs équipements, chuchoté des paroles rapides de bienvenue et de bonne chance à leurs remplaçants et lentement, le dos courbé, sont remontés la pente par le boyau en zigzag jusqu'à la position un peu plus sèche du haut, la *Diependaalhoek*.

Ils sont allés alors, à leur tour, s'installer dans la position de réserve *In de Sterkte*, où ils ont remplacé le IIᵉ Bataillon qui, lui, s'en est retourné au repos à Comines. Et toute cette suite de mouvements de relève s'est effectuée dans la même nuit. Une pénible relève entre trois bataillons, qui se passe ainsi tous les trois jours.

-o-o-o-o-

Il est 9 heures du soir à présent. Les ravitailleurs arrivent : soupe aux pois chaude et saucisses. Un vrai régal après cette longue marche d'accès au front.

Ensuite, premières constatations : il manque des sacs de sable et de l'outillage. Le travail est difficile, les tirs d'artillerie dangereux et assez continus. Le lieutenant de service fait de nombreuses rondes pour rassurer ses hommes avec des paroles amicales. Il peine dans l'eau profonde pour parcourir toute la tranchée.

Un commando de pionniers sous la conduite d'un sous-officier s'annonce pour, sous le couvert de la nuit, améliorer les positions. Il y a beaucoup à faire : écouler l'eau, poser des fagots de sape, refaire les parapets… et ainsi de suite. Ils peuvent travailler jusqu'au lendemain matin vers 7 heures et ensuite, encore dans l'obscurité, retourner en sécurité vers les arrières.

Personne ne doit dormir pendant la nuit. Chacun ouvre grand les yeux au travers de son trou d'observation et fixe les réseaux de barbelés. Derrière on aperçoit confusément, jetés de façon désordonnée les uns sur les autres, des troncs d'arbres complètement épluchés et, près de la lisière du bois, le rempart de la tranchée ennemie.

Enfin vient le matin. Lorsqu'il fait clair, on aperçoit d'autant plus combien le champ de visibilité est réduit et les positions pilonnées. De nombreux cadavres sont encore devant les lignes. Dans les positions adverses, on fait la cuisine : par-ci, par-là s'élèvent des fumées. Les Bavarois ne peuvent s'offrir cela, sinon ils reçoivent aussitôt des tirs d'artillerie.

Aucun obus n'est encore tombé. Dans l'ensemble, les hommes sont de bon poil, malgré la hauteur de l'eau.

"Si aucun gros ne nous tombe dessus, on ne se plaindra pas !".

Tous n'ont pas besoin maintenant de monter la garde, deux par groupes de huit suffisent. Parmi les hommes libres, certains discutent, serrés les uns contre les autres dans des niches de glaise. Pour l'instant, les jeunes nouvellement venus restent ensemble. Ils n'ont pas trop mal surmontés leur première nuit dans l'eau argileuse et bavardent en déjeunant. Les tirs d'artillerie recommencent. Le premier petit obus fait mouche en pleine tranchée dans une niche occupée par trois "Volontaires pour la guerre". L'un d'eux, un pharmacien, est littéralement déchiqueté. Les deux autres sont soufflés par la déflagration, l'un a le bras disloqué, l'autre est choqué. Par chance, les autres obus n'occasionnent plus de gros dégâts. La journée s'écoule lentement, on fume, on monte deux heures de garde, on mange un peu, on est à nouveau deux heures aux postes d'observation, puis on se tasse dans les abris…

A la tombée de la nuit arrive un message : restez particulièrement vigilants pendant la nuit, car on peut s'attendre, en raison de divers indices, à une attaque ennemie. Le lieutenant parcourt toute la position pour en informer les chefs de groupe. Vers 9 heures du soir arrive une nouvelle équipe de sapeurs qui, avant tout, apportent avec eux un pistolet à fusées éclairantes, qui est le bienvenu. En cas d'attaque, cet ustensile est d'une aide indispensable.

La nuit est très agitée. Dans l'attente d'un éventuel assaut, tout le monde est nerveux, au point qu'une fusillade permanente s'entend des deux côtés. Mais rien de suspect ne se manifeste, même si une fusée éclairante illumine pendant quelques secondes le *no man's land* comme en plein jour. La compagnie a encore deux blessés légers.

-o-o-o-o-

Le 31 décembre se déroule comme le jour précédent. Les hommes sont heureux de constater que rien de trop grave ne s'est encore passé, qu'il n'y a pas eu d'offensive adverse depuis leur arrivée. Ils se préparent à fêter le Nouvel An du mieux possible dans les tranchées. Cette fois-ci, ce ne sera pas avec de la bière, qui arrive à geler dans les abris, mais avec une bonne boisson chaude sucrée et alcoolisée. Les hommes s'en réjouissent à l'avance, d'autant plus qu'ils ont aussi reçu du courrier et des paquets de chez eux. Malheureusement, un fait nouveau se manifeste parmi les arrivants de fraîche date : plusieurs hommes ont dû être évacués avec l'horrible souffrance de la gelure qui tuméfie et gangrène les pieds. C'est hélas, ce qui arrive également à Léo.

Depuis plusieurs heures déjà, Léo ressent de violentes démangeaisons aux pieds. Ce n'était tout d'abord qu'une sensation de froid assez douloureuse, la classique onglée certainement, mais depuis lors le mal n'a cessé d'empirer. Il se souvient des paroles du vieux briscard rencontré dans les sous-sols de l'Hôtel de Ville de Comines.

- L'essentiel pour un soldat, c'est ses pieds. C'est l'arme secrète de l'Infanterie.

Il n'est pas à l'aise du tout. Il ne cesse de se plaindre. L'infirmier de la Section essaie de lui remonter le moral. Il a déjà soigné des cas semblables les semaines passées. Il le fait venir dans son abri sanitaire, un des abris les moins humides et les plus en sécurité de la position. Et aussi, ce qui est bon pour Léo, un abri légèrement chauffé mais, pour cela, assez enfumé. Après l'avoir interrogé et observé de plus près, l'infirmier le fait exempter de corvées, de garde... Il le fait bouger, remuer le plus possible les pieds dans les bottes. Mais les extrémités restent engourdies. Léo perçoit des sensations de froid puis, peu de temps après, il a l'impression que ses pieds brûlent. Il est profondément malheureux de ce qui lui arrive.

Pendant ce temps, dans les lignes, tout est calme. Pas de canonnade pour cette dernière soirée de l'année 1914. Le temps est très humide, venteux, aux alentours de zéro degré. Les camarades boivent et rient dans les tranchées, dans leurs abris. Derrière leur rire, derrière les petites plaisanteries, subsistent inconsciemment la crainte, la peur : un obus trop bien ajusté..., une balle perdue..., un coup de froid, des pneumonies, des gelures... Combien de temps devront-ils encore se battre, combien d'entre eux y laisseront-ils leur peau ?

Les bonnes habitudes cependant ne se perdent pas. A minuit, tout au long des tranchées et des boyaux, se répercutent de joyeux *Prosit Neujahr* (Bonne Année). Un grog succulent, fortement alcoolisé par une eau-de-vie très raide, voire même décapante, et qui leur a été servie en abondance avec une grosse louche, leur a réchauffé à la fois le corps et le cœur. Pour l'instant, ils oublient leurs soucis. Il est vrai qu'ils viennent d'entamer leur dernière journée de service en premières lignes. Dans moins de 24 heures, ils seront relevés.

Léo, lui, malgré toutes les bonnes intentions qu'on lui témoigne, souffre de plus en plus. Toute la nuit, et encore toute la matinée, il ne cesse de geindre de douleur. Et de maudire son entourage. Et de se plaindre. "On aurait pu, et même on aurait dû, me remonter avant le lever du jour dans les positions plus sèches du haut de la colline et me transporter ensuite aussitôt en arrière au poste de premiers secours (*Truppenverbandplatz*)".

Hélas maintenant, il est trop tard. Le boyau en zigzag accédant au haut du plateau est trop exposé aux tirs de l'ennemi. Vouloir le parcourir en plein jour avec un blessé serait un suicide, une condamnation à mort, à la fois pour le porteur et pour le transporté.

La situation, heureusement, reste calme toute la journée. L'Anglais doit avoir besoin de repos autant que le Bavarois. Dans le petit abri sanitaire, le poêle ronronne toujours. Des bougies brûlent sur un vieux tonneau. Léo ne tient plus en place. Ses plaintes mettent son entourage au supplice. Il a les pieds tellement douloureux qu'on doit lui découper les bottes et les chaussettes pour les lui enlever. Le spectacle offert alors est démoralisant. Ses doigts de pied sont bleu-noir et enflés comme des cornichons. Un léger vernis rougeâtre perle par-dessus ses membres difformes. Un orteil est déjà fendu et laisse suinter du pus jaunâtre.

- C'est horrible", déclare l'infirmier à plusieurs reprises. Et ça sent mauvais.
Il faut l'évacuer au plus vite. Sur ordre du commandant de Compagnie, deux camarades de Léo, Kurt et Simon, sont désignés pour le transporter à l'arrière, avant même la relève de la nuit prochaine. Dès la tombée de la nuit, ils se mettent en marche. L'infirmier a eu le temps de soigner du mieux possible les pieds de Léo : petit bain dans une eau chauffée à 37° avec un antiseptique doux, et pour éviter le regel, soigneux emballage avec des bandes stériles et des lambeaux de couvertures chaudes et de toile imperméable. Kurt et Simon, jeunes soldats, sont impressionnés par la charge qu'ils ont à porter et estiment que, s'ils ne se hâtent pas, ils seront responsables des dommages que Léo subira à l'avenir. Ils sont de ce fait d'autant plus disponibles et agissent avec la plus grande célérité.

A tour de rôle, tout d'abord dans les tranchées tortueuses du bas, ils portent Léo sur leur dos. Celui-ci agrippe ses mains autour de leur cou et se laisse trimballer telle une lourde bille de bois. Le plus dur maintenant est de grimper en zigzag vers le haut de la butte. Il fait nuit, il fait froid, le terrain est glissant. Aucun tir de fusil n'entrave leur progression. Au loin quelques rares tirs d'artillerie traversent le front.

Le trio s'arrête de temps à autre : pour changer de porteur, pour changer d'épaule, pour se reposer quelques instants. Malgré le froid, les porteurs sont en transpiration. La marche est difficile, flaques d'eau, ruisselets d'écoulement, boue... mais les deux soldats ont une force surnaturelle, de l'énergie à revendre.

- Reste tranquille, déclare Kurt à Léo qui récrimine sur son dos, nous serons bientôt arrivés.
Mais le chemin, aux mille détours à travers eau et vase, est long, très long. Les forces faiblissent, les arrêts se multiplient. Après quelques mètres de grimpette, les deux hommes ressentent à nouveau la fatigue, d'autant plus que sur leur passage les obstacles sont nombreux : troncs

d'arbres éventrés, barbelés éclatés, entonnoirs remplis d'eau. En temps normal, cela ne serait rien. mais avec une charge sur le dos, et quelle charge ! Un homme qui souffre et ne cesse de se plaindre. L'un des porteurs effectue la marche en avant, en tâtonnant, pour ne pas sombrer la tête la première dans la gadoue, d'où il est fatiguant de s'extraire. Le second, avec Léo sur le dos, suit, ne lâchant pas le premier des yeux. Plusieurs fois les hommes chutent. À chaque fois Léo se plaint :

- Mes pieds, mes pieds !

Kurt et Simon sont complètement épuisés. A mi-hauteur de la colline, après maints va-et-vient, ils croisent les hommes du bataillon de relève qui descendent vers les premières lignes. Il faut s'arrêter, laisser passer tout le monde. Le temps s'écoule rapidement, minuit est passé depuis longtemps. Complètement épuisés, les porteurs doivent néanmoins reprendre leur marche en avant. Ils ne souhaiteraient rien de plus que de se laisser tomber à terre et de se reposer longtemps. Mais ils doivent ramener Léo à bon port. Celui-ci ne fait que geindre de douleur. Il voudrait qu'ils avancent plus vite, qu'ils le portent avec plus de souplesse. Tout en pleurant, il essaie de les encourager :

- Allez les gars, encore un petit effort… ! Rendez-moi juste ce petit service.

Il les supplie maladroitement. Excédés, ceux-ci finissent par se cabrer :

- Nous ferons tout pour toi, mais ferme seulement ta gueule", lui crie Kurt, sur le dos duquel il est accroché et qui, sous son poids, respire bruyamment et à un rythme précipité.

Tout près du haut de la butte, un poste de garde se présente à eux. Un de ses occupants leur indique le chemin à suivre à présent pour retrouver le poste de secours. Il leur fait savoir avec regret qu'il n'y a pas de brancard disponible dans le poste pour transporter leur blessé.

- Pourquoi n'avez-vous pas emporté pour cela vos toiles de tente ? Cruel oubli !

Arrivés épuisés et complètement frigorifiés en haut de la colline, les deux hommes poursuivent leur chemin mais, à présent, traînent plus Léo qu'ils ne le portent. Lui a, semble-t-il, franchi un nouveau cap dans l'évolution de son état. Il ne sent presque plus ses pieds et se laisse trimballer comme un paquet. Il ne se plaint plus. Privé de sensibilité, il a presque sombré dans l'inconscience. En fin de nuit, à travers un voile de brume, les porteurs aperçoivent au loin de modestes casernements et un parc à matériel. Ils s'engagent entre les bâtiments et rapidement se retrouvent dans le Sanitätsstollen, un grand abri souterrain protégé des tirs d'artillerie. Devant son entrée, sous la pancarte TRUPPENVER-

BANDPLATZ, quelques cadavres, ramenés certainement depuis peu, et recouverts sommairement de toiles de tente.

Les porteurs descendent Léo dans une grande salle de l'infirmerie où se mêlent grand nombre de soldats au visage couleur de cire, aux yeux fiévreux et à la démarche hésitante. Ce sont tous des victimes de cette nuit dans le secteur du Régiment. Ils attendent qu'on panse leurs blessures et aussi et surtout leur piqûre anti-tétanique. Des appels et des cris de souffrance fusent de toutes parts. Kurt ne peut plus supporter ce spectacle. Il dépose Léo, lui prend la main, la serre dans la sienne et le confie à un médecin-soignant. Dans son for intérieur, il pense : "Il a son compte. Je ne le reverrai plus jamais. Si seulement ses pieds pouvaient lui rester entiers". Entre-temps, l'autre porteur a été donner les coordonnées de Léo à un secrétaire. Ensemble, ils quittent rapidement l'abri souterrain.

Quant à Léo, allongé sur une banquette dans une pénombre lugubre, épuisé et ne sentant plus ses pieds, il est complètement paumé et tressaille à la pensée de ce qui va l'attendre. Une petite lueur d'espoir brille néanmoins dans ses yeux. La guerre, pour l'instant, s'est arrêtée pour lui. On va s'occuper de sa blessure. On l'a déjà pris en charge.

Le secrétaire-infirmier ne vient-il pas d'accrocher à son cou, une petite pancarte aux brèves références :

2.Januar 1915
Inf. Léo MALNOURY
I.Btl.1.Komp.5.bayer.Inf.-Rgts
Füße verfroren (pieds gelés)

Tard dans la soirée, et après avoir reçu des soins appropriés, Léo est transféré en ambulance au Feldlazarett 11 à Comines. Le Feldlazarett n° 11, installé dans l'ancien hôpital civil de Comines et réaménagé en hôpital de campagne allemand depuis la guerre de position, dispose des mêmes structures d'accueil qu'un bon hôpital classique de l'arrière-pays. Il est à la fois pratique et agréable. Ses grandes chambres de malades très lumineuses, ses salles d'opération d'une propreté méticuleuse, ses larges baignoires encastrées dans de la pierre et ses appareils orthopédiques simples et très ingénieusement conçus, témoignent de l'habilité et du savoir-faire de nombreuses bonnes volontés qui ont voulu donner aux blessés ce qu'il y avait de mieux dans les circonstances du moment.

Son bâtiment qui borde la Lys, est surplombé par l'église monumentale de la cité. Léo le connaît bien pour y avoir effectué des rondes de nuit entre Noël et Nouvel An. Il y reçoit les premiers soins. A sa prise en charge par l'équipe de médecins de permanence, le 3 janvier 1915 en début de nuit, il est totalement passif. A-t-il, avant son transport en camion-ambulance, reçu une piqûre calmante ? Il ne peut le dire. Il n'a plus ou que très peu de sensations dans les pieds et de ce fait ne ressent plus de douleurs particulières. Il apprend par ses soignants que cette disparition progressive des fourmillements et des brûlures de ses pieds est consécutive à une paralysie locale des parties nerveuses de ses extrémités. Peut-être par manque de lucidité, ne semble-t-il pas se rendre compte exactement de la gravité de son cas. Fatigué, voire épuisé, il est surtout inquiet et même irrité de la durée, excessive pour lui, des soins qu'on lui a prodigués en cette première nuit d'hospitalisation.

On lui a tout d'abord enlevé, pièce par pièce, toutes les parties de vêtements qui pouvaient nuire à une bonne thérapie de ses blessures. Avec grande précaution, on lui a ensuite frotté les parties atteintes ; avec de l'eau froide et des torchons humides pour ranimer la circulation du sang et engendrer un réchauffement progressif. Les parties gelées ne doivent jamais, lui dit-on, être réchauffées rapidement ; pour ne pas occasionner une crampe des vaisseaux par une trop grande différence de température. Par la suite, les pieds ont été immergés un certain temps dans un bain comprenant un antiseptique léger, pour les conduire à un doux réchauffement. Ce bain a servi également à leur nettoyage.

Ils ont alors été bien séchés, les parties paraissant saines frottées avec de l'eau-de-vie (française, paraît-il), puis brossés et massés avec douceur, poudrés, emballés avec asepsie et entourés chaudement de ouate. Ramené sur un chariot dans une grande salle de malades, Léo a été pris en charge par un infirmier qui lui a injecté un produit anti-tétanique et pris grand soin de lui réchauffer l'ensemble de l'organisme par l'application de briques chaudes dans son lit (trop court pour sa taille) et la pose d'un grand édredon. Un second infirmier est venu lui servir un verre de limonade chaude. Tous deux enfin ont surélevé sensiblement les extrémités touchées, pour faciliter le retour du sang veineux, puis posé une gouttière dans le lit, pour éviter le poids de la literie sur ses pieds.

Un traitement à peu près identique est appliqué à Léo le lendemain matin, dès son réveil. Il est beaucoup plus calme que la nuit écoulée. Il a récupéré une partie de ses forces, ses souffrances lui paraissent plus tolérables. Il regarde autour de lui. Certains malades dorment encore, couchés dans tous les sens. D'autres, assis sur leurs lits, se plaignent, appellent les infirmiers. D'autres encore se promènent avec des béquilles, entre les lits assez serrés les uns contre les autres. En de nombreux endroits on aperçoit des pansements, des bandages, de la gaze, des cuvettes, des seaux hygiéniques... Dans toute la salle règne une odeur d'alcool, de camphre, de sang coagulé... Partout de la misère, partout de la souffrance.

Léo essaye de bouger dans son lit, le chirurgien lui ayant conseillé de ne pas laisser ses pieds entièrement au repos. mais il ne peut même pas exécuter de légers mouvements avec ses jambes. Peu avant midi, il reçoit la visite d'un aumônier militaire, un Père franciscain bavarois. Apprenant que Léo a fait ses études dans une *Oberrealschule*, le Père lui annonce avec précaution qu'il vient, le matin même, de conduire au cimetière militaire voisin, un jeune soldat bavarois qui, comme lui, venait juste avant le début de la guerre d'achever ses études à la Reale de sa ville. Il le connaissait bien et, devant sa tombe, a prononcé son oraison funèbre. Il a encore le papier dans la main. Léo lui demande s'il peut en prendre connaissance. L'aumônier lui remet le document.
   - Gardez-le. J'en ai une copie dans mon bureau.

Il lui souhaite alors un prompt rétablissement, lui donne sa bénédiction puis s'en va conforter d'autres patients dans la salle.

Pendant son séjour à l'hôpital de Comines, un chirurgien donne encore à Léo quelques soins très localisés, notamment l'ablation de peaux éclatées et d'escarres, genre de croûtes noirâtres formées de tissus morts. Il lui indique que sa gelure lui paraît profonde. "En maints endroits, aucun signe de réchauffement des tissus n'est perceptible. La peau est violacée et froide. Quelques cloques sont encore remplies de sang. Certains orteils sont éclatés, d'autres sont durs comme du bois et semblent morts... Ils seront certainement perdus !".

Il essaie néanmoins de le rassurer : "La teinte noire de la nécrose ne monte pas nettement plus haut que les orteils..., le reste des pieds semble rester sain. Avant de faire tout diagnostic, il faudra maintenant patienter un certain temps, un à deux mois très certainement. Et ce, jusqu'à l'apparition du sillon d'élimination qui déterminera la séparation entre les parties saines et celles nécrosées. C'est alors seulement que l'on pourra définir quel traitement chirurgical devra vous être appliqué. Certains orteils tomberont peut-être déjà d'eux-mêmes. D'autres devront être amputés. Pour l'instant, vous allez quitter notre Feldlazarett surchargé de malades et de blessés et être transféré en Allemagne, dans un Reserve-Lazarett, où une section a été ouverte tout spécialement pour les combattants touchés par des gelures. Je vous souhaite un bon rétablissement".

Le 6 janvier 1915, Léo est transporté en ambulance à la gare de Comines où un train sanitaire est à quai près d'une voie facilement accessible aux véhicules de tous genres. Il a encore la possibilité d'écrire une lettre à ses parents. Il leur dit : "Ma vie est vraiment très bizarre. À peine trois jours au front, en premières lignes, et déjà je repars blessé. Que Dieu me prenne désormais sous sa protection pour la suite à venir".

Le train dans lequel Léo est installé ne doit pas avoir roulé énormément, car il est encore pratiquement neuf. Il a été financé par la ville de München, grâce aux dons de ses habitants. Une pancarte en fait mention sur chacun de ses wagons. Il fait 420 mètres de long, comporte une locomotive, un tender à charbon et trente-huit wagons. Il peut emporter 275 blessés.

De la tête à la queue, il est formé comme suit :

• La locomotive ;
• le tender à charbon ;
• un wagon pour le personnel ferroviaire ;
• cinq wagons pour des blessés légers aptes à la marche, des malades mentaux ou dépressifs ;
• un wagon pour les officiers malades ou blessés ;
• un wagon des médecins ;
• un wagon des infirmiers ;
• un wagon "cuisine et mess" des officiers et médecins ;
• un wagon "cuisine ordinaire" ;
• un wagon "chaudière" (chauffage et eau chaude) ;
• un wagon frigorifique ;
• un wagon "salle d'opération" ;
• douze wagons pour les "blessés graves" ;
• sept wagons pour les "blessés légers alités" dont deux éventuellement pour les contagieux ;
• deux wagons pour le chef de train et le personnel d'entretien ;
• un wagon "fourgon à bagages" ;
• un wagon avec les réserves ;
• un wagon pour les dons et les cadeaux charitables.

Chaque wagon de blessés ou de malades contient onze lits. Le chargement du train au départ a fait l'objet de la meilleure organisation et de la plus grande spécialisation. Chaque wagon a été rempli avec une cargaison autant que possible identique : blessés graves, blessés légers, blessés de la mâchoire, victimes de gelures…, malades mentaux, maladies vénériennes, contagieux…, officiers, ennemis (eux aussi différenciés entre hommes de troupe et officiers).

Dans chaque wagon aussi, chaque lit a été attribué selon que la blessure était à gauche ou à droite. Cela facilite énormément l'assistance médicale et sanitaire. Ces lits, bien blancs, sont suspendus de telle sorte que le malade ne sente pas les virages, ni même l'arrêt du train.

Le présent train compte un wagon entier de malades mentaux, en grande partie hystériques ou épileptiques, mais aussi de vrais psychotiques : avec risques de suicide, ce qui implique que portes et fenêtres ont dû être protégées. Un autre wagon loge des contagieux qui doivent rester isolés. Une désinfection toute particulière de ce wagon aura lieu en fin de parcours.

La disposition des wagons a une grande importance. La grande longueur du train n'est pas très commode dans les petites gares où, souvent, pour charger ou décharger, le train doit être coupé en deux.

Tout le train est un hôpital ambulant pour ce qui concerne les soins aux malades, l'approvisionnement médical et le ravitaillement. Le médecin-chef, ou ses assistants, s'obligent à traverser une ou deux fois de nuit tout le train pendant le trajet, pour visiter rapidement tous les blessés et malades. Des opérations urgentes (notamment des ligatures de gros vaisseaux) ont lieu pendant le trajet. Le train ne peut pas s'arrêter en effet, pour ne pas provoquer un embouteillage des trains qui se suivent à la queue leu leu.

S'il y a un décès en cours de trajet, le corps est déposé dans une gare de passage. Il en est de même pour les blessés ne supportant plus le transport. Ils sont remis à un hôpital d'étape, malgré leurs supplications de les ramener au pays.

Le renouvellement des bandages est très fréquent. Un nombre non négligeable de pansements ne peuvent être changés que dans la salle d'opération. C'est pour cela que, lors du chargement du train sanitaire, les blessés graves ont été logés de suite dans les wagons suivant le wagon opératoire, où ils peuvent être transportés sans trop de difficultés dans le train en marche.

En ce qui concerne l'évacuation des excréments, il est fait usage de pansements usagés, de déchets de tissus, de plats-bassins. Déféquer pendant ce trajet est d'ailleurs pour Léo une des corvées les plus pénibles et les plus délicates à accomplir. En effet, allongé sur le dos, sur une couchette assez étroite et un peu courte pour lui, et ne pouvant pas prendre appui sur ses talons qui ont perdu la sensibilité physique, il n'arrive pas à soulever ses fesses et à s'arc-bouter sur sa couche. D'où la grande difficulté de l'installer sur une cuvette.

Pour les repas, la cuisson des aliments se fait dans deux énormes marmites norvégiennes alimentées par la vapeur du wagon "chaudière".

Le train sanitaire met quatre jours et quatre nuits pour traverser la Belgique (Comines - Bruxelles - Namur - Arlon) et le Luxembourg et sillonner ensuite à travers l'Allemagne (Trèves - Koblenz - Gießen - Kassel). Il fait un nombre incroyable d'arrêts, de manœuvres, de décrochages et d'accrochages de wagons, de remplissage d'eau et de charbon pour la locomotive, de chargements de vivres et de matériels, d'attentes sur des voies de garage pour laisser passer des trains prioritaires (munitions, canons) ou pendant des alertes dues au passage d'avions ennemis, de sur-place pour réparations de rails…, de jour comme de nuit, dans des gares de toutes dimensions ou en pleine nature.

Les transportés, malades, blessés et personnels soignants, sont épuisés. Le dernier parcours conduit la petite partie de wagons restants de Kassel à Hofgeismar. Ce trajet de 25 kilomètres paraît interminable. Partout des soupirs, des plaintes, des appels à l'aide.

Mais l'accueil au terminus du voyage, le 10 janvier 1915 au petit matin, est particulièrement charmant et rassure Léo. Il est à nouveau couché sur un brancard. De jeunes et gais étudiants, coiffés de casquettes à la couleur symbole de leur classe, aident les infirmiers à sortir les blessés des wagons, et par-dessus les quais à les transporter vers les ambulances qui attendent de l'autre côté de la place de la gare.

A gauche et à droite, des femmes, debout sur les trottoirs, les regardent comme s'ils étaient les premiers blessés qu'elles aperçoivent. Elles sentent que c'est la guerre qui passe devant elles. À travers Léo et les autres blessés, elles voient leur mari, leur fils qui est au front, ou doit encore y aller, pour peut-être y être tué ou en revenir impotent. À travers ce convoi de blessés, elles aperçoivent la guerre si détestée comme elles ne voulaient peut-être par la voir, mais comme elles doivent cependant la voir. C'est ainsi, et pas autrement !

Hofgeismar est une petite ville de 8 000 habitants environ, implantée au nord de la grande ville de Kassel, dans la très étroite vallée de l'Esse, en bordure d'un très féerique massif boisé, le Reinhardswald, l'une des plus belles forêts de chênes d'Allemagne. Située au centre du pays, c'est une ville médiévale fortifiée, riche en maisons à colombages pittoresques. Le cœur de la ville, quatre hectares tout au plus, est délimité par un splendide mur d'enceinte, presque partout encore en bon état de conservation.

Réputée pour son bon air, la cité possède également, à proximité, une source d'eau minérale. Catholique à l'origine, sa population est devenue à majorité protestante à l'arrivée des Huguenots français. Une caserne y a été bâtie vers 1840, dans un grand parc très verdoyant avoisinant le cœur de la ville. Entre la caserne et une des portes du mur d'enceinte a été élevé dans ce parc, un bâtiment à l'allure simple et solide, de style classique milieu du XVIIIᵉ siècle, destiné à servir d'infirmerie à la caserne voisine.

Dès le début de la guerre, cette ancienne infirmerie a été aménagée en un petit Reserve-Lazarett. Le 10 janvier 1915, Léo se retrouve dans ce petit hôpital militaire. Il y restera six mois et demi environ.

Dans un premier temps, on continue à lui assurer les mêmes soins que ceux fournis jusqu'alors à Comines. La consigne n'a pas changé : ne pas pratiquer d'intervention chirurgicale avant que les parties nécrosées et celles encore vivantes ne se soient nettement démarquées l'une de l'autre. On essaie donc de rétablir la circulation du sang dans la partie saine médiane des membres et de la sauver. Puis, d'empêcher l'infection de la partie nécrosée, d'éviter la gangrène. Cette infection ne s'étant pas produite, les parties hors circulation ont perdu rapidement leur fluidité, ont séché et se sont momifiées. Cette momification a transformé les tissus (osseux, nerveux, musculaire…) en une masse dure et ferme impropre à un développement futur de bactéries.

Toute utilisation de produits liquides, notamment de pansements humides a, dès ce moment, été interdite. Les pansements desséchants avec poudre ont par contre été avantageusement employés. Après un mois de traitement, certaines petites parties nécrosées sont tombées d'elles-mêmes (le petit orteil de chaque pied). Ces chutes ont rendu inutile toute nouvelle intervention à ces endroits, si ce n'est d'aider à la guérison en coupant les os proéminents, ceux-ci faisant en effet saillie au-dessus du niveau de la peau saine.

Huit semaines après les premiers soins, les tissus morts et les tissus sains se sont définitivement démarqués les uns des autres. On a constaté alors que toutes les phalanges des orteils étaient mortes. Le bon moment était venu pour entreprendre leur amputation.

Dehors, dans le grand parc du *Lazarett*, le printemps venait de remplacer l'hiver. Léo ayant présenté des signes de nervosité, de grande inquiétude, et même d'angoisse (effet de peur ?) avant l'opération, celle-ci eut lieu sous anesthésie générale par éthérisation. Une fois l'amputation terminée, Léo ressentit à son réveil une profonde douleur dans la partie restante des membres amputés. On l'aida à supporter ses souffrances en lui administrant des stupéfiants, notamment de la morphine. L'infirmier de service, un plaisantin, ne manqua pas de lui dire avant sa piqûre que, durant cette phase post-opératoire, très douloureuse à plus d'un titre, un bon "traitement de cheval" simplifiait grandement les choses.

Cette douleur disparut progressivement au fur et à mesure que les tissus se désenflaient et commençaient à cicatriser. Chose bizarre, Léo ressentit longtemps, et ressent toujours encore occasionnellement, une douleur diffuse, qui semble siéger dans la "partie amputée". Elle diminue avec le temps, aussi bien en intensité qu'en fréquence. Elle est très déplaisante pour les amputés. Certains l'appellent "la douleur du membre fantôme".

Comme il n'y a pas beaucoup de chair sur les pieds, pour aider à la formation des moignons, il a été implanté à Léo des lambeaux de chair pris sur ses cuisses. La superposition des chairs étant difficile, la suture a tout d'abord été provisoire. Il lui est resté des petites poches qu'il a fallu vider de leur écoulement avec des drains. Drains en verre, qui ne pouvaient pas être compressés et qui se laissaient facilement stériliser. Il fallait éviter que de l'humeur se place dans les cavités. A cet effet, il a été fait usage de compresses de gaze iodées.

Une fois que la sécrétion a cessé et que la peau a présenté de fraîches granulations, une deuxième suture a eu lieu. La cicatrisation a été assez lente. Lorsque les plaies ont été considérées comme guéries, il a été procédé au traitement des moignons. Plusieurs fois par jour on a tapé d'en bas, avec le plat de la main, sur les moignons et procédé à leur massage. Le but final d'une amputation est toujours la création d'un moignon fonctionnel, aisé à manier.

Léo, de son côté, a été invité à faire des exercices de pression avec ses pieds contre une planche placée dans son lit, ou à poser ses pieds par terre en s'appuyant sur le dos d'une chaise. Tout cela plusieurs semaines durant, pour faire disparaître l'œdème du moignon, circonscrire les atrophies musculaires (diminution du volume ou du poids), rendre la greffe mobile et le moignon résistant aux efforts. Il a ensuite essayé progressivement les appuis sur le plancher. À partir de là, il a dû apprendre aussi vite que possible, à marcher sur ses moignons. Pendant tout le temps de sa rééducation, il a encore reçu de nombreux soins pour éviter les risques d'infection, ou des saignements des moignons pouvant entraîner une gangrène des greffes de peau. On lui a encore administré régulièrement des médicaments anti-phlébites.

Pour finir, il a été procédé à de petites interventions chirurgicales là où des sutures tendaient trop la peau, ou encore pour arrondir des avancées d'os.

À présent, courant juin 1915, il peut enfiler une paire de chaussons souples et bien stables et marcher lentement dans les couloirs très planes, et non cirés, de l'établissement. Cela, bien entendu, appuyé sur des béquilles. Il délaisse peu à peu ces dernières pour se déplacer avec des cannes anglaises munies d'un support pour l'avant-bras et d'une poignée pour la main.

Pendant son séjour au *Lazarett* de Hofgeismar, Léo n'est jamais sorti seul du bâtiment. mais il y a reçu beaucoup de visites. En premier lieu ses parents, quelques jours après son amputation. Grande joie pour lui. Il se souviendra plus tard des paroles, alors pleines d'espoir, de sa mère : "maintenant, tu ne feras plus la guerre".

Ensuite, toute une série de dames, de demoiselles et de jeunes étudiants de la *Kriegsfreiwillige Krankenpflege* (Aide volontaire aux malades). Et ceci, dans le grand salon-réfectoire de l'hôpital, ou, par beau temps, sous les ombrages du grand parc voisin. Toutes et tous adoraient qu'il leur parle en français.

Enfin, des religieuses soignantes protestantes (*Schwester*) de tous âges, dont il était devenu le chouchou et qui le comblaient d'attentions gentilles et lui fournissaient tous les genres de lecture possibles : journaux, revues, livres, textes littéraires et scientifiques... et paradoxalement très peu d'ouvrages religieux. Il était toujours impressionné par ces dames à l'allure distinguée, vêtues à l'instar des médecins de longues blouses blanches descendant jusqu'aux chevilles et coiffées d'un joli voile d'infirmière bleu foncé. Léo avait su les conquérir par son humour et sa jovialité.

Début juillet, il reçut à plusieurs reprises l'autorisation de sortir du périmètre de l'hôpital-caserne pour se faire conduire en chaise roulante à travers le très petit, très moyenâgeux et très joli centre de la ville de Hofgeismar. Véritable bouffée d'air pour lui, que de se replonger pour quelques instants dans la vie civile. Vers la mi-juillet, il fut déclaré apte à quitter l'hôpital et à être intégré dans une compagnie de convalescents d'un bataillon de réserve de son régiment.

Le 26 juillet, au matin, accompagné d'un autre convalescent et d'un membre du *Beförderungsdienst zwischen Bahnhöfen und Lazaretten* (Volontaires pour convoyer des handicapés entre les *Lazarett* et les gares), il quitte Hofgeismar dans un wagon de seconde classe. Vingt-quatre heures plus tard, il rejoint sa nouvelle compagnie à Bamberg, dans le nord de la Bavière, où il débute sa convalescence.

Léo venait de quitter une ravissante petite ville moyenâgeuse prussienne du centre de l'Allemagne pour une ville de plus de 50 000 habitants, du nord de la Bavière.

Ramené, de la gare à la caserne dans un genre de calèche-ambulance tirée par deux chevaux, il est de suite reçu par un vieux médecin-chef qui, avant même de l'ausculter, l'amène devant une grande baie de son bureau s'ouvrant sur le centre de Bamberg et lui dit :
- Vous avez de la chance d'être affecté dans une ville de garnison aussi belle et aussi accueillante que la nôtre. Elle est ancienne, de mille ans et plus. Elle porte son âge avec dignité, on l'a baptisée la ville du romantisme. Elle est un véritable chef-d'œuvre, une mosaïque de style : roman, gothique, renaissance et baroque. Tours, pignons, ruelles étroites et sinueuses, places, cours, palais et églises se succèdent. Les œuvres d'art y abondent.

L'attirant vers une autre fenêtre, de l'autre côté de son cabinet médical, il continue :
- Regardez, en surplomb sur une des sept collines, la cathédrale domine la ville. L'histoire se lit dans sa pierre. Elle est l'expression d'une piété vivante. C'est ici que sont inhumés un empereur et un pape. Mais l'Art ne suffit certainement pas à rassasier un jeune diplômé de la Reale comme vous. Bamberg possède aussi des auberges sympathiques où l'on savoure la "bière fumée", le vin de Franconie, les saucisses grillées et les carpes préparées selon une recette locale traditionnelle. Je ne vous en dis pas plus.

Si ! Peut-être encore un mot sur l'aspect militaire de la ville : Le 5e Bavarois d'Infanterie est ici en garnison depuis septembre 1855. Sa caserne, dans laquelle vous êtes actuellement, a été construite au centre même de la ville, le long des quais de la rivière Régnitz. Elle se situe juste derrière l'ancien l'hôtel de ville, un des plus originaux d'Allemagne, qui a été érigé au milieu de la rivière et, j'ai gardé le meilleur pour la fin, face à la "Petite Venise", quartier aux pittoresques maisons de pêcheurs, le plus beau coin de la ville.
Je ne vous dévoile pas tout. En tant que convalescent, vous aurez largement le temps et la possibilité de découvrir cette ville enchanteresse. Passons maintenant aux choses concrètes, montrez-moi vos pieds.

La transition est un peu brutale. Après un très sérieux examen médical, au cours duquel Léo a l'occasion à son tour de vanter les mérites de sa ville, Metz, la gallo-romaine, le médecin lui prescrit une série de soins et lui fixe un nouveau rendez-vous, pour la fin du mois d'août seulement.

- En attendant, profitez encore pendant un mois de la belle ville de Bamberg.

Léo aura très souvent l'occasion de le faire. Pour l'instant, il est dans une Compagnie de convalescents. Ce qui lui implique qu'il est là pour se soigner et pour se rétablir. Pas de service de garde, pas de manœuvres, pas de corvées… Rien que du repos, des soins et du bon temps.

Il fait des connaissances. Des jeunes soldats, comme lui, rétablis après des blessures par balles ou par éclats d'obus, ou après de graves dépressions nerveuses… Le mot d'ordre est : se changer les idées, oublier le front, les blessures, les opérations, les souffrances…, vivre des moments d'ivresse, de ravissement, d'extase. Il se lie à une bande de joyeux lurons. Tous les soirs, ils sortent. Il y a de la musique dans tous les cafés, et le dimanche, dans certaines auberges, on danse même follement.

Ici la guerre est très loin, les fiancés et les maris aussi. Tout le monde vit dans la déraison. Chacun veut jouir de la vie tant qu'il est encore temps. Car il s'agit de se dépêcher. Toujours et encore, des trains de renforts partent vers les fronts meurtriers de l'Est, de l'Ouest, du Sud… Léo se grise, s'abrutit, s'étourdit au milieu d'une faune agitée, enfiévrée, surexcitée : - Que voulez-vous ? semble se dire chacun sans trop de gêne, c'est la guerre !

Après un mois de soins, de repos, mais aussi de petites folies, Léo se porte bien, physiquement et mentalement. Ses moignons se cicatrisent convenablement et il marche de mieux en mieux. A la visite médicale de fin août, le médecin-chef lui inscrit sur son carnet médical, la formule G.v.i.H., à savoir *Garnisonsdienstverwendungsfähig in die Heimat* - apte à occuper un emploi dans un service de garnison en Allemagne.

Le 2 septembre 1915, il est muté, de la 1re Compagnie de convalescents du bataillon de réserve n° 1, à la 2e Compagnie du même bataillon. Il est nommé "caporal hors cadre" *(Überzähliger Gefreiter)* le lendemain. Ce grade lui confère des responsabilités d'intérêt commun, sans qu'il soit pour cela responsable d'une équipe. Il aidera à la formation des nouvelles recrues lors de l'appel sous les drapeaux du prochain contingent de jeunes gens. En attendant, le médecin-chef lui accorde un congé de convalescence de 15 jours, chez lui à Metz.

Léo met un peu plus de vingt-quatre heures pour y parvenir. A son arrivée, il fait déjà nuit. La porte d'entrée de la maison, au n° 1, en Jurue, n'est pas encore fermée à clé. Celle de l'appartement de ses parents au deuxième étage, non plus. Il l'ouvre, et comme personne ne vient, il frappe à la porte de la chambre à coucher et l'ouvre en même temps.

- Maman, Papa… c'est moi ! C'est un grand cri de joie qui résonne alors dans toute la maison. Sa mère l'étreint fougueusement. Son père laisse très longtemps sa main dans la sienne, avant que ses sœurs, alertées par les débordements verbaux de leurs parents, viennent à leur tour le saluer et le câliner. Il est très ému. Il doit manger, mais il n'a pas faim. Il doit boire, mais n'a pas soif, doit raconter, mais il ne sait plus rien. Il boit et mange, parce qu'ils le veulent, et arrive aussi à dire quelques paroles insignifiantes.

- Comment vont tes pieds ? ose enfin lui demander sa mère. Léo enlève ses bottes. Tous les regards sont pointés sur ses pieds. Lorsqu'il enlève ses chaussettes, ses sœurs poussent un cri d'effroi, sa mère un soupir de compassion. Les moignons apparaissent comme deux petites poupées de cire, blancs, teintés de bleu, en légère transpiration, aux cicatrices encore très apparentes.

- Ma nouvelle peau est très fine, et très rose, leur dit Léo, et aussi de bonne qualité. Mais elle peut éclater par simple friction mécanique. La forme et le volume des moignons ont déjà passablement évolué avec le temps. Comme vous le voyez, ils sont sains. Et ce qui est intéressant surtout, c'est qu'ils ne sont plus très douloureux, sauf peut-être quand je marche trop, à présent que je le fais sans cannes la plupart du temps. Mes bottes, hélas, ne leur sont pas très adaptées.
Et en regardant sa famille avec un grand sourire, il poursuit :
- Vous pouvez les toucher, si vous le voulez. Vous remarquerez, les moignons sont toujours froids !
Personne ne s'y hasarde, sauf sa mère, qui lui masse alors les pieds avec une grande douceur et une grande bonté, et lui dit :
- Tu es fatigué mon Léo, va te coucher maintenant, nous pourrons nous raconter beaucoup de choses demain matin.

Son père et ses sœurs lui souhaitent une bonne nuit et s'en vont ; sa mère par contre l'accompagne dans sa chambre et reste avec lui jusqu'à ce qu'il se soit changé et couché dans son lit. Elle l'étreint alors avec une grande tendresse, semble ne plus vouloir le lâcher et lui souffle à voix basse dans l'oreille :
- Dors bien, mon petit soldat, je prendrai soin de toi et te guérirai complètement.

- Dors bien aussi, ma chère Maman.

Elle s'en va lentement, non sans se retourner une fois encore, et laisse glisser sur Léo son regard caressant. Elle doit pleurer. Des larmes perlent aussi des yeux de son fils.

Le lendemain, avant le départ au travail de son père, Léo prend le petit-déjeuner avec ses parents. Ils lui font part de tout ce qui s'est passé à Metz pendant son absence.

En ce qui concerne la nourriture, ils ne manquent encore de rien. Ils ont des possibilités de ravitaillement dans la proche campagne messine. Mais ce qui les accable surtout, ce sont les tracasseries journalières qu'ils subissent de la part des militaires de la garnison. Ces militaires qui règnent à présent en maîtres des lieux. Ils interdisent tout. Défense de saigner des bêtes pour récolter la viande, défense de se déplacer d'une localité vers une autre sans autorisation, interdit d'utiliser le français dans les correspondances internes au service des Postes et des Téléphones (Viktor, le facteur, fulmine !), l'allemand est désormais la seule langue à utiliser sur le territoire de la Forteresse ; à l'église, les annonces, les chants et les sermons doivent être prononcés en allemand, uniquement en allemand. Parler en français dans la rue est interdit. Tout est progressivement interdit :

Verboten, verboten, verboten !

Ce récit, très saccadé et virulent, fait sortir Viktor de ses gonds.
- Pourquoi t'énerver, lui dit pour l'apaiser la mère toujours placide. Cela aussi finira bien un jour.

-o-o-o-o-

Léo reçoit constamment des visites. Toute la ville semble savoir qu'il est là. Des parents, des voisins, des amis et des connaissances se présentent chez lui pour prendre de ses nouvelles. Grâce à eux, il apprend ce que ses parents ne lui ont pas encore raconté, ou intentionnellement passé sous silence : la mort de Karl, Georg, Emil et de beaucoup d'autres, que Paul et August ont été faits prisonniers par les Russes, que Robert a perdu un bras, Heinrich une jambe… Il reçoit même la visite de certains vieux professeurs de la Reale et du lycée, membres du Conseil municipal de Metz. Et aussi d'anciens dirigeants du M.S.V., son ancien club de football à présent administré par les militaires.

Lors d'une soirée familiale passée chez son beau-frère Adolf, mari de sa sœur Juliette et cordonnier de métier, ce dernier, au vu de ses extrémités mutilées, décide de lui confectionner une paire de bottes militaires spéciales adaptées à ses pieds, à savoir souples et résistantes à la fois, et "où tes moignons reposeront comme sur un lit de mousse !". Il prend ses mesures. Peu avant la fin de son congé, elles sont achevées. Léo s'y trouve très à l'aise.

Et ce sont ces bottes merveilleuses qu'il enfile à la mi-septembre à Metz pour, une fois son congé épuisé, rejoindre à Bamberg son régiment bavarois. Il ne se doute pas alors, qu'au même moment hélas, Adolf a reçu une très mauvaise nouvelle. En tant que réserviste, il vient d'être rappelé sous les drapeaux dans un régiment prussien de Hannovre, régiment composé de nombreux Lorrains appelés à se battre très rapidement sur le front de l'Est contre les Russes, du côté de Riga en Lettonie.

De retour à Bamberg, il quitte les petits bâtiments administratifs et sanitaires du 5e Bavarois situés dans la Kasernestraße, au centre de la ville, pour intégrer ceux de la grande caserne de la Pödeldorfstraße, construite en 1855 à la sortie Est de la ville, non loin de la gare ferroviaire. Il y rejoint sa nouvelle compagnie, la 2e du Ier Bataillon de réserve, composée surtout d'anciens blessés, de malades remis sur pied, de recrues ayant terminé leur instruction…, d'hommes pour la plupart prêts à partir au front, en renfort.

Comme il avait été décidé antérieurement, il s'occupe désormais de la formation du nouveau contingent. Jusqu'à la fin septembre tout d'abord, il participe avec les autres instructeurs à l'établissement du programme de la formation, à son planning et à la répartition des tâches. Parmi celles-ci, on lui a évité les plus physiques : exercices de combat, marche, Parademarsch, manœuvres, bivouacs, escrime à la baïonnette, gymnastique, alertes de nuit… Ses responsabilités restent néanmoins très nombreuses et très variées, mais peu intéressantes : organisation des chambrées (rangement, lits au carré, balayage), composition et charges du "tornister", enseignement des grades et des galons, des sonneries réglementaires (alertes, rassemblements, lever et coucher), des marques de respect, des premiers soins (sachets à pansements, bandage), de la plaque d'identité et de son importance au front…

Un peu plus intéressant pour lui : la formation donnée sur l'armement, en particulier sur le fusil Mauser, et les séances de tir s'y ajoutant (tirs à blanc et à balles réelles). Il se régale surtout en enseignant des rudiments de langues étrangères aux jeunes recrues : "Vous aurez ainsi l'occasion de vous débrouiller avec les autochtones quand vous serez dans un pays ennemi occupé par nos troupes".

Bien sûr, ce sont d'autres instructeurs qui dispensent les cours de russe et d'italien, mais lui, le Lorrain, s'est réservé ceux du français. Rien de plus savoureux alors pour lui que d'entendre un brave paysan bavarois lui dire, et lui redire : "Ponchourr" (bonjour) et "orroirrr" (au revoir), avec son plus bel accent régional. Petite revanche pour Léo envers ceux qui jusqu'à présent se moquaient de son (léger) accent lorrain. Peu à peu, il en a ras-le-bol de l'instruction des recrues, de leur "dressage" comme le disent certains. Ce n'est pas, selon lui, un travail pour un gars qui a déjà été au front. Ça sent trop la caserne.

Ses temps libres s'écoulent en lecture, écriture, jeu d'échecs et bavardages. Il n'arrive pas à se résoudre à jouer aux cartes comme la plupart de ses voisins de chambrée. Il préfère regarder les joueurs, admirer leur malice et se divertir de leur papotage. Il a trouvé une autre occupation. Comme jadis, pendant ses dernières années d'*Oberrealschule*, il donne des cours de calcul et d'orthographe à des illettrés qui ont été mal scolarisés. Ils sont trois, et tous les trois pleins d'ardeur au travail. Il en est très heureux.

Il a reçu des nouvelles du Iᵉʳ Bataillon d'active du 5ᵉ Bavarois, qu'il a quitté, les pieds gelés, en Flandres, au début de l'année. Ses activités ont cessé à Saint-Éloi, à la mi-janvier. Il a alors été déplacé plus à gauche du front, dans la partie plate du pays, près du village de Wystchaete, l'un des hauts lieux de la bataille d'Ypres si meurtrière. Au printemps il a glissé encore plus à gauche vers Messines, petite ville proche de Comines et de la frontière française, ou actuellement encore il effectue des opérations de patrouilles. Avec toujours des pertes, évidemment.

Curieusement, il n'a plus de nouvelles de son lieutenant, le trésorier-payeur.

Il prend aussi connaissance des communiqués de l'armée allemande qui, pour l'instant, mentionnent la bataille de Champagne dans la région de Perthes, Massiges, Tahure…, et une grande offensive française exécutée simultanément en Artois, avec le concours des Anglais. Elle se déroule depuis la fin septembre sur des lieux dont les noms sont déjà connus pour la plupart : Souchez, Notre-Dame de Lorette, Vimy…

A la mi-novembre, après l'instruction des jeunes recrues, Léo est tout heureux d'apprendre qu'il est envoyé au *Hammelburglager* (Camp de Hammelburg), au nord-ouest de Schweinfurt, pour y suivre un stage d'un mois d'*Infanterie Unteroffiziers-Ausbildung*" (formation de sous-officier). C'est dans une zone interdite (*Sperrgebiet*) de 8 km de diamètre environ, réservée à l'armée bavaroise pour ses manœuvres et ses tirs. Le site est immense et désertique. Mais l'ambiance dans les baraques est chaude et fraternelle. Et les cours, bien qu'assez durs, très passionnants. Ils procurent à Léo un plaisir tout particulier.

L'instructeur-chef, un capitaine d'active encore assez jeune, est un officier exemplaire, intelligent, énergique et dynamique, et surtout très bon interprète des devoirs des gradés. Selon lui, le chef a surtout des obligations. Ses droits, dans l'ensemble, n'ont que peu d'importance pendant toute la guerre. Il doit être pour ses hommes un modèle de courage, d'accomplissement du devoir, de dévouement à la patrie. Il doit prendre soin de ses hommes comme le ferait un père et "si ce n'est aussi, en plus, une mère". L'âme d'une troupe est constamment assujettie à celle de son chef. C'est pourquoi l'officier instructeur ne proposera au grade de sous-officier que ceux qu'il aura estimé vraiment capables d'être des meneurs d'hommes. Le stage est très dur pour Léo, car physiquement il n'est pas encore en très bonne forme. Ayant déjà été au front, il est exempté des épreuves de combat, notamment d'une très longue marche de nuit, avec bivouac, exécutée sous des averses de neige.

Pour tout le reste, il se livre à fond. Et il est récompensé. Deux jours après son retour au bataillon de réserve à Bamberg, le 21 décembre 1915, il est promu *Überzähliger Unteroffizier* (sous-officier hors cadre). La direction du camp de Hammelburg a jugé excellents les résultats de l'ensemble de son stage.

Ses galons sont copieusement arrosés l'avant-veille de Noël, dans la célèbre auberge bambergeoise "Schlenkerla", au centre de la vieille ville. Quelques copains l'accompagnent. Les tournées de *Rauchbier* se succèdent, les spécialités culinaires de la maison aussi, *Knödel* (boulettes de foie ou de farineux), *Tellerfleisch* (cochonnailles - viandes froides), *Bamberg Hax'n* (pieds de cochons panés). Et les chants fusent dans la "Wirtsstube", grande salle d'auberge aux énormes poutres centenaires.

A la sortie de la taverne, la joyeuse bande de fêtards passablement éméchés, se fait ramener en calèche à la caserne, en remplissant les petites rues tortueuses de la ville de leurs chants mélodieux, quoique de plus en plus tristes et mélancoliques. L'alcool fait son effet ! Léo n'a pas l'occasion de se plaindre de sa gueule de bois : comme il ne fait pas partie des heureux permissionnaires de la fin d'année 1915, sa hiérarchie n'hésite pas à exploiter sa présence à Bamberg, et sa toute nouvelle nomination. Elle lui confie des responsabilités importantes.

A Noël, il est chef du poste de garde dans sa caserne d'infanterie. Au Nouvel An, avec plusieurs officiers, une fanfare et une trentaine d'hommes du rang de son régiment, il défile en ville, va assurer la relève de la garde devant le Palais du Gouverneur, recevoir les consignes au bureau de la place, les distribuer aux représentants des nombreuses autres unités présentes à Bamberg (Uhlans, Cavalerie, Subsistance, Service des travaux, boucherie militaire…), et leur transmettre "DIE PAROLE", le mot de passe du jour, applicable sur tous les sites militaires de l'agglomération.

Courant janvier 1916, il retourne au camp de Hammelburg, pour y suivre un stage de sous-officier instructeur sur la toute nouvelle mitrailleuse sortie des usines allemandes d'armement : la M.G. Maxim 08/15. Il avait déjà tiré avec un modèle du type 08.

Cette nouvelle mouture lui plaît beaucoup. Elle est plus légère que la précédente, donc plus facilement transportable et plus mobile. Installée jusqu'alors sur un affût imposant, elle l'est désormais sur un bi-pied. Son principal intérêt est de pouvoir être mise en position par un seul servant. Son poids encore important (15 kg) ne lui permet cependant pas encore d'être une arme offensive. Mais, installée derrière un réseau de barbelés, elle est redoutable, et désormais responsable de la plupart des morts de cette guerre.

A son retour en garnison, Léo est appelé à en faire l'instruction aux troupes de la place.

-o-o-o-o-

Fin février, un nom de ville fait la "une" de tous les communiqués : **Verdun**.

Un plan d'attaque d'une belle envergure a été réservé au Kronprinz allemand : prendre Verdun et, à la suite, faire la grande trouée dans la ligne française, et recommencer la marche d'août 1914 sur Paris. Tous les moyens ont été réunis pour obtenir ce résultat. Le 21 et le 22 février 1916, un bombardement d'une violence telle qu'on n'avait jamais encore rien vu de semblable, pulvérise les retranchements français. Les Allemands pensent qu'il n'y a plus qu'à avancer. Ils sont accueillis par le feu de l'artillerie et des mitrailleuses françaises. Ils continuent à avancer, méthodiquement, au prix des plus grandes pertes. Le Kronprinz lance, sans se lasser, ses troupes, souvent sacrifiées en pure perte.

Le 26 février, un régiment brandebourgeois réussit à pénétrer dans le Fort de Douaumont. La grande nouvelle est annoncée partout en Allemagne :

DOUAUMONT IST GEFALLEN (tombé).

Les cloches sonnent, les foules se rassemblent, hurlent leur joie, chantent à tue-tête et boivent à qui mieux mieux à la santé du Kaiser, du roi de Bavière, du Kronprinz, de la Patrie… C'est le délire. Pas pour tout le monde, hélas! Depuis huit jours, la liste des morts ne cesse de s'allonger. Grand nombre de familles sont en deuil.

A la caserne, on recherche maintenant des renforts. Tous les malades, les convalescents, les anciens convalescents… passent devant une commission médicale spéciale. La plupart sont déclarés K.v. (*Kriegsverwendungsfähig* - apte à aller au front). Léo y échappe. Ses deux stages, presque consécutifs, à Hammelburg, lui ont sérieusement entamé les pieds. Certaines cicatrices se sont rouvertes, des plaies sont apparues aux deux moignons, dont la peau reste extrêmement fragile.

Comme précédemment, sa sanction médicale est G.v. (apte à servir dans une garnison). L'armée bavaroise, qui a envoyé de nombreux renforts sur le front de l'Ouest, cherche à présent à combler les postes vacants dans son Land. L'un d'eux est attribué à Léo. C'est un poste de *AufsichtsUnteroffizier* (sous-officier surveillant) au pénitencier militaire (*Strafanstalt*) d'Oberhaus à Passau. Léo restera affecté administrativement à la 2ᵉ Compagnie de Convalescents, du Iᵉʳ Bataillon de Réserve du 5ᵉ Régiment d'Infanterie Bavarois. Son détachement à Passau est programmé pour le 1ᵉʳ mars 1916.

Le mardi 29 février 1916 peu avant midi, Léo quitte Bamberg pour rejoindre son nouveau lieu d'affectation. Il a bien étudié son parcours ferroviaire : Bamberg, Nüremberg, Regensburg (Ratisbonne) puis, en empruntant la vallée du Danube, Passau.

Un officier de son régiment, ancien professeur dans sa nouvelle garnison, lui a déjà fait la leçon sur la beauté et le charme de Passau. En ce premier jour du mois de mars, sac au dos, casqué, l'arme à la bretelle, s'appuyant encore sur une canne anglaise, débarque Léo Malnoury, le nouvel *Aufsichtsunteroffizier*. Il est immédiatement séduit et conquis par ce site enchanteur.

Par une petite route assez raide, sinueuse et tortueuse, il accède lentement à la *Strafanstalt* (pénitencier militaire) avec le camion grillagé, faisant la navette entre la prison et la gare pour y prendre ou y ramener des prisonniers et du personnel de surveillance. Cette Strafanstalt est une vieille forteresse, utilisée depuis 1822, à la fois comme prison militaire et comme centre de détention pour détenus politiques. Grand château fort en forme d'éventail, long d'environ 500 mètres, aux bâtiments blanchis à la chaux, il surplombe le cœur de la ville de Passau d'environ 100 mètres.

Entouré d'un haut mur d'enceinte et de fosses, accessible par un pont-levis et une tête de pont équipée d'une herse, il comporte une partie casernement et une partie carcérale.

La première, groupée autour d'un donjon réservé à la Kommandatur, d'une chapelle et d'une imposante place intérieure, contient les casernements des officiers et des surveillants, une salle de garde, un magasin aux vivres avec cuisine, office, boucherie et boulangerie industrielles, un petit *Lazarett*, des garages, des écuries, un énorme puits très profond, un réservoir à eau...

La partie carcérale se compose principalement d'un long bâtiment à trois étages doté de nombreuses petites cellules individuelles, d'un polygone, terrain où ont été montés plusieurs baraquements équipés chacun de plusieurs rangées de lits superposés, le tout entouré d'un haut réseau de barbelés, et d'un grand local servant de brosserie, où les prisonniers politiques fabriquent des ustensiles de nettoyage à base de brins de chiendent.

Installé provisoirement dans le petit *Lazarett* où il reçoit encore quelques soins, Léo apprend très rapidement par ses voisins de chambre quels genres de détenus peuplent la forteresse : aucun condamné à mort ou à des travaux forcés, rien que des militaires astreints à des peines d'emprisonnement plus ou moins longues.

Les motifs d'emprisonnement sont très divers : crimes, vols, viols, désertion, abandons de poste, refus d'obéissance, participation à des rassemblements subversifs, opposition à des ordres donnés, provocations, insultes d'officiers, duels, dépassement de la durée de permission, bagarre après beuverie, mutilation volontaire...

Tous les prisonniers purgent des peines d'une durée au moins égale à quatre semaines.

Les sanctions sont d'ordre croissant :

- *gelinde Arrest* (arrêt simple) : séjour en baraques-dortoirs, travaux extérieurs ;

- *mittlere Arrest* (sanction de moyenne grandeur) : moins de six semaines. Séjour en cellule, couchage à la dure, pain et eau pendant deux jours, le troisième, repas consistant chaud, et ainsi de suite jusqu'à la fin de la détention. Quelques sorties à l'air libre, écriture et lecture possibles, pas de tabac, pas de spiritueux ;

- *strenger Arrest* (arrêt rigoureux) : plus de quatre semaines. Séjour en cellule, couchage à la dure, pain et eau pendant trois jours, le quatrième, repas consistant chaud, aucune sortie, pas de tabac ni de spiritueux, interdiction de communiquer.

Le personnel de surveillance est composé presque exclusivement de sous-officiers. Beaucoup d'entre eux sont assez âgés et appartiennent au Corps de réserve. D'autres, comme Léo, sont des convalescents retapés. Le reste est du tout-venant. Tous apparaissent très vite à Léo comme des "planqués", qui tiennent à leur place et font le maximum pour être bien notés par leurs supérieurs. Pas très causants avec leurs collègues, ils sont d'une rigueur extrême dans l'application des règlements, et surtout très durs, très sévères, très pointilleux voire impitoyables avec les détenus. Léo ne se sent pas très à l'aise parmi eux.

Il le remarque dès la première semaine lorsqu'on lui demande d'accompagner un nouveau prisonnier dans une des baraques de la *Strafkompagnie* (disciplinaire). Une avant-salle de cette construction sert de bureau de Compagnie. Un sous-officier revêche questionne le détenu, remplit sa fiche d'identité et prend ses empreintes digitales. Il lui demande, assez rudement, de lui remettre tous ses objets personnels : montre, porte-feuille, stylographe, couteau de poche…

- Ils vous seront rendus lorsque vous aurez purgé votre peine !

Il n'a pas le temps d'y penser, que déjà un autre sous-officier l'apostrophe :

- Déshabillez-vous…, mais rapidement !

Le prisonnier a-t-il été trop lent, ou est-ce ici la coutume, mais le garde s'avance vers lui d'un air menaçant et lui ordonne de s'allonger :

- *Hinlegen* ! (A terre !).

Il lui lance alors un vieux pantalon râpé, rapiécé et un genre de blouse, encore plus usagée. Ce vêtement n'a pas de poche. À quoi bon d'ailleurs, le prisonnier a déjà tout remis. Enfin, il lui pousse du pied une paire de sabots. Puis il le conduit vers un sergent-major qui, lui, crie encore plus fort. Le détenu ne comprend que quelques mots : *Arrest* (punition)…, *weglaufen* (fuir)…, *erschießen* (fusillé). Il a dit fusillé, se dit Léo. Le prisonnier n'a pourtant été puni que pour un dépassement de ses jours de permission.
Le gradé ouvre alors une porte intérieure et, presque en beuglant, appelle :
- 3e Escouade !

Un prisonnier se présente, s'approche du nouveau venu et lui dit :
- Viens avec moi.

Quel bien font alors ces paroles prononcées avec calme, après tous ces rugissements. La baraque est archi-remplie de lits superposés. Le guide couche en bas, le nouveau couchera en haut. Ce dernier a à peine le temps de jeter un coup d'œil sur l'ensemble de la baraque, qui lui semble vide, que déjà tonne à son oreille la voix grave d'un membre du service de surveillance :
- Le nouveau…, par ici !

Il se retrouve alors devant un sergent de près de deux mètres, doté d'une large moustache très touffue :
- Alors, vous ne voulez pas vous présenter ? éructe ce dernier.
- Infanterist… Le mot n'est pas encore prononcé complètement que déjà, avec une bouche grande ouverte, comme s'il voulait le dévorer :
- Prisonnier militaire, cela s'appelle ! hurle-t-il comme un taureau devenu subitement sauvage.
- Venez avec moi !

Les autres prisonniers sont déjà rassemblés. Les deux, toujours suivis de Léo, arrivent derrière les baraques, sur une grande place entourée de barbelés épais. Là, se tiennent environ 150 prisonniers et, devant eux, quelque 40 sous-officiers avec fusils, 2 adjudants, 1 lieutenant et un Hauptmann (capitaine).

Ce dernier proclame d'une voix stridente :
- Je vous rends attentifs sur le fait que le personnel de surveillance a l'arme chargée et ordre de faire usage de celle-ci au moindre essai de fuite !

Le lieutenant donne ensuite les ordres de départ :
- A gauche…, gauche ! Au pas cadencé… marche ! Tête à droite… droite !
- Et tous, au pas de parade, défilent devant le capitaine. Arrivés en dehors des barbelés, ils reçoivent leurs outils de travail. Certains, des piques, les autres, des pelles. Ils quittent les lieux au pas cadencé. Les hommes sont pâles, ont les yeux enfoncés, la langue déjà sèche. Ils marchent environ une demi-heure, jusqu'à une carrière en cours d'exploitation, où ils se mettent au travail. Les sous-officiers, Léo y compris, se portent tout autour. Ils prennent toutes les précautions possibles pour qu'aucun homme ne s'échappe car, si le cas se produisait, le sergent responsable serait mis lui-même aux arrêts, relevé immédiatement de ses fonctions, ce qui veut dire qu'il serait envoyé au front.

Les travaux d'extraction sont extrêmement durs. En cas de refus de travailler, les gardes doivent faire usage de leurs armes. "Un prisonnier doit travailler, jusqu'à ce qu'il s'écroule". La vie est-elle toujours aussi difficile ici ? Peut-on la supporter longtemps ? Léo, qui scrute les visages des travailleurs, est mal à l'aise et frissonne. Les autres surveillants restent impassibles, insensibles à la douleur des prisonniers. Leurs pensées sont toutes simples : "Ils ont fauté…, qu'ils le paient maintenant !".

Enfin tombe l'ordre de repartir. Les prisonniers, épuisés par le travail, mettent en œuvre leurs dernières forces pour se traîner vers le pénitencier, pressés par les cris et les menaces du personnel d'encadrement, lequel n'a qu'une hâte, rentrer rapidement au chaud.

Les prisonniers voudraient bien aller plus vite, mais ils n'en peuvent plus. Ils ont le souffle coupé, sont pris d'accès de toux… Et les derniers cent mètres avant les barbelés doivent même être encore parcourus au Parademarsch. Là, seulement, se fera la dislocation.
Léo pense qu'il ne s'y fera jamais.

Dans les baraques, un petit poêle rustique sert au chauffage de seize personnes. Ils s'y regroupent autant que possible pour s'y sécher. Comme repas du soir, ils reçoivent une soupe chaude et un morceau de Kommisbrot (boule de pain), sur lequel ils se précipitent, pour l'ingurgiter en quelques bouchées. Léo n'a encore jamais vu cela : ils recueillent absolument toutes les miettes, même celles tombées à terre.

Sur le chemin du retour, l'un d'eux a ramassé un mégot. Il le réduit en poudre, le roule dans un petit morceau de papier journal, l'enflamme près du foyer du poêle, et lorsqu'il se sait inaperçu du surveillant, il le fume avec une grande volupté.

Toute la nuit la lumière brûle dans les baraques, ceci pour une bonne surveillance.

Et dès le lendemain matin, tout recommence ; à l'identique, et toute la semaine durant, sauf le dimanche. Le seul plaisir qui leur reste et qu'ils apprécient, c'est de pouvoir converser de temps à autre entre eux.

- Ils ont fauté…, qu'ils paient maintenant ! Il est vrai que ces paroles sont dures, et Léo ne les trouve pas très chrétiennes. Il paraît que, parmi ces hommes, il y a pas mal de crapules, de voyous, de récidivistes, certains déjà maintes fois emprisonnés dans le civil, avant la guerre. La guerre, bien sûr, n'assagit pas les hommes !

Les prisonniers punis de *mittlere ou strenger Arrest* sont enfermés dans des petites cellules sombres réparties à tous les étages du grand bâtiment central. Le décor est le même que celui des grandes prisons civiles : une petite fenêtre, munie de barreaux de fer et aménagée presque à la hauteur du plafond, ne laisse apercevoir qu'un tout petit morceau de ciel. La planche servant de couchette pendant la nuit doit être rabattue contre les murs pendant la journée. Les murs sont d'une propreté douteuse. Vingt-quatre heures durant, on n'entend qu'un seul bruit : celui d'un gardien cheminant de long en large, toujours du même pas, devant les portes des cellules.

Peu à peu, les prisonniers n'écoutent plus, ne regardent plus. Ils rêvent. Seule la fraîcheur du soir les dissipe à nouveau. Alors, ils recherchent le petit morceau de ciel au-dessus d'eux, pour y découvrir une étoile.

Leur premier jour au pain sec et à l'eau est difficile. Mais que dire alors du second, et pour certains du troisième. Une gorgée d'eau et un petit morceau de Kommisbrot, c'est vraiment peu. Avec la faim vient l'ennui. Pour se changer les idées, les prisonniers mesurent leur cellule, sa longueur, sa largeur, ils comptent les minutes, les secondes, qui les séparent du troisième ou du quatrième jour, où ils auront, enfin, un repas chaud.

Ils frappent à la porte, attendant qu'un garde les accompagne aux toilettes. Ils n'ont pas le droit de se parler. À peine de retour dans la cellule, la faim et l'ennui réapparaissent et ne les quittent plus. Combien de temps tiendront-ils le coup ?

Combien de temps, Léo, lui, tiendra-t-il le coup ? Il n'est toujours pas entièrement retapé. Ses moignons suintent encore par endroits. Ils ont du mal à se cicatriser définitivement. Tous les jours, il passe quelques instants au petit *Lazarett* pour y recevoir des soins, voire des massages. Il continue néanmoins de participer à toutes les activités carcérales : surveillance des cellules, accompagnement des groupes de travailleurs à la carrière, gardes et rondes de nuit…, mais de plus en plus, on lui confie des travaux administratifs : rédaction de rapports, établissement des tours de garde, des listes d'appel des détenus…

La plupart de ses collègues sous-officiers préfèrent exécuter leurs travaux de "négriers", plutôt que de remplir de la paperasserie administrative. Lui accomplit ces tâches avec plaisir. C'est pourquoi, il se retrouve assez souvent à présent dans le petit donjon de l'état-major de la forteresse, la *Kommandatur*, où il côtoie des bureaucrates de tous grades, quelques-uns grands mutilés de guerre. La hiérarchie lui fait remplir des tâches diverses, telles que celles de rédacteur, aide-comptable, secrétaire, ordonnance et même, à l'occasion, garçon de courses ! Il est apprécié de tous.

Fin mars 1916, il apprend qu'il cesse ses fonctions de surveillant. Il est affecté désormais à la "Compagnie de Garnison", l'unité administrative de la forteresse Oberhaus. Il y restera presque jusqu'à la fin de l'automne de la même année. Ses pieds ont eu le temps de guérir. Il marche désormais sans canne. Il en profite pour visiter plus intensément la vieille ville pittoresque de Passau, pour apprécier sa beauté, ses traditions, son histoire, ses chefs-d'œuvre, sa culture, son trafic fluvial et, tout particulièrement aussi, ses restaurants traditionnels, ses terrasses, sa gastronomie. Il s'y fait de nombreux amis et, bien entendu aussi, des petites amies.

On pourrait presque croire qu'il est heureux. Mais il y a toujours cette maudite guerre. Les batailles de Verdun et de la Somme ont causé énormément de pertes en hommes aux Allemands au cours de l'année.

La population de Passau est morose. Elle souffre. D'autant plus qu'à présent on lui impose de sévères mesures de rationnement et, en même temps, des restrictions rigoureuses de tous genres. Ce ne sont pas quelques victoires allemandes de fin d'année sur les fronts russes et français qui lui regonflent le moral. Léo, quant à lui, sait qu'il ne restera plus très longtemps à Passau. Sa santé est bonne maintenant et il marche presque correctement, même si sa démarche n'est pas encore très gracieuse, ni très sûre, et même plutôt… chaloupée. L'armée allemande a à présent besoin de renforts. Il n'y échappera certainement pas cette fois-ci.

Effectivement, à la fin novembre 1916, un soir, lors de la transmission de la "Parole", l'ordre tombe : "Les hommes actuellement non aptes à se battre au front, devront se présenter demain matin devant le médecin de la commission de contrôle".

Ce moment venu, une dizaine d'hommes environ de la Compagnie de Garnison se tiennent devant l'infirmerie et attendent leur tour de passage. Léo ne se fait aucune illusion. Selon lui, le médecin sait d'avance combien d'hommes, et lesquels, il devra porter K.v. (*Kriegsverwendungsfähig*), aptes à faire la guerre. Tout n'est qu'une question de forme. La liste est déjà établie !

"Tu t'es trompée, chère Maman, quand, pleine d'espoir, l'année dernière à Hofgeismar, tu prétendais que je n'irai plus une nouvelle fois au front. Ton fils doit aller au front. Il connaît d'avance la décision du médecin".

En effet, après avoir quand même regardé et palpé les pieds de Léo, le médecin-chef prend sa fiche médicale, y applique un bon coup de tampon, la signe et, avec un sourire figé, la tend à Léo. Comme prévu, la marque K.v. figure en plein milieu de sa fiche. Deux jours après, il reçoit sa feuille de route. Son détachement au pénitencier d'Oberhaus se termine le 5 décembre 1916. Il est appelé le même jour, au Dépôt de Recrutement n° 1 du IIe Bataillon de Réserve du 5e Régiment d'Infanterie Bavarois, qu'il rejoint dans son ancienne caserne de la Pödeldorfstraße à Bamberg. Il y occupera provisoirement la fonction de *Waffeninstrucktion-Unteroffizier* (instructeur pour l'armement), dans le cadre de la formation prochaine d'une nouvelle Division d'Infanterie Bavaroise.

Formation du 31ᵉ Régiment
royal bavarois d'Infanterie
(16 janvier 1917 - 3 mars 1917)

Après la fin victorieuse de la campagne roumaine en décembre, les combats de l'année 1916 se terminent en faveur de l'Allemagne. La combativité des armées russes et roumaines est très ébranlée et, sur le front de l'Ouest, tous les assauts des Anglais et des Français ont pratiquement échoué.

A cette occasion, l'Allemagne a dû donner le meilleur d'elle-même. Devant les Alliés qui, dans l'enfer de Verdun et au cours des dures batailles de la Somme ont prouvé la supériorité de leur industrie d'armement, son infanterie s'est livrée corps et âme et a été usée jusqu'à la moelle.

De nouvelles offensives des Alliés sont à prévoir en 1917. Pour pourvoir les repousser victorieusement, le nouveau Haut Commandement de l'Armée allemande a donc la charge, pendant la courte accalmie de l'hiver, de prendre toutes les mesures appropriées pour faire face à cette supériorité numérique en hommes et en matériel de guerre de l'ennemi. Il en résulte le *Hindenburg Programm*, un programme de très grande ampleur.

D'un côté, techniciens et industriels allemands de l'armement sont chargés de travaux militaires extrêmement importants, qu'ils accomplissent de manière exemplaire et digne d'admiration. Pour sa part, l'Armée allemande doit connaître un accroissement important de ses effectifs. Les réserves en hommes sont encore suffisantes. Les anciens régiments sont complétés jusqu'à leur niveau habituel de base et treize nouvelles divisions sont constituées qui doivent être opérationnelles au printemps 1917.

Parmi ces divisions nouvellement mises sur pied figure la 15ᵉ Division d'Infanterie Bavaroise. Appartiennent à cette division, les 30ᵉ, 31ᵉ et 32ᵉ Régiments d'Infanterie Bavarois. Le général-major Ritter von Tutschek en est promu *Divisionskommandeur*.

Ainsi, le 16 janvier 1917 est mis sur pied le 31ᵉ R.I.B. placé sous le commandement du IIᵉ Corps d'Armée Bavarois. Cette mise sur pied s'effectue comme suit : l'état-major et le Iᵉʳ Bataillon sont constitués dans les quartiers du IIe Ersatz-Bataillon du 22e R.I.B. à Zweibruc-ken dans le Palatinat Bavarois ; le IIe Bataillon auprès du Ier Ersatz-Bataillon du 18e R.I.B.à Landau (également dans le Palatinat Bava-rois) ; le IIIe Bataillon auprès du Ier Ersatz-Bataillon du 5e R.I.B. à Bamberg en Bavière. Le major von Hößlin est nommé commandant du régiment.

Le 15 janvier 1917, Léo a été nommé *Etatmäßiger Unteroffizier* et, le lendemain, affecté à la 10e Compagnie du IIIe Bataillon, donc à Bamberg. Ville qu'il connaît très bien, pour y avoir déjà été affecté en juillet 1915, après son séjour au *Lazarett* de Hofgeismar. C'est d'ailleurs la ville de garnison de son ancien régiment, le 5e R.I.B.

Ses officiers sont de la Réserve ou nouvellement nommés par le commandement du IIe Corps d'Armée. Les sous-officiers et hommes de troupe proviennent : pour un tiers au moins des Compagnies de Conva-lescence (hommes retapés comme Léo) ; le reste, des classes 1897/98 nouvellement recrutées.

Dès son affectation, Léo participe pendant deux semaines à un important stage de formation de chefs de file et de chefs de section à Hammelburg. Jusqu'au 1er février ensuite, il est habillé, équipé, et armé avec tout son bataillon, à Bamberg. Il participe enfin sur place à de peti-tes manœuvres et à des exercices de tir. Avec tous ses camarades, il se voit remettre une tenue spéciale de combat en montagne.

Le 2 février, le IIIe Bataillon est embarqué dans un train spécial qui le conduit dans le Palatinat, dans la région de Annweiler, où désor-mais tout le 31e Régiment est rassemblé (3 bataillons, 3 compagnies de Mitrailleuses et l'état-major). Les nouveaux quartiers du IIIe Bataillon (d'immenses hangars) sont relativement bons.
Le temps n'est pas trop défavorable. L'hiver est glacial mais sans intempéries.
Les troupes font de nombreux exercices dans un terrain spécialement aménagé à cet effet à Queichhambach, ou encore sur les pentes assez raides des monts environnants. Ils les font avec beaucoup d'entrain car chacun est persuadé que la Division sera prochainement engagée contre l'Italie. De temps à autre, l'intendance laisse à désirer, tant au point de vue qualité que quantité, mais la bonne ambiance du régiment n'en est pas affectée.

Le 22 février dans la matinée, le régiment est passé en revue par le *Divisionskommandeur*, le général-major von Tutschek qui se déclare très satisfait du degré de perfectionnement atteint par le régiment.

Le lendemain 23 février, l'ordre est donné à une partie de la division de se tenir prête à être évacuée à partir du 1er mars. Le même ordre précise malheureusement que cette évacuation se fera uniquement avec les équipements normaux de combat. Les tenues de combat en montagne doivent être restituées. Ainsi s'évapore d'un seul coup le joli rêve de quitter le front de l'Ouest et de rejoindre au sud un théâtre d'opération beaucoup plus accueillant et plus sympathique.

Manœuvre du 31e R.I.B. au Nord de Charleville
dans le cadre de la 15e Division d'Infanterie
(4 mars 1917 -28 mars 1917)

Le 4 mars après-midi débute l'évacuation des troupes par chemin de fer. Destination France. Le 5 mars, les convois ferroviaires atteignent Charleville. Les formations se dirigent à la marche vers les nouveaux quartiers qui leurs sont assignés, à savoir le village de Bogny-sur-Meuse pour le IIIe Bataillon. Ce village se situe à une dizaine de kilomètres au nord de Charleville, en plein milieu de grandes buttes bordant les boucles de la Meuse.

Commence alors une nouvelle ère d'entraînement et d'instruction pour le régiment. Tous les exercices sans exception sont destinés à parfaire la "guerre de position". Les bataillons aménagent des champs de manœuvre où ils s'entraînent à des combats dans des tranchées. Des lanceurs de mines et de grenades sont formés tout spécialement à cet effet.

Le programme d'une matinée pendant cette période de formation, comporte, par exemple, les exercices suivants pour une compagnie : attaques à la grenade par vagues d'assaut, attaques à la grenade par le flanc, jets de grenades sur cibles, aménagements rapides d'entonnoirs d'obus, puis jonction entre eux de ceux-ci, service de garde et de patrouille. Les après-midi sont réservés à l'enseignement et à une formation toute spéciale des responsables d'escouades. Leo y participe.

Le 13 mars a lieu une importante manœuvre divisionnaire, supervisée par le général commandant le XIIe Corps d'Armée, l'Excellenz von der Planitz. A cette occasion, le IIIe Bataillon effectue une marche très longue et particulièrement pénible pour la troupe car elle l'oblige à gravir les pentes très abruptes et difficiles d'accès du "Rocher des 4 Fils Aymon", rocher dominant la boucle de la Meuse entre Château-Regnault et Bogny. Marche très éprouvante pour Leo, dont les moignons d'orteils subsistants saignent abondamment en fin de parcours. Mais il est content d'avoir tenu le coup et se laisse soigner avec plaisir à l'infirmerie de Compagnie.

La formation des troupes en cette période d'année est rendue très difficile par le mauvais temps. Une alternance de pluie et de neige, et un vent glacial, justifient le triste renom du climat ardennais.

La situation sanitaire reste néanmoins satisfaisante. La nourriture est bonne, l'hébergement convenable, seul l'approvisionnement en carburant de chauffage laisse à désirer. Les chemins, boueux, détrempés et défoncés, créent de gros embarras aux chevaux. La nourriture n'est pas particulièrement abondante pour ces bêtes qui, en de nombreux secteurs, sont appelées à charrier sur de longs trajets, de la nourriture, des fourrages et du matériel de formation ou de combat.

Entrée en guerre du 31ᵉ Régiment en Lorraine
(29 mars 1917 - 10 mai 1917)

L'ordre de départ de Charleville tombe le 27 mars : c'est pour le 29 suivant. Le jeune régiment est appelé à monter au front pour la première fois. Ce n'est pourtant pas le cas pour Léo et certains de ses camarades qui ont déjà eu ce premier contact dès 1914. Les hommes partent pour une destination inconnue. Cette incertitude sur leur lieu d'arrivée est source d'une grande spéculation dans leurs rangs.

Le convoi prend tout d'abord la direction de Metz, puis bifurque vers Saarburg (Sarrebourg) et Bensdorf (Bénestroff) pour aboutir, à la grande surprise de tous, le 30 mars en début d'après-midi dans un petit "trou" perdu de Lorraine, à Anslingen (Azoudange). La gare, isolée dans la nature, est assez éloignée du village.

Par un vent violent et sous une pluie battante, la 10ᵉ Compagnie marche désormais sur des routes défoncées vers ses nouveaux quartiers. On remarque facilement que c'est une formation nouvelle. On le voit aux visages frais et imberbes, aux ceinturons au cuir jaune tout neufs, au brun très clair des bretelles des sacs à dos, aux gobelets en aluminium encore tout brillants, aux uniformes peu décolorés, au passepoil rouge criard du col de leurs tuniques... La troupe a belle allure et s'avance fièrement par monts et par vaux.

Le vent violent ramène encore quelques échos des sifflets des trains qui manœuvrent à Azoudange..., puis c'est le silence..., un silence de mort. Seule la pluie continue à inonder la troupe qui, tel un long vers de terre, se faufile à travers ce coin vosgien de Lorraine. Léo le connaît bien pour y être né un peu plus de vingt ans auparavant. Certains parents lointains doivent encore y habiter.
- Quel temps de cochon pour un accueil, lance d'une voie dépitée le grand Bertsch du groupe de l'adjudant Kempf.
- Tout comme dans les Flandres belges, lui réplique son voisin Alfons Schirmer, du canton de Bamberg. A Arras c'était ainsi aussi, de même que dans la boucle de Wytschaete.
- Et d'autant plus encore autour de Saint-Eloyes, au sud d'Ypres, au Nouvel An 1915, se rappelle Léo, ou plutôt lui rappellent ses doigts de pieds mutilés par le gel.

- Une fois qu'il commence à pleuvoir en France, cela n'arrête plus, ajoute Keller, du Palatinat.
- Éternelle saloperie de temps, pestent encore quelques autres.

Le vent violent disperse leurs paroles. La conversation se rompt peu à peu. La marche devient vacillante. Puis s'installe le silence. L'ambiance est triste comme le ciel, triste comme la terre qui baigne dans l'eau et menace de disparaître. Le fusil est lourd comme du plomb, la pelle-bêche accrochée au ceinturon oscille de-ci de-là derrière le pantalon. Quant au sac à dos, avec son demi-quintal, il commence à peser, d'autant plus qu'il s'augmente du poids des cartouchières aux 150 balles et des musettes dont les courroies finissent par se rouler et couper les épaules.

Doucement la colonne parcourt kilomètre après kilomètre, franchissant monts et vaux l'esprit indifférent, habituée qu'elle est, depuis ses manœuvres en Ardennes, à accomplir des tâches très ardues. Peu à peu, le paysage devient plus varié et de plus en plus effrayant. Sur les bas-côtés de la route apparaissent à présent d'énormes trous d'obus gorgés d'eau, des troncs de peupliers déchiquetés par la mitraille, des fermes en ruines aux murs calcinés et aux poutres carbonisées. Les terrains sont labourés en tous sens, les haies et les bosquets hachés menus. Des tombes peu profondes sont alignées aux bords des fossés.

Et maintenant… les premières croix. Elles se dressent isolées dans les prés. Certaines sont déjà pourries. Leur bois horizontal pend, livré à tous vents, au pieu souvent très incliné enfoncé en terre. La compagnie passe devant elles en grandes enjambées. Le ciel devient de plus en plus gris. Il fait presque nuit. On peut toutefois distinguer encore au loin un clocher d'église dans le creux d'un vallon. C'est celui de Moussey. La première étape de la montée vers le front de Lorraine est atteinte.

La rue principale du village est un véritable bourbier dans lequel pataugent les hommes, complètement trempés, de la 10e Compagnie. Ils attendent qu'on leur indique où ils vont être cantonnés.
- Der Teufel hol's ! (Que le diable l'emporte !), éructe Léo à travers sa mâchoire édentée (une incisive).
- Les officiers de cantonnement se sont certainement foutus dedans une fois de plus, lui répond Hans Rupp, son ami bavarois. Et de conclure : Et moi qui me suis réjoui comme un enfant à la pensée de dormir cette nuit chez Monsieur le Lorrain, mon bon camarade. Il est un des rares à savoir que Léo est né à Deutsch-Avricourt, village voisin tout proche, en bordure de l'ancienne frontière française.

Les hommes de la 10ᵉ Compagnie sont là, à côté d'eux, complètement transis, et pour se protéger du vent, se blottissent les uns contre les autres. Ils n'ont plus la force de parler et regardent, résignés, les pauvres petites maisons voisines qui, bien qu'encore épargnées jusque-là par les combats, laissent déjà apparaître des signes de dégradations. Seul un endroit leur paraît plus souriant. Celui où sur un grand tableau a été peint très grossièrement le mot *Marketender* (cantine). C'est incontestablement la plus belle maison avec des volets bien entretenus et un joli petit balcon sur la façade avant. Il y a même quelques pots de fleurs devant les fenêtres.

Ce devait être la mairie, car on peut encore y déchiffrer quelques traces de lettres sur un panneau délavé par les intempéries. Au rez-de-chaussée de cette cantine, dans une petite vitrine bien éclairée, s'étalent de grosses boîtes de graisse à chaussures. Une écrevisse noire est peinte sur leurs couvercles. A côté des boîtes, des lacets et des brosses en chiendent. Posé sur une planche pêle-mêle, un bazar de mercerie et de droguerie : boutons de culotte, boîtes d'allumettes, succédané de savon, briquets à mèche…

Chaque fois que s'ouvre la porte de ce petit paradis, une odeur très agréable d'eau-de-vie vient envahir les narines des curieux. Cela permet ainsi à la troupe d'attendre avec plus de patience les ordres d'affectation dans les cantonnements.

Gris et triste, le village de Moussey semble surchargé de troupes de toutes armes. Des conducteurs de camions, aux affreuses bottes à tiges, courent d'un pas lourd vers la fontaine accolée à l'église, pour y rincer leurs gamelles encore garnies d'un reste de riz collant. Des artilleurs d'une batterie anti-aérienne mènent leurs chevaux à la même fontaine et, en passant, jettent un regard compatissant sur les Bavarois frigorifiés. Ces derniers sont côtoyés maintenant par des membres du Service Postal qui, portant avec prudence des cages à pigeons-voyageurs, se faufilent sans bruit dans les maisons environnantes.

Changement de décors soudain. Quelques civils traversent la rue en courant, faisant claquer leurs galoches sur les rares pavés émergeant de l'eau boueuse. Leurs pantalons très larges, leurs blouses bleues et leurs amples pèlerines laissent deviner leur provenance lorraine.
- Des bâtards de deux Nations, déclare Schirmer de façon irréfléchie.
- Sont-ils chauds ou froids pour nous ? Allemands… ? ou Français… ?
- Ils sont tout simplement Lorrains !, s'écrie Léo pour couper court à toute nouvelle discussion superflue sur les sentiments des habitants de sa région de naissance, région enlevée à la France et au département de

la Meurthe en 1871 et annexée à l'Allemagne depuis plus de quarante-cinq années déjà.

Plus personne ne songe à prolonger cette discussion. Chacun ne pense plus qu'à son hébergement, à son ravitaillement et à son repos. Surtout à son repos. Des ordres parcourent enfin les rangs. La 10e Compagnie doit être logée maintenant aux alentours de Moussey, car le village est encombré, surpeuplé de troupes. Il n'y a pas à tortiller, c'est comme ça ! Le détachement précurseur chargé du cantonnement s'est fiché dedans et a attribué deux fois les mêmes places. Chacun en est conscient, mais la réalité est dure à accepter : devoir repartir dans la nuit, sous la pluie et par temps froid !

- Au pas de route... Marche ! La colonne s'ébranle et quitte la localité. Elle marche vers Oberschirzingen (Haute-Xirxange) où elle doit s'établir dans une grande ferme qui se dessine là-bas, dans le lointain.

Les hommes traversent tout d'abord à petits pas une cour de ferme malodorante où leurs pieds se prennent dans une paille à moitié putréfiée. Un ancien fumier. Puis, lourdement chargés, ils grimpent à une échelle pas très stable, et atteignent un grenier complètement dégradé où sont éparpillées quelques bottes de foin et de paille. Il y fait très sombre. Quelques rares lampes à huile, disposées en hauteur, sur des poutres de la charpente du toit, diffusent un pâle éclairage. A chaque pas, il faut prendre garde de ne pas glisser à travers les nombreux trous de plancher pourri, pour ne pas tomber dans l'étable située en dessous. On essaye alors de dégoter une petite place dans un coin pour accrocher à un clou de charpentier en relief, son sac à dos, son fusil, son harnachement en cuir et son casque.

A présent, tous sont logés, serrés les uns près des autres, comme c'est souvent le cas dans des hébergements provisoires. Pour l'instant ils ne trouvent pas le sommeil. Leur estomac gargouille comme un tonneau vide. Par ailleurs, ici en haut, il ne règne pas encore de règles de bonne conduite. A chaque instant on doit subir des franchissements au-dessus de soi, ou endurer des tapages dans le voisinage. Des réprobations proviennent de toutes parts :

- Retire tes godasses de la circulation, espèce de tordu !
- Quel pataud, quel empoté, quel maladroit !

Le vocabulaire du soldat est inépuisable, surtout pour des propos désobligeants, insultants.

- On distribue du café et de la marmelade ! Et que celui qui a des ampoules aux pieds descende vite chez l'infirmier ! Quelqu'un en bas, a crié cela d'une seule traite vers le grenier.

L'infirmier, un sous-officier, est un personnage assez écervelé, appelé "le pleurnichard" par la compagnie. Il fouine un peu partout, mais quand on a besoin de lui, il n'est pas là. Il n'est présent, semble-t-il, que pour soigner les ampoules des pieds ; opération pour laquelle il se promène de-ci de-là, doté d'une pâte salicylique et de ciseaux. Personne ne se languit particulièrement de cet individu. Et c'est pourquoi, il n'a aucun client à sa consultation tardive de ce soir.

- Mais qu'aucun de vous ne vienne me solliciter demain matin. Il pourra alors se faire cuire un œuf !

- Vous avez bien raison, Monsieur le Sous-Officier Aspirine, lui répond un plaisantin.

Et l'infirmier de filer alors à travers la porte de la grange et d'aller se « chloroformer » chez le chef-cuisinier, le gros Jacob, avec une tournée de *Kartoffelschnaps* (gnôle de pommes de terre).

Certains dorment déjà. Ils ont étendu leur manteau au-dessus d'eux et reposent dans la paille et le foin comme des souches. D'autres se préoccupent de leur personne et sont assis à côté de leur sac à dos qui, débouclé, est étalé sur le sol. Ils fouillent dans leurs pauvres biens personnels. Ce sont quelques petites boîtes métalliques. L'une contient de la graisse à fusil, l'autre des clous à souliers, la troisième du fil à coudre et des épingles de sûreté. Apparaît aussi un vieux miroir presque opaque, un portefeuille froissé, des photos décolorées ou jaunies…

Le propriétaire les contemple en souriant à la lueur d'une petite bougie fabriquée maison et, pendant quelques minutes, en oublie son triste environnement. Elles reprennent brusquement vie et les souvenirs tressent autour d'elles des couronnes de roses du pays natal. Apparaissent aussi de petits livres de prières écornés et tachés sur la couverture, de pieuses images de la Vierge Marie qui font office de signets entre plusieurs passages importants de la Bible. Plusieurs cartes postales aux tampons militaires sont répandues sur une toile de tente dépliée, à côté de jeux de cartes, de livres et de revues diverses. Pour la plupart des romans d'amour. Chacun tient à son fatras avec une rare tendresse. Il représente pour lui plus que de l'argent. Il le surveille avec les yeux d'Argus, le personnage fabuleux qui avait cent yeux. Pour rien au monde, il le prêterait.

Lentement le calme gagne le cantonnement nocturne. Seuls, dans un angle reculé du grenier, presque à ras du toit, quelques mordus des cartes sont encore assis autour d'un sac à dos sur lequel, avec beaucoup de retenue, ils abattent leurs atouts. Puis tombe un silence presque total. Quelques rares bourrasques de vent d'avril mugissent encore au travers des lézardes du bâtiment.

De temps à autre des dormeurs se retournent brusquement. Ils ont le sommeil agité, harassés de fatigue qu'ils sont par la longue marche du jour. Puis, sans crier gare, l'un d'eux sort de son rêve, se redresse sur son séant, fixe d'un œil hagard et injecté de sang le petit bout de chandelle se consumant devant lui puis, jette à nouveau son corps comme un sac dans le foin. Dieu seul sait, quel était le sujet de son rêve.

Tous dorment à présent, côte à côte, dans toutes les positions, et dans le plus profond silence. Ce silence qui efface provisoirement leurs graves inquiétudes. Sur la route de Moussey résonne le bruit des colonnes de munitions et sporadiquement, bien plus au loin encore, celui de l'impact d'un obus adverse. Un rappel de ce qui attend la 10ᵉ Compagnie au cours des jours prochains.

Le 31ᵉ Régiment doit, comme aile droite de la 15ᵉ Division d'Infanterie Bavaroise, prendre en charge la position occupée jusqu'alors par la 9ᵉ Grenadierregiment, en avant du village de Xousse au sud-ouest de Moussey.

A sa droite, se joint le 70ᵉ Régiment Prussien d'Infanterie, à sa gauche, le 32ᵉ Régiment de la même Division Bavaroise.

La position comprend deux secteurs différents :
- celui de droite (appelé Köln) s'étend, parallèlement à la ligne de front française, du nord-ouest au sud-est de la pointe orientale de la forêt de Parroy. Installées très près l'une de l'autre, les premières lignes ennemies se font face dans des bois touffus, des taillis, des broussailles et un entortillement de fils de fer barbelés ;
- celui de gauche (Dresden), s'étire à sa suite en terrain découvert, en faisant une courbe très prononcée en arrière vers l'est. L'ennemi fait face à 500 mètres, voire par endroit jusqu'à 1 000 mètres.

Les tranchées ne sont pas toujours en bon état et, en partie, difficilement défendables. C'est pourquoi, une triple rangée de barbelés a été tirée devant le front.

Dans la soirée du 1ᵉʳ avril, le IIIᵉ Bataillon part assurer sa relève. Il passe au sud de Remoncourt pour atteindre la forêt de Parroy. Dans un boqueteau, au bord de la piste suivie, une *Haubitzbatterie* (obusier) envoie sporadiquement, et avec grand fracas et gerbes de feu, ses projectiles de gros calibre en direction du fort de Lunéville.

Les boyaux d'accès à la position sont tout d'abord très praticables. mais, peu à peu, dans l'angle est de la très touffue forêt de Parroy, ils forment en se rapprochant des avant-postes, une suite de lignes brisées, aux angles saillants et rentrants très éprouvants.

Le Français reste curieusement très calme et n'effectue aucun tir pendant le temps de la relève, laquelle se termine ainsi sans incident à 10 h 00 du soir. Les hommes sont à présent assis dans des abris, surnommés ironiquement "villas d'été". Ceux-ci ne sont recouverts en effet que par une toiture formée d'une superposition de troncs d'arbres couchés qui, en cas de bombardements, même les plus légers, n'offriraient certainement qu'une très faible protection. C'est pourquoi, par mesure de prudence, des abris plus profonds ont été creusés dans le secteur de la compagnie. Ceux-ci, à ce jour, n'ont pas encore été occupés et ne devraient l'être que lors d'importants feux roulants d'artillerie adverse.

Loger ainsi en première ligne n'est pas désagréable. Les murs sont tapissés proprement de sacs de sable et chaque homme à son lit de camp, garni même d'une paillasse remplie de fibres de bois. A l'endroit où la lumière du jour pénètre par une cheminée d'aération, a été fixée une jolie photocopie d'une œuvre d'art. Elle pourrait être extraite d'une revue mensuelle de Velhagen et Klossings. Elle représente le port de Saßnitz sur l'île de Rügen, en bordure de la Mer Baltique : comme dit Hans Rupp : « C'est un fragment de la patrie allemande, exposé ici, dans l'obscurité d'un minuscule abri du front lorrain ».

Les jours suivants, l'installation s'effectue très tranquillement. Peu d'actions des deux côtés, dans certains secteurs même aucun tir. Seul un convoi de ravitaillement du IIIe Bataillon, avancé imprudemment trop près des premières lignes le 8 avril, fait l'objet de tirs de schrapnells.

Le temps s'améliore quelque peu, mais les chemins restent comme avant très défoncés.
La situation sanitaire est très bonne. L'aménagement et l'amélioration des différents ouvrages de la position ne s'effectuent que très lentement, car les outils de terrassement manquent cruellement.

Des échanges d'artillerie ont lieu les 9 et 10 avril, mais après une sérieuse réplique allemande, le calme revient les jours suivants. Il règne un véritable temps d'avril, mélange de bourrasques de neige, de grand vent et de soleil printanier. Le calme régnant jusqu'ici sur la position est interrompu soudainement le 14 avril à 7 h 30 du matin. Un important feu d'artillerie adverse, se développant encore plus d'heure en heure, se déchaîne brutalement sur la première ligne du Secteur Köln et sur les boyaux d'accès, plus à l'arrière. A 8 h 30, il atteint son paroxysme, avec à présent l'intervention de pièces de moyen et gros calibres.

L'état d'alerte, au degré le plus élevé, est instauré dans le Secteur Köln. Les sapes sont vidées de leurs occupants puis, toutes, verrouillées. L'artillerie allemande engage des tirs de représailles. Il est fait aussi appel à des avions de combat pour chasser les avions d'observation ennemis, mais ils ne viennent pas.

A 9 h 00, le IIe Bataillon, qui est installé à l'extrême ouest des premières lignes du 31e Régiment, signale que ses tranchées sont complètement nivelées, que ses mortiers sont inutilisables et que grand nombre de ses hommes ont été ensevelis. Le commandant du régiment fait aussitôt appel en renfort au Ier Bataillon qui se trouve en repos à Moussey. Tout le régiment est ainsi mis sur pied de guerre.

Le IIIe Bataillon, en renfort dans la deuxième ligne, est déjà prêt à intervenir. Ses compagnies ont fourbi leurs armes et attendent l'ordre d'attaquer. Léo est à la tête de son escouade. Les premières lignes sont évacuées et des barrages de protection installés un peu partout. Au cours de l'après-midi, les tirs adverses diminuent quelque peu et sont dirigés principalement sur les barrages qui pourraient faire obstacle à une percée. Une attaque ennemie paraît imminente.

Elle tarde à venir. Vers 3 h 00 du matin, plusieurs patrouilles françaises sont surprises en train de pénétrer dans les lignes avant évacuées par les Bavarois. Elles sont repoussées par un feu très nourri de mitrailleuses. Plus rien d'autre n'est à signaler. La nuit s'écoule assez calmement. Les tirs d'artillerie français sont moins intenses et n'ont apparemment pour but que de gêner la remise en état des tranchées et ouvrages de première ligne. C'est d'ailleurs à ce travail que s'attelle de suite le IIIe Bataillon, secondé par quelques équipes du Génie.

Quant à Léo, il doit tout d'abord se rendre au Bunker de son commandant de compagnie pour lui faire son rapport sur les combats de la nuit et sur ses effectifs. Heureusement pour son escouade, elle n'a eu aucune perte, ni mort, ni blessé, même léger. Le pilonnage du secteur par l'artillerie française a fait des ravages. Il est difficile pour Léo d'avancer au travers des troncs d'arbres abattus et empilés un peu partout dans tous les sens. Il s'enfonce plusieurs fois jusqu'aux genoux dans la terre fraîchement retournée et s'en sort avec beaucoup de peine en se tirant aux racines qui émergent. Il n'atteint que lentement l'abri de son commandant, creusé un peu plus loin, en retrait le long d'un boyau de communication.

Plus aucun signe de vie autour de ce dernier. Les lignes téléphoniques sont déchiquetées. Un éclat d'obus faisant bel et bien un demi-mètre de long, s'est fiché dans le tronc d'un arbre boursouflé et à l'écorce très ridée. Ses échancrures métalliques émergent comme des serres du bois meurtri.

Une fois l'entrée de l'abri atteinte, Léo descend les marches sur lesquelles des soldats sont recroquevillés. Arrivé au sous-sol, il se fait annoncer par le secrétaire du commandant. Celui-ci est assis sur son lit de camp. Une lampe à acétylène éclaire sa soupente, un tout petit réduit séparé du local de la troupe par une couverture. Léo se présente de façon réglementaire et constate qu'aujourd'hui son supérieur est particulièrement silencieux. Il lui présente son rapport.

- Je sens, lui dit le commandant, que la situation n'est pas très nette. Le Français est encore très agité. Il envisage très certainement quelque chose de désagréable pour ce soir encore.

L'Oberleutnant dit cela d'un ton bref et haché. Ce n'est pas son habitude. Le bombardement de la nuit précédente semble avoir mis ses nerfs à la torture. Il n'est jamais aussi laconique, mais au contraire d'une grande amabilité. Régulièrement il invite même le plus simple des fantassins à s'asseoir lorsqu'il vient livrer un message. Et il ne le laisse jamais repartir sans lui offrir une cigarette. Aujourd'hui, Léo ne le reconnaît pas. Il claque des talons, fait demi-tour et ne soucie plus de ce changement d'humeur.

Une fois la couverture soulevée, il pénètre dans le grand local de la troupe et s'allonge sur un lit de camp, au milieu de ses camarades. Un profond silence emplit la grande pièce. C'est même un silence de mort.

- Dites-moi, que se passe-t-il ici? Pourquoi ne dites-vous rien? N'avez-vous pas encore digéré l'attaque récente d'artillerie?

Par ces courtes phrases, Léo cherche à engager la conversation.

- Ferme la, lui dit quelqu'un à voix basse.
- Là où un homme meurt, on ferme sa gueule!

Léo est frappé de stupeur. Il se sent incapable de questionner plus avant. La même voix lui dit alors à voix basse dans l'oreille:

- Jette donc un coup d'œil là-dedans… c'est là qu'il repose.

Le bunker dans lequel se trouve Léo est doté d'une petite cavité annexe. Il s'en approche, appuie une main sur le mur de glaise glacé et de l'autre écarte légèrement la couverture pour jeter un coup d'œil par le petit espace entrouvert. Un nuage de phénol afflue vers lui. Il ressent une grande envie de vomir. Il peut tout de même apercevoir un corps inanimé allongé sur un brancard. Son visage a un teint cireux et dans les orbites très foncées de ses yeux étincellent une paire de charbons ardents. Deux infirmiers sont penchés sur le blessé et s'affairent avec de la gaze hydrophile.

- Il n'a plus aucune chance! reprend la voix précédente.

- C'est un gars de la 5e Compagnie. Il a été touché, voici très peu de temps, dans une tranchée toute proche. Il a crié comme une bête sauvage : "Aidez-moi, aidez-moi !". Cela ne vaut plus la peine de le traîner à l'arrière, dans le poste de secours principal.

- Où a-t-il été touché ? demande Léo à voix basse.

- Un éclat d'obus lui a ouvert le ventre et lacéré tous ses boyaux… Et, en plus, il a encore reçu trois balles dans la poitrine.

Léo laisse retomber la couverture. Il appartient désormais lui aussi au monde des silencieux qui attend. La chandelle ne laisse filtrer qu'une faible lueur à travers la couverture. Brusquement on entend le corps onduler une fois encore sur le brancard et pousser un long gémissement. Puis il meurt. Même si on ne le voit pas, on le sent !

C'est le silence absolu dans tout le bunker.

Les deux infirmiers s'éloignent du corps sans vie et leurs silhouettes se découpent à l'entrée de la petite cavité.

- Il est mort, disent-ils, parlant entre leurs dents, et vont le signaler au commandant de compagnie.

Le mort est posé ensuite sur une toile de tente et sorti de l'abri. En signe de deuil, tous les hommes suivent les porteurs, même s'ils n'ont jamais connu, ni même aperçu le défunt. Le cadavre repose maintenant devant eux, bien enveloppé dans la toile. Seuls ses pieds pendent à l'extérieur comme deux blocs de boue. Les infirmiers nouent alors entre eux les quatre coins de la toile, et, sous le nœud, glissent leurs perches de porteurs. Ils hissent ces dernières sur leurs épaules et emportent le cadavre vers l'arrière. A la lisière de la forêt de Parroy, il sera alors pris en charge par un véhicule de transport de bagages ou une ambulance, pour être enterré au cimetière militaire de Moussey.

Dans le bunker, la vie reprend. Les dés et les cartes à jouer font à nouveau leur apparition. Aujourd'hui, c'est le jour de Pâques. Personne ne semble s'en rendre compte.

Comme pressenti par le commandant de compagnie, le soir même du 15 avril les tirs reprennent violemment du côté français. Ce sont de véritables *Trommelfeuer* (feux roulants). Ils semblent circonscrits sur une partie des lignes bavaroises. A l'horizon, au-dessus du fort de Lunéville jaillissent d'énormes gerbes de feu. Puis, aussitôt après, des très gros obus tombent avec un bruit sinistre sur les tranchées du régiment. La terre tremble sous cette pluie de projectiles.

Ces lourdes mines perturbent très sérieusement les hommes. Quand elles se déchirent derrière eux, c'est comme si un poignard très effilé leur était planté dans le dos. Alors ils ne savent plus où donner de la tête. Leur sang bout dans leurs veines, comme la lave d'un volcan. La réaction est immédiate : éreintés, flapis, complètement avachis, ils laissent tomber leur corps tel du bois mort sur le bord de la tranchée. Thomann qui, habituellement, a les nerfs solides, se met à hurler :

- Si ça continue ainsi, vous pourrez m'envoyer dans un asile de fou !

Les combattants restent tapis, sans bouger. Ils ont perdu la parole. La tempête de feu à présent devient ouragan. Léo et les siens se collent au sol et souhaiteraient par-dessus tout s'y enfouir. La mort fait sa ronde. Tous le savent, mais se sentent incapables de lui échapper.

Alors… subitement… le feu cesse d'un seul coup.

- *Kinder, sie kommen* ! (Mes gamins, ils arrivent) hurle l'adjudant Kempf, en invitant ses camarades à se préparer à l'attaque. Une douzaine de fusées éclairantes partent en même temps de la deuxième ligne bavaroise et, franchissant la première ligne, vont éclater au-dessus du petit vallon situé en avant des lignes. L'adversaire ne se précipite pas en avant en vagues d'assaut mais progresse à pas mesuré sur plusieurs rangées. Pour l'instant tout est relativement calme. On aperçoit très nettement les casques reluisants des assaillants. Les hommes progressent par bonds dans la pénombre de la nuit.

Les Bavarois hésitent un court instant. Les cibles mouvantes qui s'approchent d'eux si bravement, les impressionnent. Mais ils se ressaisissent très rapidement. Kempf se comporte alors comme un bouffon :

- Tirez leur dessus ! Tirez leur dessus ! crie-t-il, - tirez leur dessus, tout ce que vous pouvez ! Réglez votre hausse au plus près ! Cet ordre n'est pas très réglementaire. Il est clair et net, bien qu'au fond presque inutile dans la situation présente.

Les hommes pétaradent à qui mieux-mieux. Tant que les cibles se meuvent, les silhouettes se détachent assez nettement de l'environnement. Les défenseurs constatent que les Français ont hésité à plusieurs reprises. A chaque fois, ils continuent ensuite à progresser sur la pente ascendante du vallon qui les conduit vers leurs adversaires. Apparemment la première salve bavaroise est passée trop haut. Ils mettent en joue plus bas.

Pan - Pan - Pan ! Quelques Français tombent en essayant de franchir les troncs d'arbres des barrages complètement éventrés leur barrant la route. Tous les tirs allemands s'orientent alors aussitôt dans cette direction. Chacun s'évertue à tirer le plus souvent et le plus vite possible.

- Tirez comme des obsédés !, crie Thomann, en sautant de gauche à droite comme un lapin.

Les Français évoluent maintenant dans leur proche voisinage. Telle une cible de stand de tir forain, une silhouette s'effondre devant eux.

- Sapristi, il en a pour son compte", triomphe Schirmer. Le Français crie comme un enfant. Les Bavarois interrompent leurs tirs pendant quelques courtes secondes. Ils scrutent le terrain aux alentours.

- Bon Dieu, achevez-le ! hurle alors Kempf.

On lui tire dessus sans aucun scrupule. Un peu plus loin, plusieurs personnages fantomatiques gesticulent comme des pantins, hurlant à la mort, et s'effondrent.

- Dommage qu'ils ne soient pas plus près encore, on les achèverait à la grenade à la main. Thomann jubile comme un gamin. Il est surprenant de constater, combien rapidement, à l'apparition de cibles vivantes, un esprit guerrier impitoyable et ivre de sang peut se déchaîner.

Les hommes tirent, tirent et tirent encore, sans même savoir s'ils atteignent leur but. La réplique adverse est moins dense et plus sporadique. Soudain, la colonne française reflue vers l'arrière. Elle n'est plus très importante. Ce doit être le reste de la vague d'assaut. C'est une image de guerre belle et horrible à la fois.

Les Bavarois grimpent hors de leurs trous et se mettent à tirer debout et sans appui.

- S'ils arrivent tous à s'en retourner chez eux sans être troués comme des passoires, ils auront le droit, en remerciement, d'ériger une nouvelle cathédrale à notre Dieu !", s'écrie Schirmer méchamment. Il est à nouveau insolent et plus excité qu'un pou.

On ne voit plus fuir aucun adversaire. Le feu de l'infanterie se tait. Seule l'artillerie allemande tire encore salve après salve sur les lignes ennemies. Du reste, pendant ce temps, le jour nouveau fait son apparition. Sa pâle lumière filtre à travers les couronnes hachées des arbres et chasse les ombres de la nuit qui règnent encore dans certains coins du petit vallon. La fumée de la poudre s'est concentrée toute entière au fond de ce dernier et couvre le paysage d'un large voile blanc toxique.

L'Oberleutnant vient rejoindre ses hommes. Divers responsables lui remettent leur rapport sur le combat. Léo et son escouade sortent prudemment à l'avant de leurs lignes. Dans la grisaille du matin, ils découvrent un paysage de désolation. Le vallon ressemble à un champ labouré. De nombreuses et énormes mines à ailettes sont fichées dans la terre, sans avoir explosé. Leurs hélices sont pliées comme pourraient l'être de simples jouets d'enfant en fer-blanc.

Entre les troncs d'arbres déracinés apparaissent de petits paquets d'étoffe bleu horizon. Ce sont des soldats français morts qui, en luttant contre la mort, se sont recroquevillés dans la terre meuble. Une jambe broyée émerge d'un amas de bois. Elle ne tient ensemble que grâce aux bandes molletières qui l'entourent.

Devant un arbre désintégré repose un sergent français du 367e Régiment d'Infanterie. Sa tête est plaquée contre terre. Ses cheveux sont noirs comme du jais et très brillants. A l'arrière de sa tête, un impact de balle d'où suinte un filet de sang. Son manteau est complètement souillé. Son stylet et son casque perforé sont tombés un peu à l'écart. Les poches du mort sont fouillées. Il ne s'y trouve aucun document. Sur le terrain tout autour sont éparpillés une multitude de petits papiers, de tracts, sur lesquels, imprimé en allemand, il est dit que l'Allemagne perdra la guerre de toute façon. Ils engagent ses soldats à passer à l'ennemi, à déserter. Le jour envahit maintenant complètement le terrain saccagé. Le soleil filtre à travers les bancs de brouillard et confère à cette zone de combat un aspect grotesque.

Plus tard, il sera établi que cette passe d'armes du 14 au 16 avril a coûté au 31e Régiment huit morts et quarante-cinq blessés, la plupart du IIe Bataillon.

La bonne tenue témoignée à cette occasion est tout particulièrement louangée dans un Ordre du jour du général commandant la Brigade, qui précise alors entre autres :
- Le 31e Régiment Bavarois d'Infanterie a subi avec succès l'épreuve du feu. Aussitôt la fin du combat, j'ai déjà eu l'occasion de me réjouir de l'esprit guerrier exemplaire de la troupe, de sa confiance en la victoire, Je veux toutefois faire tout particulièrement ressortir avec quel cran et quelle promptitude le 31e Régiment a bouté hors de ses lignes un ennemi audacieux qui s'y était déjà infiltré en partie…".

Depuis sa création, le régiment ressentait cruellement l'absence dans ses rangs d'un ensemble musical. Une telle création n'avait pas été prévue initialement dans les nouveaux régiments. Pour ne pas devoir s'en priver à l'avenir, quelques courageux se regroupent et procèdent à l'achat d'instruments de musique. Et cela grâce à des moyens financiers privés, offerts par des officiers et par les gestionnaires des cantines de la garnison de Metz.

L'adjudant-chef Kissel de Kaiserslautern est choisi pour chef de Musique et, le 5 avril, à Zwohof près de Sarrebourg, au siège de l'état-major du régiment, son commandant bénéficie de la première aubade à l'occasion de son anniversaire. Certes, au début, l'orchestre ne comporte que douze éléments, mais après maintes démarches délicates faites à différents degrés hiérarchiques, sa constitution définitive est enfin agréée par l'Autorité supérieure. L'ensemble peut alors s'accroître et devenir très rapidement une véritable musique réglementaire. Partout où il peut se produire, il procure à tous ses auditeurs de nombreuses heures de détente et d'épanouissement.

Pour les musiciens, il y a néanmoins un revers de la médaille. Hormis le fait d'assouvir leur passion de musicien, ils doivent également effectuer des tâches très délicates lorsqu'un besoin en hommes se présente. C'est ainsi qu'ils sont parfois chargés du portage de nourriture et de munitions, et d'aider à creuser des abris et des tranchées. Lors des difficiles journées de combat, enfin, ils ont la lourde et triste charge de ramener les blessés et de dégager puis d'enterrer les morts.

Un grand calme règne à nouveau dans le secteur. De jour, les hommes effectuent des travaux de nettoyage dans les tranchées et de nuit, effectuent des patrouilles dans le no man's land boisé.

Le soir du 23 avril, les Français procèdent à 800 tirs d'artillerie au moins sur le secteur le plus à l'ouest du front du Régiment, sans causer toutefois autre chose que des dégâts matériels.

Chaque bataillon est envoyé au repos une semaine sur trois à Moussey où il est alors logé dans des cantonnements de masse. Le premier jour après la relève est toujours consacré aux bains et à l'épouillage. Les jours suivants servent ensuite au renforcement de la discipline, à des exercices d'entretien et de renforcement des positions, et principalement aussi au perfectionnement de certaines catégories de combattants : les lanceurs de grenades, les pourvoyeurs d'armes automatiques, les téléphonistes, les messagers, les groupes d'assaut… Le dernier jour avant l'accès en première ligne est laissé à l'initiative individuelle : entretien et remise en état de l'habillement et de l'armement, courrier, pratique religieuse, etc…

Cette journée tombe cette fois-ci le mardi 1er mai. Léo, par courrier, en a fait part à ses parents. Son père ne peut obtenir de congé de la Poste pour ce jour-là. C'est donc sa mère Rosalie qui va essayer de le rencontrer à cette date. Grâce à de la parenté habitant Gondrexange, village natal de son mari, elle est prise en charge à Sarrebourg à sa descente du train, puis transportée à Moussey où, grâce à une permission très exceptionnelle accordée par l'Oberleutnant commandant la compagnie de Léo, elle peut rencontrer son fils pendant une petite heure dans une cantine militaire de Moussey.

Les retrouvailles sont chaleureuses et extrêmement agréables. D'autant plus pour Léo que sa mère lui a rapporté un gros colis de victuailles et une bonne bouteille de Mirabelles de Pays, à boire avec ses camarades.

Le 2 mai, Léo remonte avec le IIIe Bataillon en première ligne, dans le Secteur Köln.

Depuis la fin avril, le temps s'est amélioré. L'activité de l'artillerie adverse est toujours assez modique mais, le 6 mai, en éclatant contre un arbre, un obus blesse grièvement quatre hommes de la compagnie voisine.

Le 9 mai, Sa Majesté le roi Ludwig III de Bavière vient à Duß (Dieuze) superviser la 15e Division Bavaroise de l'Infanterie. Un bataillon mis sur pied avec des éléments des trois régiments de la division défile devant lui, sous la conduite du major Robenstein, commandant du 31e Régiment. Le roi remet des médailles à des hommes qui se sont déjà distingués auparavant au front, dans d'autres corps de troupe. Léo aurait aimé participer à une telle manifestation rien que pour apercevoir le roi. mais il est toujours en première ligne.

Déjà, à la fin avril, des rumeurs avaient couru sur une imminente nouvelle affectation du régiment. Elles devaient à présent devenir réalité.

Le 10 mai, au matin, on annonce au IIIe Bataillon qu'il sera relevé dans la soirée par le 29e Régiment de Réserve d'Infanterie Prussien. Une grande animation règne aussitôt dans le secteur. Les hommes rangent leur barda avec le plus grand plaisir. Des oiseaux chantent à l'envi sur les branches déchiquetées des arbres de la forêt de Parroy et saluent l'arrivée du jour nouveau. Un magnifique matin de printemps s'étend par-dessus les cimes des arbres décapités. Dans la nuit, les bourgeons se sont épanouis dans les taillis.

En scrutant le ciel, on aperçoit les ballons captifs français qui espionnent le secteur. Léo et son escouade se sont cachés dans une petite clairière et profitent de cette première journée printanière pour se prélasser au soleil. Le soir, ils sont relevés sans problème et marchent vers Moussey. Ils s'installent dans leur ancien cantonnement d'Oberschirzingen et, très fatigués, s'écroulent dans la paille du grenier. Ils apprennent le matin suivant qu'ils seront embarqués dans les trains en début d'après-midi. Ils sont fous de joie, bien qu'ils sachent qu'ils seront très certainement engagés à un endroit où il va y avoir du grabuge. mais le soldat aime le changement.

- Venez, on va se baigner, dit Thomann. Le groupe de Léo parcourt quelques centaines de mètres et atteint le canal de la Marne au Rhin. Tous se jettent à l'eau avec le plus grand plaisir.

Kempf et quelques autres vont courir le jupon à Moussey. D'autres enfin se font dorer au soleil dans les vergers tout proches.

Aux latrines courent les bruits les plus fantaisistes. Assis par douzaines sur de longues et étroites poutrelles en bois, serrés les uns contre les autres, les fesses à l'air, d'alertes silhouettes essayent de deviner où, dans quelques heures, les convois vont les transporter.

- Il faut espérer que ce ne sera pas en Flandres, déclare Puchte. J'en ai ras-le-bol des Flandres et de sa boue.
- Peut-être en Champagne, suggère un autre.
- Ou encore dans l'Oise !

Chacun donne ses prévisions, mais aucun ne connaît l'endroit où sera engagée la Division. Léo s'en revient de la baignade avec Thomann, après être passés encore à Moussey où, à la cantine, ils se sont procuré une bonne bouteille de Bourgogne. Tous deux sont de très bonne humeur.

- Qu'importe où on ira, déclare finalement Thomann. Partout il y aura des canons et des mitrailleuses !

Combats à l'extrémité Est du Chemin des Dames
(11 mai 1917 - 18 juillet 1917)

Dans la nuit du 10 au 11 mai, les derniers bataillons du 31e Bavarois quittent le front de la forêt de Parroy en Lorraine, remplacés par le 29e Régiment d'infanterie prussienne. La relève s'effectue sans pertes. Le régiment se scinde en deux groupes qui se mettent aussitôt en marche vers les gares de Lauterfingen (Loudrefing) et Rixingen (Rechicourt-le-Château). Ils y sont embarqués dans des trains bondés tirant des wagons à bestiaux aux planchers recouverts de paille. Le but du voyage est inconnu.

Une grande tension règne parmi les hommes. Pendant les six dernières semaines, ils ont occupé un secteur réputé tranquille, leurs pertes se sont quand même élevées à dix morts (dont 1 officier) et quatre-vingts blessés.

Des liens se sont noués dans ce secteur, de précieuses connaissances guerrières ont été acquises et, fait important, devant l'ennemi, les jeunes combattants, venus des régions les plus diverses de Bavière, se sont fondus en un ensemble homogène, empli du meilleur esprit. Là où le régiment a été sous le feu de l'adversaire, il a pleinement fait ses preuves et, avec entière confiance, ses chefs peuvent à présent le déclarer apte à participer à des combats plus difficiles. Ceci ne devrait plus tarder à venir.

Dans le train qui, par Bensdorf (Bénestroff) file en direction de Metz, les hommes apprennent les deux dernières grandes batailles livrées sur le front français :

- Le 9 avril 1917, après une courte mais très puissante préparation d'artillerie, les Anglais ont déclenché une grande offensive dans le Nord, de part et d'autre des rives de la Scarpe. Avec l'appui de tanks, ils ont effectué de grandes brèches dans les défenses allemandes, atteignant même parfois les positions d'artillerie. Mais après de très durs combats, toujours très sanglants, notamment sur la falaise de Vimy, la percée anglaise a été enrayée et le front dans ce secteur s'est stabilisé.

- Au plus fort des combats précités, le 16 avril 1917 très exactement, les Français, pour leur part, ont attaqué près de l'Aisne au nord-ouest de Reims. Là, sur le *Damenweg* (Chemin des Dames), leur préparation d'artillerie a été encore plus violente que celle des Anglais près d'Arras. L'infanterie française s'est lancée à l'assaut des lignes adverses, en l'occurrence des positions construites tout nouvellement et considérablement fortifiées par les Allemands. Les vagues d'assaut successives des Français ont été massacrées, comme encore nulle part ailleurs jusqu'alors sur le front Ouest, par le feu roulant des très nombreuses mitrailleuses allemandes, toujours intactes et admirablement camouflées dans les reliefs du terrain. Les pertes des Français ont été considérables. Malgré tout, de nouvelles et semblables attaques ont encore et toujours été menées les 17 et 18 avril suivants. Et elles aussi ont connu le même sort meurtrier. C'est ainsi que la grande percée du front de l'Aisne programmée par l'état-major français a irrémédiablement échoué à l'instar de celle des Anglais, même si, depuis lors, des attaques françaises sporadiques, très localisées et toujours très coûteuses en hommes, continuent à s'y dérouler, souvent pour le seul gain d'une ou deux lignes de tranchées.

C'est vers cette zone encore très chaude, mais où la grande offensive française semble s'essouffler lentement, que se dirige à présent le jeune régiment.

Le 11 mai, en fin d'après-midi, le train blindé du 31e Régiment s'approche lentement de Metz. Les panneaux des gares sont familiers à Léo : Kurzel an der Nied (Courcelles-sur-Nied), Pelter (Peltre), Metz-Sablon... Il est chez lui ; il reconnaît toutes les maisons et tous les bâtiments qu'il croise. Ferait-on une halte à Metz... ?

Le train ralentit... entre lentement en gare... mais il ne s'arrête pas et reprend peu à peu son rythme de croisière. Metz-Schlachthof (Abattoirs de Chambière)..., Metz-Nord..., Wappingen (Woippy)..., Macheren (Maizières-lès-Metz)..., Hagendingen (Hagondange)..., chaque nouvelle gare l'éloigne un peu plus de sa maison familiale. Il a revu la place Mazelle, la cathédrale, les nombreux clochers de la ville, celui de l'église Saint-Vincent notamment situé juste à côté de l'*Oberrealschule* ; il a longé la Seille, traversé la Moselle, suivi des yeux les riants coteaux allant du fort Saint-Quentin aux hauteurs de Semécourt... Il se rassied tristement sur son paquetage. Ses camarades, presque tous issus de Bavière ou du Palatinat, comprennent sa douleur et se taisent.

Le temps passe. Le convoi fonce maintenant portes fermées vers Sedan. Les hommes sont éparpillés dans la paille. Léo occupe une place privilégiée dans un coin du wagon, dos à la paroi. Cela lui donne l'avantage de ne pas être piétiné par l'arrière. Ceux de l'avant doivent à chaque instant retirer leurs jambes lorsque des silhouettes *feld-grau* se pressent vers la porte coulissante, et par une très petite ouverture, urinent sur les rails et le ballast. Tout à l'heure, l'un d'eux, encore à moitié endormi, a lâché son eau dans le wagon. Cette affaire, innocente en elle-même, a provoqué un sacré grabuge. L'air du wagon est empesté comme dans une étable à vaches. Une vapeur chaude et des émanations de toutes sortes parcourent l'étroit réduit qui emprisonne les hommes. Malgré cela, ceux qui sont allongés près de la porte coulissante ne la laissent entrouverte que de la largeur d'une main. On ne peut leur en tenir rigueur. Ils ne veulent pas tomber du wagon dans leur somnolence et se faire écraser sous le convoi blindé d'une exceptionnelle longueur.

Soudain, coup de frein intempestif; les essieux crissent et sifflent. Le convoi régimentaire ralentit et vibre sur les aiguillages le conduisant sur une voie de garage. Il s'arrête. La porte est ouverte. A la lueur de lampadaires voilés le décor de la gare se dessine : un poste d'aiguillage, des dépôts, un château d'eau, des fils téléphoniques... et un panneau indicateur : MOUZON.

Mouzon, se répète-t-on dans le wagon. Où est-ce ? Le nom leur semble familier. Karl, l'étudiant, connaît la région. "Mouzon, c'est une ville étape sur la Meuse, juste devant Sedan". Avec sa lampe de poche, il trouve facilement ce nom sur une carte.
- Alors, il doit y avoir ici quelque chose à becqueter, affirme Thomann qui a du flair... Jette un coup d'œil là-bas, du côté de la grande baraque. Il a raison. Une traînée de fumée sort des cheminées de la bâtisse en planches.
- Tous à la soupe, s'écrie Thomann en débouclant sa gamelle de son havresac et en l'accrochant à un crochet de son ceinturon. Il saute du wagon et se met comme tête de groupe sur le quai. Le wagon se vide entièrement.
- En avant, commande l'officier adjoint Ostermeier, qui conduit les hommes mal réveillés vers la baraque. Celle-ci est bordée d'une fontaine dans laquelle les hommes nettoient leurs gamelles.

Une nuée de soldats se répand alors dans la grande halle dans laquelle de longues rangées de tables et de chaises sont dressées, comme dans les énormes tentes sur l'*Oktoberfestwies*" lors de la fête de la bière à Munich. Les hommes prennent place à table. Arrivent des femmes françaises aux visages fatigués qui leur servent de grosses louches de soupe de nouilles dans leur gamelle. Les hommes avalent goulûment cette bienfaisante nourriture ; tous curieusement sont très calmes. Seuls quelques-uns essayent de plaisanter avec les serveuses. Léo, bien sûr, en fait partie. Le repas est terminé. L'un après l'autre, les hommes sortent à l'air libre et rincent leurs ustensiles de cuisine.

Un coup de trompette est donné depuis le quai. C'est le signal de la remontée en voiture. Les hommes se rassemblent par équipes et marchent groupés vers la longue rame du train. Tous s'engouffrent très rapidement dans leurs wagons respectifs. Quelques officiers courent encore sur le quai, ordonnant la fermeture des portières. La loco émet un signal strident et s'en va haletante conduire toute la troupe dans une zone du front où des combats féroces sont déjà engagés.

Le lendemain à midi, après avoir traversé Sedan, Charleville et Liart (Ardennes) de nuit, le train se traîne à travers la Champagne. Le paysage est très attrayant avec ses douces ondulations du sol sur lesquelles se dessinent de grasses prairies et de riches champs de blé. Au fond des vallons, nichent très souvent des villages très étendus, aux toits rouges, et bordés d'opulents vergers autour desquels paissent calmement des bœufs et des vaches. La journée est caniculaire. Dans les wagons règne une chaleur d'étuve. A l'extérieur, les rails scintillent tels des rayons d'argent. Le paysage défile lentement sous le soleil brûlant de la mi-journée…

Le grondement du canon enfle de plus en plus dans le lointain. Dans le wagon cependant, adossées à leur havresac, des silhouettes grises dégustent encore calmement cette belle journée de printemps en Champagne.

Le train roule maintenant au pas depuis Resigny (Aisne) et s'arrête définitivement à Rozoy-sur-Serre où toute la troupe est débarquée. Commence alors, sous une chaleur accablante, une très pénible marche de cinq heures par Noircourt et Le Thuel vers le sud, qui aboutit le 12 mai en fin d'après-midi dans de nouveaux quartiers à Dizy-le-Gros, au nord-est de Sissonne.

Le village est rempli de troupes de toutes provenances. Léo et son bataillon sont hébergés dans d'immenses hangars surpeuplés.

La rue principale de cette localité champenoise, naguère encore pleine de charme, ressemble à un long ver de terre s'étirant au loin de façon pesante et indolente en direction du front.

De nouveaux régiments se portent sans cesse vers l'avant d'où proviennent les bruits sourds d'un feu roulant d'artillerie. Et bien que l'on soit encore à 15 kilomètres environ de la ligne de combat, il semble que cette tornade de feu tende peu à peu à se rapprocher.

Camions et lourdes batteries de mortiers vrombissent en roulant sur les pavés du centre du bourg. Des cyclistes et des ordonnances se croisent sur le bas-côté. Des groupes d'artilleurs et de sapeurs, cantonnés dans des maisons individuelles, attendent avec impatience leur ordre de départ.

Tout le monde s'agite ici pêle-mêle : du personnel des services sanitaires avec le brassard de la Croix-Rouge, des médecins portant le caducée sur leurs épaulettes, la police militaire (Feldgendarmerie) avec ses visages hautains et repoussants, des soldats du train et de l'équipement, des vétérinaires, des gens des sections topographiques, des officiers de toutes unités et des états-majors, avec leur rayure rouge sur le pantalon... Et au milieu de tout cela, l'armée des fantassins flânant dans tous les coins et se déversant dans les cantines pour, une fois encore avant le prochain "foutoir", y boire de la bière bavaroise.

C'est sans relâche que passent les ambulances avec leurs très petites et très sales fenêtres en celluloïd, emmenant les blessés vers Rozoy-sur-Serre et Montcornet où sont formés les trains sanitaires en direction de l'Allemagne.

En dehors du village, sur de grands espaces aménagés, stationnent de très nombreux matériels roulants : des cuisines militaires de campagne, des chariots d'intendance, des ambulances... Les conducteurs sont assis par terre et, malgré le bruit assourdissant les environnant, jouent paisiblement au skat sur des couvertures qui leur servent de tables de jeu. Même la rumeur grandissante d'une percée des Français à Corbeny ne semble pas les émouvoir.

Dans un grand lavoir sur la place du marché, des Françaises brossent de grandes blouses bleues et, ce faisant, sont tellement absorbées par leur tâche que l'on pourrait croire que tout le brouhaha qui les entoure, ne les concerne absolument pas. Des enfants, allongés tels des chiens aux coins des rues, ouvrent de grands yeux sur ce monde grouillant, et de leur regard candide de bambins, observent familièrement les Allemands comme si ceux-ci étaient depuis toujours dans la localité.

Les maisons sont tapissées d'innombrables pancartes et écriteaux : ici séjourne la 3/61e section de sapeurs, là le groupe sanitaire 409, un peu plus loin le bureau de la compagnie de transmissions XY, ici le dépôt central de vieille ferraille, là un autre pour les ceinturons et les havresacs détériorés, un grand panneau annonce la scierie de division dont l'unique tâche est de fabriquer des cercueils, rien que des cercueils...

Après avoir fait une petite virée au centre du bourg à la recherche de cigarettes - un paquet de "Langrohr" leur a été cédé au prix fort dans une cantine prussienne - Léo et quelques-uns de ses camarades rentrent dans leur quartier en flânant par les petites rues secondaires. Le sol de leur hangar est recouvert de paille moisie. A l'intérieur, plusieurs bougies sont déjà allumées. Des ombres sont penchées sur leurs sacs à dos en peau, qu'ils fouillent pour la xième fois. D'autres ronflent déjà dans un coin. La plupart ont enlevé leurs bottes couvertes d'une croûte de craie.

Léo s'est rangé dans une file de combattants souffrant des pieds. Après chaque longue marche, les moignons de ses pieds gelés sont pratiquement en sang et il doit se laisser traiter par l'infirmier. Ce dernier, ce soir, ne sait plus où donner de la tête. La plupart de ses patients sont victimes d'énormes ampoules qu'il doit soigner rapidement. Et sans arrêt, il leur déclare avec rudesse :
- Cela provient du mauvais entretien de vos pieds. Lavez-les donc en temps opportun et non pas toujours avant les marches !… Et son visage rougit de colère.

La journée se termine par un magnifique coucher de soleil. Mais, épuisés par le long transport des journées précédentes et l'épuisante marche de l'après-midi, Léo et la plupart de ses camarades dorment déjà du sommeil du juste.

La 15e Division d'Infanterie fait partie à présent des effectifs de la 7e Armée. Le 13 mai au matin, ses troupes sont présentées au responsable de la division, le général-major von Tutschek. L'après-midi est consacré à l'installation dans le cantonnement. Les jours suivants, les activités sont exécutées dans le cadre des compagnies : principalement du tir, des simulacres d'attaques sur un champ de manœuvre aménagé, des essais de masques à gaz… Le 17, le 31e Régiment reçoit des mitrailleuses légères 08/15 (deux seulement hélas), à des fins de découverte et d'instruction. La période d'apprentissage est malheureusement très courte, trop courte.

Le temps qui était très chaud et lourd lors de l'arrivée à Dizy-le-Gros, s'est heureusement un peu rafraîchi grâce à quelques bienfaisantes pluies d'orage. Le ravitaillement est fourni régulièrement par les cuisines roulantes, la nourriture est bonne. La situation sanitaire également.

A partir du 18, la division devient Division d'intervention, en réserve dans le secteur du Groupe Sissonne.

Les hommes peuvent à présent, d'un moment à l'autre, être appelés à monter au front. En attendant, ils traînent dans les rues du bourg. Le soir du 20 mai, plusieurs d'entre eux se sont groupés autour d'un vieux Français, écorchant à qui mieux mieux la langue française ; en lui témoignant cependant la plus grande sympathie, allant même jusqu'à lui bourrer sa pipe. Une jolie brunette, vraisemblablement sa fille, est assise non loin de lui sur les marches du perron en pierre de la maison. Son mari est engagé devant Verdun dans un régiment de ligne française. La pauvre femme n'a plus eu de nouvelles de lui depuis au moins six mois. Son dernier courrier provenait du bois de Chapître près de Fleury.

Le vieux Français parle très cordialement avec les Allemands. mais, à maintes reprises, il répète en soupirant :
- La guerre est un grand malheur ! *Deutsch Soldat gut* (bon) - *Franzos Soldat gut* - mais... mais...".

Tous comprennent ce qu'il veut dire : les soldats français ou allemands qui incarnent leur pays, n'y peuvent rien pour cette guerre. Les grands, les puissants sont seuls responsables de cette calamité, de ce "grand malheur".

Léo est tout naturellement là aussi, auprès de ses camarades. Imperceptiblement, mais avec beaucoup d'habilité, il s'est, au fil des discussions, rapproché tout doucement de la belle femme française. Il est réputé pour être un "chaud lapin". A présent, Monsieur le Lorrain est assis, l'air innocent, sur la marche située juste en dessous de la belle jeune femme. Joli brin de femme. Elle a les cheveux châtains et de grands yeux marron. Tous les yeux sont fixés sur elle. C'est quelque chose une femme sur le front ! C'est même beaucoup. Il arrive que ce soit une véritable aubaine.

Brusquement, à la tombée de la nuit, un tir tendu d'obus de gros calibre français s'abat sur les abords du village. Après trente secondes, plus rien. C'est la première fois que, dans cette région, les Français tirent aussi loin en arrière du front. On ne s'y attendait pas ! Ce sont des obus de très gros calibre ; ils viennent de 20 kilomètres au moins ; les pièces sur voie ferrée doivent se trouver quelque part dans la vallée de l'Aisne. Dès les premiers éclatements, toute la troupe ou presque est partie se réfugier dans les hangars.

Tremblante, la jeune femme s'adresse à Léo. Ne sachant pas qu'il parle couramment sa langue, elle lui baragouine un français de contrebande, laissant les phrases inachevées :
- Vous... aidez-moi... rentrer mon père... mettre au lit. La maison est dans le noir. Léo et un copain soulèvent le vieux et l'emportent dans sa chambre. Elle lui allume une lampe à pétrole, le couche, puis revient dans le salon où elle enflamme une petite bougie.

Deux nouveaux coups tombent sur le village. Plus près cette fois. La jeune femme se penche vers Léo.

- Quoi… ça ?… Bruit ?… Boum ?

- Oui, fait Léo en haussant les épaules, boum ! boum ! Un obus expédié par les vôtres. Et c'est un gros. Et qui vient de loin. Et comme habituellement, il en tombera certainement un ou deux toutes les dix minutes… ! Pas très chic de vous bombarder ainsi.

Elle ne se rend même pas compte qu'il parle couramment le français. Elle joint les mains :

- Ah ! Monsieur !… Cette guerre !… Malheur, la guerre… Saleté, la guerre… Pour vous et pour nous !… Folie… Tous les hommes fous !….

Elle se lève brusquement.

- Moi, me sauver…, En dehors du village… ! Ici, trop dangereux… !

- Restez plutôt, insiste Léo. Vous vous feriez tuer en chemin. Ici, vous avez une cave.

A ce mot "cave", le copain ne peut se retenir et se met à ricaner en allemand :

- Il y a même de la paille… Vous n'avez qu'à emporter les oreillers.

La jeune femme, entêtée, répète :

- Je m'en vais… Avec mon père… !

Mais elle ne bouge pas. Ses genoux se choquent dans un tremblement. Le copain lance à Léo :

- Je crois que c'est dans la poche !….

Il louche vers la femme qui questionne :

- Qu'a-t-il dit ?

- Bah, il est furieux de me voir près de vous. Ce Monsieur est jaloux.

En même temps, il se rapproche d'elle, et dans la pénombre, s'efforce de jeter un coup d'œil dans l'encolure de son corsage. Elle a surpris ce regard. Elle soupire et baisse les paupières. Léo va la presser davantage. Mais dans le lointain, une note aiguë. De nouveau un long hurlement, puis l'explosion, la gerbe de pierres, de poussières, de débris…

Au bout de la rue, un entonnoir vient de se creuser.

La jeune femme prend le chandelier, se précipite vers la cave, en criant : Vite, vite… ! Léo la suit.

Resté dans le coin, le copain ne se pose pas de question. Sans un mot, il prend son casque et, en tâtonnant, sort de la maison et se dirige rapidement vers les hangars et sa compagnie. Dans la cave, la femme française, de plus en plus agitée, se lamente :

- J'ai peur ! J'ai peur !

- Peur de quoi ? dit Léo en lui pressant les mains. Ne suis-je pas là près de vous ?…

Il cherche à l'attirer contre lui ; mais elle se dégage, un peu pâle. Elle a un faible sourire et, dans son français petit-nègre, elle prononce :

- C'est que... vous savez... pour la... euh?... Oui, pour la chose... rien à faire. Je suis mariée !

- Ah, murmure Léo, lentement. Ah, mariée ? vraiment ?

Il fait un pas en arrière, soudain très froid :

- Est-ce bien vrai ?

- Trop vrai hélas !... Mariée, vous dis-je.

Un silence, puis elle reprend, avec une ironie dans la voix :

- Sans doute, Monsieur, n'a-t-il plus envie de demeurer dans la cave ?

Il ne répond point. Il l'examine. Il contemple ses cheveux châtains, ses grands yeux marron, son corps bien épanoui...

- Ah, dit-il enfin avec un soupir, c'est un grand malheur !

- Quoi, un malheur ?... Le bombardement ?

- Non, l'autre chose !

Elle se plante devant lui, les yeux dans les yeux :

- Je comprends. Mais vous laissez beaucoup trop d'enfants par ici. Que diront nos hommes quand ils reviendront ?

- Ils diront... euh !...

Il ne peut poursuivre. Un dernier obus vient d'éclater non loin de l'immeuble. La jeune femme se jette dans ses bras. Est-ce la peur... ou un désir brûlant semblable au sien ? Ou les deux à la fois ? Qu'importe !... La cave devient brusquement silencieuse. En prêtant l'oreille entre deux impacts d'obus, on pourrait cependant entendre le souffle de deux êtres ne pensant plus du tout à la guerre.

Le bombardement a cessé en cours de nuit. Au petit matin, le régiment reçoit enfin l'ordre de marche vers le sud, vers les premières lignes. Un lieutenant cherche à rassembler ses hommes. Un adjudant aboie des appels furieux et les sous-officiers courent de tous côtés, à travers les maisons, fouillant les granges, inspectant les dépendances, comptant leurs effectifs... Tant bien que mal, les hommes se rejoignent. Aucune perte n'est jusqu'alors signalée. A la 10e Compagnie cependant, il manque un homme : Léo ! Son camarade de la veille se doute bien où il se trouve et part de suite à sa recherche.

- Hep, lance-t-il dans la cave, hep... ! Tu ne t'ennuies pas là-dedans, hein ! mais la compagnie se met en marche. Dépêche-toi !

Lorsque, quelque cent mètres plus loin, Léo rejoint les hangars en courant, son ami, goguenard, s'exclame devant ses camarades :

- Il avait encore besoin d'un cours de perfectionnement en français. C'est que Monsieur le Lorrain, aime avant toute chose les cours de langue !

Léo a un mouvement d'épaules. Il préfère les laisser se complaire dans leurs déclarations. Que pourrait-il leur déclarer d'ailleurs ? Son visage épanoui suffit à tout leur dévoiler. Des éclats de rire sortent des rangs.

Le paquetage d'assaut est rapidement confectionné : tout d'abord la gamelle, puis une couverture autour, après la toile de tente, le tout bouclé avec la courroie de la musette. Cousus dans les pans de devant de sa vareuse, deux paquets de pansements. Tout le reste du paquetage est déposé dans le camion de la compagnie. Lorsque les soldats reçoivent l'ordre d'exécuter de telles tâches, ils savent de suite qu'ils vont être engagés dans une zone où "cela sent le brûlé". Et c'est pour cela, qu'avec une grande appréhension, aux premières lueurs de l'aube, ils s'enfoncent vers l'inconnu.

Le IIIe Bataillon de Léo part le premier. Chacune de ses compagnies compte environ 140 hommes, répartis en 4 sections. La marche est tout d'abord rapide, au pas cadencé, mais peu à peu elle devient nonchalante. Il faut dire que les hommes ont quitté la route et emprunté un des nombreux sentiers de prairie pour éviter les tirs d'artillerie qui à présent crépitent sur les bas-côtés crayeux de la chaussée. La contrée paraît assez accidentée. Parfois la colonne humaine se rallonge lorsqu'elle dévale une pente, puis elle se resserre à nouveau lorsqu'elle attaque la montée suivante. La marche n'est cependant pas trop pénible.

Après un premier parcours de 15 km, la troupe s'arrête vers 11 h 00 du matin dans l'immense camp de Sissonne, pour y récupérer de ses fatigues et se restaurer. Vers 16 h 30, reprise de la marche vers le sud. Les tirs d'artillerie sont maintenant plus nombreux. Essentiellement lors de la traversée d'une ligne de chemin de fer. Les rails sont complètement éclatés par les obus et se dressent vers le ciel, tels de sombres poteaux indicateurs. C'était, il y a peu de temps encore, la voie ferrée reliant Reims à Laon.

Arrivés vers 19 h 00 au nouveau camp de Goudelancourt-les-Berrieux, les hommes se groupent par compagnies autour d'une meute de cuisines roulantes qui leur dispensent le repas du soir, ainsi que des musettes contenant deux jours de vivres. Pendant ce temps, les responsables du IIIe Bataillon rencontrent ceux du 368e Régiment d'Infanterie Prussien dont ils vont assurer la relève dans les heures à venir.

Les ordres du Grand Quartier Général sont répercutés très succinctement à la troupe : "Cette nuit vous serez en réserve à 500 mètres du front et, demain soir, en premières lignes. Un détachement précurseur (2 officiers et 4 hommes de troupe) est déjà parti dans la position de réserve pour y préparer la relève".

Léo sait que dans ce détachement précuseur figurent l'Officier Ostermaier, adjoint au commandant de sa 10e Compagnie, et aussi le soldat Schramm, un des huit hommes de son groupe, qui fait fonction d'ordonnance (*Offiziersputzer*) dudit officier.

A 9 h 00 du soir, reprise de la marche, sous la conduite d'éclaireurs du 368e R.I. Prussien. Les compagnies sont séparées les unes des autres de 400 mètres. Les obus ennemis tombent à gauche et à droite de la très longue colonne humaine. On les entend venir en miaulant dans les airs. Tout le monde se jette alors à plat ventre et quelques secondes après l'explosion, c'est à nouveau l'ordre : *Auf* (debout), *Marsch, Marsch* ! crié en tête de colonne par le commandant de compagnie. Parfois aussi, hélas, c'est un cri de détresse "A l'aide, camarades" ou *Sanitäter* (infirmier) lancé par un blessé.

Les hommes accélèrent le pas, se rapprochent instinctivement les uns des autres, se heurtent avec leurs casques ou leurs fusils, jurent lorsqu'ils trébuchent sur un obstacle dans la nuit, s'arrêtent quelques instants quand ils n'en peuvent plus, mais repartent au pas de course pour ne pas se faire distancer par leur groupe, respirant à pleins poumons au point de se racler la gorge ou de cracher du sang.

La prairie traversée est parsemée de trous d'obus. Les culbutes y sont fréquentes : on entend le bruit de la chute puis les rouspétances de l'homme qui s'extrait de la terre molle. A la lueur des fusées éclairantes on découvre un curieux mélange d'objets de toutes sortes : boîtiers de masques à gaz, crosses de fusils éclatées, sacs à dos éventrés, rouleaux de barbelés... Parfois aussi, hélas, un cadavre à demi-enfoui et déjà en état de décomposition. "*Achtung, Toter* (mort)" entend-on dans la colonne lorsque les hommes franchissent l'obstacle.

Il est maintenant près de minuit. A droite de la colonne s'élève un immense brasier attisé par une avalanche d'obus. Dans ses rayons de lumière on peut voir, tels des fantômes, flamboyer les ruines de maisons calcinées. Au milieu d'elles, un clocher d'église entièrement ployé.

Le bourg s'appelle Corbeny. Il est en train de périr dans un ouragan de feu. La compagnie de Léo franchit cette zone explosive dans un dernier effort et se précipite dans un long boyau aménagé à la sortie de la localité, le long de la route Corbeny-Berry au Bac. Il est large et très profond mais écroulé en de nombreux endroits par les bombardements. On y distingue vaguement des entrées de casemate taillées dans la roche. C'est dans ces dernières, qu'entassés comme des sardines, les hommes du bataillon de réserve prussien attendent la relève préparée et dirigée par le détachement précurseur du 31e Bavarois. Ce petit détachement se dirige d'ailleurs aussitôt vers les premières lignes pour y préparer la relève des compagnies de combat prévue la nuit suivante. Les Prussiens ont hâte de quitter ces lieux maudits. Les abris ne sont que très peu aménagés, insuffisamment éclairés et beaucoup trop exigus.

La compagnie de Léo est un peu mieux lotie que les autres. Elle est affectée dans une grande galerie percée sous la route, le "Husarenstollen".

La relève est entièrement achevée le 22 mai à 2 heures du matin. Et heureusement sans aucune perte dans le groupe de Léo, malgré les importants tirs d'artillerie. Les hommes, épuisés, s'installent rapidement comme ils le peuvent dans ces cavernes aux murs de craie taillés à la pioche et sur lesquels vacillent les lueurs de faibles bougies. Tapis dans tous les recoins, leurs visages sont fébriles, leurs yeux enfoncés. On peut leur demander ce que l'on veut, aucun ne répond. Parfois seulement un corps sursaute, lorsque sur la route, au-dessus, éclate une nouvelle charge qui ébranle de telle manière les murs crayeux, que le déplacement d'air souffle les bougies.

En cours de journée, le bataillon s'installe le mieux possible dans ses positions. Bataillon de réserve, il est placé sous le commandement du chef de corps du 368ᵉ Régiment d'Infanterie Prussien.

Aucun événement particulier ne perturbe la matinée, bien que le feu de harcèlement ennemi ne cesse un seul instant de tomber sur toutes les premières lignes allemandes. Dans l'après-midi, les tirs d'artillerie adverses s'accentuent même de plus en plus sur ce secteur, au point, au coucher du soleil, de se transformer en un véritable feu roulant (*Trommelfeuer*).

C'est un spectacle effrayant, horrible, monstrueux qui alors, à quelques centaines de mètres devant elles, s'offre à la vue des compagnies du IIIᵉ Bataillon. Les canons français, dans un grondement assourdissant, à crever les tympans, s'acharnent à transformer en ouragan de feu, à la fois le secteur "Stettin", qu'ils doivent prendre en charge dans la nuit, et les pentes du "Winterberg". Les deux positions sont enveloppées dans un nuage de fumées et de poussières. Des fusées éclairantes sillonnent le ciel. Sur le "Winterberg" on peut observer les impacts des plus gros calibres, qui projettent dans les airs de gigantesques geysers de terre et de roches.

Léo et ses camarades observent ce tableau apocalyptique avec d'autant plus d'angoisse qu'à chaque instant ces tirs destructeurs peuvent être déplacés vers eux, sur les lignes de réserve. Qu'adviendrait-il alors de leurs très vulnérables casemates, de leurs petites tranchées trop souvent déjà effondrées ?

Brusquement, vers 16 h 20, au déclin du jour, la fureur de la canonnade adverse sur les premières lignes s'arrête ! Tous savent ce que cela veut dire : maintenant l'ennemi attaque. Les guetteurs se précipitent dans les boyaux et, à l'entrée de chaque cavité, hurlent à pleine voix : *"Rrraous ! Sie kommen !"* (Sortez, ils arrivent !). Le IIIᵉ Bataillon se met aussitôt en état de marche. On aperçoit très confusément des lignes d'infanterie se déplacer à l'avant. Sans pouvoir pourtant distinguer dans l'obscurité naissante à quel camp elles appartiennent: ennemi…? ami…?

L'inquiétude règne dans le camp bavarois. Est-ce une grande attaque française?… A-t-elle échoué?… Est-elle couronnée de succès?… Une fusillade éclate à proximité. L'incertitude est vite levée. Des fuyards du 368e R.I. Prussien, encore terrorisés par le feu écrasant adverse, viennent en courant vers l'arrière, criant la mauvaise nouvelle: "Tout est perdu! Les Français arrivent". Mais les Français n'apparaissent pas.

A première vue, il ressort que dans le secteur "Stettin", ils ne se sont accaparés que des positions avancées du III/368e, à savoir la "Kiesgrube" et le "Kabelgraben" (la grande carrière de graviers de la Courtine de Chevreux et un boyau avancé menant au bois de la Mandoline), qu'ils ont écrasé les troupes en position dans le secteur et qu'ils se sont contentés de cela. Aucun renseignement supplémentaire ne peut être obtenu. Toutefois, d'après les fuyards, il y aurait eu beaucoup de morts.

- Et cela, juste avant la relève, regrettent-ils. *Was ein Pech*! (Quelle poisse). Les Bavarois, eux, au plus profond d'eux-mêmes, estiment qu'ils ont eu bien de la chance de ne pas avoir déjà été aux premières loges lors de cette terrible attaque française. Qu'est-il advenu des six hommes de leur détachement, six amis qui eux, au milieu des Prussiens, ont subi l'attaque de plein fouet?

-o-o-o-o-

Léo n'aura réponse à cette question qu'une dizaine d'années après la fin de la guerre, par son meilleur ami bavarois l'ex-sergent Hans RUPP, venu lui rendre visite à Metz. Directeur d'école à Augsburg, mais aussi historien, ce dernier avait décrit comme suit l'aventure du petit commando:

"Lorsque se déclenche l'attaque française, les six hommes sont en train d'inspecter "le "Kabelgraben". Ils y sont alors surpris par la masse des assaillants français qui pénètrent en hurlant dans ce "boyau avancé. L'Officier Ostermaier, comme un lion, se jette au-devant de l'ennemi. Il tombe raide mort sur le "sol, frappé par une balle de revolver d'un officier français. Le second officier et trois hommes n'ont pas le temps "de réagir. Sortant avec peine d'un profond abri qu'ils inspectaient, ils sont faits prisonniers sans pouvoir résister.

Quant au brave Hans SCHRAMM, le sixième homme, du Groupe de Léo, voyant son officier s'écrouler devant lui, il veut lancer sa dernière grenade à main dans le paquet d'agresseurs français. mais avant même qu'il puisse accomplir son geste, une baïonnette lui transperce les poumons. Il tombe sur le côté et reste "allongé, sans aucun secours, sur le rebord de la tranchée.

Le sang chaud coule sur sa tunique. Les vagues d'assaut françaises passent par-dessus lui et se précipitent sauvagement vers l'avant. Mais l'attaque s'éteint sous les violents tirs de barrage des batteries allemandes et finalement elle capote. Les agresseurs se replient. Des plaintes, des gémissements, des cris de douleur s'échappent de toutes parts. Les pertes sont lourdes.

Le terrain cédé n'est pas très important. Malheureusement le "Kabelgraben" en fait partie. Et c'est justement dans ce boyau, à présent une sorte de no man's land, que repose, très grièvement blessé, le soldat Schramm. Il n'est éloigné que de 30 mètres à peine de ses camarades, mais ceux-ci ignorent sa présence. De toute façon ils ne pourraient lui porter secours. La zone est en effet balayée par les tirs nourris de leur propre artillerie. Le sang coule à flots par sa blessure béante. Les éclats d'obus fusent autour de lui. Il perd tout d'abord un œil, puis est très grièvement blessé à la jambe et au pied. Sa jeune vie est en extrême danger.

Il repose ainsi, attendant sa fin prochaine. Jusqu'au moment où enfin, après de longues, longues heures de désespoir, les Français perçoivent ses faibles appels au secours, le récupèrent au petit matin et le transportent vers l'arrière.

Après avoir supporté de terribles souffrances, il aboutit dans un hôpital militaire de campagne français où, pendant de longs mois, il lutte contre la mort. Sa jeunesse l'emporte néanmoins sur toute cette horreur. Il est sauvé. Mais il fait désormais partie de la cohorte des martyrs de la guerre, brisés mentalement et corporellement, qui auront à reprendre le difficile chemin de la vie. Plus de six mois après, il est rapatrié dans son pays natal comme grand invalide de guerre. Là, très longtemps, il ne cessa de répéter : "Pourquoi dois-je encore vivre ? Je suis un impotent et n'ai plus rien à faire sur "cette terre". Et en plus, de se reprocher froidement : "Pourquoi ne suis-je pas resté avec eux là-bas, où ils reposent tous, les camarades de la compagnie ?"

-o-o-o-o-

En attendant l'ordre d'attaque, la 10ᵉ Compagnie s'est rangée par escouade (*Gruppe*) dans le long boyau de la route de Reims. Comme les autres sergents, Léo est à la tête de la sienne.

Les obus continuent à voler au-dessus d'eux. L'artillerie française s'acharne en particulier sur le bourg voisin de Corbeny qui n'est plus qu'un amas de ruines en feu. Il y a quelques semaines encore, ses habitants demeuraient là en paix, immédiatement derrière le front. Dès le début de l'offensive française, le lundi de Pâques, ils ont du quitter leurs foyers en toute hâte. A présent, leur commune est presque entièrement anéantie. Dans l'ombre de la nuit, telle une bête effarouchée, la troupe se terre dans le boyau qui, en certains endroits, s'est effondré. Les hommes sont serrés les uns contre les autres, calmes mais néanmoins très déterminés. Les paroles échangées sont rares. A la lueur des explosions, leurs visages pétrifiés, aux yeux grands ouverts, reluisent comme des masques de fer.

Ce qui les attend les indiffère. Ils sont là impassibles. Pour eux la notion de mourir n'a plus un côté effrayant. Et l'attente leur paraît bien trop longue avant de pouvoir courir au-devant de la mort. L'adjudant Kempf qui, en remplacement de l'officier Ostermaier, conduit la première section de la compagnie, grogne tel un chien méchant. D'une voix emportée il déclare :
- Il est déjà 9 heures du soir. Plus on attend pour contre-attaquer, plus il y aura de pertes. Une longue attente réduit la force de propulsion des nerfs !
Au même instant arrive haletant un officier d'ordonnance du bataillon. Il apporte l'ordre suivant qui règle tout :
- Les 9e et 10e (Léo) Compagnies partent en contre-attaque vers le "verlorenen Weg" (chemin perdu) tout proche de la route Corbeny-Pontavert.

La compagnie de Léo se rassemble rapidement en silence puis se faufile dans le boyau de la route nationale, croisant des groupes de blessés et franchissant des amoncellements sombres de morts enveloppés dans leur toile de tente. La tranchée par laquelle, direction Ouest, elle se dirige ensuite vers l'avant, est remplie de boue crayeuse. Les pluies incessantes des semaines écoulées ont délavé le fond des tranchées et de leurs berges et gorgé d'eau ces canaux de terre jusqu'à hauteur des genoux. Le chaud soleil des jours derniers a maintenant transformé le fond de ces petits canaux en une substance visqueuse, semblable à de la pâte à mâcher.

La boue crayeuse est coriace. La compagnie patauge en s'essoufflant dans ce magma bourbeux. Les bottes s'enlisent et se détachent des pieds. Et chacun se donne beaucoup de mal à éviter qu'elles ne restent plantées au fond de l'eau. Continuellement des appels sourds "Halte, mes bottes" retardent la progression de la troupe.

Les uniformes sont des blocs de saleté blanc-gris à l'intérieur desquels les hommes sont comme emmurés. A chaque pas les corps s'appuient aux parapets de la tranchée, salissant d'autant plus tuniques et pantalons. Parfois même ils se collent littéralement à la paroi lorsque de l'avant reviennent des files de blessés et que l'on doit leur céder le passage. Les infirmiers, qui portent des charges empaquetées tapissées de boue, profèrent des blasphèmes et doivent malheureusement, dans le noir, déposer souvent leurs fardeaux gémissants sur le fond humide du boyau.

Au début, lorsqu'on marchait sur un mort, on se disait toujours, de bouche à oreille, dans la colonne : "Attention, un mort". Maintenant on continue à marcher avec indifférence et on ne soucie plus de cela. Parfois même en voulant éviter un cadavre émergeant de la boue, on perd l'équilibre et on lui marche dessus, l'enfonçant encore plus. Il est vrai que dans la nuit, il est difficile de tout apercevoir.

A un moment donné, la file des marcheurs s'arrête. Devant eux, la tranchée est complètement ébranlée. Il est alors décidé de la quitter avec précaution et, sous la protection de la nuit, de marcher à découvert pendant quelques dizaines de mètres. Léo et quelques hommes se faufilent aussitôt à l'extérieur. Mais à peine ont-ils fait une vingtaine de pas que brusquement une grêle de balles tombe sur leur secteur. Tak - Tak - Tak - Tak. C'est une mitrailleuse française. Elle ne doit pas être très loin. A 100 mètres au plus.

Les hommes plongent, la tête la première, dans le plus proche entonnoir. Léo et Thomann se retrouvent couchés l'un à côté de l'autre, la tête au fond du trou. Grassinger, de tout son poids, est tombé sur eux. Il respire très bruyamment. Il hurle subitement très fort : "Je suis touché !". Pendant un instant Léo oublie sa position inconfortable et, du fond du trou, crie vers le haut : "Où es-tu touché ?". D'une voix plus faible Grassinger répond : "A l'articulation du pied. Bon Dieu, quelle souffrance, je crois bien que tout le pied est fracassé !". Léo se roule de côté pour permettre à Grassinger de glisser entièrement dans l'entonnoir. Il constate maintenant que son ami a été très sérieusement atteint. Pendant le tir de mitrailleuse, il a plongé trop tard et n'a donc pas pu rentrer à temps ses jambes. C'est la droite qui a tout pris. La grêle de balles lui a complètement déchiqueté le pied. Grassinger gémit comme un petit enfant et soupire bruyamment.

La mitrailleuse française continue de lâcher quelques rafales. Après un court instant d'indécision, Léo et Thomann tirent Grassinger des deux mains comme un sac et l'allongent au plus profond du trou. Thomann découpe sa botte le plus délicatement possible avec son poignard. La plaie apparaît, horrible. L'articulation du pied est complètement disloquée et les extrémités ne tiennent plus que par quelques ligaments. Grassinger répète à plusieurs reprises : "Mon pied, mon pied !". Ses yeux sont remplis de larmes.

Thomann tire de sa tunique ses paquets de pansements personnels et les pose à la hâte autour de la blessure. Puis il utilise ceux de Léo. Mais, à peine posés, ils sont déjà complètement imbibés de sang. Le pansement ressemble à une grosse balle rouge. Il faut d'urgence ramener Grassinger à l'arrière.

Le tir de mitrailleuse s'est orienté vers un autre secteur. Léo en profite pour ramper jusqu'auprès de son commandant de compagnie. Celui-ci fait désigner deux hommes pour s'occuper du blessé. Léo et Thomann rejoignent alors leur escouade qui, après avoir franchi prudemment le secteur éboulé, s'engage à nouveau dans la tranchée de départ qui à présent est bien taillée dans le sol crayeux. Tous les hommes sont très peinés de ce qui est arrivé à leur bon camarade August Grassinger de Würzburg.

Après avoir progressé d'environ cinq cents mètres, la troupe s'engage dans une trouée menant vers le Sud. La marche dans cette tranchée humide devient de plus en plus lente. Les crosses des armes pataugent à chaque instant dans une boue liquide et les canons des fusils s'enfoncent comme des aiguilles dans la terre spongieuse.

De temps à autre, une courte pause permet à chacun de reprendre son souffle. Les hommes s'adossent alors à la paroi humide, sentant que sa fraîcheur fait grand bien à leur organisme en transpiration. Brusquement, dans le secteur situé à droite de la colonne, un déluge de feu d'une puissance insoupçonnée s'abat sur la colline toute proche qui, par instant, semble se diluer dans les fumées et les poussières.

- C'est le Winterberg déclare le commandant de compagnie qui se trouve à l'avant de la première escouade. C'est là que débute le célèbre Chemin des Dames, conclut-il d'un air très important. Tout le monde le savait déjà depuis longtemps.

Des fusées éclairantes de couleur rouge-sang s'élèvent dans la nuit et flottent dans le ciel, tels des oiseaux de mauvais augure. En-dessous, c'est comme si explosaient une multitude de poudrières. Les hommes des escouades, très impressionnés, un œil toujours fixé sur le secteur montagneux tout proche où déferle et sévit comme une bête sauvage en furie cette énorme lame de feu, poursuivent néanmoins inlassablement leur pénible déplacement dans le dédale des tranchées sinueuses et souvent éventrées qui les conduisent vers l'avant. Ils ne savent absolument pas où est l'ennemi. A 10 mètres?... A 50 mètres. A gauche, à droite? Leurs pas se font plus légers, plus lents... Il ne faut surtout pas faire de bruit car le feu d'artillerie a presque cessé sur leur secteur. Ils débouchent ainsi sur une tranchée qui court perpendiculairement à la leur. A certains endroits, elle n'est qu'un chemin, de même niveau que le paysage environnant. En d'autres elle est si profonde qu'on ne peut rien voir par-dessus.

A l'intersection des deux tranchées, ô miracle, un nid de mitrailleuses occupé... par des Prussiens : Dieu soit loué ! Au milieu d'eux, un mort, allongé sur une toile de tente. Tous ouvrent des grands yeux sur la troupe bavaroise. Ils croyaient avoir affaire à des Français et se voyaient déjà encerclés. Ils étaient prêts à se soumettre. Ils n'ont pas le temps de se réjouir.

- Où est maintenant l'ennemi ? les questionne de suite le commandant de la compagnie. En quelques phrases saccadées ils expliquent la situation :

La "Hintere Löblinie", ligne dans laquelle nous nous trouvons, n'est en notre possession que jusqu'à ce poste de mitrailleuses. Le prolongement vers la droite paraît inoccupé. Le secteur a été conquis, il y a quelques heures à peine par les Français. A partir d'ici, ils ont voulu percer plus loin encore vers la gauche, après avoir fait prisonniers ou anéanti tous les hommes occupant le terrain envahi. Mais ils ont été attaqués très efficacement de flanc par cette mitrailleuse lourde, encore en place, et une mitrailleuse légère. Ils durent s'en retourner, avec de grosses pertes, dans le Kabelgraben, qui est encore actuellement en partie, en leur possession. Le Kabelgraben est un ancien boyau avancé de notre seconde ligne, qui était raccordé à notre "Hauptlinie" (première ligne de front) par un chemin, pris et occupé à présent par les Français, et baptisé désormais le "Verlorenen Weg". C'est sur ce "chemin perdu" que les combats ont été les plus violents. Un détachement précurseur bavarois y serait resté ! Il semblerait que les Français aient à présent relié la Kiesgrube et le Kabelgraben avec leur nouvelle première ligne. Cette dernière, au vu des nombreux tirs de fusils et d'armes lourdes qui en proviennent, doit être copieusement remplie de troupes.

Vouloir porter de suite une attaque frontale contre ce secteur, de nuit, en terrain inconnu, sans troupes d'appui et sans être en relation avec l'artillerie, reviendrait à se jeter aveuglément dans les bras de l'ennemi.

Le commandant de la compagnie l'a compris de suite. La seule solution pour lui est de reconnaître avant tout la position exacte de l'adversaire et le terrain environnant. Par porteur, il en fait la proposition à l'arrière aux responsables du bataillon. Une réponse favorable lui est adressée en retour.

Il ne perd pas de temps. Il met aussitôt sur pied un groupe d'assaut (*Stoßtrupp*), composé de risque-tout expérimentés. Léo, bien entendu, en fait partie. La tranchée qui se poursuit à droite du poste de mitrailleurs doit être prise par une attaque de flanc et débarrassée de l'ennemi, à supposer qu'il reste quelqu'un dedans. La liaison avec le régiment allemand positionné à son extrémité doit être rétablie.

L'adjudant Kempf prend la tête du Stoßtrupp. Léo se tient non loin derrière comme deuxième lanceur de grenades à main. Rupp suit, porteur de deux musettes remplies de grenades. Derrière eux, quelques hommes de la deuxième section armés de fusils, de bêches et d'une mitrailleuse légère. Le reste de la 10e Compagnie se loge, en soutien, dans la partie gauche de la tranchée. Le petit groupe plonge maintenant dans la partie de la tranchée qui, à droite des mitrailleuses, ressemble à un tunnel. Il écarte un premier barrage et se faufile, par bonds successifs, sur environ cinquante mètres dans ce fossé qui n'est qu'un amas chaotique de poutrelles de galeries de mines, d'armements divers et de toutes sortes d'autres objets fracassés. A certains endroits s'y ajoutent des piquets métalliques et des rouleaux de barbelés.

Les hommes parviennent à un carrefour où, en angle droit vers la gauche, part le "chemin perdu". Ils constatent que ce point de jonction est obstrué par une solide barricade. Quelques cadavres sont allongés directement à côté. Un à un, les éléments du Stoßtrupp rampent lentement par-dessus eux, évitant de faire le moindre bruit.

- Pst – pst, susurre Kempf qui est à l'avant et qui, dans son poing serré, tient une grenade à main, prête à être lancée.

Soudain, deux, trois balles traçantes fendent l'air derrière la barricade. Le cliquetis métallique d'un pistolet qu'on arme, se fait entendre. Une forme humaine se dresse rapidement à mi-hauteur et envoie plusieurs tirs de revolver devant le groupe, dans le flanc de la tranchée. De la boue rejaillit sur les hommes planqués. Des sons quelque peu embrouillés leur parviennent : - Qui vive ? Qui vive ? C'est le signe qu'il leur faut risquer le tout pour le tout : la barricade est occupée par les Français. Avec ce poste avancé, ils protègent leur liaison arrière entre le "Kabelgraben" et le "chemin perdu".

Sans hésiter un seul instant, Kempf lance sa grenade à main par-dessus la barricade. Elle explose de l'autre côté avec un bruit sourd. Une certaine animation se fait entendre derrière l'obstacle. Une salve de grenades à main sphériques françaises s'abat en retour dans la tranchée allemande et explose devant le groupe de tête du Stoßtrupp. Leurs éclats sifflent au-dessus de leurs casques et se fichent dans la terre molle. Une pluie d'étincelles tombe dans la tranchée.

Plusieurs fois les Français crient "A bas les armes, à bas les armes !". Léo n'en mène pas large. La situation du groupe est très critique. Celui qui aura les nerfs les plus solides sortira vainqueur. Si les Français franchissent la barricade, il s'en suivra un duel à la vie, à la mort.

Les Bavarois lancent maintenant leurs lourdes grenades à manche à l'aveuglette derrière l'obstacle, une, deux, toute une douzaine. Pendant un court instant il n'y a plus devant eux qu'un rideau de vapeurs suffocantes. Ils arrachent brutalement les cordeaux de leurs engins de mort et la légère résistance qu'ils éprouvent en les tirant, leur procure une incroyable sensation, celle de vouloir tuer ! Un instinct primitif de carnage s'infiltre en eux. Doivent-ils sauter sur la barricade et, sans hésiter, l'enlever d'un coup de main ? Cette pensée les habite un court instant. mais déjà explose devant eux une nouvelle volée de ces engins sphériques aux multiples éclats. La riposte est immédiate et ininterrompue. La barricade tremble et le fil de fer barbelé des chevaux de frise qui la surmontent tinte sous la pluie d'éclats.

Un jet de grenades à manche, puis un autre, filent de l'autre côté, vers les Français qui sont terrés au grand maximum à dix mètres de là. Les projectiles sont transmis avec vivacité de l'arrière vers l'avant. Mais déjà la plupart des sacs de projectiles de réserve sont vides...

Les Français, de l'autre côté, sont de valeureux adversaires, qui veulent tenir la barricade à tout prix. Ils envoient des signaux lumineux de toutes couleurs dans le ciel lequel, à l'Est, par un très léger filet de lumière, laisse déjà deviner le très proche lever du jour.

L'artillerie se met à tirer de plus belle sur le secteur. Les projectiles tombent violemment tout autour, à la fois devant la barricade et derrière la barricade. On ne sait pas s'ils sont français ou allemands. Ces signaux appelant des tirs de barrage s'élèvent tout au long de la proche ligne de front. Ils mettent dans tous ses états le lourd appareil des deux artilleries ennemies.

Léo et ses camarades sont complètement hébétés. Ils ont déjà entendu des cris de douleur lancés par des blessés. Mais pour l'instant, ils sont incapables d'entreprendre quoi que ce soit. Brusquement, de nouvelles grenades à main sphériques éclatent devant eux, produisant un déplacement d'air qui frappe comme un éclair dans la fosse étroite de la tranchée.

- En avant ! crie Kempf qui, avec le soldat Thomann profite de l'instant où les Français viennent juste de lancer leurs engins, pour courir promptement le long de la barricade et lancer leurs grenades à main, de flanc, par-dessus elle. Les Français sont ainsi pris entre deux feux.

Comme un tigre, Kempf saute alors par-dessus l'épaulement de la tranchée et lance sa seconde grenade directement dans le poste français. On entend quelques cris étouffés. Les hommes du Stoßtrupp escaladent eux aussi rapidement le mur de la tranchée.

Les Français quittent leur poste en désordre et fuient en arrière dans le "chemin perdu". Leurs silhouettes se détachent comme des ombres chinoises dans le clair-obscur du jour naissant. L'un d'entre eux cependant a un peu de retard. Il a fait sauter sa mitrailleuse au dernier moment. D'une voix rauque, il crie "Pardon" et gesticule avec ses bras. Puis il s'écroule de toute sa masse. Thomann lui a fracassé le crâne avec une grenade à manche. On a entendu un bruit sourd, puis un gémissement douloureux, avant de voir le corps agité de convulsions violentes et se raidir. Le Français repose maintenant, inondé de sang, dans un des nombreux trous derrière la barricade. Thomann regarde d'un œil hagard le cadavre défiguré. Il le regarde comme si maintenant il se repentait de son acte. Mais il n'a pas le temps de se poser de questions.
Pendant que le Stoßtrupp se tenait accroupi derrière la barricade et se considérait comme vainqueur, quelques mitrailleuses lourdes françaises, installées non loin, sont entrées en action avec un bruit d'enfer. Leurs essaims de balles sifflent au-dessus des parois du boyau. Les Allemands en franchissent rapidement les sommets. Avec beaucoup de chance, ils se retrouvent indemnes dans leur tranchée. Ils installent provisoirement à cet endroit la mitrailleuse légère qui, solidement protégée par la barricade, peut prendre en enfilade toute la voie d'accès des Français. mais ceux-ci n'interviennent plus.

Entre-temps, les premières lueurs de l'aurore de ce 23 mai sont apparues sur le secteur. Elles laissent entrevoir un paysage désertique et entièrement dévasté. Les tirs d'artillerie sont encore assez soutenus. Le Stoßtrupp, épuisé, est rejoint par le reste de la 10ᵉ Compagnie qui poursuit l'investissement du boyau (*Hintere Löb-Linie*) passant devant la barricade. Il s'avère, peu de temps après, que celui-ci était inoccupé jusqu'à son extrémité gardée par le 19ᵉ Régiment d'Infanterie Prussien avec lequel les Bavarois établissent la jonction. Ce régiment avait, lui aussi, perdu ses premières lignes la veille au soir.

Du IIIᵉ Bataillon du 368ᵉ Régiment d'Infanterie Prussien, qui devait bénéficier de la relève par le bataillon de Léo, mais qui, en dernière heure, a subi toute l'attaque française, aucun homme n'est sans doute revenu.

Le Secteur "Stettin" est maintenant, comme programmé au départ, occupé par le IIIᵉ Bataillon du 31ᵉ Régiment d'Infanterie Bavaroise. Amputé toutefois de ses anciennes premières lignes : la "Kiesgrube", le "chemin perdu" et le "Kabelgraben". A droite de ce secteur, sur les hauteurs de Craonne, le massif du Winterberg ressemble désormais à un énorme cratère duquel s'échappent de gros nuages toxiques.

Ainsi la relève effectuée par le 31ᵉ Régiment a-t-elle coïncidé avec une très importante attaque française. Celle-ci a plongé les Bavarois dans la fournaise d'une grande bataille. Et tout particulièrement son IIIᵉ Bataillon qui a enregistré des pertes non négligeables : 75 hommes hors d'état, à savoir six morts, cinq disparus, les autres plus ou moins grièvement blessés ou atteints par des gaz.

Dans l'ordre du jour du Régiment, par lequel le major von Hösslin prend le commandement du Secteur "Stettin", il fait état des très difficiles journées écoulées : "Montrez à l'ennemi", écrit-il dans cet ordre du jour, "que là où sont en place des Bavarois, chaque attaque ennemie est vouée à l'échec. Mais pour cela, il n'est plus question à présent de combattre l'ennemi avec le fusil, la crosse ou la baïonnette, - le combat doit être mené tout particulièrement avec la bêche ! Tenez compte du fait que d'un coup de bêche non asséné peut dépendre votre vie ou celle d'un camarade. Et maintenant, que Dieu nous garde dans le combat pour la terre natale, pour nos êtres chers et pour une paix prochaine et honorable".

Les combats ont laissé des traces sanglantes. Le petit jour les fait apparaître. Des morts sont disséminés de tous côtés : des Allemands, des Français, des Blancs, des hommes de couleur... Près d'un trou d'obus servant de latrines, un cadavre est couché en plein milieu du chemin d'accès, celui d'un officier. Toute personne qui veut aller satisfaire ses besoins doit lui passer dessus. Il n'est pas beau à voir. Son cou est fendu sur une vingtaine de centimètres et sa trachée-artère déborde de sa plaie béante. L'un de ses yeux est arraché et, telle une pomme, pend hors de sa cavité. L'autre est pincé et enfoncé dans une grosse crevasse noire. Quelqu'un lui a déjà subtilisé ses bottes.

Sur l'épaulement de la tranchée, un autre cadavre est complètement replié sur lui-même. Il semble dormir, assis, le fusil encore dressé entre les genoux. Il a le crâne ouvert et son cerveau, semblable à une éponge blanche, surnage sous sa calotte crânienne.

Plus loin, trois morts sont étroitement enchevêtrés. L'un tient le second par les jambes, le troisième repose sur eux comme une planche. Ils ont dû être victimes d'un coup au but et, à l'agonie, se souder entre eux par convulsions. Le fond de la tranchée à cet endroit n'est qu'une mare de sang qui a tacheté de rouge la boue crayeuse des bas-côtés.

Le pied d'un cadavre enseveli émerge de la terre et pend dans la tranchée. On se heurte chaque fois à sa bottine lacée lorsqu'on passe par là. Thomann en a vite fini avec lui. Avec sa bêche bien aiguisée, il a tout simplement tranché la partie en saillie. Chacun, maintenant, éprouve un soulagement de ne plus effleurer ce pied.

Les cadavres gisent un peu partout, comme s'ils avaient été semés. Chaque fois que la brise du petit matin souffle d'une certaine direction, une odeur pestilentielle envahit la tranchée, une odeur particulière aux morgues. Les vivants croupissent ainsi au milieu des cadavres mais la mort ne les impressionne plus. Ils sont devenus indifférents à tout.

Il est près de cinq heures du matin. Un voile de brouillard flotte au-dessus des lignes. L'artillerie est presque muette. Seuls, là-haut dans le ciel vrombissent les moteurs d'oiseaux d'acier qui survolent les positions arrières et les chemins d'approche.

Le soleil levant transperce la nappe de brouillard. Ses rayons lumineux amplifient le spectacle de désolation qui jusqu'alors était resté caché. Notamment le Winterberg, sur le flanc droit de la position, qui se présente comme une énorme masse difforme et monstrueuse, semblable à une taupinière qui aurait pris une envergure démesurée. De temps à autre, on peut voir évoluer sur ses pentes de misérables petits êtres humains, pas plus gros que des fourmis.

Un avion, avec une cocarde tricolore sous les ailes, tourne en rond dans le ciel bleu du matin. Voilà qu'il plonge comme un oiseau de proie sur les lignes allemandes avec le sifflement aigu caractéristique de son moteur.

119

- Tout le monde dans le trou, crie Kempf. On a déjà subi assez de saloperies aujourd'hui !

Tous, à l'exception des hommes de garde, se retrouvent en bas, couchés sur les caillebotis en bois de l'abri souterrain et regardent fixement le pâle rayon de clarté qui filtre par la cheminée d'aération. Puis vient le sommeil. Dans le silence de la galerie tapissée de moisissures, on n'entend plus que le bruit lancinant du goutte à goutte de l'eau d'infiltration, qui tombe des voûtes crayeuses sur le manteau déjà gorgé d'eau d'un dormeur.

La soirée s'écoule depuis un bon moment. Telle une pomme bien ferme souillée de sang, le soleil, d'un rouge incandescent, est resté un court laps de temps posé sur la cime arrondie du Winterberg. Il a plongé ensuite de l'autre côté, là où se trouve Craonne.

Venant de l'est, la nuit s'avance rapidement. Les étoiles scintillent sur la voûte céleste. Suspendue au-dessus des hauteurs de l'Aisne, la lune, toute ronde depuis plusieurs jours, donne au paysage un cachet blafard, surnaturel. Tout est tranquille pour l'instant, mais après tous les bruits de combats des jours derniers on ne peut se fier à ce calme certainement fugitif.

Léo n'aurait certainement pas remarqué ce superbe coucher de soleil s'il n'était pas justement en ce moment en poste à la barricade. Avec son camarade Becker, il est en faction derrière la meurtrière où une arme de haute précision est pointée très exactement sur le boyau criblé de balles du "Verlorenen Weg". Ils peuvent le contrôler jusqu'à un rempart de protection situé face à eux à une cinquantaine de mètres, rempart derrière lequel passe le Kabelgraben.

La partie de tranchée défendue par leur mitrailleuse légère est dangereuse pour les deux adversaires car elle est précisément "internationale" et propice aux coups de mains des deux camps.

Couchés côte à côte derrière leur arme, le doigt sur la détente, attentifs à tout ce qui se passe devant eux, Becker et Léo ne restent néanmoins pas muets. A voix basse ils devisent de tout et de rien : de la période d'avant-guerre, des rapports avec leurs familles, avec leurs amis, de la religion... Ils comparent leurs impressions sur leur vie actuelle, sur la guerre et ses maux. Finalement leurs conclusions sont celles de tout soldat du front, qui se résument en peu de mots : manger - boire - dormir - être au calme...

Puis, pendant un très long moment, ils ne disent plus rien.

Soudain, d'une petite butte s'élevant à 200 mètres un peu à gauche devant la barricade, jaillit le feu d'une mitrailleuse. Aussitôt tout s'anime dans le boyau allemand. Des hommes mal réveillés sortent des abris et prudemment, en tâtonnant, s'avancent au travers du fouillis de matériels détériorés et de cadavres disséminés un peu partout, pour rejoindre leur poste de combat. Ce n'était cependant qu'un tir isolé de mitrailleuse. Certainement celui d'un adversaire apeuré qui a cru voir bouger des ombres !

Et le calme revient assez rapidement.

Léo a été relevé de son poste. Après tous ces événements, ses deux heures de garde lui ont paru s'être écoulées très rapidement. En ce moment, il est assis avec une trentaine de ses camarades dans un abri souterrain, un peu en retrait de la *Hintere Löblinie*. Tous attendent avec impatience l'arrivée de la corvée de soupe. Il est déjà onze heures du soir et leurs estomacs crient famine.

Thomann, la "grande gueule" du groupe, aboie comme un chien dans sa niche :

- J'aimerais bien savoir où la clique reste à nouveau aussi longtemps avec notre bouffe. Sapristi, cela fait presque trente et une heures que nous sommes à jeun. La dernière fois que ces marmitons nous ont ravitaillés, c'était hier après-midi à cinq heures au camp de Sissonne. Et encore, avec une bouillie d'orge perlée.

- Ces poivrots ne font vraiment que ce qu'ils veulent avec nous, s'écrie un autre. Ils nous ont oubliés et sont très certainement en train de picoler dans une des cantines bien planquées de l'arrière !

L'ambiance est très mauvaise dans cette cavité crayeuse des premières lignes. Les réclamations se multiplient sans cesse. Elles sont de plus, imprégnées de beaucoup de haine. Enfin, une voix hurle à l'entrée de l'abri :

- *Raus* ! (sortez), les porteurs sont là !

Les visages qui jusqu'ici présentaient des marques de mécontentement, rayonnent à nouveau de joie. Avec l'adresse vertigineuse d'un singe, Thomann gravit les marches défoncées et pleines de boue crayeuse de l'abri et, se collant littéralement aux porteurs, leur dit d'un air méprisant :

- Je parie que c'est à nouveau de la bouillie d'orge perlée, ou alors des flocons d'avoine, ou encore des légumes secs (*Dürrgemüse*) !

Un porteur lui souffle dans l'oreille quelques mots apparemment incompréhensibles. mais Thomann les a très bien compris :

- *Sakrament* ! (Bon Dieu), des haricots blancs, avec de la bonne viande de conserve, jubile-t-il, ivre de joie comme un enfant. A l'intérieur du *Stollen*, s'entrechoquent déjà les gamelles. Thomann arrache le couvercle du récipient en fer-blanc qu'un porteur vient à peine d'enlever de son dos et d'où s'échappe l'odeur savoureuse d'une soupe aux haricots. Et maintenant, il remplit à moitié la gamelle de chacun. Aucune goutte ne tombe à côté. Thomann est équitable dans le partage. Il s'y connaît comme personne. A la fin, chacun reçoit même encore une petite louche de soupe. Et il ne reste plus rien au fond du bidon.

Pendant la distribution, les porteurs se sont adossés à un pan de mur de la tranchée. La sueur leur coule à flots sur les joues. Ils donnent l'impression d'être encore sous le choc d'un terrible événement. On le remarque très nettement à leur agitation, à leur respiration saccadée.

- Il y a eu du grabuge à l'arrière ? demande l'un des hommes présents.

- Et comment ! dit Schuler qui autrefois faisait partie de la même section que Léo et qui maintenant est affecté aux hommes de corvée de soupe. D'une voix précipitée et laissant encore filtrer un soupçon de peur, il raconte alors son aventure : "Là derrière, près de Corbeny, nous nous sommes trompés de chemin et avons abouti tout droit dans ce misérable bourg. *Donner und Doria* ! (Mille tonnerres). A peine arrivés, nous avons subi une pluie d'obus tellement forte que nous avons cru vivre notre dernière heure. Tout d'abord, des très gros calibres, puis des brisants qui ont fait virevolter une grêle d'éclats au-dessus de nos têtes. C'était une véritable traversée de l'enfer, une épouvantable plongée dans le chaudron aux sorcières ! On a bien cru devoir envoyer au diable nos bidons de merde. Nous nous sommes éloignés de là au plus vite et avons filé au loin sans regarder derrière nous.

Malheureusement, tout le monde n'a pas pu le faire sans dommages. Vous connaissez tous celui d'entre-nous qu'on surnomme le *magere Hering* (hareng saur maigrelet). Le pauvre diable a connu une terrible poisse. Lorsqu'il s'est jeté à terre dans un trou d'obus, le couvercle de son bidon de soupe s'est ouvert brusquement. Le bouillon brûlant lui a coulé dans le cou et tout au long du dos. Il a été tellement brûlé que toute sa chair était à vif. Il a gémi comme un chien et pleuré comme un jeune enfant qui ne peut se débrouiller tout seul. Il est soigné pour l'instant dans le poste sanitaire souterrain au bord de la route de Reims. Survivra-t-il à ce malheur ?

Ne vous imaginez pas que livrer la nourriture est chose facile, que c'est une planque. Il faut avoir le dos d'une bête de somme et des jambes aussi solides que celles d'un éléphant, marcher de jour comme de nuit, et de tout temps. Et subir en plus, toutes les attaques possibles : avions, canons, mitrailleuses... Merci pour ces tracasseries. A la prochaine occasion je me révolte et demande à retourner en première ligne !

Tous ont écouté cette déclaration avec une certaine compassion. Sauf peut-être Thomann qui entre-temps s'est accaparé du sac à pain de son escouade et qui jette à terre ses *Kommißbrote* (pains de munition) comme on lancerait des briques. Il les compte et les recompte devant les porteurs.

- Vous venez de retirer un demi-pain. Il n'en reste plus que quatre, crie-t-il. A raison d'un demi-pain par jour et par rationnaire, une escouade de huit hommes et un sous-officier devraient en percevoir quatre et demi !

- Non, rétorque le responsable des porteurs. L'officier de l'ordinaire a tout décompté, même les cigares et les cigarettes. Nous avons la consigne de ne vous remettre que quatre pains parce que la nuit dernière vous avez eu un blessé grave, Grassinger, qui a été rapatrié vers l'arrière. Votre escouade ne compte donc plus que 8 hommes.

Thomann est hors de lui. Il hurle :

- Voyez, ça recommence ! Ils savent tout, ceux de l'arrière, sauf comment ça se passe à l'avant. Nous avons les remerciements d'avoir été des héros ce matin à la barricade. Et ils lésinent sur un demi-Kommiß. Ah, ces exploiteurs ! Que représentent les quelques bombes qu'ils reçoivent à l'arrière. Ils ont des abris bétonnés absolument sûrs, d'une profondeur de 30 escaliers. C'est là qu'ils gagnent leur Croix de Fer.

L'adjudant Kempf intervient alors obligeamment en déclarant :

- Le demi-pain restera là, même si ce sont les rats qui le rongent. Je mets cela sur mon compte et en réponds tout seul. La compagnie a jeûné hier soir alors que Grassinger était encore parmi nous. A ce moment-là il avait droit aussi à une ration".

Les paroles de Kempf sont une habile manœuvre d'intimidation. Les porteurs se retirent et disparaissent dans la nuit. Commence alors la distribution de la viande, du schnaps (eau-de-vie) et du courrier. Ensuite c'est le tour des cigares, des cigarettes et du tabac.

Le calme est revenu. Les hommes se sont répartis dans l'abri. Certains sont assis, d'autres allongés. Tous ont leur gamelle crasseuse entre les genoux et avec leur cuillère enfournent à si grosses lampées l'épaisse soupe aux haricots que la graisse leur dégouline sur les joues.

- Délicieuse, ne cesse de répéter Thomann, délicieuse ! Schaefer lui, se pose des questions : "Pourquoi nous a-t-on servi un aussi bon repas ?".

- Réponse aisée, explique Thomann. C'est un repas de combattant ! Il doit être meilleur qu'à l'ordinaire. Il doit nous pousser à exécuter les ordres sans nous poser de questions, à nous dépasser, à tout endurer... Ils ont certainement besoin que nous soyons satisfaits en ce moment et ils savent parfaitement que le soldat n'est satisfait que lorsqu'il a le ventre plein !".

Il ne poursuit pas ses explications. Comme ses camarades, il mastique consciencieusement sa viande pour encore mieux la déguster. Un bien-être apaisant règne dans le Bunker. La plupart des hommes sont à présent couchés sur le sol et ont recouvert leur tête de leur manteau. Faute de quoi, les rats avec leurs affreuses queues leur sauteraient effrontément sur le visage. Ceux qui ont reçu du courrier, prennent avec grande joie connaissance de leurs lettres et de leurs cartes. Ils les lisent une première fois, puis une seconde. Ils ont du mal à s'en séparer. D'autres encore se roulent des cigarettes avec le tabac qu'ils viennent de recevoir. Ils les rangent religieusement dans de petites boîtes étanches. Finalement, tous ou presque tous se plongent dans un profond sommeil. Seule une petite lampe éclaire encore le coin du local où monte l'escalier de sortie.

Le calme n'est que de courte durée. Dans l'abri, les hommes sont arrachés à leur sommeil par l'ordonnance de l'adjudant Kempf qui apporte un message : "La troupe doit se tenir séance tenante en alerte permanente !".

Dans le secteur du régiment prussien voisin, on entend des bruits de combats sauvages. Le Winterberg et le contrefort Est du Chemin des Dames se trouvent au centre d'une furieuse tempête de feu qui, peu à peu, se propage sur le secteur tenu par les Bavarois. Les tirs français sont des très gros calibres.

A l'arrière, les positions allemandes sont bombardées avec des obus à gaz qui, eux, font peu de bruit en explosant. Les nuages toxiques ondoient au-dessus du sol, semblables à de petites pelotes de ouate. Une odeur douceâtre d'ail se répand jusqu'au secteur de Léo. Elle n'est cependant pas trop inquiétante pour imposer le port du masque à gaz.

Il est 2 heures du matin de ce 24 mai 1917. Les hommes se regroupent dans la montée du souterrain, serrés les uns contre les autres. La lune est descendue depuis plus d'une heure déjà derrière les hauteurs lointaines de l'Aisne. Il fait à nouveau nuit noire. Le bombardement s'intensifie sur le secteur, toujours avec des obus de gros diamètres. Le bunker, à l'entrée duquel les hommes sont blottis, est fortement secoué à plusieurs reprises, penchant tantôt d'un côté, puis de l'autre, comme un hamac. La barrière de feu est très compacte entre le Chemin des Dames et le secteur de plaine de Berry-au-Bac.

Au IIIᵉ Bataillon, on pressent que les Français s'apprêtent à lancer une dernière attaque. L'artillerie allemande s'acharne sur les positions adverses. Le terrain devant la barricade et autour du "Verlorenen Weg" est le plus touché. Le Kabelgraben en particulier reçoit une telle volée d'obus que des fragments de roche crayeuse volent jusque dans les lignes bavaroises. A 2 h 30, un appel au secours est lancé dans le bunker : c'est l'appel de Huber, le Niederbayer (Bavarois du nord), qui prononce des mots très embrouillés parmi lesquels revient toujours le nom Salg. Il demande de l'aide en montrant du doigt un endroit à gauche de la sortie.

Léo le suit avec quelques autres. Il fait un peu plus clair et les hommes peuvent déjà distinguer les contours du boyau dont plusieurs plans sont entièrement délabrés. Ils arrivent rapidement à la barricade. Une image horrible se présente alors à leurs yeux. Un obus a littéralement soufflé celle-ci. La mitrailleuse est fracassée, et ses débris ferreux, méconnaissables, disséminés un peu partout. Sous des sacs de sable éventrés, est allongé un corps déjà raidi. Sa tunique lacérée n'est plus qu'une éponge gorgée de sang. Rapidement les hommes déterrent le cadavre et découvrent à sa tempe une énorme plaie. A présent ils savent, la blessure à la tête était mortelle.

Très troublé, Huber fait le récit de l'impact de l'obus, du déplacement d'air qui l'a plaqué à terre, des gémissements du mourant qui s'écria à plusieurs reprises : "Mon Dieu" avant de se taire définitivement. Ses phrases sont saccadées, incohérentes. Elles amplifient l'effet de l'horrible événement. Il tremble de tout son corps et ses dents s'entrechoquent. Brusquement il fait des grands gestes dans le vide avec les mains et les jambes, se roule par terre, se conduit comme une bête sauvage. Ses camarades doivent le retenir : il veut sauter par-dessus les débris de la barricade et aller fendre le crâne de ceux d'en face…

Pendant que certains le maîtrisent, deux hommes déplacent la dépouille mortelle de Salg, l'allonge dans le boyau et couvrent d'une toile de tente sa tête ensanglantée. Kempf, qui voit que Huber est victime d'un choc nerveux, fait appeler les infirmiers dans le *Stollen* voisin. Ceux-ci arrivent très rapidement. Huber est agité de convulsions et sa bouche laisse couler de la bave rougeâtre. Son accès de fureur s'est transformé en une grande torpeur. Les secouristes redressent son corps, presque inerte maintenant et, le prenant chacun par un bras, l'emmènent vers l'arrière. Tous sont inquiets de le voir partir ainsi. Thomann a des larmes dans les yeux. Il murmure à voix basse entre ses dents :
- Hier, c'était Grassinger, maintenant Salg et Huber, demain peut-être déjà nous… Oh, malheureuse guerre !

Les hommes ont retrouvé leurs places sur les marches du *Stollen* et demeurent prêts à intervenir. Deux d'entre eux sont partis se poster à la barricade où une nouvelle mitrailleuse reçue d'une autre section a été rapidement installée. Le canon tonne tout autour. Un déluge d'obus déferle depuis trois heures sur le secteur et martèle sans arrêt les lignes du front. Un petit jour triste monte très lentement sur ce coin tourmenté.

- Combien de temps encore dans cet enfer ? s'exclame Thomann.

- Nous n'aurons pas la paix de sitôt, reprend Kempf. Un verdict sec et froid, et sans espoir !

Vers 6 heures du matin, le rouleau de feu français se déplace vers les arrières. Sur les premières lignes en revanche, subitement plus rien. Le calme plat. Tous savent ce que cela veut dire. Un guetteur de la barricade arrive en courant et s'écrie : "Ils arrivent ! ils arrivent !". Aussitôt tous les Bavarois s'arrachent du Stollen et foncent à toute vitesse vers leurs emplacements de tir, sautant au-dessus des cadavres et des nombreux débris de toutes sortes répandus un peu partout. Dans l'ensemble du secteur, leurs mitrailleuses se mettent aussitôt à marteler les positions ennemies.

Le groupe de Léo avait installé en première ligne deux mitrailleuses légères éloignées de 20 mètres l'une de l'autre. Il tire maintenant sur la vague d'assaut française qui s'est extraite de ses tranchées et qui, tel un monstre, s'avance vers lui en bondissant.

Cette vague, prise d'une folie aveugle, se jette tout d'abord directement dans la gerbe de feu de ces mitrailleuses lesquelles font mouche à tous coups et sans interruption. Elle essaye alors de se dérober vers la gauche mais, ce faisant, tombe directement sous le feu flanquant de la compagnie prussienne voisine. Ces deux manœuvres ont pour elle un effet dévastateur. Les hommes aux manteaux bleu horizon sont frappés de plein fouet par les balles et s'effondrent sur le sol boueux par rangs entiers. Les survivants ne savent plus que faire. A l'exhortation de leurs chefs ils essayent de se regrouper à droite et courent ainsi dans la grêle de balles bavaroises qui fait le vide devant elle.

Certaines formes humaines exécutent une sorte de saut périlleux de la mort ou, d'une manière effrénée, font des moulinets avec leurs bras avant de s'écrouler foudroyés. D'autres arrivent à s'avancer de plusieurs mètres mais courent ensuite désespérément devant le réseau de barbelés, cherchant un passage, et sont alors tirés comme des lapins. Les Bavarois n'arrêtent pas un seul instant de tirer sur les groupes humains qui se meuvent devant eux, à tel point que l'eau du réservoir de refroidissement de leurs armes est en ébullition et que leurs douilles vides ressortent brûlantes de leur chargeur.

- Ce n'est pas vrai ! crie Léo, les Français envoient encore une deuxième vague en avant.

Celle-ci sort très hésitante des tranchées et s'élance presque à l'aveuglette dans la fournaise. Les salves bavaroises sont sans pitié. A certains endroits, des groupes entiers de corps bleu horizon tombent pêle-mêle les uns sur les autres sur le terrain criblé d'entonnoirs. Pris de panique d'autres courent dans tous les sens, cherchant à se sauver comme on se sauverait de la noyade.

Un officier, l'épée levée, s'approche jusqu'à 10 mètres du poste de Léo, à un endroit où il n'y a plus de chevaux de frise. Puis il plonge résolument dans un entonnoir qui lui assure protection. D'une voix désespérée il hurle "En avant ! en avant !" vers ses arrières où, dans un voile blanc de poudre, des silhouettes s'efforcent en vain d'arriver à la hauteur de leur chef. Ils essayent bien d'attaquer à plusieurs reprises mais refluent presque aussitôt, persuadés de l'inanité de leur entreprise.

L'officier se redresse alors et veut, par petits sauts et par bonds successifs, rejoindre sa position de départ. A peine s'est-il relevé que déjà s'abat sur lui la grêle de feu. Il tourne sur lui-même, s'effondre sur le bord d'un trou d'obus et blessé au front hurle comme une bête. Léo et ses hommes entendront ses gémissements encore un certain temps, puis ils deviendront de plus en plus faibles pour finalement s'arrêter, au soulagement de tous. Les Bavarois l'auraient bien ramené dans leurs lignes, mais à ce moment-là, en plein jour, cela leur était véritablement impossible. Le comportement vaillant de l'officier leur inspire un respect sans limite.

A la barricade, le combat est encore plus acharné. Les Français essayent de passer à cet endroit sous le couvert du "Verlorenen Weg". C'est là qu'ils s'approchent le plus près du boyau bavarois, presque à portée de main. Mais en face d'eux ils ont un Thomann qui se bat comme un lion. Dès qu'il voit les adversaires se précipiter en force vers la trouée faite par l'éboulement du boyau et l'éventration de la barricade, avec sa mitrailleuse il tire aveuglément dans les paquets d'assaillants. C'est une boucherie, un massacre, un carnage. Les morts fracassés s'empilent devant lui. Sur le tas le plus proche, un corps est effondré, le revolver encore pointé en avant, prêt à faire feu. Tel un paquet, sa tête pend devant les autres cadavres. C'est un spectacle horrible. Et en plus, de partout dans les deux camps s'élèvent des appels au secours, des cris de souffrance, des gémissements de blessés ou de mourants.

L'attaque massive s'est tarie devant le réseau de barbelés de la *Hintere Löblinie*. Les rares survivants français se sont retournés dans leurs lignes de départ. Et même au delà, semble-t-il. Il n'y a plus eu de nouveaux assauts.

Un calme profond s'est à présent installé sur le champ de bataille. Moulus de fatigue, les Bavarois se sont assis un peu partout dans les tranchées et les boyaux. Quelques infirmiers, des brancardiers, un aumônier... sillonnent prudemment les terrains environnants, ramassant les blessés légers, soignant sur place les plus touchés ou consolant les cas les plus désespérés. Ils essaient de ne pas faire de différence entre les combattants des deux camps. Les hommes devraient-ils tout d'abord s'entre-tuer avant de devenir plus humains?

La journée est donc relativement tranquille. Seules les lignes arrière font l'objet de tirs de représailles. Certainement conscients qu'il leur était impossible de conserver la *Vordere Löblinie* toute proche de la barricade, les Français, qui l'avait conquise peu de temps auparavant, l'ont finalement abandonnée pour établir leur ligne de front 200 mètres plus au sud, aux abords du Bois de la Mandoline. Dès midi, les Bavarois l'investissent jusqu'à ses deux extrémités tenues par des régiments voisins où elle se fond avec la *Hintere Löblinie*.

La *Vordere Löblinie* forme donc désormais la ligne de front tenue par le IIIe Bataillon du 31e Régiment Bavarois d'Infanterie.

La journée s'écoule lentement, presque interminablement. Un soleil brûlant écrase le paysage dévasté. L'odeur de cadavres devient insupportable. La soif également. Il y a une grande pénurie de boissons. A l'avant, l'eau est partout inexistante. L'eau minérale envoyée en remplacement est tout à fait insuffisante. Rien d'étonnant alors que les hommes en position dans les tranchées infectés par les gaz, dans lesquelles le soleil fait resurgir une vapeur chaude, source de contamination, se plaignent de maux d'estomac et de troubles de digestion.

Au cours de cette soirée du 24 mai un véritable feu roulant s'abat pendant plus d'une heure sur tout le secteur Stettin. Toutes les lignes de communication sont détruites. Les messages entre la troupe et l'état-major, et vice-versa, doivent être transmis par porteurs. Les bataillons se tiennent prêts à la contre-attaque. Aucune offensive d'infanterie française n'a plus lieu. Le feu roulant est remplacé par un traditionnel feu de harcèlement, notamment par un bombardement d'obus à gaz. Les tirs nourris d'artillerie se poursuivent encore le lendemain… L'artillerie allemande y répond vigoureusement.

Dans le ciel règne une grande activité aérienne. Tout travail extérieur, tout déplacement de troupes, même des plus petits groupes, fait immédiatement l'objet de survols et de mitraillages d'avions à la cocarde tricolore. C'est pourquoi, les travaux effectués dans les *Löblinie*, tout au long de la ligne de front, sont activement poussés pendant les nuits. Malgré tout ce diligent travail, les premières lignes, principalement à l'aile droite au flanc du Winterberg, ne sont toujours encore que des successions d'entonnoirs.

Juin 1914 : Leo et sa jeune sœur Alice.

Début août 1914 : mobilisation (Mobilmachung).

Début du XXᵉ siècle : Metz vue des hauts de Bellecroix.

Les élégants portent jupes longues et chapeaux à plumes.

Juillet 1914 : photo souvenir à la fin des études.

Extrait de la *Bier-Zeitieng* - Les signatures.

Gruss aus Metz.

Kaserne des 4. Bayr. Inf.-Regts.

La place était bien calme devant l'actuel lycée Barbot.

METZ. – Caserne Prince Frédéric Charles. Relève du Poste.
Ablösung der Wache. Prinz Friedrich Karl-Kaserne.

No. 393 Edité par G. Forissier, Metz

Le départ de METZ   23 Décembre 1914

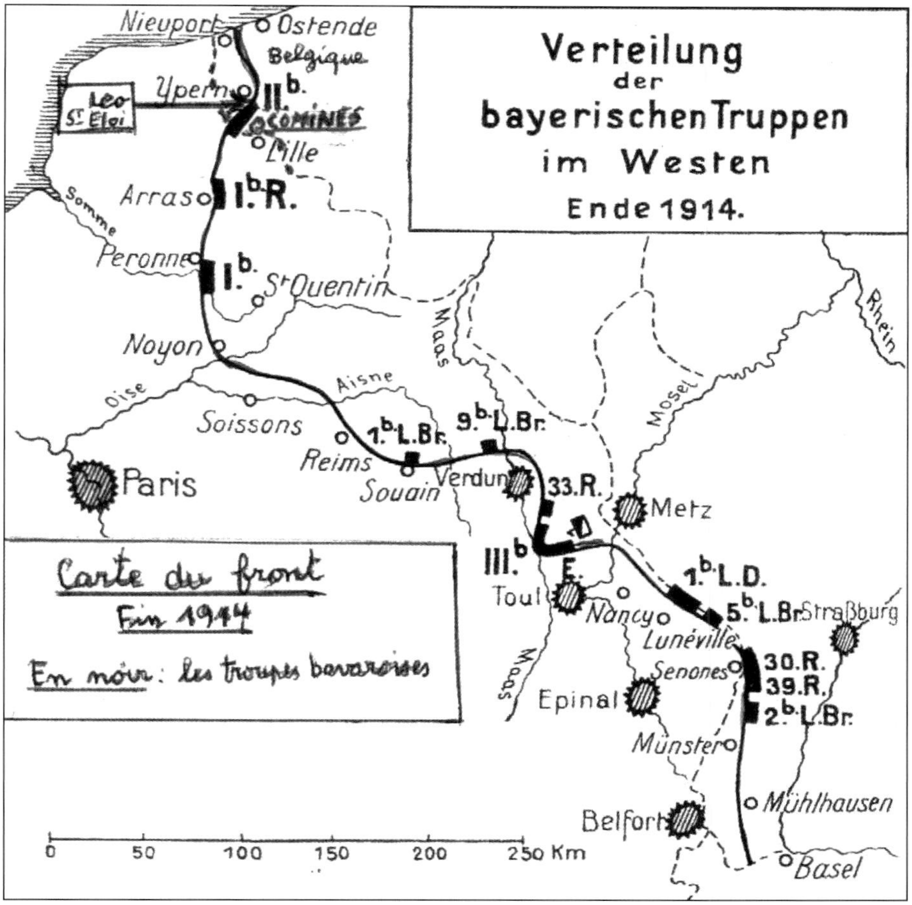

Nieuport   Ostende
            Belgique
Ypern   II.b.
Léo St Elvi   COMINES
            Lille
Arras   I.b.R.
Somme
Peronne   I.b.
            St Quentin

Noyon
Oise   Aisne
Soissons   1.b.L.Br.   9.b.L.Br.   Maas
Reims   Souain   Verdun   33.R.   Mosel   Rhein
Paris   Metz

Verteilung
der
bayerischen Truppen
im **Westen**
Ende 1914.

Carte du front
Fin 1914

En noir : les troupes bavaroises

III.b
Toul   E.   1.b.L.D.
        Nancy   5.b.L.Br. Straßburg
        Lunéville
        Senones   30.R.
Maas   Epinal   39.R.
                       2.b.L.Br.
        Münster

        Belfort   Mühlhausen

0   50   100   150   200   250 Km   Basel

La ligne de front faisait près de 800 km du nord au sud.

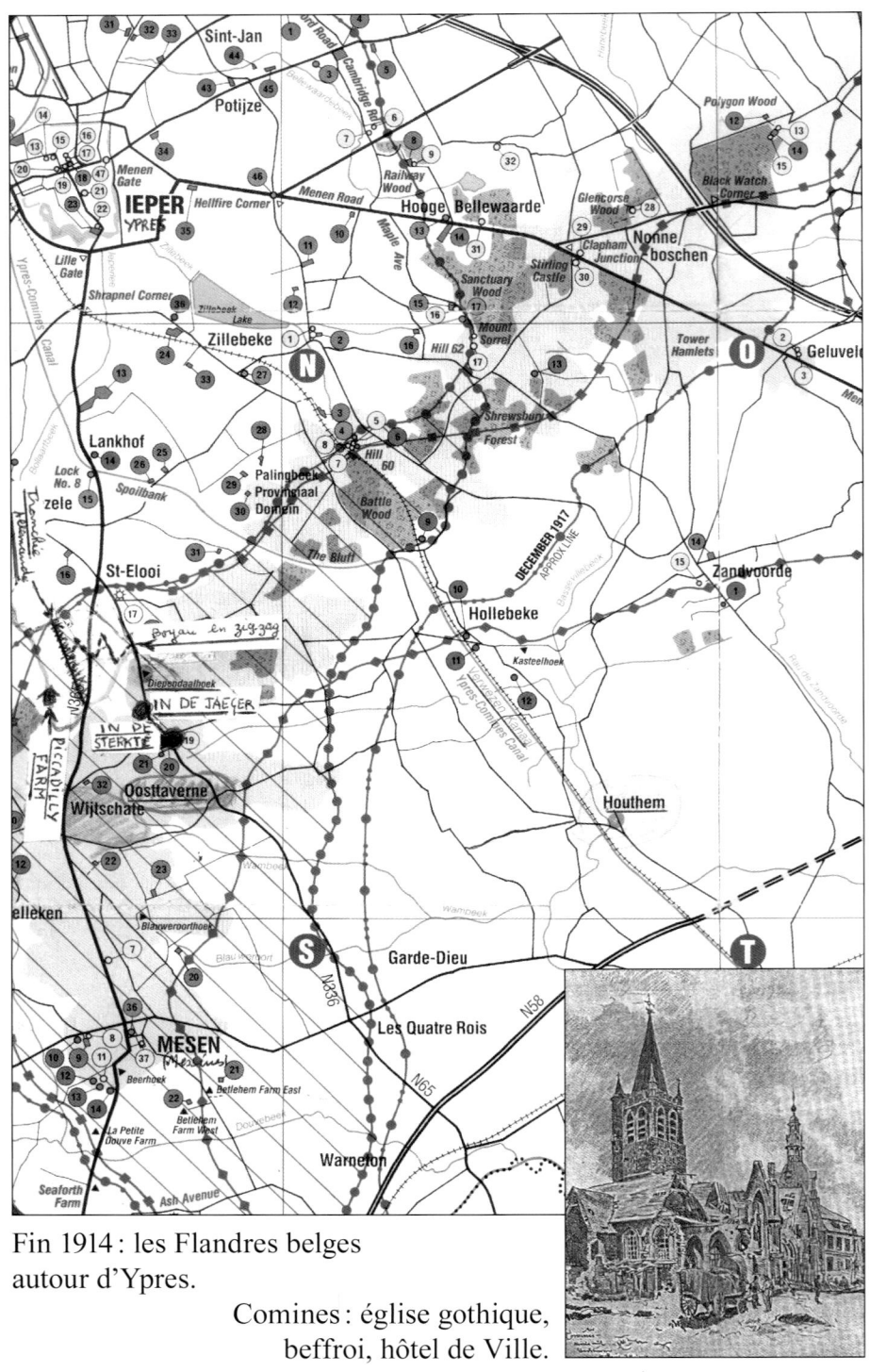

Fin 1914 : les Flandres belges
autour d'Ypres.

Comines : église gothique,
beffroi, hôtel de Ville.

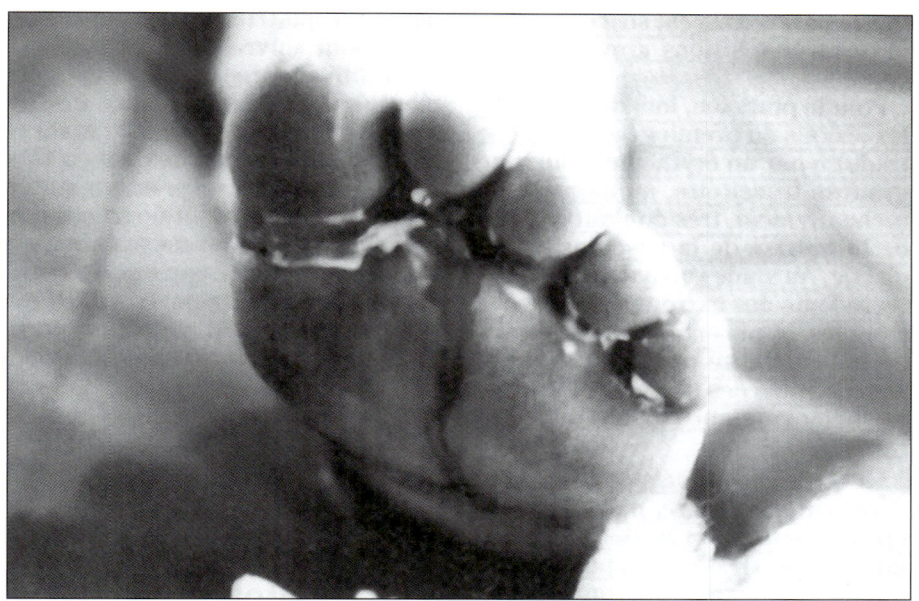

Une fois les bottes et les chaussettes découpées, apparaît le pied gelé.

Les très dévouées religieuses-soignantes.

Bamberg (Bavière), ville de garnison du 5. Bayr. Inf.-Regt.

Stage de formation de sous-officiers au Camp de Hammelburg.

La prison-forteresse "Oberhaus" sur les hauts du Danube à Passau.

Départ des prisonniers vers la carrière.

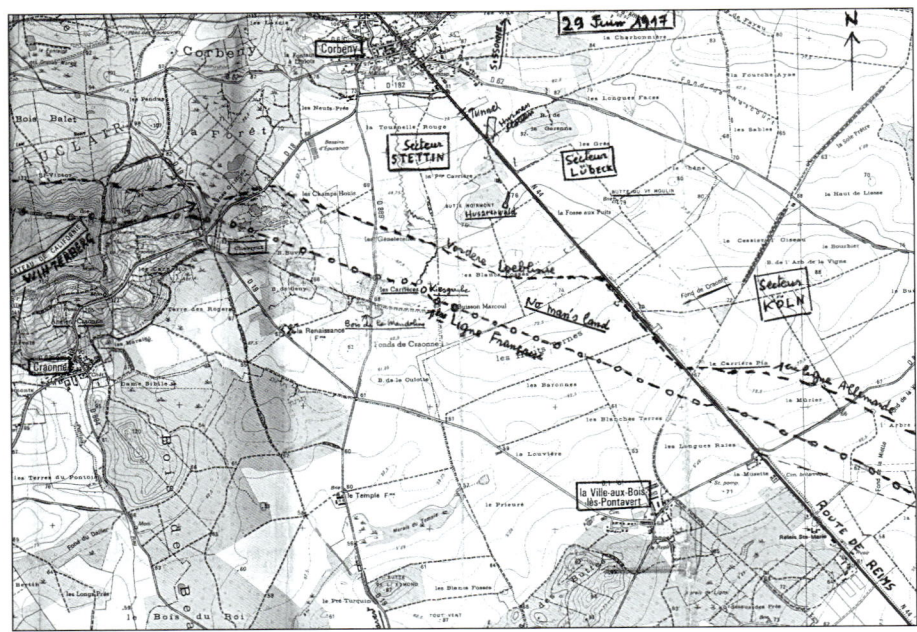

Extrémité Est du "Chemin des Dames" entre Craonne et Corbeny.

„Ist unsere Zeit gekommen, so laßt uns mannhaft sterben
und unserer Ehre keinen Flecken anhängen."   Maff.

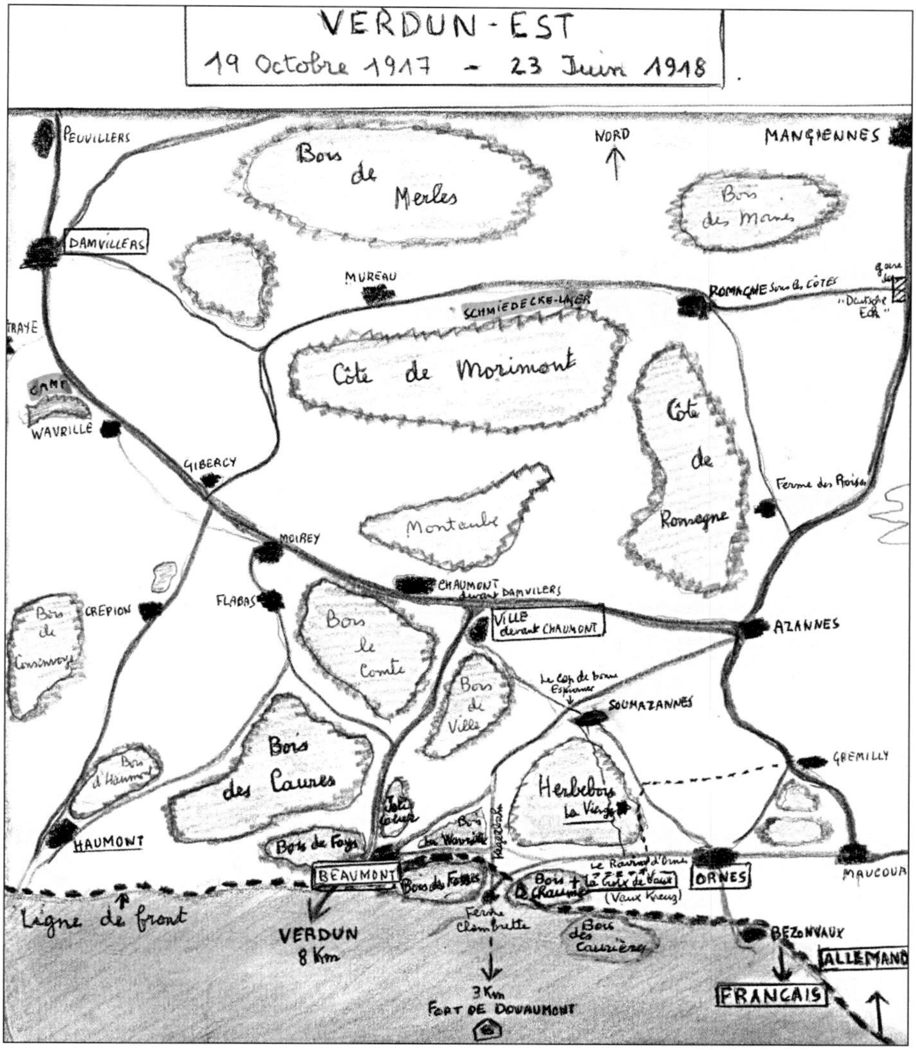

VERDUN - EST
19 Octobre 1917 - 23 Juin 1918.

La ligne de front : des entonnoirs pleins d'eau par milliers, à perte de vue...

Guillaume II (au centre), empereur d'Allemagne, avec son état-major.

„Fähnchen vom Vaux-Kreuz"

Trichtergelände der Ornes-Schlucht.
Über den Laufsteg ging es zum „Grenadierweg"

Rue et rivière d'Ornes ne forment plus qu'une seule surface marécageuse.

Le "Schmiedeckeloger" au nord de la Côte de Morimont.

L'état-major du III. Bataillon au "Schmiedeckeloger".

"Vaux-Kreuz": le petit fanion aux couleurs tricolores françaises.

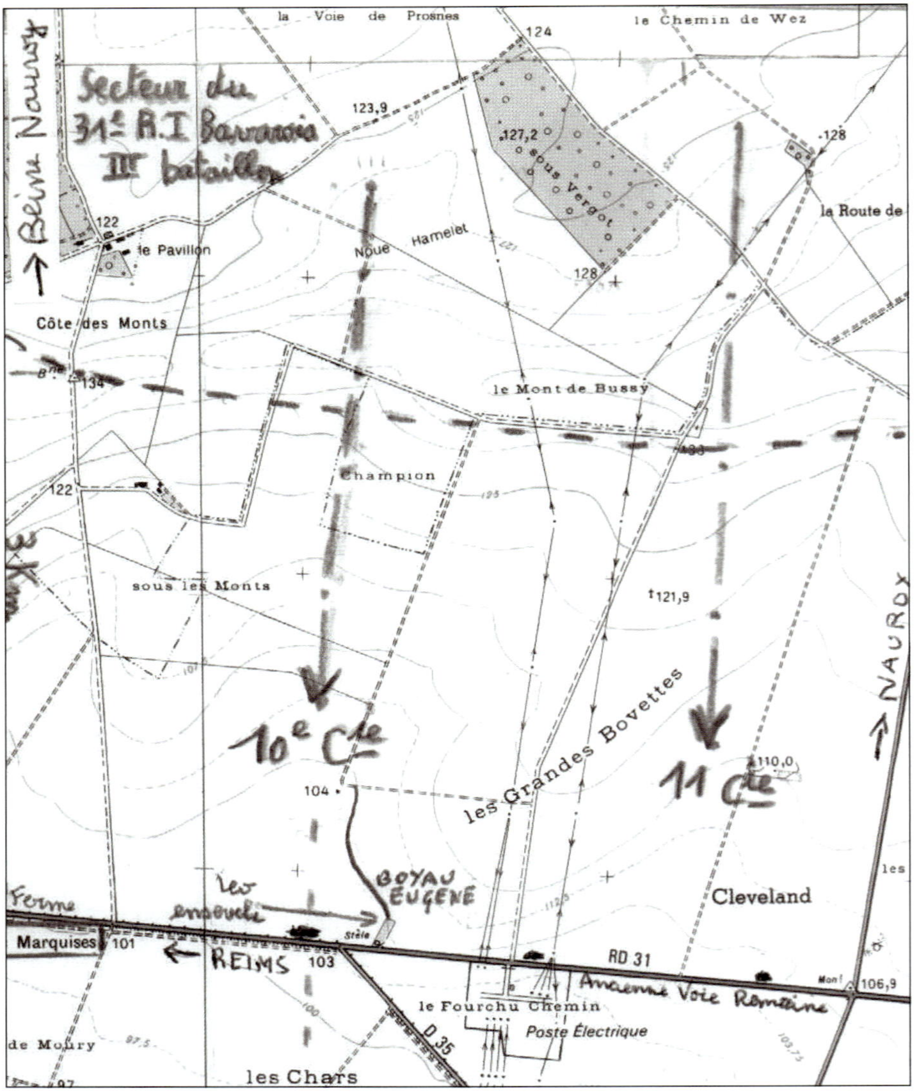

On the map, handwritten and printed labels:

Béru Nauroy → (left margin)

Secteur du
31e R.I Barracais
III bataillon

la Voie de Prosnes — le Chemin de Wez

123,9

124

127,2
sous Vergot

.128

122
le Pavillon

Noue Hamelet

128

la Route de

Côte des Monts

8? 134

le Mont de Bussy

133

122

Champion

sous les Monts

†121,9

les Grandes Bovettes

NAUROX →

10e Cie

11 Cie

†110,0

104

les enroulé

BOYAU
EUGÈNE

Stèle

Cleveland

les

Ferme
Marquises 101 ← REIMS 103

RD 31

Ancienne Voie Romaine

Mon! 106,9

de Moury 97.5

les Chars

le Fourchu Chemin
Poste Électrique

D 35

103.75

"Friedensturm": la grande offensive de Reims, 15 juillet 1918.

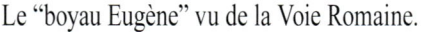

Le "boyau Eugène" vu de la Voie Romaine.

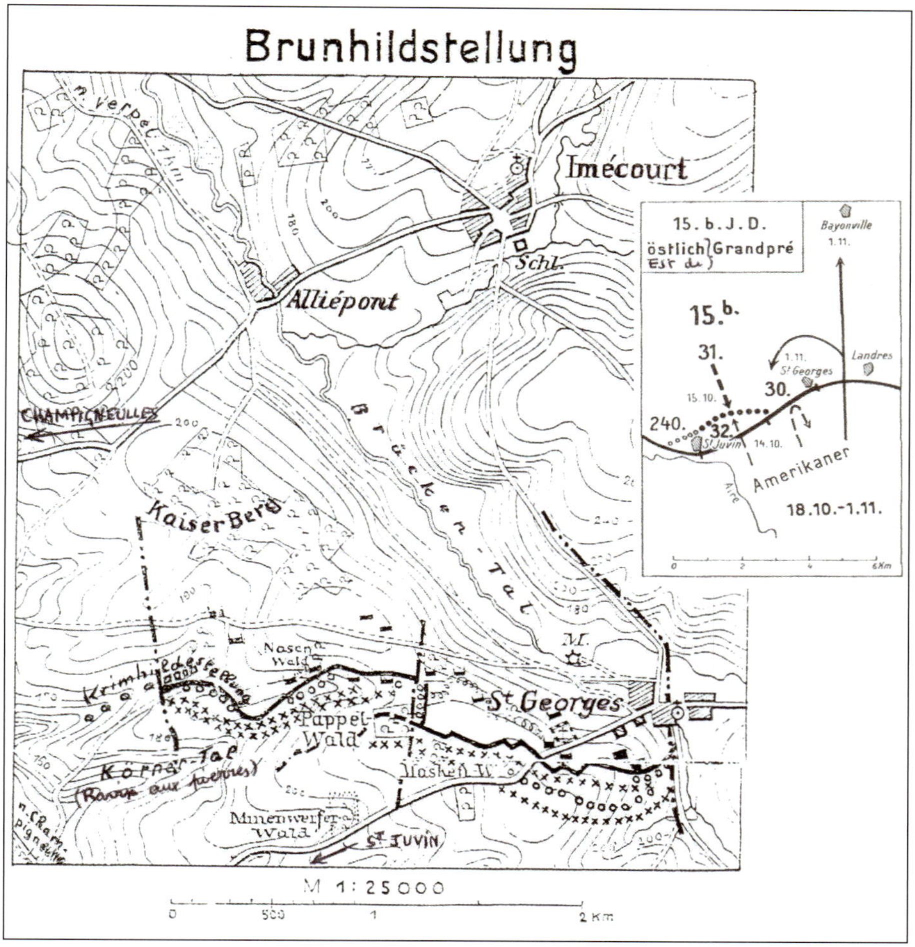

Brunhildstellung

Imécourt

Schl.

Alliépont

CHAMPIGNEULLE

Kaiser Berg

Brücken-Tal

Krimhildestellung

Nasen-Wald

Pappel-Wald

Korner-Tal

(Renvoi aux faernes)

Minenwerfer-Wald

St. Juvin

St. Georges

Masken W.

M.

n. Cham pigneulle

15. b. J. D.
östlich Grandpré
(Est de)

15.b.

31.

15.10.

240.

32.

St. Juvin

14.10.

Amerikaner

18.10.-1.11.

Bayonville
1.11.

1.11.
St Georges

Landres

30.

0   2   4   6 Km

M 1:25000

0   500   1   2 Km

Bataille de l'Argonne. Fin octobre 1918.

Der Rückzug

Les rescapés du 31. Bayr. Inf.-Rgts se retirent sur la ligne Sedan-Stenay.

APPEL!

Citoyens de la Ville de Metz!

Le Conseil d'ouvriers et de soldats, d'accord avec le Maire et le Conseil municipal de la Ville de Metz, lance

un appel urgent aux soldats indigènes alsaciens-lorrains

se trouvant actuellement dans leur foyer à Metz de bien vouloir se présenter immédiatement au service de la

GARDE CIVIQUE MESSINE

afin de prêter leur concours au maintien de l'ordre et de la tranquillité jusqu'à l'entrée en fonction du nouveau gouvernement.

Citoyens, il est de tout votre intérêt d'aider de toutes vos forces à nous seconder, il y va de l'intérêt de toute la population.

Grâce à la garde civique, la question alimentaire sera assurée.

En avant les volontaires!
Formons de forts bataillons!
Pas d'abstentions!

Bureau d'inscription : Mairie, Bureau du travail, au rez-de-chaussée, à partir de 2 h. de l'après-midi.

Le Maire:	Le Conseil d'ouvriers et de soldats
Dr. FOREt.	Civil:
Le Conseil municipal de la ville de Metz	**Ch. BECKER**
	Fr. BRAUERSREUTHER
E. DIETSCH	Militaire:
A. CHRISTMANN	**VOORTMANN**

12 novembre 1918.

Pour le sous-officier Leo MALNOURY (photo reconstituée)
la guerre est désormais finie.

Les pertes humaines, morts et blessés, sont encore importantes : 25 hommes le 25, 17 autres le jour suivant.

Le 28 mai, le IIIᵉ Bataillon est remplacé par le Ier et, comme bataillon de réserve, s'installe à Corbeny où, pendant deux jours entiers, il subit d'innombrables tirs d'artillerie lourde dans les décombres et les caves de ce bourg entièrement saccagé. Pendant le séjour, Stark, un homme de l'escouade de Léo, a le pouce arraché par un éclat d'obus et est évacué vers un centre de soins.

Le 31 mai, enfin, le bataillon part au repos dans le "Ballonwaldlager", camp installé plus au nord, en lisière de forêt entre Amifontaine et Sissonne.

Au Ballonwaldlager, tout le monde revit. Le soleil est chaud, la forêt offre d'agréables ombrages. Malgré tout, de nombreux personnages se déplacent à la hâte entre les arbres. mais tous ceux qui se hâtent ainsi n'appartiennent pas à la catégorie des soldats du front. Ce sont ceux de l'état-major de la compagnie, les tailleurs, les cordonniers, les nombreux bureaucrates et tous les autres planqués... Exceptionnellement, ils se pressent ici, à l'arrière, devant leurs camarades du front. Ces derniers sont dispersés en petits groupes et se chauffent au soleil, là où les vagues vertes des hautes herbes ondulent sur leurs corps fatigués. Ils se détendent. Certains dorment, d'autres rêvent les yeux ouverts, un artiste en herbe sculpte un bloc de craie pour en faire un souvenir. Plusieurs lisent des magazines...

D'une clairière toute proche proviennent des chants militaires. Le dernier fait partie de ceux qui ne vieilliront jamais : *Wie's daheim war* (Comme c'était chez moi, à la maison). Tous ont le regard mélancolique en l'écoutant, tous ont la nostalgie du pays. Celle-ci ne les quitte d'ailleurs jamais dans leur dure vie de soldats. Thomann qui dormait calmement dans un coin ombragé, se redresse soudain brutalement, tout effrayé. Il se frotte les yeux et lance des regards inquiets autour de lui.
- *Donnerwetter*" (Bon Dieu), dit-il, Toute cette histoire à la barricade vient une nouvelle fois de défiler dans ma tête. Cette image était pleine d'horreur. Le Français que j'ai tué, était agenouillé devant moi et m'implorait en me regardant fixement dans les yeux : "Pas tuer, camarade, pas tuer. Tu es aussi innocent que moi dans cette guerre". Il faisait des efforts désespérés pour me présenter une photographie. Celle de sa femme et de ses enfants. Une jeune dame rondelette et trois mignons petits bambins...
Prostré, Thomann se jette à terre et prononce cette horrible malédiction : "Oh, cette guerre, elle a fait de moi un assassin. Dieu me damne !".

Autour de lui, tous se taisent. Eux aussi revoient une seconde fois cet épisode sanglant de la barricade.

- Laisse tomber tes stupides remords, dit alors sèchement Kempf. C'est la guerre, et tu n'as rien fait d'autre que ton devoir !

Les combattants sont libres cet après-midi. Ils le méritent bien. En effet, de retour du front à deux heures du matin, le bataillon n'était pas encore complètement installé au camp que déjà, à neuf heures, tombait l'ordre : revue d'armes. Quelle fumisterie, quelle misérable exploitation des hommes ! Ces derniers ont présenté leurs armes au contrôle. La moitié de celles-ci naturellement n'étaient pas encore propres à cette heure-là. L'adjudant de service en est devenu cramoisi et les a tous traités de voyous, de vauriens. A dix heures, il y a donc eu un deuxième contrôle. Le résultat n'était pas nettement meilleur que le précédent, bien que les culasses rouillées aient été nettoyées au pétrole. Conclusion : quelques malheureux devaient présenter leur arme encore plusieurs fois à l'intransigeant bourreau. Et à chaque fois, celui-ci trouvait encore quelque chose à redire.

Thomann, dès le début de l'inspection, s'est montré le plus malin. Sans se faire remarquer, il a subtilisé dans son atelier le fusil bien graissé du tailleur.

- Prenez exemple sur lui, a déclaré l'adjudant. Voilà comment doit être entretenu un fusil ! Thomann s'est réjoui d'avoir roulé le contrôleur dans la farine.

Pendant tout l'après-midi, c'est donc le repos garanti. Il est en effet interdit de faire des exercices à l'extérieur, le Waldlager est observé par des ballons captifs français. Comme, par manque d'eau dans ce pays crayeux, il est impossible de prendre des douches, ou même tout simplement de se laver correctement et que, pour les mêmes raisons, les lessives doivent être reportées à une date ultérieure, les distractions dans le camp sont très limitées.

Léo, Kempf et plusieurs autres qui ne veulent pas rester inactifs, décident alors de traverser les bois pour aller faire un saut à l'hôpital de campagne de Sissonne tout proche où leur camarade Grassinger est mort la veille des suites de son horrible blessure au pied. L'hôpital est un véritable petit village, style cité ouvrière, aux bâtiments en briques rouges et aux toits noirs brillants. A son arrivée, le groupe est saisi par un nuage de phénol et par des odeurs âcres. Les petites ruelles entre les blocs de baraques fourmillent de blessés porteurs d'étiquettes blanches ou barrées d'un trait rouge, qui attendent leur évacuation.

Ce sont pour la plupart des blessés légers transportables. Ils ont des gros pansements autour de la tête et des membres. Plus gros est le pansement, plus profondément est-on rapatrié à l'intérieur de l'Allemagne. Leurs yeux brillants reflètent la joie profonde qu'ils éprouvent d'avoir pu s'extraire de l'enfer du front.

Arrivent des autos de la Croix-Rouge. On y introduit en premier lieu, sur des brancards, les grands blessés transportables. Ils y sont attachés par de grosses lanières en cuir qui les font souffrir. Ils reçoivent encore avant leur départ une piqûre contre le tétanos.

Puis c'est au tour des blessés légers, qui se glissent avec précipitation aux emplacements encore libres. Ils ont été la cible de balles aux bras, aux épaules, à la tête ou à la poitrine, mais ils donnent l'impression de ne presque plus sentir de douleurs tellement ils sont obnubilés par une seule et unique pensée : Nous quittons le front, nous sommes rendus à la vie et allons en Allemagne dans un hôpital allemand. Leur souhait le plus ardent s'est ainsi réalisé.

Dans un des bâtiments, derrière une moustiquaire en toile métallique où s'agglutinent de grosses mouches bleues, on aperçoit de temps à autre, très rapidement et dans un genre de brouillard, des silhouettes en tenues blanches, aux manches souillées de sang. C'est une salle d'opération. Des cris étouffés s'en échappent au milieu de nuages de chloroforme. Un infirmier muni d'un tuyau en caoutchouc arrose un caniveau rempli de sang dans lequel nagent des lambeaux de peau, des caillots de sang, des tampons de ouate rougeâtre et des bandes de gaze recouvertes de croûtes séchées. Un autre transporte vers un bac à déchets un seau rempli de membres amputés baignant dans du sang plus très liquide. Une fois le tout déversé, il le recouvre à la hâte de chlorure de chaux et referme aussi rapidement le couvercle en fer du réceptacle. Pendant plusieurs minutes, un souffle pestilentiel envahit l'air chaud environnant. Les hommes en ont assez vu. L'un deux s'écrie :
- Allez les gars, on se change les idées, on va à la cantine. Elle se trouve dans le dernier bâtiment. On y sert du schnaps.

Le groupe s'y rend, s'y installe, commande une tournée et déguste avec une profonde jouissance une eau-de-vie pourtant trop forte et de bien mauvaise qualité, véritable tord-boyaux. Des employés de l'hôpital entrent et sortent de la cantine. Questionné sur la présence de Grassinger dans l'établissement il y a quelques jours, un sergent déclare se rappeler de lui :
- Oui, il est mort ici, dit-il.
- Comment est-il mort ? lui demande-t-on.

131

- Que veut dire mourir ? remarque-t-il. Il n'a tout simplement pas supporté l'opération. On avait dû lui extraire au moins une douzaine d'éclats d'os.

- Ce que nous aimerions savoir, c'est s'il est mort paisiblement. A-t-il beaucoup souffert ? A-t-il crié, a-t-il pleuré sachant qu'il allait mourir ?

- Questions idiotes, répond le sergent. Les blessés graves meurent et ne savent même pas qu'ils meurent. Ils passent de l'autre côté en s'assoupissant. Ils sont d'ailleurs déjà à moitié morts quand on nous les amène ici !

Rapidement le questionné vide son schnaps et s'apprête à partir. Au dernier moment, Kempf lui crie encore :

- Dis-nous camarade où repose à présent Grassinger. Où a-t-il été enterré ?

- Il doit être là-bas dans le cimetière militaire. Tous ceux qui meurent ici y sont enterrés rapidement. Depuis quelques jours il y a beaucoup de rangées supplémentaires. Les menuisiers pestent car ils n'arrivent pas à suivre le rythme de fabrication des cercueils. De même pour les peintres, pour leurs inscriptions sur les croix !

Le groupe s'en va lentement jusqu'au cimetière où doit reposer Grassinger. De très longues rangées de tombes s'alignent les unes derrière les autres, séparées par de plantureuses broussailles. Toutes les croix sont neuves et la laque noire avec laquelle elles sont peintes dégage une odeur qui prend à la gorge. Les hommes parcourent les différentes rangées et lisent soigneusement les petits écriteaux. Ils découvrent ainsi l'inscription portant son nom, son régiment et sa date de décès. Plus aucun d'eux ne parle. Leur calme, les mines pétrifiées qu'ils affichent devant la butte de terre toute fraîche, leurs pensées qui rejoignent leur camarade mort, sont plus qu'un muet *Notre Père*. Ils restent là longtemps, comme plantés au milieu de leurs nombreux camarades désormais silencieux pour toujours.

Kropf est le premier à quitter la tombe. Il ramasse une boîte de conserve pleine d'eau abandonnée dans un fossé tout proche. De son côté, Becker cueille quelques marguerites dans la prairie voisine.

- Ne prends pas de coquelicots, lui lance un troisième. Les pétales rouges rappellent trop le sang !

Sur la petite butte de terre de Grassinger culmine maintenant un très modeste bouquet de fleurs des champs. Quelque chose d'invisible, semblable à de la fidélité, y est inséré. Fidélité entre camarades, plus forte que la mort ! Le groupe rentre lentement au Waldlager, plongé dans ses pensées et suivant des yeux le soleil qui lentement se couche à l'horizon.

Le IIIe Bataillon ne profite pas longtemps de son séjour de repos au Ballonwaldlager. Déjà dans la nuit du 2 au 3 juin il repart occuper une position de deuxième ligne (II. Stellung) au sud-est de Berrieux. La nuit est douce, et comme aucun tir ennemi ne perturbe la relève, les hommes ressentent pleinement le douloureux silence qui s'étend sur cette région meurtrie par les précédents combats. Les bas-fonds sont encore remplis d'odeurs de cadavres tombant en putréfaction. Les villages de Berrieux et de Gondelaincourt sont morts, entièrement détériorés et émergent dans la nuit comme deux larges tombes. Le paysage calciné dégage une odeur de roussi qui, amplifiée par des nuages d'air suffocant, se répand un peu partout dans les retranchements.

Ceux-ci sont en bon état. Le fond des tranchées est propre et sec et résonne sous les pas. Les postes des guetteurs et de tir sont nouvellement sortis de terre et font bon effet.

La 10e Compagnie creuse à l'intérieur des abris pendant la journée et sort de nuit approfondir les tranchées et installer des réseaux de fil de fer barbelé. Comme les consignes de protection anti-aérienne sont rigoureusement respectées, aucune perte n'est jusqu'alors signalée.

La seconde ligne de défense n'offre cependant pas assez de possibilités d'hébergement. Le ravitaillement ne peut être assuré que de nuit. Il est vrai alors que les repas sont chauds et servis par des cuisines roulantes venant de l'arrière. Une partie des hommes loge dans des abris en cours de construction, d'autres sont stationnés dans des tranchées recouvertes simplement de toiles de tente tendues par-dessus, ce qui souvent par temps orageux leur procurent un "divertissement" très humide. C'est pourquoi les affections intestinales ici aussi sont nombreuses.

Il y a peu de moments de répit dans cette deuxième ligne de défense. Toutes les nuits les hommes peinent et souffrent pendant leurs corvées. Dès la tombée de la nuit ils sont poussés hors de leurs abris. Le mot d'ordre est "rassemblement pour des travaux de terrassement". Seuls les hommes de garde sont exemptés de travail, les autres sont répartis en file indienne sur un terrain crayeux plus ou moins plat et, avec pics et pelles, doivent creuser une tranchée.

Lors de la première nuit, la première couche de calcaire est enlevée. Les grosses pelletées de matière blanche sont jetées en bordure de la tranchée naissante. Dans la nuit claire on reconnaît bien maintenant son tracé blanc qui en zigzag part vers l'arrière et se perd dans l'ombre d'un creux de terrain.

Lors de la deuxième nuit, la compagnie arrive par escouades sur le sillon crayeux. La première escouade répartit ses huit hommes sur une longueur de huit mètres, puis vient la seconde qui en fait de même, et ainsi de suite jusqu'à ce que toute la Compagnie soit à pied d'œuvre.

A chaque homme échoit une certaine partie de terrassement, à savoir un mètre linéaire. Thomann et Léo travaillent en relais. Le premier pioche, fait des mottes, le second pellette la terre et la jette sur le côté. En principe Léo devrait ensuite piocher à son tour, c'est le travail le plus difficile. mais Thomann reprend aussitôt l'outil, crache dans ses mains et se remet à piocher. Il essaie ainsi, en toutes occasions, de ménager son camarade. Mais il ne le fait pas pour rien. Léo doit toujours faire part à deux avec lui lorsque sa mère lui envoie des paquets avec des pâtisseries et d'autres provisions. Léo partagerait de toute façon avec lui car Thomann est un pauvre diable et ne reçoit aucun envoi de chez lui pendant des semaines et des semaines.

Au cours de la première nuit, les travailleurs avaient été très appliqués. Leur intention était d'en finir au plus vite et cette illusion avait avivé leur joie au travail. mais déjà, en cette seconde nuit, leur travail avance plus paresseusement. La couche de craie ne se désintègre que très lentement et se montre rebelle aux coups de pioche les plus vigoureux et aux tranchants de bêche les plus aiguisés. A chaque coup de pic la main est meurtrie par le manche très lisse et les bras ressentent une douloureuse sensation. Après quelques heures de travail le corps éprouve une telle fatigue que cette dernière se répercute dans les jambes et pousse les travailleurs à prendre du repos et à s'asseoir dans la tranchée en voie d'approfondissement. Involontairement ils sont contraints à cesser leur travail, même si de tout cœur ils souhaiteraient le poursuivre.

L'adjudant Kempf essaie de les encourager par de bonnes paroles :
- Allez les gars, il faut qu'on en finisse ; pour rentrer plus tôt au camp !
Les hommes se redressent une nouvelle fois, se font violence. saisissent leurs outils avec leurs bras fourbus, reprennent le travail, donnant tout ce qu'ils ont dans le ventre. Malgré toute leur bonne volonté, leur besogne n'avance pas.

Une malédiction pèse sur les travailleurs : les travaux progressent insuffisamment, jamais ils ne pourront terminer leur tâche encore cette nuit. Toute la colonne respire difficilement, transpire beaucoup, mais frissonne aussitôt dès qu'elle cesse son activité un court instant. Les hommes sont mécontents. Une certaine grogne s'empare d'eux.

Mais voilà que débouche devant eux l'officier responsable de tout le chantier de terrassement. Au vu de leur travail si peu avancé, il se répand en violentes invectives, à l'instar d'un surveillant de chantier de pharaon. Il ordonne à Kempf de lui rendre des comptes, de lui expliquer, au détail près, pourquoi l'escouade de Léo ne satisfait pas à ses obligations. Ce faisant, il tapote nerveusement avec ses doigts sur le boîtier de son masque à gaz. Et, sans donner à Kempf le temps de répondre, il se met à hurler :

- Sous-officier, le rythme de travail de cette escouade est misérable ! Vous connaissez pourtant la consigne : pour chaque homme, en une nuit, une portion de tranchée d'un mètre de long sur un mètre quatre-vingts de profondeur et quatre-vingts centimètres de largeur. Ce n'est quand même pas la mer à boire ! Bon Dieu de Bon Dieu, veillez donc plus rigoureusement à ce que le travail avance plus vite !

Kempf voudrait bien répondre quelque chose. Dire que cela ne peut vraiment pas aller plus vite ; que compte tenu de ses très récentes pertes au combat, cette escouade, y compris son sergent (Léo), ne comporte plus que sept hommes et que chacun d'eux doit donc creuser une portion d'environ un mètre cinquante de long au lieu du seul mètre exigé des autres ; que dans la portion de terrain à creuser, il n'y a, fait du hasard, aucun trou d'obus où la terre serait déjà ameublie ; qu'ils ne sont que des êtres humains et non pas des robots, des machines...

Il voudrait bien le dire. Il sait d'avance qu'avec cela il ne suscitera aucun sentiment de pitié, aucune compassion de la part de ce supérieur rigide et intransigeant. C'est pourquoi, il ne prend pas la peine de défendre sa cause et se borne à marmonner quelques mots incompréhensibles. Mais son interlocuteur est déjà parti. Sa frêle silhouette au regard éternellement critique s'est rapprochée de l'escouade voisine. Aussitôt Léo et ses hommes l'entendent redistribuer à d'autres pauvres hères des réprimandes quasi semblables à celles qu'ils viennent eux-mêmes de subir :

- Mais vous ne foutez rien ! *Mein Gott* (Mon Dieu), voyez-moi ça : vous avez encore moins creusé que ceux d'à côté. Ça ne peut pas durer !

Tout le monde le déteste. Cet officier se caractérise par son ton de dictateur impitoyable. Il trouve toujours à redire, même lorsque tout marche à souhait. Il fait partie de cette catégorie de chefs qui ne trouvent jamais le ton chaleureux qui doit unir l'officier et la troupe ; qui font presque dans leur pantalon lorsqu'ils doivent se présenter devant les gradés supérieurs du régiment ; qui claquent des talons au moindre commandement, même le plus bénin. *Befehl* (A vos ordres), *Herr Major* ! Qui bien évidemment, se refusent à faire leur autocritique et ne cherchent jamais à modifier leur comportement vis-à-vis de leurs subordonnés pour essayer de leur rendre la vie au front un peu plus agréable, ou moins pénible !

Thomann, toujours clairvoyant, résume en quelques mots, un sentiment que partage tout le groupe : “Quelle différence avec notre commandant de compagnie. Un deuxième comme lui n’existe pas sur tout le front !”.

Pendant quelques minutes le goût au travail se ravive, le temps nécessaire à l’officier contrôleur à porter ses critiques tout au long de la brande crayeuse. Ensuite reprennent de longues pauses lorsque les travailleurs de la terre, éreintés et vaincus par la fatigue, s’allongent sur le sol.

La nuit semble infiniment longue, bien qu’en réalité elle soit une des plus courtes en cette fin de printemps. Les coups sourds des pics semblent diminuer. Peut-être par-ci, par-là entend-on encore leurs bruissements monotones, mais bien vite ils cessent aussi de retentir. Les soldats qui se battent avec chaque motte de terre, ne sont pas récalcitrants. Ce ne sont pas des paresseux. Ils travailleraient et donneraient le meilleur d’eux-mêmes s’il n’y avait pas dans leurs os, tel un ver qui vous ronge, cette mollesse, cette lassitude extrême, lourde comme du plomb. Cette lassitude contre laquelle ils ne peuvent rien et que quelques jours de repos ne peuvent pas faire disparaître.

\- Si seulement les Français pouvaient nous envoyer quelques obus !” déclare Thomann sous forme de malédiction. Il ne réfléchit ainsi nullement au grand déluge de feu et d’acier qui pourrait anéantir toute la compagnie en un tour de main.

\- Imbécillité, gronde Kempf, qui se remet à piocher jusqu’au petit matin. Il pousse ainsi ses camarades au travail. Et la tranchée atteint finalement une profondeur de cent vingt centimètres.

Tous évidemment savent qu’elle n’est pas encore réglementaire.

Le travail sera terminé plus tard par le IIe Bataillon qui le 8 juin au soir relève le bataillon de Léo, lequel part se reposer au Ballonwaldlager. Lors de sa marche de retour, en pleine nuit, il subit une violente et très surprenante attaque de l’artillerie française. Plusieurs victimes, morts ou blessés, sont signalées dans les quatre compagnies, entre autres le lieutenant Beckmann, *Zugführer* de la 12e Compagnie qui est évacué, grièvement atteint.

Le 19 juin, le IIIe remonte en première ligne. Le 31e Régiment y occupe une nouvelle position à l’est de la route Corbeny-Reims, à savoir le secteur “Lübeck”, une ligne de tranchées partant du Husarenstollen sous la route précitée et rejoignant le “Hübertus Hügel” (Butte du vieux moulin), ligne faisant face au Winterberg et au village détruit de Craonne.

Les tâches à exécuter en première ligne sont les suivantes : poursuivre l'aménagement de la position, création à l'avant d'une nouvelle ligne de postes de garde, pose d'un réseau de chevaux de frise et de barbelés...

Le travail principal de ce bataillon de combat (*Kampfbataillon*) consiste néanmoins essentiellement à exercer une intense activité de patrouille dans les lignes adverses. Ces opérations permettent ainsi de constater que les lignes françaises sont à 450 mètres environ des postes avancés allemands et que l'ennemi, lui aussi, s'active vivement à leur renforcement et à leur achèvement. Ses tirs d'artillerie s'atténuent de jour en jour. Il donne l'impression de ne plus avoir grande envie d'attaquer. Et pourtant, l'un de ses rares obus tue le fantassin Alfred Deschner, un jeune bavarois de l'escouade de Léo, parti en patrouille le 22 juin, au soir d'une journée très calme.

Les jours suivants n'apportent pas de changements à la situation. On note cependant dans la troupe une multiplication des ennuis gastriques et des inflammations de la muqueuse intestinale. Le tout, accompagné souvent de diarrhées et parfois même d'hémorragies. La faute en incombe en tout premier lieu aux mauvaises conditions d'alimentation de la troupe en eau potable. Ici aussi, dans la nouvelle position "Lübeck", il n'y a pas d'eau. Elle doit être portée à l'avant dans des grands sacs à eau étanches. Et cela toujours de nuit, par les hommes transportant la nourriture.

Une autre cause d'ennuis intestinaux découle du temps qui, tantôt lourd et étouffant, devient très rapidement frais et très humide. Il n'est pas étonnant alors de voir la force de frappe de la 10ᵉ Compagnie se réduire à deux officiers et quatre-vingts sous-officiers et hommes de troupe.

Le 23 juin, Léo et plusieurs camarades de son bataillon apprennent avec grande surprise qu'ils sont retirés le jour même des premières lignes. Selon les ordres, ils doivent se rendre au nouveau camp de Sissonne, en équipe avec les porteurs de nourriture qui viennent de livrer leurs sacs de vivres. Arrivés au camp, on les informe que la 15ᵉ Division Bavaroise se prépare à une grande offensive sur les lignes françaises, opération baptisée *Bayern und Pfalz* (Bavière et Palatinat). Le responsable de toute l'opération est le commandant de la 23ᵉ Brigade d'Infanterie, l'*Oberst Ritter* von Hübner.

Les *Stoßtrupps*, composés à cet effet par des éléments des trois régiments (30ᵉ, 31ᵉ et 32ᵉ), auront pour but de pénétrer dans les positions ennemies jusqu'aux troisièmes lignes et, selon les possibilités, de ramener des prisonniers. Kempf, qui s'est pourtant porté volontaire pour cette opération, déclare sans ambages :

- C'est la plupart du temps, une sortie glorieuse que veut s'assurer une Division lorsqu'elle quitte son actuel Corps d'Armée avant d'être affectée dans un nouveau secteur du front. Cette sortie glorieuse, hélas, doit souvent être obtenue par un bain de sang et avec d'énormes pertes humaines. Elle exige en outre un gaspillage absurde de munitions et d'explosifs.

Et Rupp de compléter :

- Et malgré tout cela, ces soi-disant « très importantes opérations à la recherche de renseignements » doivent être exécutées coûte que coûte, même si elles n'aboutissent qu'à des succès très localisés, ou à des échecs, qui à proprement parler ne sont même pas décisifs pour le cours de la guerre !

Les troupes d'assaut (12 sections) reçoivent les jours suivants une formation très solide correspondant le plus exactement possible à la tâche qu'ils devront accomplir dans les lignes françaises. Un grand secteur du camp de Sissonne a été spécialement aménagé à cet effet, pour correspondre au plus près à la configuration des positions ennemies qu'ils auront à investir. L'entraînement des *Stoßtrupps* consiste essentiellement à se porter à plusieurs reprises à l'attaque de cette "copie" des positions françaises. Après plusieurs journées de travail, ils ont l'impression que, le jour J, ils pourront exécuter la véritable opération les yeux fermés :

- C'est ici que nos sapeurs du Génie ont ouvert un passage à travers le réseau de barbelé. A sa sortie, nous tomberons sur un abri souterrain. Nous savons que là est installée une mitrailleuse et que, quelques mètres plus à gauche, un boyau de communication conduit à la deuxième ligne française. Nous devons le parcourir en entier jusqu'à la deuxième tranchée de défense. Et de là, continuer jusqu'à la troisième ligne qui ne doit pas être équipée aussi sérieusement que les deux premières.

Les ordres ont été très bien formulés et, à proprement parler, cela devrait être une petite affaire de les exécuter conformément aux instructions ! Le travail imposé aux *Stoßtrupps* a lieu pendant les périodes les moins chaudes de la journée et leur apparaît parfaitement supportable. Il faut dire que l'état-major a pensé à ménager au maximum ses troupes de commando et surtout à bien les nourrir. Ils reçoivent des gamelles remplies à ras bord de nouilles ou de pois, garnies en abondance de saucisses et de viandes de conserve. Le schnaps aussi est servi très copieusement.

Les cuisiniers sont tellement généreux en nourriture, en tabac et en miel artificiel que les hommes ont presque envie de les étreindre. Cela se remarque surtout chez Thomann qui ne cesse de tourner autour des cuisines pendant ses temps libres. Il aide à porter de l'eau, à éplucher des pommes de terre et à casser du petit-bois… Curieux, combien les hommes sont reconnaissants, pour peu qu'on les traite avec humanité !

Les officiers, habituellement assez réservés, sont ici très aimables et se sentent à l'aise dans le cercle restreint des équipes. Ils prennent part aux joutes sportives organisées derrière les baraquements et participent même au jeu du *Schinkenklopfen* (genre de tape-fesses).

Le 28 juin au soir, les *Stoßtrupps* sont réunis au carré sur la place d'honneur devant les baraques. A leurs ceintures pendent les grenades à main et les munitions. Au bras droit, tous portent un bandeau blanc qui leur permettra de se reconnaître dans la nuit. Les pattes d'épaules portant le numéro du régiment ont été enlevées de la tunique, les plaques d'identité et les portefeuilles déposés au secrétariat. Ils doivent rester des soldats inconnus pour ceux qui, peut-être demain déjà, les trouveront morts et souillés de sang au détour d'une tranchée ou dans un entonnoir. Ils ont à présent à subir un discours du responsable de l'opération. Pour eux cependant, toute parole est superflue. Tout irait aussi bien sans ce tam-tam héroïque. Ils feront tout ce qu'ils pourront, même sans toute cette propagande.

Les *Stoßtrupps* du IIIᵉ Bataillon sont dirigés par un tout jeune officier, le lieutenant Braun de la 7ᵉ Compagnie. Son attitude est virile et il se dégage de son être une force d'âme peu commune. Il se tient là très droit devant ses hommes. Tous sont heureux d'être conduits par un tel chef.
La Musique du Régiment va entonner à présent le *Bayerischen Defiliermarsch*. Les hommes se mettent en rang et montent sur leur épaule la carabine, à laquelle ils ne sont pas encore très habitués. L'ordre de marche est donné, la Musique joue, l'état-major sur une petite estrade salue, la troupe se dirige en rangs serrés vers la sortie. Les grenades à main des ceinturons qui s'entrechoquent font un bruit de fer-blanc, le martèlement des bottes sur le sol se répercute dans toutes les allées entre les baraquements.

Les hommes restant au camp veulent fêter leurs camarades. A toutes les fenêtres des linges sont agités. Les blessés, quant à eux, dans leur hôpital de campagne, regardent les partants d'un air compatissant.
- Vous ne savez pas ce qui vous attend ! semblent-ils dire.

Toute cette fête du départ au combat n'est en fait qu'une vaste comédie et tous les présents le savent. Ceux qui quittent le camp vont faire leur devoir, ceux qui restent veulent encore faire un geste pour rendre à leurs camarades la tâche plus légère. Le 29 juin, vers 1 h 00 du matin, les *Stoßtrupps* sont installés dans le secteur "Köln" aux abords de la route Corbeny-Reims. Cinq officiers, trente-huit sous-officiers et trois cent trente-huit hommes de troupe sont répartis sur une ligne de 1 200 mètres de large, entre le "fond de Craonne" et la "Carrière Pia". Devant le *Stoßtrupp* de Léo, le tout jeune lieutenant. Quelques mètres plus à gauche, les silhouettes d'une autre section accroupies devant un bloc-khaus. Il en est de même à droite, et tout au long de la ligne d'attaque. C'est le calme absolu. Chacun pense une dernière fois à tout ce qu'il aura à faire dans les minutes à venir.

A 2 h 21 du matin, l'artillerie allemande et les lance-grenades engagent la bataille.

A 2 h 22, ce sont les gros mortiers. Les obus sifflent au-dessus des têtes des hommes qui attendent. Certains impacts sont très proches. Et parfois même un peu trop. mais que dire de l'ouragan de feu qui s'abat sur les lignes françaises. Plus aucun adversaire ne doit y être resté, sinon les morts et les blessés. Les minutes semblent durer une éternité. La grande aiguille des montres n'avance que très lentement.

2 h 23 : Des centaines de fusées éclairantes, rouges, jaunes, vertes voltigent dans les airs.

2 h 24, le tonnerre de feu atteint son paroxysme.

2 h 25, un ordre est lancé dans la nuit :
- Debout !… A l'attaque !…. La voix du jeune lieutenant fustige les hommes :
- Restez bien groupés !

Les *Stoßtrupps* franchissent les chevaux de frise sectionnés préalablement, parcourent le *no man's land* au pas de course, s'engagent dans les tranchées ennemies, franchissent les entonnoirs, lancent leurs grenades…

De partout fuse le cri d'attaque des *Stoßtrupps* :
- *Bayern und Pfalz… Bayern und Pfalz… Bayern und Pfalz…*

Au milieu d'une défense française complètement surprise par cette attaque aussi brutale qu'inattendue, les *Stoßtrupps* progressent conformément aux plans établis. Partout les pertes adverses dues au feu d'artillerie et aux corps à corps sanglants sont déjà importantes. De nombreuses casemates sont encore dynamitées, anéantissant par là même leurs équipages qui n'ont pas voulu se rendre. Les autres sortent de leurs trous complètement abasourdis, levant les bras en l'air en criant d'une voie désespérée :
- Pardon, pardon !

Comme souhaité au départ, plusieurs groupes atteignent les troisièmes lignes adverses dans lesquelles ils restent environ une demi-heure sans être attaqués. Leur travail accompli ils reviennent ensuite, sur ordre, dans leur propre camp. Cinquante-trois chasseurs alpins et plusieurs membres du 31ᵉ Régiment d'Infanterie français ont été faits prisonniers et deux mitrailleuses lourdes capturées. Le succès de l'opération est ainsi concrétisé.

Hélas, tout n'a pas été partout aussi facile, bien au contraire. A l'aile droite, près de la route de Reims, le feu de l'artillerie et des mortiers allemands n'a pas été suffisamment efficace. Plusieurs mitrailleuses ennemies n'ont pas été réduites au silence. Résultat : plusieurs groupes français offrent une résistance acharnée et héroïque, des corps à corps se terminant souvent à coup de bêche. Des cadavres des deux camps gisent un peu partout. Des blessés lancent des appels au secours…

Et ce sont justement les *Stoßtrupps* du jeune lieutenant, avec notamment des hommes de Léo, qui se sont battus dans ce secteur défavorisé. Ils sont ainsi les derniers à chercher à réintégrer leur base. Il est d'ailleurs temps qu'ils reviennent, car il commence à faire jour et l'on peut déjà reconnaître les contours du paysage. Des tirs de mitrailleuses provenant des deuxièmes lignes françaises réoccupées sifflent à présent autour d'eux. Ils sont heureusement encore protégés par la pénombre. Il leur reste cependant à surmonter le plus grand danger : franchir le *no man's land*. L'artillerie française l'arrose en feu de barrage. Des fontaines de terre jaillissent de toutes parts. Le spectacle n'est pas réjouissant. Les hommes ont les yeux collés par la fatigue et la poussière de craie. Leurs corps sont épuisés. Certains tremblent de tous leurs membres. Ils se hâtent par-dessus les talus défoncés et se lancent à corps perdu au milieu du feu de barrage. C'est un quitte ou double entre la vie et la mort. Le souffle des impacts les renverse. Ils trébuchent, tombent, se tapissent un court instant, rebondissent, repartent en trébuchant une nouvelle fois… Tels de grosses gouttes d'eau, les éclats d'obus s'écrasent autour d'eux.

Une sourde angoisse pousse Léo au travers de cet enfer. Il veut rester en vie. La vie qui s'offre à lui, là, tout près de lui, dans ses propres tranchées. Encore un petit saut, une courte course au travers des chevaux de frise et elle le prendra dans ses bras. Un dernier bond avec ses hommes et toute l'horreur de la nuit sera oubliée. Un dernier bond, un seul petit bond. mais, juste à sa gauche, à une dizaine de mètres à peine, une dernière colonne de feu. Plusieurs formes humaines y sont mêlées. Leurs corps chancellent et une braise ardente les enveloppe. Ils se cambrent, brûlés à vif, et leur vie s'éteint en un cri douloureux.

Les victimes appartiennent au groupe de Léo. Cela ne fait aucun doute. Ceux qui restent en vie, ne peuvent plus leur porter secours. Ils terminent leur chemin de croix. Ils atteignent les tranchées crayeuses amies, se lancent dans les bunkers et s'écroulent à terre tellement épuisés qu'ils n'entendent plus les appels poignants des blessés à mort qui se vident de leur sang juste devant le réseau de barbelé. Ils sont allongés sur le sol, reprenant leur souffle, le regard hébété, les yeux rougis par les vapeurs piquantes de poudre. Leurs habits sont en lambeaux. Lentement ils reprennent leurs esprits. Certains se redressent et marchent comme des ivrognes. Et ils se rendent compte qu'une fois encore la mort n'a pas voulu d'eux.

Et ils se mettent à rire nerveusement, heureux d'avoir surmonté cette difficile épreuve.

Léo fait partie de ces rescapés. Lui n'a pas le sourire. Il est à la recherche de ses hommes. Et il lui faut peu de temps pour constater qu'il lui en manque deux, ceux terrassés par le dernier obus avant les barbelés. Ce sont Friedrich Köth et Karl Mämel, tous deux de la région bavaroise d'Unterfranken et âgés tout juste de 19 ans. En un peu plus d'un mois, il a perdu la moitié de son escouade : Schramm de l'équipe des précurseurs, lors de l'attaque des Français dans la nuit du 22 mai, Deschner, au retour d'une patrouille le 22 juin, et maintenant Köth et Mämel. C'est son escouade qui a eu le plus de morts au 31ᵉ Régiment Bavarois depuis son arrivée aux confins du Chemin des Dames.

Il n'a pas le temps de s'appesantir sur ce sujet. Les Français envoient à présent leurs obus sur le secteur de repli des *Stoßtrupps*.
- Ce sont des tirs de représailles, prétendent certains.
Tout le monde se précipite vers la droite, au bord de la route de Reims, là où se trouvent des abris très profonds. Le jour commence à poindre sur la plaine blafarde. On aperçoit non loin les troncs décapités du "Husarenwald" et un peu plus en arrière le squelette du clocher de Corbeny.
- Lorsque ce soir, à la nuit naissante, nous aurons traversé ce secteur, nous serons sauvés, déclare Thomann. Et, bien entendu, il ne manque pas d'ajouter :
Nous pourrons alors nous en mettre plein la panse !

-o-o-o-o-

Les *Stoßtrupps* sont de retour au camp de Sissonne nouvellement aménagé. Ils reçoivent des louanges de toutes parts pour leur première et glorieuse grande opération. Leur esprit de corps, leur ardeur au combat sont tout particulièrement mis en exergue.

Le Kronprinz allemand leur télégraphie :

*J'exprime mon infinie reconnaissance à la jeune 15ᵉ Division d'In-
fanterie Bavaroise pour le succès de son audacieuse attaque et lui attri-
bue trois Croix de Fer de 1ʳᵉ classe et cent Croix de Fer de 2ᵉ Classe.*

Signé : Wilhelm
Kronprinz du Reich Allemand et de la Prusse

Nota : Léo fut récipiendaire de l'une des cent Croix de 2ᵉ classe laquelle lui fut attribuée par diplôme daté du 31 juillet 1917. Il ne reçut ce
diplôme qu'environ trois années après la fin de la guerre, par envoi
du   Bayerische Wehrkreiskommando VII (Bayer. 7. Division) daté de
Münich le 13 septembre 1921.

Après quelques jours de repos au camp de Sissonne où il est désormais possible de prendre des douches et de nettoyer son linge, Léo
monte encore une fois pour sept jours en premières lignes aux abords
de la route de Reims où à présent les deux camps ennemis n'entreprennent plus aucune opération importante, se bornant à renforcer leurs installations. Puis il consacre encore quelques jours à des travaux sur la
deuxième ligne de défense. La nourriture est copieuse. De nombreux
soldats sont hélas encore sujets à des affections intestinales.

Le 18 juillet arrive le message accueilli avec la plus grande joie par
tout le monde :
- La 15ᵉ Division d'Infanterie Bavaroise s'en va au repos.

Rapidement toutes les peines et les plaintes des jours écoulés sont
oubliées, les armes et les uniformes débarrassés avec le plus grand
empressement des traces des dernières périodes de combat, les bagages
embarqués.

Le 20 juillet, le IIIᵉ Bataillon part à pied vers sa nouvelle destination. Depuis le 21 mai 1917, il a été impliqué dans les rudes combats
du Chemin des Dames. Et si, dans les dernières semaines, ceux-ci se
sont sérieusement atténués, la jeune troupe a connu, dès son arrivée au
front, de très rudes épreuves. En accomplissant sa tâche au Chemin des
Dames, son régiment, le 31ᵉ Bavarois d'Infanterie, a dû laisser derrière
lui vingt-quatre morts (la plupart lors de l'opération Bayern und Pfalz).
Trois officiers et cent quatre-vingt-dix-neuf sous-officiers et hommes de
troupe ont en outre été blessés et treize autres sont portés disparus.

Au repos à Vigneux (Aisne)
(19 juillet 1917 - 20 août 1917)

Parti du Camp de Sissonne au lever du jour, le IIIᵉ Bataillon accomplit environ 25 km à la marche vers le nord du département de l'Aisne, traversant les petits villages non détruits de Boncourt et Clermont-les-Fermes, franchissant la rivière Serre entre Agnicourt et Moranzy, pour arriver encore dans la matinée à Vigneux, son lieu de destination, au nord-ouest de Montcornet. Les deux autres bataillons sont logés dans les villages avoisinants, ainsi que l'état-major du régiment.

Le 31ᵉ Régiment est à présent au repos après avoir été retiré du front quelques jours auparavant. Il est placé en réserve d'Armée. Il en a grand besoin car, comme d'autres unités ayant survécu à la grande offensive du Chemin des Dames, il est décimé et doit se refaire une bonne vitalité.

Vigneux est une charmante bourgade champenoise, entourée par des vergers typiquement français. Ses maisons sont éparpillées. Les habitations donnent une impression de propreté, même si celles placées à l'entrée Est du village sont laissées à l'abandon, désertées très tôt par leurs habitants qui, à l'approche des troupes allemandes, se sont retirés plus profondément à l'intérieur du pays. Ici, les murs sont cachés par de lourdes masses de verdure, desquelles sortent en ombelles des centaines de fleurs blanches. Entre les maisons s'étendent des jardins, clôturés de façon pittoresque par des haies vives. Une herbe haute s'y berce en des rythmes harmonieux et accueille papillons et abeilles qui folâtrent autour d'innombrables petites plantes en pleine floraison.

Le groupe de Léo et quelques autres camarades se partagent l'une des habitations libre de ses habitants. Elle est confortable et aménagée de façon militaire. Sur un côté de la pièce principale les lits de camp ont été dressés. De l'autre côté, les "ustensiles" pendent à de longs clous : fusils, masques à gaz, sacs à dos et équipements... Au milieu de la pièce une table aux pieds façonnés, et dans le fond, un âtre. La tapisserie autrefois propre, pend en lambeaux des murs et les carreaux des fenêtres ne sont plus entiers depuis longtemps.

La 10ᵉ Compagnie a fondu considérablement. Les hommes le remarquent seulement, le matin, lorsqu'ils partent à l'exercice. Elle n'est plus que le spectre de celle d'autrefois. Sa longueur s'est considérablement réduite, de nombreuses brèches sont apparentes. Au moindre bruit, ils sursautent, puis se mettent à sourire, se moquant d'eux-mêmes, de s'être inquiétés pour si peu. Ils ne se doutent pas que ce sont les nerfs qui réagissent aux bruits les plus dérisoires et qui travaillent.

- Nous devons tout d'abord nous habituer au silence, explique Thomann. Pour l'instant, il nous fait encore mal !

Les premiers jours de repos sont consacrés à un décrassage et à un épouillage approfondis. Les armes et les équipements sont ensuite remis en bon état. Des offices des deux confessions, catholique et protestante, sont célébrés. Selon les possibilités, des permissions sont accordées à certains officiers et à un petit nombre d'hommes de troupe. Léo n'est pas de la partie. Hélas pour lui !

Vu le temps clair et ensoleillé, et compte tenu d'un ravitaillement en suffisance (venant du dépôt voisin de Montcornet), la situation sanitaire s'améliore rapidement. Et, progressivement, l'instruction militaire est à nouveau engagée. A côté du perfectionnement à la guerre de position, de nombreux exercices sont pratiqués : marches forcées, manœuvres d'attaque, sports de combat, gymnastique…

Accessoirement, les compagnies participent aux travaux des moissons de leur secteur. Une partie du temps libre est encore employé assidûment au ramassage des orties qui poussent en grand nombre dans certaines terres non cultivées. En Allemagne, par grand besoin de matières fibreuses, elles sont un précieux produit de remplacement.

Des renforts viennent compléter certains vides dans les rangs : 5 officiers et 333 sous-officiers et hommes de troupe, de sorte que le 31ᵉ Régiment d'Infanterie Bavarois compte à présent : 76 officiers, 2 519 sous-officiers et hommes de troupe et 233 chevaux. Le chef de corps passe l'ensemble en revue le 31 juillet.

Des cours spéciaux sur les mitrailleuses et les mortiers sont dispensés dans toutes les compagnies. Les officiers des *Stoßtrupps* et les plus anciens gradés subalternes reçoivent en plus un enseignement sur la mitrailleuse française.

Le 7 août, le commandant en chef de la 7ᵉ Armée, son Excellence von Böhm, passe en revue le IIIᵉ Bataillon commandé par le major Rabenstein et lui adresse des louanges pour sa tenue glorieuse lors de ses premières journées de combat au front, période où fut définitivement arrêtée l'avance française sur le versant Est du Chemin des Dames.

Avec le temps, toute panique a quitté le groupe de Léo. La routine s'est installée parmi ses hommes :
- Quand ils sont de service, ils se mettent en marche et deviennent des automates vivants qui s'acquittent de leurs tâches avec une attention soutenue et le plus grand sérieux, comme ils le feraient pour une prière ;
- Exempts de service, ils témoignent alors d'une extrême paresse, flemmardant des heures entières, éparpillés dans l'herbe des petits jardinets, se divertissant en alliant humour et plaisanteries.

Plus rien ne peut désormais troubler leur repos. Tout au plus le tintement familier des bouteillons des porteurs de soupe arrive parfois à les sortir de leurs rêves et les pousser vers les cuisines roulantes à l'heure de midi et dans la soirée.

Ou parfois encore de violentes douleurs abdominales, communément appelées "diarrhées", qui les précipitent vers les latrines. Et là, ils satisfont à leurs besoins pendant de longs moments, assis à six ou huit côte à côte, les fesses à l'air, sur la grande poutre transversale surplombant la fosse à excréments emplie d'une nuée de grosses mouches bleues, ou encore sur les petites caisses percées carrées dotées de deux anses.

Ils sont, pour la plupart, victimes d'affections intestinales ; chez certains, accompagnées de saignements. Ils vont alors à l'infirmerie, mais reviennent quelques jours après auprès de leurs camarades, le plus souvent sans être guéris. Certains ont de très fortes fièvres et sont transportés au *Lazarett*. Parmi eux le caporal Heil qui a 40,5° de température. Les médecins n'ont plus beaucoup d'espoir en sa guérison. Son état, pour la première fois, les laisse méditatifs sur cette maladie sournoise. Thomann donne la faute à la mauvaise nourriture. Un autre la met sur le compte de l'eau dans les chaussures…

Pour dissiper cette langueur latente, les compagnies et les bataillons organisent des fêtes mêlant judicieusement épreuves sportives et spectacles humoristiques, de sorte qu'après un repos de quatre semaines, lorsque l'ordre téléphonique de se tenir prêt à faire mouvement arrive au 31e Bavarois, celui-ci se trouve dans le meilleur état, non seulement en ce qui concerne son instruction militaire mais aussi son moral.

Verdun Ouest
(21 août 1917 - 18 octobre 1917)

Depuis le début de juin, les Anglais ne cessent de lancer des offensives dans les Flandres, pour s'emparer sur la côte des bases de sous-marins allemands qui les gênent énormément.

Sur le reste du front de l'Ouest, les Français sont demeurés calmes après leurs malheureux combats du Chemin des Dames. mais ils se sont renforcés et le 20 août ils lancent une nouvelle attaque sur le front nord de Verdun, des deux côtés de la Meuse. Celle-ci s'annonce très mauvaise pour les Allemands qui, sur la rive gauche du fleuve, perdent les hauteurs du Mort-Homme, et presque tout son versant nord jusqu'au ruisseau des Forges, créant une importante hernie dans leur ligne de front. Hâtivement, ils font monter sur place toutes leurs réserves momentanément disponibles. Parmi celles-ci la 15ᵉ Division Bavaroise d'Infanterie et ses trois régiments. C'est ainsi, qu'entre autres, Léo et ses camarades du IIIᵉ Bataillon du 31ᵉ R.I.B. reçoivent l'ordre, le 20 août vers 16 heures, de se tenir prêts à faire mouvement : "La Division quitte la VIIᵉ Armée et sera embarquée à la gare de Rozoy-sur-Serre (10 km plus à l'Est) qu'elle rejoindra à la marche par Renneval et Dolignon".

A nouveau, on se met à faire les paquets, à charger les camions, à passer les troupes en revue... et le 21 août à 6 h 15 du matin, les premiers hommes embarquent à Rozoy. Le transport se fait par Sedan, où a lieu un ravitaillement, et se termine un peu plus de vingt-quatre heures plus tard à Stenay où hommes, chevaux, matériels et équipements sont promptement débarqués.

Il n'y a plus de doute, ce que tout le monde devinait pendant le trajet arrive : "On va à Verdun !".

Le grondement des lointains combats d'artillerie sur les champs de bataille se fait d'ailleurs déjà entendre lors de la marche engagée aussitôt par le IIIᵉ Bataillon, marche le conduisant par Beauclair vers Halles s/s les Côtes, où il fait halte vers 9 heures du matin dans des locaux très étroits, déjà largement occupés par le IIᵉ Bataillon.

Réunis rapidement au carré, les hommes reçoivent de leur commandant de compagnie les instructions suivantes : "Nous sommes devant Verdun, sur la rive gauche de la Meuse. Nous appartenons désormais à la Ve Armée. Nous serons probablement engagés sur la cote 304. Devant nous fait rage une contre-attaque des Français qui, vu leur grande importance stratégique, veulent à tout prix reconquérir la cote 304 en plus du Mort-Homme déjà conquis. Sur l'autre rive de la Meuse, ils ont, au prix de lourdes pertes, déjà récupéré le Fort de Douaumont, ceux de Vaux et de Souville, ainsi que l'ouvrage de Froideterre. Si nous ne nous conduisons pas en braves, les derniers terrains gagnés lors de l'offensive de février 1916 risquent de nous être à nouveau repris. Mettons-nous aussitôt en marche et que Dieu nous garde !".

Ces courtes phrases, qui restituent très brièvement la situation, parviennent aux hommes comme un appel à la bravoure. Ils savent maintenant que cela sent le brûlé pour l'Armée de Verdun. Des murmures sortent des rangs. Mais une grosse voix domine l'ensemble :
- A peine sortis de la merde, on y replonge ! Il fallait bien que Thomann rajoute son grain de sel !

Le commandant de compagnie précède à nouveau la longue colonne de marche, assis sur sa monture. Les kilomètres s'ajoutent aux kilomètres et les heures s'écoulent sans la moindre pause. Il est presque midi.

A chaque apparition d'un nouveau clocher de village, un faible espoir envahit toutes les poitrines : peut-être pourrons-nous rester dans cette localité ? mais à nouveau on ne fait que traverser les rues étroites de ce charmant village meusien. Et on ressort une nouvelle fois de l'autre côté.

Impitoyablement, il faut toujours aller plus loin. Le havresac devient lourd comme du plomb et pèse sur le dos tel un énorme bloc de granit. Ses sangles enserrent la cage thoracique, tandis que les jambes flageolent et menacent de s'affaisser sous le poids de la charge dorsale. On marche vers l'ennemi, implacablement vers l'ennemi, avec un fardeau d'environ cinquante kilos. On se sent maudit, certain de ne jamais pouvoir continuer à marcher longtemps ainsi.

Désespéré, on soulève quelque peu son sac avec les mains afin que les paumes, que l'on glisse entre ce sac et son dos, réduisent, ne serait-ce que pendant quelques petites secondes seulement, l'intolérable pression de la charge. Une douce insensibilité s'empare alors de tout le corps, la respiration devient moins bruyante, moins saccadée. La douleur ne tarde pas à reprendre le dessus. Elle transperce le dos, l'importune, le torture… On vacille en arrière, plus maître de sa carcasse, on titube en avant, de côté, à nouveau en avant. On trébuche sur le camarade qui précède, on est bousculé par celui qui suit… Quand se terminera-t-elle cette marche infernale ? Un démon invisible semble être assis sur le havresac. On croit l'entendre rire, narguer les hommes, tourner la troupe en ridicule :

Infanterie, Infanterie, bißt im Staat das größte Vieh.
Immer vorwärts, ohne Rast, vorne bißt Kanonenmast !

(Infanterie, Infanterie, tu es le plus grand bétail du pays.
Toujours en avant, sans relâche, au front tu es chair à canon !).

La troupe marche déjà depuis de nombreuses heures, lentement, péniblement. On n'entend plus aucun rire, plus aucune plaisanterie. Le cerveau ne fonctionne plus, la poitrine est prise dans un étau, le sang en excès dans les veines gonfle les jambes dans les bottes… De temps en temps un juron de désespoir, des grognements sourds qui se propagent tout au long de la colonne. mais ils n'éveillent aucune pitié. Il faut aller plus loin, plus loin, toujours plus loin.

Les hommes comprennent que devant eux, sur la ligne de front, on attend leur aide, leur entrée en action. Des frères sont en péril ! Il n'y a désormais plus que cela qui compte. Des frères sont en difficulté, ils ont besoin de nous.

Alors, en avant, en avant !

Dun-sur-Meuse. Le bataillon arrive dans cette petite ville au plan architectural semblable à celui d'une caserne. La Meuse y coule en contrebas après avoir franchi le front un peu plus au sud, près de Samo-gnieux. Le soleil de la mi-août se mire dans son eau verdâtre. Plusieurs embarcations sont amarrées à ses rives. Ces grands bateaux-lavoirs sont peuplés de soldats allemands qui rincent dans l'eau du fleuve leurs che-mises et leurs caleçons. Les maisons de la petite cité ont été abandonnées par leurs habitants. Les fenêtres sont en partie fermées par des planches fixées avec des clous. A certains balcons pend un drapeau qui dévoile qu'un quartier général s'y est installé. Partout ailleurs, la ville, véritable fourmilière, est submergée par des troupes en armes : Artillerie et Infan-terie, Saxons et Wurtembergeois, une grande agitation règne dans les innombrables cantines. Des pièces d'artillerie foncent sur les pavés vers Vilosnes. Des fourgons à munitions pétaradent en franchissant le pont de la Meuse conduisant à Clery-le-Grand. A chaque instant, on entend "Serrez à droite !" lorsque ces convois passent bruyamment.

Léo et ses camarades traînent leurs corps à travers ce tohu-bohu de véhicules et ressentent tout autour d'eux ce déchaînement démesuré de la puissance. Ils découvrent la nouvelle image de la guerre. Ils pressentent le caractère redoutable de la bataille de matériel qui à présent s'est allumée dans l'enfer de Verdun. Cela ne les empêche pourtant pas de profiter de cet instant de répit pour faire quelques achats (tabac, sucreries…) dans une cantine de cette ville. mais il faut faire vite. La marche en avant est relancée.

Sur un panneau routier on peut lire : Verdun 30 km. La troupe s'approche à présent d'un des plus dangereux lieux de combat du front de l'Ouest. Les hommes frissonnent car ils pressentent quelque chose de terrifiant : la puissance de feu de l'artillerie, qui doit être ici encore plus forte et plus destructrice qu'au Chemin des Dames.

Dun est loin derrière le IIIᵉ Bataillon qui a franchi la Meuse à la sortie de la ville et marche maintenant sur la route qui borde la ligne de chemin de fer conduisant à Verdun.

Un très long train de marchandises, chargé de barbelés, de poutres et de châssis de soutènement, passe en ce moment à côté de la troupe. Sa locomotive a une cheminée très ventrue. Elle suscite pas mal de discussions parmi les hommes, qui n'ont encore jamais rencontré un tel spécimen : "Elle date de la préhistoire !", "ils l'ont sortie d'un musée !". Thomann bien entendu ajoute : "On ne peut le nier. Son corps de cheminée ressemble véritablement à un vase de nuit !". Un large sourire s'affiche sur les visages de ses voisins rougis par le soleil brûlant de midi.

Peu après treize heures, le but de la marche est atteint : Brieulles, un petit village sur la rive gauche de la Meuse. Son clocher se dresse tel un palmier au milieu d'un oasis de petites maisons plutôt accueillantes, bien que partiellement détruites par des obus dans le secteur de la gare. D'énormes cratères témoignent de tirs de très gros calibres sur les installations ferroviaires. Léo et son escouade cheminent jusqu'à l'extrémité du village où ils sont logés dans une petite grange bordée d'un abri souterrain bétonné. Éreintés, ils s'allongent dans un verger bien ombragé. Toute fatigue semble brusquement disparue. La bonne humeur renaît, d'autant plus que des porteurs viennent leur distribuer leur repas chaud de midi. Malheureusement, en même temps, ils leur donnent leur ration du soir. Ce qui est toujours un mauvais présage.

Quelques amateurs de poissons manifestent leur intention d'aller pêcher une bonne friture dans la Meuse toute proche. L'adjudant Kempf les en dissuade car le bataillon est en état d'alerte.

- Pensez à vos amis des deux autres bataillons qui, dès ce matin à Stenay, en un convoi de camions, sont partis en toute hâte vers le front où ils doivent relever un régiment de Badois dans les premières lignes, au pied de la cote 304. Ils auront certainement besoin rapidement de notre soutien. Car là-bas, ça barde !

Il est vrai que les roulements de canon qui résonnent à leurs oreilles - tantôt proches, une autre fois plus loin - sont là pour le leur rappeler.

Léo est très heureux de ne pas être cette fois-ci en première ligne lors d'une grande attaque des troupes françaises. Il regarde avec émotion les hommes de son escouade qui se reposent à côté de lui : quatre anciens et quatre nouveaux. Ces derniers, des jeunes recrues, ont remplacé au fil des affectations Schramm, Deschner, Köth et Mämel, les quatre camarades morts dans les combats au Chemin des Dames, il y a à peine trois mois de cela. Léo se souvient d'eux comme s'ils étaient encore là aujourd'hui. Il en souffre, il lui est difficile d'oublier aussi vite. Il sait cependant qu'il ne faut pas trop regarder en arrière. Il se rappelle des paroles de l'aumônier du régiment lors des obsèques de ses camarades :

- Tous les hommes regardent en arrière. Les enfants, eux, regardent en avant. Plus la mort s'approche de nous, plus on s'accroche solidement au passé. Mais nous, il nous faut trouver quelque chose de nouveau, bien que nous soyons devenus terriblement vieux pendant ces derniers mois. Il nous faut penser et sentir comme les enfants, bien que la mort soit toute proche de nous, pour ainsi dire dans notre ombre. Nous devons nous séparer des choses dès qu'elles sont passées, nous ne devons pas nous y accrocher. Il ne doit pas y avoir pour nous d'hier ni de demain. Nous devons vivre l'instant présent comme le seul auquel nous puissions nous fier.

L'ordre de marche pour le IIIe Bataillon, signé du Kommandierenden Général Exzellenz von François est arrivé vers 18 heures. Les quatre compagnies et deux sections de la 1re Compagnie de Mitrailleuses seront transportées vers Septsarges pour se mettre à la disposition de la 213e Division d'Infanterie.

Les préparatifs ont été rapides et à présent, ce mercredi 22 août 1917 à 20 h 30, les hommes attendent, avec armes et bagages, à la sortie sud du village, assis au bord du fossé de la route.

La nuit tombe lentement sur le paysage vallonné environnant. La première étoile scintille d'ailleurs déjà dans le ciel. Un petit air frais provient de la vallée de la Meuse où se forment les premiers brouillards. On remarque ainsi que l'été va bientôt s'effacer. Pour passer le temps, on fume. Une cigarette après l'autre. Elles ne manquent pas car toute la solde a servi à en acheter. Et la nicotine, paraît-il, calme les hommes !

Il règne un silence profond et pesant. Troublé uniquement par les bruits sourds venant du sud et provenant du front de Verdun. Tous savent que pour eux c'est maintenant l'heure d'y aller. Dans l'enfer de Verdun.

Soudain, dans tous les coins résonne l'ordre attendu : "Rassemblement, Rassemblement !". Tout le monde s'exécute. Le commandant de compagnie passe alors devant son unité réunie, lampe de poche scintillante à la main. Les chefs de section lui font leur rapport de présence. Il harangue l'assemblée et conclut en lançant à ses hommes : "Que Dieu nous protège !".

Le grondement du front devient plus violent. Mais il se peut cependant que ce ne soit qu'une impression, car chacun en son for intérieur est passablement bouleversé. Les camions arrivent. Les hommes se rangent à droite de la route. Leurs silhouettes se profilent dans le halo des phares des véhicules. Leurs contours sont gigantesques et leur donnent des allures de géants sous leurs casques couverts de toile de camouflage.

Les premiers camions s'arrêtent. Les hommes les prennent d'assaut. Mais ils sont sèchement retenus. Ces véhicules sont destinés à la 9e Compagnie ! Ceux de la 10e, celle de Léo, ne tardent pas à venir en pétaradant. Une fois arrêtés, les panneaux arrière sont abaissés sans ménagement, dans un grand fracas. Les hommes les escaladent à toute vitesse puis se serrent les uns contre les autres, comme le feraient des bêtes effarouchées dans une cage. Chacun voudrait être le premier. Bien que ce soit pour aller au front !

Les compagnies sont casées par sections. Tout va très vite. En dix minutes tout le bataillon est installé. Un dernier commandement : *Alles fertig* ? (Tout le monde est prêt ?). Comme aucune réponse n'est donnée, le chauffeur du camion, vêtu d'un uniforme en toile cirée, démarre le moteur avec sa manivelle. Les vapeurs du mauvais carburant se répandent sur le plateau du camion.

Le commandant de compagnie s'installe à côté du chauffeur du premier camion et le convoi se met lentement en branle. Un véhicule après l'autre s'enfonce dans la nuit, une nuit triste et sombre. La destination finale est inconnue. Tout ce que l'on sait, c'est qu'on se dirige vers l'ennemi. mais à cela, on ne veut pas penser. On laisse simplement la rosée de la nuit rafraîchir son front brûlant. Et on se laisse bercer par la mélodie monotone du moteur du camion. Mais celle-ci est de plus en plus couverte par le grondement assourdissant de la bataille qui fait rage non loin, au bout de la route cahoteuse empruntée.

Le convoi s'avance. Toujours plus près des lignes de combat. Le chemin emprunté est très mauvais, très crevassé, rempli de longues colonnes de camions transporteurs de munitions qui, pleins à ras bord, se traînent vers l'avant, ou, une fois vidés, foncent à toute allure vers l'arrière. Au milieu de tout cela des engins de toutes sortes (canons, ambulances, cuisines roulantes…), des blessés légers rejoignant les centres de secours… Les hommes sont couchés dans les camions, à demi somnolents, passablement abrutis par les cahots, immobiles comme des souches, calés les uns contre les autres.

Devant Dannevoux, tous sursautent violemment. Les premiers obus explosent à droite des véhicules. Avec un bruit aigu et strident, ils s'enfoncent dans la terre et fouillent ensuite dans ses entrailles.
- Les Français ne veulent pas que nos renforts arrivent, alors ils bombardent nos lignes arrière, dit une voix dans le camion de Léo.
- Je crois plutôt que c'est un combat entre canons, déclare l'adjudant Kempf.

Les hommes voient en effet les flammes de départ des tirs des canons allemands tout proches et entendent simultanément des impacts retentissants d'obus français. Ils reconnaissent les longs tubes d'une batterie de pièces de 280 mm qui tire depuis la gauche de la route. Chaque coup tiré leur secoue les tripes. Les projectiles jaillissant hors des fûts des canons sont semblables à des projections de lave incandescente. Les véhicules se hâtent de poursuivre leur chemin. L'air est chargé d'odeurs de poudre auxquelles s'ajoutent les relents des carburants des camions. Beaucoup de passagers des véhicules toussent.

Voici l'entrée de Dannevoux. Les maisons sont en ruines, leurs gravats encombrent la route. Un obus fuse au-dessus du camion et dans un vacarme épouvantable s'écrase dans le lointain.
- Ça devait être un très gros, déclare Becker sous son manteau qu'il a étendu au-dessus de lui.
- Il était certainement destiné aux canons sur rails qui viennent d'être acheminés à Brieulles, pense le caporal Schäfer

Une pluie d'obus s'abat sur la commune en ruines alors que les camions traversent Dannevoux. Par chance ils tombent sur le secteur encore devant eux. C'est une tempête de bruits tantôt rauques, tantôt sourds, tantôt pesants. Le camion de Léo s'arrête. Devant lui s'écrasent des pierres, jaillissent des étincelles. Le véhicule qui le précède et qui transporte des escouades de la 9e Compagnie, s'est enflammé. On craint pour son sort. Des sauveteurs s'affairent rapidement autour de lui.

L'ordre est donné aux chauffeurs de garder de plus grands espaces entre leurs camions dans la traversée sous le feu du bourg. Une nouvelle salve s'abat avec fracas dans la localité. Une nouvelle fois jaillissent de partout des gerbes de pierres. Des artilleurs blessés se hâtent vers l'arrière, le long des véhicules. Certains sont couverts de sang. D'autres ont bandé leurs pansements de secours autour de leur tête ou de leurs mains. Ils s'appuient pendant quelques instants sur les capots entre les phares des camions, puis courent de-ci, de-là, comme des lièvres éblouis. En quelques mots, ils rapportent les dernières nouvelles du front:
- *Junge, Junge, vorne ist alles verloren*, (Camarades, devant, tout est perdu!).
Chacun sait ce qu'il faut retenir de ces bruits de couloir, ils sont le plus souvent exagérés, voire amplifiés. mais il n'empêche qu'ils impressionnent quand même!

La colonne de camions se remet en route après l'impressionnante pluie de feu. L'allure est plus lente car il faut maintenant franchir des poutres et des tas de pierres et rouler dans des entonnoirs fraîchement creusés par des obus brisants. Cette allure d'escargot peine les hommes. Ils peuvent être à nouveau attaqués à tout moment. Si on le leur demandait, ils aideraient de plein gré à pousser les véhicules. mais ils pensent quand même être mieux ensemble dans leur cage roulante. Ils ont enfin traversé Dannevoux. Le bruit du canon retentit au loin. Des personnages très agités viennent à leur rencontre et leur demandent leurs numéros de régiment et de compagnie. Ce sont des occupants des trois véhicules qui les précèdent.

"Dieu merci, vous êtes sauvés!". Dans un tourbillon de joie, ils s'en retournent en courant vers leurs camions et annoncent à leurs camarades que tout le monde est sain et sauf. C'est beau l'amitié!

Et ça repart une nouvelle fois. Les bruits du front devant eux s'amplifient de plus en plus. Il reste environ 4 km de collines à parcourir jusqu'à la zone des combats qui semble baigner dans le feu.

Les véhicules se hâtent. Les gerbes d'explosions rougeoyantes se multiplient sur les crêtes des coteaux situés plus au sud. Brusquement elles se déplacent vers la petite vallée encaissée que traverse actuellement le convoi. De vilaines décharges de schrapnell s'y ajoutent. Elles explosent heureusement un peu latéralement à la route. Rrrrramm…

vrramm… vrramm… brrang! Rrrrramm… vrramm… Et en plus, de temps à autre, pam… pam… pam…

Les hommes enfoncent leurs casques jusqu'aux oreilles et ne savent pas pourquoi. Seraient-ils aussi des lièvres éblouis ? Le voyage se poursuit toujours plus loin vers l'Ouest. Un phare de camion est touché par une balle de schrapnell. Il brûle encore quelques très courts instants, puis s'éteint lentement comme le ferait une bougie.

Les hommes sont maintenant habitués au bruit du camion et se permettent d'observer les obus qui sifflent au-dessus de leurs têtes. Ils ont enfin atteint leur but. Les camions roulent à présent dans la large rue principale de Septsarges. Le pénible et dangereux transfert de nuit en camion est terminé. Par chance, pour le moment, il n'y a pas de bombardement. Au moins le temps de vider les camions. Des téléphonistes informent les hommes que des tirs d'obus sont dirigés sur la localité toutes les dix minutes.

Alors il faut calculer et faire vite. Le commandant de compagnie et les chefs de section se rassemblent dans la rue. Des cartes sont étalées en toute hâte sur les capots des camions. Des lampes de poche recherchent fébrilement les chemins à suivre. Des ordonnances sont envoyées à travers les ruines des maisons pour trouver l'état-major du 113e Régiment d'Infanterie qui est chargé normalement d'indiquer comment réaliser la relève des troupes en place. Mais personne ne se présente, aucun Badois ne semble être ici présent.

Il est donc décidé que le IIIe Bataillon du 31e R.I. Bavarois se débrouillera par ses propres moyens. Le but à atteindre désormais est la "Hagenstellung Nord". Les hommes mettent leurs montres à la même heure. Le 23 août est déjà bien entamé.

Il faut quitter les lieux rapidement car la salve d'artillerie va tomber incessamment sur le village. Au pas de course, la compagnie de Léo part en avant, plein sud, en file indienne. La nuit est tellement noire que chacun doit se tenir à la baïonnette de celui qui le précède pour ne pas être décroché. Et brusquement comme attendu, Septsarges, derrière eux, se retrouve sous le feu. Les maisons souffrent une nouvelle fois sous les tirs sporadiques et fracassants de l'ennemi. Simultanément, un rempart de feu se dresse sur la crête de la colline abrupte s'élevant devant la troupe. Et c'est-là justement qu'elle devra passer.

Le feu devant… le feu derrière ! C'est véritablement l'entrée de l'enfer de Verdun.

Il faut marcher, marcher… Dans quelques heures le jour se lèvera.

Il faut que la relève s'effectue encore sous le couvert de la nuit. Le bataillon de Léo a reçu l'ordre de se diriger immédiatement vers le sud de Septsarges, en direction de la cote 304. Il lui est facile de suivre cette direction car un ciel rouge éclatant domine toute cette zone de combat. La pente de la colline (actuellement y culmine à 302 mètres le pylône télé du lieu-dit Beau Regard), qu'il gravit depuis près d'une heure sous les impacts de l'artillerie lourde française, est difficile d'accès. Là où il se trouve actuellement elle est même plus escarpée encore, de sorte que les obus qui passent par-dessus la crête de la colline, vont s'écraser avec un long mugissement, derrière lui au fond de la petite vallée de Septsarges.

L'ennemi envoie ses plus gros projectiles sur le bourg où, en de nombreux endroits, s'élèvent désormais de gros incendies. De multiples gerbes d'étincelles jaillissent vers le ciel. Des chevrons et des murs s'écroulent et s'entremêlent et le petit vent frais de la nuit chasse les odeurs de brûlé vers la troupe.

- Nous l'avons encore traversé à temps, déclare le lieutenant qui est allongé dans l'herbe un peu devant Léo.

- Et par chance nous sommes maintenant dans un angle mort du terrain, renchérit son chef de section qui dans le civil est séminariste.

Tous se réjouissent de cette situation passagère de sécurité. Un espoir fugace les calme au surplus, celui de franchir avec bonheur le rideau de feu qui barre devant eux la crête de la colline. Ils n'en sont plus séparés que de quelques centaines de mètres mais, accroupis au sol, ils n'arrivent pas encore à se décider à franchir cet obstacle.

Une fraîche rosée est tombée sur les herbes qui les environnent. Ils l'essuient avec leurs mains et en mouillent leurs lèvres desséchées, voire même roussies. Certains ont encore du café dans leur gourde. Ils l'avalent avec délice, comme si c'était du vin rouge. Tous sont épuisés et à bout de souffle. La dure marche a fatigué à la fois leur corps et leur esprit.

Devant eux, les innombrables obus trouent la terre, comme pourrait le faire une poinçonneuse géante. Il est grand temps qu'ils réagissent. Il leur faut aller de l'avant. Des camarades attendent impatiemment d'être relevés. C'est ce que ressent le commandant de compagnie qui se dresse maintenant plein de détermination et crie à haute voix :

- Debout !… Et en avant !

Pour les hommes, c'est brusquement comme si le sol voulait les retenir avec mille mains. Ils ne se lèvent qu'avec difficulté.

Une fois debout, ils frissonnent, se rassemblent à toute hâte et se glissent dans la file qui s'est déjà mise en marche, en priant Dieu qu'il veuille bien les protéger de l'anéantissement. La pente est terriblement raide, la montée extrêmement difficile. Les hommes transpirent à grosses gouttes. Ils lèchent la sueur salée qui mouille leurs visages, leurs lèvres. Comment atteindront-ils la crête, ils ne le savent pas eux-mêmes. Ils tombent souvent, et lourdement, mais se relèvent aussitôt. Une force étonnante les tire vers l'avant. Ils sont projetés de long en large par le tourbillon de fer et de feu qui, non loin d'eux, passe par-dessus le sommet. Ils se plient comme des roseaux, résistent de leur mieux, mais malgré leurs efforts, se retrouvent plaqués contre terre, le souffle court, les yeux hagards.

Mais qu'aperçoivent-ils tout à coup au milieu de la pluie d'étincelles ? Des silhouettes qui se meuvent à grand-peine au milieu d'une forêt d'entonnoirs, et se hâtent vers eux. Ils entendent des pas sourds, puis sentent des corps qui leur plongent dessus. L'un deux roule dans l'herbe tout contre Léo. Il respire bruyamment, et à un rythme précipité. Il semble vouloir dire quelque chose. Mais il n'arrive à émettre qu'une plainte rauque et inarticulée.

- Hello, quelle Compagnie ? lui crie Léo d'une voix désespérée. Mais le corps à côté de lui ne répond pas. "Il a pourtant dû m'entendre, si proche de moi que je pourrais presque me mirer dans le reflet couleur ardoise de son casque", pense Léo. "Et il pèse sur moi, avec ses jambes étendues sur mon dos".

Il essaie de le secouer, mais en pure perte. L'homme est mort. Léo ressent un frisson de dégoût. Il effectue une lente rotation de son corps et d'une poussée des deux mains rejette les jambes qui roulent à côté de lui dans l'herbe. Il ressent une profonde sensation de soulagement.

Entre-temps, les autres arrivants se sont fait reconnaître.

- Nous sommes du 113e Régiment d'Infanterie, camarades !
- Pourquoi êtes-vous là ?
- Pour conduire des Bavarois vers l'avant, répond l'un d'eux d'une voie remplie d'amertume.

Les Bavarois font fi de cette aigreur de langage. Si la situation n'était pas aussi périlleuse ils embrasseraient l'intéressé, le prendraient dans leurs bras. Ils ont enfin trouvé le relais qui leur manquait. Ce sont les Badois qu'ils attendaient déjà à Septsarges. Ceux qui sont chargés de les conduire vers la "Hagenstellung Nord" pour qu'ils puissent assurer la relève prévue. Selon toute apparence ils étaient en retard et avaient dû pour cela se lancer à travers le rideau de feu. Et avec d'énormes pertes, comme l'affirmait l'un d'eux.

- De braves garçons, ces Badois.

Léo a maintenant une pensée émue pour le mort qui repose à sa gauche. Il a versé son sang pour eux.

La troupe est toujours encore sur le côté protecteur de la colline. La tête de file se remet en marche. Les soldats se relèvent l'un après l'autre et se précipitent vers l'avant. Le mur de flammes se rapproche. Les éclats d'obus voltigent un peu partout et leurs sifflements occasionnent des maux d'oreilles lancinants. On entend déjà des cris de douleur d'hommes blessés. Les marcheurs trébuchent sur des débris d'armements et d'équipements abandonnés ainsi que sur des vestiges de réseaux de barbelés.

Les hommes sont à présent au pas de course, course dont le rythme devient de plus en plus précipité. C'est une course de vitesse avec la mort.

La nuit est très sombre de sorte que l'on ne reconnaît les personnages qu'en les frôlant. Tous sont cramponnés les uns aux autres à l'image d'une chaîne vivante. Parfois un maillon s'en détache en hurlant de souffrance. Mais aussitôt les survivants recherchent une nouvelle épaule sur laquelle s'appuyer.

Ils avancent de plus en plus vers le mur d'obus qui se dresse devant eux sur la crête. Par chance, il n'est pas aussi compact à tous les endroits, notamment là où, plus espacés, s'écrasent les plus gros calibres. On retrouve là un espace momentanément sans impact jusqu'à ce que le prochain obus arrive en vrombissant. Et son vrombissement on peut le reconnaître juste à temps pour éviter alors de se jeter dans la fournaise.

- Par ici, lance une voix perçante devant eux.

Les hommes virent d'un quart de tour vers la gauche et se précipitent vers la crête.

Après plusieurs dizaines de mètres de course, Karl Becker qui court devant Léo, tombe dans un fossé peu profond, Léo s'écroule sur son dos et celui qui le suit - il s'agit du caporal Schäfer - se jette sur lui. En un rien de temps, le trio se trouve enseveli sous plusieurs corps, alors que déjà le gros obus suivant éclate quelques mètres à droite d'eux. Le bloc humain se défait alors rapidement et, jusqu'à l'arrivée du prochain gros calibre, les hommes se pressent dans la tranchée dont la cuirasse de murs les protège quelque peu des éclats.

Ce fossé fait leur bonheur. Il leur donne l'impression d'être en sécurité. En certains endroits surgissent des flammes. La compagnie s'arrête alors un court instant. Le déplacement d'air projette les hommes sur le côté comme des pantins en peluche. Les casques s'entre-choquent et rendent un son métallique. Puis tout le monde se relance précipitamment et se tasse à nouveau spontanément quand un proche vrombissement annonce un nouvel impact. Par ce fossé, le groupe est arrivé au sommet de la colline. Le bombardement y fait fureur. Des odeurs de vapeurs suffocantes irritent les hommes et les conduisent à tousser et à pleurer. Leurs muqueuses nasales et buccales sont desséchées.

Ils continuent néanmoins à courir dans cette tranchée dont les bas-côtés sont maintenant partiellement désagrégés, voire même, par endroits, complètement nivelés. Ils sautent au-dessus de poutres et de piquets de soutènement, y restent souvent accrochés et y déchirent leurs uniformes en lambeaux. Ils s'agglutinent alors à nouveau là où le fossé reprend, trébuchent ensuite aux endroits où leurs pieds s'enfoncent dans un sol trop mou, rampent dans des secteurs protégés par des tôles ondulées qui sentent la moisissure…

La crête de la colline est à présent derrière eux, mais la canonnade qui les environne est toujours aussi destructrice dans la descente qu'ils empruntent toujours en courant. Brusquement ils trébuchent sur de petits monticules mous et sombres qui cèdent sous leurs pas. Ce sont des cadavres en état de décomposition au-dessus desquels règne une odeur pestilentielle. Une horrible sensation s'empare d'eux. Ils aimeraient bien marcher avec plus de précaution mais la peur de la mort les bouscule et les pousse en avant.

A un certain endroit du fossé, la compagnie stagne à nouveau. Le chemin est barré par de majestueux troncs d'arbres qui, au toucher, s'avèrent carbonisés. Ce sont des couvertures d'un blockhaus que la tempête de feu a cassées comme des allumettes et jetées pêle-mêle au loin comme aurait pu le faire un enfant avec les barres en bois de son jeu de construction. La troupe doit alors s'aventurer en terrain dégagé. Elle s'empêtre dans les morceaux de bois et poursuit son chemin tant bien que mal en chutant à plusieurs reprises. Parfois aussi des câbles électriques tendus blessent les hommes au visage ou au cou comme le ferait un couteau. Ils jurent alors et, pleins de fureur, crient :
- *Obacht, Draht* ! (Attention, fils électriques !).

Ils poursuivent leur course, toujours en titubant et en sautant à maintes reprises par-dessus de nouveaux obstacles. Il arrive qu'en tombant, ils restent couchés sur le sol, leur corps lourd comme du plomb. Ils pensent alors : maintenant tu restes couché là, le prochain obus te délivrera de toutes tes misères. Mais c'est alors qu'ils se relèvent précipitamment, lorsqu'une nouvelle décharge tombe tout près d'eux et se déchire avec un bruit assourdissant. L'instinct de conservation est le plus fort. Ils reprennent leur course en avant parce que l'homme qui précède le fait aussi. Enfin ils sont au fond de la cuvette. Devant eux s'élève une nouvelle pente sur laquelle se dessinent des lignes de défense. Ils s'y précipitent et atteignent enfin le but assigné : la "Hagennordstellung".

A certains endroits de ses tranchées filtre un faible reflet de lumière hors des entrées rectangulaires de plusieurs stollen. Une odeur nauséabonde s'échappe de ces galeries. Des blessés y sont recroquevillés sur les escaliers. Il en vient encore du côté du front.

- *Alles voll* ! (Complet !) lancent quelques voix hors des abris surchargés.

Léo et son escouade trouvent quand même refuge dans un des *stollen* libérés par les Badois qui viennent d'être relevés. Leurs corps sont fourbus et incapables de se relever. Ils sont près d'une bougie allumée, assis dans un recoin de l'abri, l'air hagard, les yeux enfoncés dans les orbites. Certains s'abreuvent à une petite cuve distribuant de l'eau tiède presqu' au goutte à goutte. D'autres entament leur boîte de ration qu'ils n'ont pas pu prendre la veille au soir et mastiquent leur repas froid avec application. Quelques-uns se sont déjà assoupis, la tête appuyée sur leur havresac. Dehors la pluie d'obus continue à tomber. L'attaque française se poursuit. Le jour se lève très lentement ce jeudi 23 août 1917. En bas de l'autre versant de la colline, coule le petit ruisseau de Forges. Il semble être le but final à atteindre par l'armée française qui descend chaque jour un peu plus les pentes de la cote 304. Les Bavarois du 1er Bataillon lui font face en première ligne, tentant de l'arrêter entre les villages en ruines de Malancourt et Bethincourt.

Ceux du IIe Bataillon sont légèrement en retrait, sur la butte plus au Nord, la "Hagensüdstellung", prêts à intervenir.

Les jours prochains s'annoncent difficiles et décisifs pour les forces en présence dans tout le secteur à l'ouest de Verdun entre Meuse et Argonne.

162

L'importante canonnade ennemie se poursuivit sans relâche tout au long de la journée du 23 août. Elle s'amplifia ensuite à la tombée de la nuit, principalement sur les premières lignes allemandes. Vers 5 h 30, le lendemain matin, elle tourna au feu roulant (*Trommelfeuer*).

Les troupes françaises se ruèrent alors à l'assaut des défenses adverses et progressivement, jusqu'au milieu de l'après-midi, se rendirent maîtres de toute la pente nord de la cote 304, portant leurs lignes les plus avancées jusqu'au ruisseau de Forges. Elles ne cherchèrent pas à percer plus en avant. A partir de 22 heures, le feu de leur artillerie fléchit peu à peu, de sorte que les jours suivants s'écoulèrent d'une manière étonnamment calme.

Pendant ces journées, le IIIᵉ Bataillon, toujours cantonné à 3 km du front dans la "Hagennordstellung", participa à l'aménagement, au nettoyage, et surtout à la désinfection des abris qui, pendant l'offensive française, servirent à l'hébergement de grand nombre de blessés refluant vers les postes de secours de l'arrière.

A présent, dans la nuit du 26 au 27, il se rapproche des premières lignes et vient occuper la "Hagensüdstellung" sur la pente opposée à la cote 304. Cette position est située à environ 1 km au nord du ruisseau de Forges et au nord-ouest de Béthincourt dont il ne reste que des ruines calcinées.

La troupe y loge dans des bunkers dont les conduits d'aération dégagent en permanence d'épaisses fumées vaporeuses qui empestent les tranchées environnantes.

Pénétrons quelques instants dans un de ces abris profondément enterrés : en bas des escaliers, un fantassin est en train de fendre à la hache un piquet de soutènement détérioré, pour chauffer et assécher le local. Des caisses de grenades à mains, disposées de façons diverses un peu partout, servent de tables et de bancs, actuellement à des joueurs de cartes. Des lits de camp en fil tressé bordent une bonne partie des murs ; des silhouettes humaines, informes et maculées de boue, les remplissent de tout leur poids. Une baïonnette a été plantée entre deux planches murales. Sur sa poignée repose une bougie aux éclats vacillants. Des fusées éclairantes sont accrochées à un fil tendu en hauteur. Dans un recoin est niché un téléphone, à n'utiliser qu'en cas d'extrême urgence. Il est consigné en raison des tables d'écoute ennemies.

Le temps qui était pluvieux et venteux à la fin août, s'améliore en ce début septembre. La situation est relativement calme. Tout pourrait aller pour le mieux. Et pourtant ! les plaintes sur le ravitaillement s'amplifient. On regrette l'absence de légumes et de pommes de terre. Le pain est mauvais, souvent moisi, et ne fait pas le poids réglementaire. La nourriture est apportée en cuisines roulantes jusqu'aux lignes arrière, puis amenée dans les premières lignes par porteurs, où elle arrive presque toujours complètement froide. Une raison entre autres de la multiplication des affections intestinales…

Relevé le 5 septembre, le IIIᵉ Bataillon part au repos dans le Caecilienlager, un nouveau camp boisé plus au nord, aux alentours de Dannevoux. On y construit pour le moment de longues rangées de baraques en bois dont la finition laisse quelque peu à désirer : planches disjointes, carton bitumé du toit déjà desséché et friable…

Mais le temps est beau, et Léo et ses hommes sont assis devant leur bâtisse, admirant le paysage qui les environne. A l'approche de l'automne, les forêts à essences feuillues commencent à prendre des teintes multicolores, les bouleaux notamment semblent vêtus de manteaux de soie brochée d'argent. Le ciel, lui, s'est paré d'un bleu couleur d'azur.

Ils sont assis et rêvent, les yeux grands ouverts. Ils sentent s'éveiller en eux une grande détresse. « Combien de temps cela durera-t-il encore ? » Cette question conduit les hommes à une discussion passionnée et aboutit très vite à une série d'opinions complètement divergentes :

- D'un côté, ce sont les hommes de la terre : les paysans, les bergers, les bûcherons, les vignerons… Leur horizon ne va pas au-delà de leur ferme et de la limite de leurs champs ;

- De l'autre, les ouvriers, les artisans, les cheminots, les postiers… ils comptent fermement retrouver bientôt leurs usines, leurs ateliers, leurs postes de travail… ;

- Et entre il y a Becker, Rupp, Léo et quelques autres, appelés souvent par la troupe les "intellectuels". Ceux qui ont été arrachés par la guerre à leur lycée, à l'*Oberrealschule*, à la faculté… Ceux qui n'ont pas pu entamer ou poursuivre leurs études supérieures ou universitaires… Bref, ceux qui n'ont pas encore de métier ! Ce sont eux que le destin a le plus touchés. Après la guerre, ils devront tout rerendre par le début. Les trois années de combat les ont mûris, les ont même rendus trop sérieux. Ils ont maintenant des pensées beaucoup plus profondes que certains trentenaires en temps normal. L'avenir se présente à eux comme un grand mur qu'ils n'arrivent pas à franchir. Ils prennent alors leur élan, s'agrippent à ce mur, mais retombent toujours lourdement devant. Ils se sentent faibles et émoussés, et ne songent plus dès lors au lendemain.

Leur vie d'antan n'est plus qu'un joli rêve, au seuil duquel ils s'arrêtent, comme s'ils ne pouvaient plus tout comprendre.

Plus elle durera, et plus ces pauvres "intellectuels" désorientés verront tout s'écrouler autour d'eux et le petit germe d'espoir vivant encore en leur sein être emporté par la misère et le désespoir, le *Trommelfeuer* et la mort. Ils ne se plaignent même plus. Ils se taisent. Ils sont fatigués, extrêmement fatigués de la guerre.

Léo ne perd cependant pas sa bonne humeur. Même si ces derniers temps il peste beaucoup contre la guerre, ce n'est toutefois pour un soldat du front qu'une lubie passagère. Lorsqu'il s'agit de risquer le tout pour le tout, il n'a pas d'hésitation. Il est prêt à se battre.

Il en va ainsi cette fois encore. Une opération de Stoßtrupps est programmée sur la cote 304 pour un des jours prochains. Eh bien, ce sont justement lui et les plus grands rouspéteurs de la compagnie qui se sont portés volontaires pour cette entreprise. Ils ont pourtant une sainte horreur pour ces opérations très spécifiques, les détestent comme la peste, n'hésitant pas à proclamer partout :
- Le régiment recherche à nouveau des exploits à signaler à la Division… Personne ne se soucie du fait que des dizaines d'hommes y laisseront leur peau… Et pour un maigre résultat, quelques renseignements, quelques prisonniers… Bien entendu, ce seront encore et toujours les meilleurs qui disparaîtront…

Ils détestent ces opérations comme la peste, mais en font toujours partie. Dans la majorité des cas, ce n'est pourtant chez eux qu'une habile spéculation : ils savent qu'après l'entreprise, les participants survivants récoltent toujours quelques journées de repos dans un camp de repos bien situé à l'arrière, pendant que la compagnie croupit dans les tranchées des premières lignes. Parfois il y a en plus de la bière à volonté et un seau plein de médailles de la Division.

Alors aujourd'hui ils sont tous là, ces volontaires. La compagnie est montée hier soir en ligne. Eux sont maintenant seuls dans leurs baraques et mènent grand train. Pas de corvées. Unique souci : s'occuper de leur estomac. Et ils s'en chargent d'une façon à présent bien rodée : ils vivent en parasites auprès de leurs cuisiniers et exécutent scrupuleusement tous leurs désirs. Ils fendent du bois, vont chercher des tonnes d'eau, épluchent des pommes de terre. En retour, ils reçoivent tout ce qu'ils veulent : du pot-au-feu de bœuf avec du pain de seigle, de la bonne graisse, de l'eau de vie de pommes de terre… La vie est ainsi supportable. Pour certains, elles semblent pourtant monotone. Ils vont alors à pied à Sivry pêcher une friture dans la Meuse au moyen de grenades à mains. Ils sont rapidement pris en défaut et un rapport à leur encontre est envoyé au régiment. Contre toute attente, il n'en adviendra rien. En haut lieu, on est plein de compréhension pour de telles infractions. Le futur commando flâne ainsi désœuvré à travers tout le camp et ne sait pas à proprement parler à qui il appartient. Il a un congé sans limites !

Un théâtre aux armées a été ouvert dans les alentours… Son cinéma, installé dans une baraque, est administré par des Prussiens. Les hommes ont reçu de leur adjudant une autorisation leur permettant de visiter cet ensemble culturel. Sur un panneau d'affichage est peinte une belle tête de femme. En bas de l'affiche, une inscription en gros caractères d'imprimerie : "Aujourd'hui, séance avec Erika Gläsner".

Encore élève, Léo était déjà souvent allé en secret au cinéma à Metz. Il avait admiré à plusieurs reprises, la vedette de films Henny Porten. Mais ici, il s'embrase littéralement pour "la" Gläsner. Il est certain qu'elle apportera un petit rayon de soleil dans sa vie plein de grisaille. Son image sur les panneaux en bois l'impressionne beaucoup. Cette belle tête de jeune fille impressionne d'ailleurs tous les spectateurs présents.

"Ainsi devaient être nos anciennes petites amies".

Mais après des années et des mois de séparation, ils n'ont plus une image très nette d'elles. La Gläsner représente désormais leur nouveau type de beauté.
- Quelle gueule, déclare Thomann, faisant claquer ses doigts.
- Regardez-moi ces yeux, s'exclame un autre, complètement ensorcelé.

Tous, ou presque tous, se consument de désir devant cette image de femme, dont le nom leur est complètement indifférent. Bien entendu, il y a aussi parmi eux, certains qui observent ce portrait avec une concupiscence difficilement dissimulée. Et d'autres enfin, qui ne se gênent pas d'en dire des obscénités. Léo, lui, lorsqu'il contemple cette tête merveilleuse, éprouve un certain malaise : comment ses camarades et lui pourront-ils un jour s'unir à de telles créatures, eux dont les mains ont trempé dans le sang ?
Il se sent souillé pour longtemps.

Dans la salle de cinéma, il y a un grand vacarme. Tout d'abord un film policier. Une poursuite infernale procurant toutes sortes de sensations nerveuses. Une fuite au travers des arrière-cours de maisons de banlieue. Une plongée dans des couloirs de métro, des orgies dans des boîtes de nuit - rien que de folles intrigues. Quand le film arrive à son apogée, tout se termine à la satisfaction générale.

Tout est de mauvais goût. C'est le pire des films. Mais, certains se pâment d'autant plus d'admiration.

- Sapristi, c'était tout simplement formidable, déclare Thomann, en applaudissant chaleureusement.

Sur un vieux piano de bastringue, un musicien comble les pauses avec un morceau qu'il a déjà massacré une dizaine de fois : *Ja, wenn das der Petrus wüßte* ! (Si saint Pierre savait çà !).

Toute l'assemblée reprend le refrain en chœur. Un *Gilbert Schlager* (Chanson en vogue de Gilbert) récolte un plus grand succès encore : *Geh'n wir mal zu Hagenbeck* (Allons voir chez Hagenbeck). Les Prussiens présents hurlent ce chant bras dessus, bras dessous. Leurs visages sont cramoisis, leurs muscles du cou gonflés, prêts à éclater.

Un comique, très certainement originaire de Cologne (Kölscher Jungs) se prétend bel esprit mais presque toutes ses plaisanteries sont de bas étage.

Erika Gläsner vient en dernier, dans un film qui transporte toute la troupe dans un monde d'amour et d'adoration pour la femme. Les hommes sont captivés par cette image gracieuse, comme si elle était faite de chair et de sang et possédait un corps et une âme.

Le scénario est bien fait. La Diva fascine. Les spectateurs se pâment d'aise : Ces jambes, ce corps, cette allure, cette façon de se mouvoir... En un mot : une créature divine. Ils sont ivres d'amour pour elle et se grisent de ses jambes, de ses petites bottes laquées. Quand elle n'est pas sur l'écran, ils sont malheureux. Ils ont besoin de son image. Ils l'absorbent dans leur âme. Elle accélère le rythme de leurs pulsations. Ils sont jeunes et tout simplement des êtres pleins de passion.

Le film est terminé. La lumière est revenue. Le cinéma est fermé. Les hommes discutent devant la baraque, contemplant l'image sur le panneau. Plus ils l'observent, plus ils sentent qu'elle reprend vie. Ils lisent une certaine ironie sur ses traits réguliers. Ils ont l'impression qu'elle veut leur dire : "Vous êtes de malheureux soldats du front, que voulez-vous donc de moi ?". Une certaine noblesse se dégage de ses jolis yeux de femme. Et en même temps, un signe de reproche.

- Vous êtes des assassins, et moi je suis la pureté.

Ils se regardent les uns, les autres. De lourdes bottes, des pantalons tachés et épais. Des tuniques râpées et des calots abîmés par la transpiration. Ils se sentent miséreux et savent qu'on ne les juge que sur leur apparence extérieure. Et ce genre de femmes n'aime que les uniformes aux tresses d'or et aux épaulettes rutilantes, les pantalons avec galons, les coiffes en soie.

- Nous n'avons rien à chercher ici. Nous n'avons aucune chance de succès.

Et ils s'en retournent tristement vers leurs baraques. mais l'espoir pétille toujours en eux. Celui de redevenir un jour des hommes propres.

Les jours maintenant sont gris et, jusqu'à midi, le paysage est couvert d'une nappe de brume. Comme prévu, Léo et ses camarades sont remontés au front. C'est ce soir que devra être menée la dangereuse opération sur le bas de la cote 304. Le but de celle-ci est de pénétrer rapidement et très temporairement dans les positions françaises de la zone "Bärentatze - Wabengraben - Wiesenburg" parallèle au ruisseau de Forges, d'y récupérer de l'armement, et surtout de faire des prisonniers. Ceux-ci, une fois ramenés dans les lignes allemandes, seront questionnés par les spécialistes du Renseignement qui détermineront à quelles unités (Armée, Division, Régiment…) ils appartiennent, et auront ainsi connaissance de l'importance et de la valeur des forces ennemies présentes dans le secteur.

Chaque bataillon présente trois *Stoßtrupps* composés chacun de trois groupes de neuf hommes, le tout dirigé par un officier. Une collaboration étroite est prévue avec l'artillerie.

Le 7 septembre, les *Stoßtrupps* ont été conduits avec la plus grande discrétion dans leur position d'approche. Ceci aux premières heures du matin, afin de leur donner le temps d'observer une fois encore le terrain pendant la journée. Le groupe de Léo sera engagé à l'aile droite, dans la "Bärentatze", sous la conduite du lieutenant de Réserve Schinzel.

Pour l'instant les hommes du commando se tiennent bien groupés dans un abri et fument à qui mieux mieux des cigarettes belges. Ils en ont assez des allemandes de la marque "Spreitzen" et de leur tabac trop foncé. Thomann en a fumé quarante, du lever du jour à la tombée de la nuit. L'abri est un véritable enfer de nicotine. Ses occupants sont anesthésiés par la fumée âcre et suffocante de ces petites tiges de poison.

Au crépuscule, ils sont sortis de leur gîte pour s'aérer. Ils regardent en face d'eux, là où doivent se trouver les positions ennemies. Elles doivent être séparées de 800 à 1 000 mètres des lignes allemandes. Ils discernent le champ d'entonnoirs vert-brunâtre sur la calotte de la cote

304. Sinon rien d'autre. Ici, dans ce secteur de Verdun, le réseau de tranchées qui conduisent à la ligne de front est totalement effacé. L'infanterie vivote là dans un océan de cratères consumés par le feu. Dans ce paysage lunaire, où les collines ont pris des formes étranges, s'élèvent des voiles de fumées grisâtres engendrées par les nombreux impacts d'obus. En revanche, là où il effleure les sommets, le ciel du soir s'est paré d'une jolie teinte ocre.

Il est cinq heures de l'après-midi. Au loin apparaissent déjà de gros nuages noirs qui annoncent la proche tombée de la nuit. L'air est frais et plein d'humidité. Les hommes rentrent à nouveau dans leur abri. Thomann signale qu'un artilleur, chargé de l'observation du front, a installé sa jumelle périscopique dans la tranchée et scrute attentivement les hauteurs d'en face.

- Attention !, surtout pas trop court, Sergent-Major, lui déclare le sous-officier Kempf en passant près de lui.

- Camarade, le tir sera exécuté comme au compas ! réplique le gradé prussien, en tournant son viseur vers le Bavarois pour lui permettre de jeter un coup d'œil sur le site à bombarder.

Les hommes redoutent beaucoup ce tir de barrage qui précède les opérations. Il pourrait être trop court. A ce sujet, il est curieux de constater combien les combattants craignent le feu de leur propre artillerie. Les tirs trop courts sont ce qui peut leur arriver de pire. Ils les considèrent comme des assassinats ! Et comme ils le disent si bien avec naïveté : "mort pour mort, mieux vaut l'être par les gaz, les chars de combats, les lance-flammes ou les bombes…, là c'est héroïque ! mais succomber à un obus allemand !!!".

- Il y a trop de canons vétustes dans nos rangs, profère Thomann comme une menace.

- T'en fais pas, notre artillerie est ici en infériorité. La Somme a dévoré nos meilleurs canons, lui répond Puchta, le petit gros.

- Finissez-en avec cela ! Les canons américains et les obusiers Schneider-Creusot auront bientôt raison de nous tous.

Mais celui qui dit cela est d'un pessimisme aussi sombre que la nuit qui peu à peu gagne du terrain vers l'Ouest et avale goulûment les crêtes des collines. Les hommes des commandos se regroupent à nouveau dans l'abri et, bien sûr, fument des cigarettes belges !

La nuit est noire comme l'ébène et battue par la tempête. Le groupe de Léo se trouve à présent sur la pente de la "Bärentatze". Les hommes ont le cerveau en ébullition et le cœur qui bat la chamade. Leur corps est une masse frissonnante, glacée à l'extérieur, fiévreuse au-dedans. Ils sont là, tendus nerveusement, attendant le feu de barrage allemand qui, dans quelques instants, va sévir de toute sa puissance sur les entonnoirs des positions ennemies. Un vent violent de Nord-Ouest leur souffle dans la figure. Autour d'eux, l'humidité suinte de la terre et pénètre leurs uniformes. Ils s'agrippent aux bords d'un entonnoir qui n'a plus grande consistance. Leurs doigts s'enfoncent dans la boue et recherchent un endroit où s'accrocher pour ne pas glisser dans la vase qui tapisse le fond du trou.

L'irruption dans les positions adverses doit réussir. Ils n'en doutent pas un seul instant. Après tout, d'autres *Stoßtrupps* sont placés à leur gauche et à leur droite. Un flot de confiance mutuelle relie tous ces êtres tapis dans leurs trous fangeux. Ils serrent pourtant convulsivement le manche de leur grenade à main ou celui de leur bêche bien aiguisée. Leur respiration est saccadée, leur tension nerveuse grimpée au plus haut degré.

A 11 h 25 du soir, un reflet de feu jaillit comme un éclair dans le ciel sombre. Une bruyante salve d'obus passe au-dessus des têtes des combattants recroquevillés sur eux-mêmes et s'enfonce devant eux dans la pente de la "Bärentatze". Le bruit violent et sinistre des explosions leur fait perdre le peu de raison qui leur reste. Ils ne sont plus dirigés désormais que par leur instinct. Thomann qui est couché à côté de Léo lui crie avec frénésie dans l'oreille "Hourra ! les tirs sont bien placés !".

Tout le front jusqu'à la colline voisine du "Mort-Homme" est à nouveau sous le déchaînement aveugle des projectiles. Des milliers d'étincelles dansent comme des feux follets devant les yeux des commandos. Des obus éclatent avec la plus grande violence, semant aux alentours une pluie d'éclats d'acier. Un pilonnage impressionnant sévit sur les premières lignes françaises. Il rassure les *Stoßtrupps* qui pensent à ceux d'en face, écrasés par cet ouragan de feu. "Qui peut encore survivre après un tel orage d'acier ?".

Les minutes s'écoulent très lentement. Les hommes ne doivent pas encore attaquer. Ils doivent attendre, attendre. Leur crâne est prêt à éclater. Et voici les premières balles traçantes ennemies qui fendent l'air juste au-dessus de leurs têtes. Certaines se perdent dans le lit du ruisseau de Forges, d'autres se consument sur le bord des entonnoirs, d'autres encore s'étouffent au fond des trous humides.

Les *Stoßtrupps* doivent se trouver au maximum à 50 mètres des premières lignes françaises. Cela est bien. La percée dans les positions adverses réussira d'autant mieux et plus sûrement que la puissance d'attaque ne sera pas amoindrie par une course trop longue. Des fusées éclairantes jaunes montent maintenant dans le ciel. Elles annoncent le feu de roulement français. Celui-ci éclate dans la position de terrain à l'arrière des *Stoßtrupps*. Devant et derrière eux règnent désormais la destruction, la ruine et la mort !

On ne leur laisse cependant pas le temps de s'apitoyer sur leur sort. Une voix très puissante, celle du lieutenant, s'élève au-dessus de tout ce tintamarre :
- Debout ! Tous en avant !
Il est 11 h 30 du soir.
Léo et ses camarades se précipitent hors de leur trou. Semblables à des robots, ils bondissent avec automatisme au-dessus des entonnoirs et des réseaux de fil de fer. Brusquement ils basculent en avant dans un boyau de communication. Ils s'enfoncent dans la boue et en extraient difficilement leurs jambes. Ils reprennent leur course comme des bêtes aux abois. Le boyau monte en zigzaguant. La pente est dure, le terrain cahoteux et glissant.

Une volée de balles de mitrailleuses siffle au-dessus de leurs têtes.
- Tous à droite, hurle le sous-officier Kempf.

Ils évitent ainsi la gerbe de projectiles et poursuivent leur ascension. Ils titubent de-ci, delà, comme des ivrognes... Le boyau devient plus profond. Une barricade de sacs de sable éventrés verrouille la ligne d'entonnoirs ennemie. Ils enfoncent cet obstacle et passent par-dessus en poussant des "Hourra" !

Ils sont dans la tranchée française. Ils crient : "A bas les armes". Une mitrailleuse y est en action. Deux Français sont allongés derrière. Ceux-ci se redressent à toute vitesse et veulent se sauver vers leur deuxième ligne. mais les hommes du commando sont plus rapides qu'eux. Avec leurs grenades à manche, ils leur tapent dessus. Certains utilisent leurs petites bêches bien aiguisées. Dans ce combat inégal et meurtrier, les Français sont achevés. L'un d'eux pourtant gémit encore, les bras écartés. Un bon coup de grenade à main sur le crâne lui donne le coup de grâce. Le coup sonne creux ! Les hommes du *Stoßtrupp* ne se dominent plus. Ils sont devenus des guerriers sanguinaires et n'ont plus qu'une seule pensée : tuer, tuer, tuer...

Avec leurs baïonnettes, ils font sauter les chaînes de la mitrailleuse ancrée au sol. Rupp veut saisir son fût avec ses mains, mais il se brûle les doigts. Deux hommes la traînent vers leurs lignes par-dessus les entonnoirs.

Le groupe de Léo effectue maintenant une attaque de flanc sur la gauche de la tranchée. Au-dessus d'eux, des balles traçantes répandent comme un voile de lumière. D'un peu plus loin encore à gauche, leur parviennent confusément les cris des *Stoßtrupps* voisins qui attaquent en poussant le cri de guerre de l'opération : *Urlaub - Urlaub - Urlaub...* ! (Permission - Permission - Permission...).

Les hommes sont à bout de souffle. Ils ont épuisé leur stock de grenades à main. Ils reprennent alors la direction du retour. Mais ils doivent ramener des prisonniers. Ils ne savent que faire. Ils atteignent à nouveau l'endroit où les serveurs de la mitrailleuse reposent morts dans la glaise. La seule solution est de ramener un des cadavres. Mais il est lourd comme le plomb. Ils le tirent avec violence hors de l'entonnoir. Ce faisant, Léo le saisit au visage. Celui-ci est réduit en bouillie. Léo frissonne et s'essuie les mains à son pantalon poisseux. Tout lui est égal cependant. Le mort, avec son uniforme et ses papiers, doit revenir avec eux.

Mais voilà que Thomann sauve la situation. Il est un peu plus loin à droite et crie d'une voix presque inhumaine :
- Venez ici ! Il y a des vivants !
Ses camarades abandonnent le mort et courent vers lui. Il est là, gesticulant comme un fou devant un trou dans une butte, trou encadré par un châssis de bois. Il crie à l'intérieur :
- Sortez !
Le trou reste muet comme une tombe. Kempf tire à l'intérieur avec son arme. Une forme humaine se traîne alors hors du trou en rampant comme un chien. Puis une autre.

Les Français tremblent et avec une voix frémissante implorent :
- Pardon, Messieurs, Pardon...
Et Thomann, d'une voix malicieuse, de leur répondre :
- Pourquoi Pardon ? nous avons bien besoin de vous. Allez, foutez le camp !
Et il les pousse hors de la tranchée. Les deux prisonniers trottinent devant lui comme des petits chiens.

Entre-temps, certains ont fait appel aux hommes du Génie qui accompagnent le commando, afin qu'ils apportent leurs explosifs. Auparavant, n'ayant plus de grenade et n'entendant plus de bruit dans l'abri, ils tirent leurs dernières cartouches dans le trou mystérieux.

De nouveaux cris sortent de la sombre cavité. Combien ils sont, ils ne peuvent s'en rendre compte. Dans tous les cas, l'abri est encore occupé.

- Un officier ici – pardon Camarades !

Au moment où ils le tirent hors du trou, celui-ci meurt dans leurs bras. Ils l'allongent sur le côté. Cette mort leur fait reprendre leurs esprits. Ils doivent revenir en arrière, ils sont déjà depuis trop longtemps dans la tranchée ennemie. Le danger d'une soudaine contre-attaque française est certain. Ils n'ont plus rien à faire ici. Tant pis pour les possibles prisonniers restés au fond du trou.

Les sapeurs du Génie, accourus haletants vers eux, vont finir le travail. Ils ont déjà fait sauter quatre casemates vides dans le secteur. Là, ils n'ont plus le temps d'attendre la sortie des derniers occupants. Une charge bien dosée est jetée dans l'abri souterrain. Le sol tremble et une colonne de poussières et de fumée jaillit hors du tombeau. Tout est fini. Le commando retourne en courant dans le boyau de communication. Thomann chasse toujours les prisonniers devant lui. Et sur une centaine de mètres, on ne voit plus ainsi que des hommes, amis, ennemis, qui courent, glissent, tombent, se redressent, se remettent à courir, retombent…

Le barrage d'artillerie français de représailles sévit dans le lit totalement éventré du ruisseau de Forges. Impossible de savoir où passer, au milieu de ces centaines d'entonnoirs gorgés d'eau et sous les nombreux impacts d'obus qui continuent à tomber. Les hommes courent et sautent de-ci, delà, complètement perdus dans la nuit. On les entend jurer de partout.
Soudain, des voix brouillées traversent la tempête de feu :
- Halloh - Troisième Bataillon ?

Cette phrase, lancée à plusieurs reprises, retentit comme une délivrance. Elle leur parvient d'un proche petit chemin de caillebotis servant de pont pour le franchissement du sol noyé et labouré du lit du ruisseau. Un commando spécial se trouve là pour faciliter aux *Stoß-trupps* le retour dans leurs lignes. Ses membres, complètement trempés, attendent le lieutenant Schinzel et ses hommes depuis plus d'une demi-heure, sous le feu de barrage ennemi.

Le groupe de Léo est le dernier à se présenter. C'est lui qui récolte le plus d'insultes de la part des "passeurs" surexcités qui s'en prennent aux combattants :
- Vous êtes les derniers du Bataillon. A cause de vous, sacrebleu, nous sommes plongés depuis trop longtemps dans cette saloperie !

Tout le monde se presse maintenant dans un désordre indescriptible vers l'arrière. mais à un endroit situé déjà sur la rive amie où, à présent, le feu adverse n'éclate plus que très peu ou seulement par endroits, deux hommes sont encore blessés très grièvement par un obus. L'un a la poitrine complètement ouverte, l'autre une jambe à moitié arrachée.

Le destin, une fois encore, a frappé le IIIe Bataillon au dernier moment, à la fin de l'opération, à 2 heures du matin.

Le matin est gris. La nuit s'éloigne lentement vers l'Ouest. Une pluie fine et sale ruisselle sur le groupe de Léo, tapi à présent devant la casemate du responsable de l'opération, le *Kampftruppenkommandeur* (K.T.K.). Cette pluie délasse cependant les hommes harassés de fatigue après l'opération de nuit et qui, dans la lueur pâle du petit matin, composent un groupe fantomatique. Leurs yeux sont grands ouverts, fiévreux…, leurs visages exténués, noircis par la glaise… leurs corps enserrés dans une croûte de boue. Ils viennent de livrer leurs prisonniers, ainsi que la mitrailleuse prise à l'ennemi. Ils attendent qu'on les autorise à repartir vers l'arrière.

D'autres *Stoßtrupps* passent lentement devant eux. Leurs tenues sont lacérées, souillées de sang, leurs figures ridées, comme incrustées par du charbon de bois… Les hommes s'observent rapidement et éprouvent tous la même impression, celle d'avoir la même tête de mort.
- Alors, ça s'est mal passé ? Par ces paroles Schirmer salue un voisin de sa région, du *Stoßtrupp* du 1er Bataillon.
- Pitoyable – lamentable, réplique une voix triste. Deux morts… deux blessés et un disparu
- Mon Dieu ! murmure Schirmer.
- Nous avons été littéralement fauchés devant les barbelés ennemis, ajoute la voix macabre.
Schirmer baisse les yeux. L'autre, telle une ombre, poursuit son chemin en chancelant.
- Ces opérations sont tout simplement une affaire de chance, prétend Thomann. Deux sur cinq tournent immanquablement au massacre !
- La prochaine fois, se portera volontaire qui veut !, déclare Puchta d'une voix remplie d'amertume. A coup sûr, ils ne me verront plus jamais dans ces micmacs.

Et pourtant, au dire de la hiérarchie, l'opération a été fructueuse : en plus de renseignements importants récoltés sur l'état général, le développement et l'occupation des lignes adverses, constatation a été faite d'un grand nombre de morts et de blessés chez l'adversaire et d'un important armement en mitrailleuses. Quatre d'entr'elles ont pu être capturées. Cinq hommes ont été faits prisonniers, tous du 51e Régiment d'Infanterie, ce qui permet de constater la présence de la 3e Division d'Infanterie française sur la cote 304.

Les pertes des *Stoßtrupps* du 31ᵉ Bavarois s'élèveraient à deux officiers blessés, dont un grièvement, à quatre morts, dix-huit blessés et trois portés disparus (parmi eux, deux probablement morts) parmi les sous-officiers et les hommes de troupe.

L'opération a surtout démontré une nouvelle fois l'esprit conquérant du 31ᵉ Régiment.

La petite vallée encaissée, nichée derrière la ligne de crête "Hagen-Süd", accueille à présent le *Stoßtrupp* de Léo. Il vient d'être libéré par le K.T.K. qui a adressé au groupe des louanges toutes particulières. Les hommes marchent en file indienne vers l'arrière. L'officier qui est en tête de colonne s'appuie sur une canne rustique. Il boîte. Un éclat d'obus lui a fendu en deux sa sacoche de cuir et lui a griffé la rotule. Les lambeaux de son pantalon flottent au vent comme un drapeau.

Derrière lui, les hommes, morts de fatigue, se traînent sur le chemin cahoteux. Certains pourtant ont un visage radieux. Ils ont été épargnés encore cette fois-ci et peuvent ainsi poursuivre leur pauvre existence de soldat. Et ils s'accrochent à cette petite vie misérable comme le feraient des naufragés à l'épave de leur bateau. Il est vrai que la plupart des hommes sont très jeunes et ressentent cette puissante envie de vivre qui bout dans leurs veines.

Un petit vent tristounet d'automne accompagne cette triste procession d'hommes épuisés. C'est un lent retour vers les baraques du camp de repos. Le repos est pourtant de courte durée. Déjà, dans la nuit du 9 septembre, le IIIᵉ Bataillon remonte en première ligne. Léo et la 10ᵉ Compagnie s'installent dans les ruines du village détruit de Béthincourt. Plus au nord, l'état-major prend possession de ses nouveaux quartiers, au coin sud-ouest du Bois Sachet. Les jours qui suivent se déroulent à peu près calmement, bien que l'activité aérienne soit encore très soutenue des deux côtés.

Pour la première fois, une patrouille de fantassins français est observée dans les lignes allemandes. Fait marquant également : l'artillerie française procède à de nombreux tirs, mais bon nombre d'obus n'éclatent pas. Mauvaise qualité du matériel ? Les troupes françaises sont de plus en plus vigilantes et bon nombre de leurs postes de surveillance sont maintenant dotés de chiens de garde. Dès la fin du jour, elles travaillent avec ardeur à l'aménagement de leurs lignes.

Selon toute apparence, l'activité des patrouilles allemandes doit beaucoup les déranger car, de nuit, elles essayent de les empêcher de franchir le ruisseau de Forges par des tirs surprises d'obus, certains parfois même chargés de gaz toxiques.

Le temps est relativement clément jusqu'au début octobre, ce qui favorise considérablement les travaux de terrassement. Une importante partie de la première ligne allemande est ainsi refaite à neuf.

Le beau temps permet aussi l'amélioration de l'état de santé des hommes. Les maladies intestinales notamment ont pratiquement disparu. Mais hélas ! Si seulement le ravitaillement était meilleur. Il est très insuffisant et sans aucune diversité. Il n'y a notamment aucun légume frais et, les pommes mises à part, que très peu de fruits.

Après avoir été mis quelques jours en réserve à l'arrière, puis ensuite une semaine en seconde ligne, le IIIe Bataillon monte à nouveau en première ligne le 6 octobre. Les conditions climatiques se sont détériorées, les tranchées sont à nouveau profondément envasées, dans les abris humides il n'est plus possible de sécher les habits et les bottes. Léo ressent des douleurs à ses moignons de pied, d'autres ont de la fièvre ou toussent…

Heureusement on ne note plus que de rares combats, tant du côté de l'infanterie que de celui de l'artillerie. Le 9 octobre, parvient le message de la proche relève de la 15e Division d'Infanterie Bavaroise par la 243e Division d'Infanterie allemande. Elle sera mutée dans la "Maasgruppe Ost" (Verdun Est) en remplacement de la 56e Division d'Infanterie.

Les derniers jours en première ligne se passent sans encombre. Dans la nuit du 16 au 17 octobre, le IIIe Bataillon est relevé par un détachement du 122e Fusiliers. Pendant la journée du 17, il marche tout d'abord vers le nord par Gercourt, Dannevoux et Sivry, où il franchit la Meuse, puis vers l'est en direction de Damvillers, son nouveau lieu d'affectation sur la rive droite du fleuve meusien.

Les routes sont profondément embourbées et plusieurs chevaux meurent épuisés dans la fange. A l'arrivée, les nouveaux lieux d'hébergement offrent la plus grande désolation à la troupe, qui depuis des semaines n'a pu se défaire de ses uniformes trempés et crottés. La localité a été abandonnée par ses habitants depuis un certain temps déjà. Les maisons sont sans portes, sans fenêtres, dépourvues de tout équipement intérieur, la plupart sans fourneaux.
- Mon Dieu, pourquoi nous avoir retirés du front ? Nous y étions presque mieux installés qu'ici, dans ce patelin pourri !, lance Thomann en matière d'oraison funèbre. Il oublie cependant que, rien que depuis

son engagement le 21 août 1917 à la cote 304, le 31e Régiment Bavarois a eu 220 hommes blessés dont 8 officiers, 25 morts et 12 disparus. Et il a perdu en plus cinq fidèles chevaux, travailleurs obscurs et fidèles compagnons de route.

L'automne 1917 s'écoule lentement.

Les hommes savent ce qu'en cette année ils ont connu comme peines et comme sacrifices. Et pourtant, ils ne sont qu'un atome dans l'univers démesuré du front. Ils ne connaissent les principaux événements que par les journaux.

- Tout est entièrement différent de ce qui est écrit, affirme Thomann avec force. Tout est enjolivé et coloré de rose.

- Le peuple doit être tranquillisé, rétorquent les autres.

Cependant, bien que leurs opinions soient différentes, ils aboutissent tous à la même conclusion :

- Si la paix n'intervient pas immédiatement, ce sont les autres qui gagneront et le combat et la persévérance des armées allemandes auront été vains. Cette triste pensée les tourmente et fragilise leurs maigres espérances.

- Peut-être le Pape pourrait-il parvenir à un résultat pacifique ?, déclare une petite voix.

- Ha ! Ha, quelle naïveté, lui répondent plusieurs autres en pouffant de rire. Le Pape a aussi peu d'influence sur les nations combattantes que toi sur le *Divisionär*, le général commandant notre Armée. Les Nations n'ont plus de religion. Elles s'entretuent maintenant avec des gaz toxiques et les pires armes de destruction. Elles n'ont plus le respect de la vie. Et, de la sorte, n'ont donc plus de Dieu non plus !

- Au fond, cette guerre devrait être pour nous une affaire intéressante, dit encore la même petite voix. Pensez donc à tout ce que l'Allemand a pu conquérir dans ces trois ans et trois mois de guerre.

- C'est justement là que le bât blesse, répliquent les autres. Cela ne nous procure que peu d'avantages. Pour occuper le terrain conquis, on y a détaché la moitié de l'armée. Les villes étapes grouillent d'embusquées ! On y trouve une foule de secrétaires, d'inspecteurs de tous genres, de commandants d'armes, de cartographes, de couturiers, d'opérateurs de cinéma, de bibliothécaires de campagne, de fossoyeurs... Les étapes en sont bourrées. Où cela nous mènera-t-il ?

- L'appareil militaire est mal équilibré. Les troupes combattantes s'amenuisent de jour en jour !

- On essaie maintenant de conduire la guerre avec des adolescents anémiques et sous-alimentés !".

- Cela prend une mauvaise tournure, cela va certainement se gâter. Pour la plus grande partie de l'armée, la guerre n'est plus une affaire patriotique !

Les mots prononcés ici sont graves car ils sortent de la bouche de ceux qui se sont sacrifiés pour leur patrie. Parce qu'ils proviennent de ceux qui, crevant de faim, sous des pluies torrentielles, vivent depuis très longtemps tels des exilés, dans des cavités souterraines ou dans des vastes champs de cratères.

- Tout cela s'estompera à l'avenir, même ce qui a été le plus difficile à supporter, déclare l'adjudant Kempf de sa voix calme et sereine.

- Oui, tout cela finira bien un jour ! répondent quelques autres, d'un ton macabre et dubitatif.

Et tous de penser au fond d'eux-mêmes : « Eh oui, tout cela aura une fin. Mais à ce moment-là nous ne serons plus parmi les vivants. Depuis longtemps !" »

Verdun Est

1) Au Nord de Beaumont et du Bois des Fosses
(19 octobre 1917 - 16 novembre 1917)

Au cours des huit dernières journées du mois d'août, pendant que se déroulaient les combats dans le secteur du Mort-Homme et de la cote 304, la rive droite de la Meuse a également subi l'assaut des troupes françaises. Celles-ci, depuis lors, ont fait une belle avancée dans les lignes allemandes. Samoyeux et la Côte 344 ont ainsi changé de camp et, plus à l'est, le front court à présent approximativement au sud du Bois des Caures (Beaumont), au nord du Bois des Fosses (La Wavrille) et entre le Bois Le Chaume et celui des Caurières (Ornes - Bezonvaux).

Arrivée sur la rive droite de la Meuse le 17 octobre 1917, la 10e Compagnie du 31e Régiment Bavarois reste tout d'abord en place les jours suivants à Damvillers, son nouveau lieu d'accueil, où une bonne partie des maisons se sont écroulées ou sont ensevelies sous les gravats.

Léo et son groupe ont trouvé refuge dans une petite chambre des plus attristantes et sérieusement détériorée par l'impact d'un obus. Par le trou dans le mur, les hommes ont une vue directe sur la route qui, semblable à un ruisseau boueux, sillonne entre les ruines.

Des convois tirés par des chevaux rachitiques se frayent un chemin dans la boue de la route, laquelle rejaillit et claque contre les façades pitoyables des maisons.

Des petits groupes d'hommes épuisés, vêtus d'uniformes détrempés et en mauvais état et de bottes déchirées, pataugent dans ce sol fangeux. Ils reviennent de l'avant, des entonnoirs du bois de la Wavrille.

Accroupis tout autour de la pièce, Léo et ses camarades ont le regard sombre. Dehors la pluie tombe comme versée par un arrosoir. Elle s'infiltre à travers les nombreuses fissures des murs délabrés. Le plafond est fêlé. Thomann se donne un mal fou pour colmater les brèches les plus béantes avec de la fibre de bois pourrie. Il est debout sur les épaules du vigoureux Puchta qui, tel un artiste, se tient les bras sur les hanches. Les autres assistent au spectacle avec des regards sceptiques : le bourrage servira-t-il à quelque chose ?

La fente dans le plafond s'agrandit de plus en plus. Le plâtre humide tombe sur le sol en s'émiettant. Thomann manifeste sa mauvaise humeur par des jurons et, brusquement, après maints efforts infructueux, abandonne son "bousillage".

- Que le Diable s'en charge !, lance-t-il, en sautant sur la boiserie friable du sol qu'il transperce en un rien de temps avec l'une de ses jambes. Celle-ci pend à présent dans la salle du rez-de-chaussée. Il demeure ainsi un certain temps dans cette position étrange et hautement comique.
- *Verflucht und Zugenäht !* (Nom d'un chien !) s'écrie-t-il alors. Sortez-moi donc de là, bande d'imbéciles.

En riant, deux hommes l'aident à s'extraire de ce pétrin. Lui, pendant ce temps, continue à leur adresser les pires insultes. Il faut dire que dans cette spécialité son vocabulaire est inépuisable.

Kropf est le seul à ne pas s'être intéressé à cette aventure. Il est assis sur un amas de foin humide et sale, duquel émanent des odeurs d'ammoniaque. Cela ne le tracasse nullement. Lorsqu'il écrit une lettre à ses "Vieux", le monde peut s'écrouler autour de lui.

Après cette tragi-comédie, Karl Becker se plonge à nouveau dans son roman d'amour à quatre sous, sur la couverture duquel figure une femme mondaine à la chevelure rouge écarlate. Le titre de sa lecture : *Des femmes dans les ténèbres.* Voici quelques mois, Becker lisait encore Horace et Ovide. Mais, de la même façon que leur aspect extérieur s'est littéralement modifié, les hommes se sont radicalement transformés au plus profond d'eux-mêmes. Ils mangent ce qu'on leur présente, ils dorment là où ils trouvent une place, ils lisent les pires absurdités…

Les hommes du groupe se reposent. L'un s'épouille soigneusement, un autre se découpe des chaussettes russes, un troisième baille, la bouche grande ouverte. Léo, lui, soigne les moignons de ses pieds abîmés avec un onguent.

Une certaine monotonie se lit sur tous ces visages blafards qui, à vrai dire, se ressemblent tous.

Le vent froid s'infiltre par les fentes et les rainures des murs abîmés et pénètre dans les pores des pauvres hères présents, lesquels sont complètement gelés. Alors, à tour de rôle, ils se lèvent et agitent leurs membres raidis, pour éviter qu'ils ne s'engourdissent.

Lentement, la nuit entre dans la pièce. Tout est humide et glissant. On ne trouve pas un seul morceau de bois sec pour faire du feu. Le dernier bout de chandelle achève de se consumer. Tout est tellement insuffisant et rare ici. Le soldat est pauvre comme Job. Il s'endort plein d'appréhension et de mélancolie. Il sait déjà que demain il nettoiera et remettra en état son uniforme et ses armes, recevra un nouveau masque à gaz, assistera s'il le souhaite à un office religieux, participera à une séance de formation…, bref accomplira les tâches habituelles des périodes de repos.

Le 23 octobre au soir, le IIIe Bataillon marche vers le sud et s'arrête sept kilomètres plus loin entre les ruines du village très détérioré de Ville-devant-Chaumont. Il va remplacer le 88e Régiment Hessois en première ligne, dans une *"Schlucht"* (ravin) située à 3 500 mètres encore plus au sud.

La 15e Division d'Infanterie bavaroise appartient toujours à la Ve Armée allemande, mais relève à présent du Groupement Verdun Est (Maasgruppe Ost) - Secteur Bois des Caures/Beaumont/Bois des Fosses, là où l'an dernier, en février 1916, s'est déclenchée la bataille de Verdun.

Il est 22 heures. Rassemblement ! A travers un terrain truffé d'entonnoirs envasés, la compagnie de soldats du front se dirige sans bruit, en file indienne, vers les premières lignes : cinquante manœuvres de la mort, très endurants bien que souffrant de nombreuses privations, marchent dans le noir et glissent sur l'étroite et défoncée piste en terre battue. Le terrain s'élève. Les respirations deviennent haletantes, les pas plus courts. De temps à autre, un juron étouffé frappe les oreilles. Un infanteriste lourdement chargé vient de tomber à terre sous le poids de son fardeau. La crosse de son fusil s'enfonce dans la boue collante. Comme électrisé, il s'extrait rapidement du terrain fangeux pour ne pas être séparé de ses voisins. Alors, les pupilles écarquillées, il fixe le casque luisant d'humidité de l'homme qui le précède, seul signe qui l'assure qu'il est toujours encore dans la file et sur le bon chemin.

Pendant plusieurs heures d'affilée, la troupe traverse cette contrée sauvage où toute vie s'est éteinte et où seul le vent tempétueux et glacial d'automne siffle sa lugubre mélodie.

Des tirs de canons partent d'un lointain horizon. Les obus filent en gargouillant à travers les airs et tombent loin derrière avec grand fracas. La Compagnie accélère le pas.

Pas pour longtemps ! Car très peu de temps après, l'ordre "Halt !",
poussé à voix étouffée par le Commandant de Compagnie, indique à
tous qu'ils se trouvent désormais directement dans la zone de combat.
Et bien que, depuis quelques jours, les combats se soient sensiblement
ralentis dans le secteur, les hommes éprouvent tout de même le désagréable sentiment de se trouver en grand danger.

Des fusées éclairantes s'élèvent au-dessus des premières lignes et
sont rabattues sur le sol par le vent violent. Mais avant de s'étouffer
lentement sur le bord d'un entonnoir, elles répandent encore, de longues
secondes durant, une lueur assez vive.

Le spectacle offert alors par cet éclairage fugace dans le clair-obscur irréel et surnaturel de la nuit, les glace et les pétrifie littéralement.
Devant eux, une forêt totalement déchiquetée par la mitraille, des éclats
de bois gigantesques, des troncs d'arbres étêtés, complètement pelés,
aux formes sinistres, des branchages broyés et mis en charpie, des taillis
blancs comme neige, dépouillés de leur écorce, des entonnoirs par milliers, à perte de vue…

Ici a sévi l'infernale bataille de matériel. Les gigantesques troncs
d'arbres cassés comme des allumettes, témoignent d'un combat qui a
été mené avec les armes les plus modernes du XXe siècle.

Cette forêt aussi, chante sa mélodie. Sans bruissement de branches
ni doux chants d'oiseaux. A l'aide du vent tempétueux d'automne, elle
répand la chanson de la mort, la chanson de héros qui sous ses décombres versent leur sang pour leur patrie.

Appuyés sur leurs fusils, les hommes reprennent haleine pendant
quelques instants. La pluie tombe inexorablement et ruisselle vers les
fossés et les entonnoirs débordant déjà de toutes parts. Les hommes
pataugent dans cette épaisse pellicule d'eau.

Puis la marche en avant reprend. Les hommes trébuchent à tout instant sur les enchevêtrements de troncs et de branches. Épuisés et inondés de sueur, ils parviennent sur la crête d'une petite dépression lorsque l'ordre de s'arrêter, plusieurs fois répété par leur commandant de
compagnie, leur parvient et les tire de leur apathie. Les chefs de section
doivent se rassembler à l'avant pour recevoir les dernières instructions.

La troupe se remet en marche presque aussitôt. Cette fois-ci au pas de
course. Résultat : certains tombent et s'enfoncent presque jusqu'à la poitrine dans des entonnoirs complètement noyés d'eau. Ils s'en extraient

en s'accrochant aux canons de fusils qu'on leur tend. Très souvent aussi des embouteillages se produisent à l'avant lorsque des hommes tombent sur des fils téléphoniques ou des réseaux de barbelés éparpillés.

Soudain, des éclairs déchirent la nuit. La gerbe de projectiles d'une mitrailleuse française perfore les branchages déjà largement mutilés du bois de la Wavrille. L'essaim mortel file par-dessus les têtes. La mitrailleuse est réglée trop en hauteur. Léo, à l'image de ses camarades, s'est jeté à terre dans la boue et avance désormais en rampant, évitant le moindre bruit. Il atteint ainsi le versant descendant d'une *Schlucht*.

Le groupe se retrouve alors devant un entonnoir très imposant duquel il est justement pompé de l'eau. Deux hommes, des Allemands, leur dévoilent qu'ils sont en première ligne. L'un d'eux leur dit :
- Nous sommes déjà depuis deux nuits dans ce trou. Nous y laisserons notre peau s'il pleut encore plus longtemps.

Les Bavarois de la 10e Compagnie leur annoncent alors qu'ils sont venus les relever. Ils en deviennent muets de surprise mais leurs visages rayonnants reflètent très rapidement leur immense joie. Deux de ces Hessois, par des chemins tortueux, conduisent la compagnie vers un immense abri souterrain. C'est le seul, construit dans le secteur. Il peut contenir deux sections entières, la troisième devant rester à l'affût dans les premières lignes, exposée au vent et à l'incessante pluie.

Mais on pompe aussi de l'eau hors de cet abri. Thomann s'inquiète du danger auquel on s'expose en pompant ainsi à l'extérieur. Les occupants de l'abri lui sourient et lui répondent que de l'autre côté, dans les lignes françaises, ils ont exactement le même problème.
- Alors ils n'ont pas trop le temps de venir nous embêter.
Et à un lieutenant Hessois de conclure :
- Ici, l'activité d'infanterie est pratiquement terminée. On ne se bat plus que contre l'eau et la boue.

Comme la nuit de relève, du 23 au 24 octobre, est sombre et pluvieuse et que l'artillerie adverse n'intervient pas, la 10e Compagnie s'installe sans pertes dans sa zone de combat. Celle-ci n'est pas brillante. Non seulement les chemins de circulation sont défoncés, et partiellement noyés, mais les positions de combats elles-mêmes sont dans un état désastreux. La première ligne, sans aucune tranchée, n'est formée que d'une série d'entonnoirs noyés et boueux et dispersés un peu partout. Pas ou très peu de boyaux de communication avec l'arrière. Des abris très sommaires (trous pour 2 ou 3 hommes et couverts d'une tôle ondulée) et ne protégeant tout au plus que des petits éclats d'obus. Et eux aussi souvent remplis d'eau. Un réseau de barbelés pratiquement inexistant.

Les *Stützpunkte* (bases de mitrailleuses) et les secondes lignes sont, elles aussi, dans un état lamentable et même par endroits inexistantes, détruites par l'artillerie adverse ou par les longues journées d'intempéries. Nulle part un endroit sec. Même, plus à l'arrière, là où existent de rares constructions en béton, celles-ci aussi prennent partiellement l'eau. Elles sont hélas, de plus en plus souvent, utilisées - illicitement - par endroits comme latrines. Ce qui cependant est tout particulièrement désagréable dans cette nouvelle position, c'est sa configuration géographique. Elle est en partie surplombée par la position ennemie qui, à ces endroits, a une vue totale sur toute son étendue. De sorte que toute circulation entre les entonnoirs et les *Stützpunkte*, et par conséquent tout travail, sont complètement impossibles en plein jour.

Dans son ensemble, la position est néanmoins relativement tranquille. Les premières lignes françaises sont situées à plus de 500 mètres. L'infanterie ennemie est calme et, selon toute apparence, travaille elle aussi avec ardeur à entretenir ses positions certainement pas en meilleur état. Ses postes avancés, très vigilants, esquivent le combat, se bornant à protéger leurs travaux.

Lorsque le temps est couvert, l'artillerie adverse saupoudre de ses obus les premières lignes et leurs chemins d'accès. mais dès que le ciel s'éclaircit, elle gratifie le secteur d'obus de gros calibre et tout particulièrement le bois déjà défoncé de la Wavrille, les nids de mitrailleuses et la "Kegelbahn" (chemin Saint-André, tracé directement sous les tirs des canons du fort de Douaumont, et partant en montant de la ferme Chambrettes pour aller vers le "Cap de Bon Espérance", lieu-dit sur la crête plus au nord). C'est ainsi que, rien que dans la première semaine, le 31e Régiment bavarois déplore la perte de vingt hommes, neuf morts et onze blessés.

Dans la nuit du 2 au 3 novembre, le IIIe Bataillon est remplacé en première ligne par le IIe Bataillon et se retire en réserve (Bereitschaft) dans les ravins, situés plus à l'arrière, de la "Hagenstellung".

Mais, pour faire accélérer les travaux d'entretien des positions, deux de ses compagnies remontent cependant chaque nuit en première ligne. Là, les travaux n'avancent qu'extrêmement lentement en raison de la boue épaisse et visqueuse. Après chaque coup de bêche, la lame de cette dernière doit être libérée de sa couche très collante de gadoue avec la bêche de son voisin. Cette période de guerre de position dans la boue de la Wavrille est la pire que le régiment ait connu depuis sa création en début d'année 1917.

La nuit du 12 au 13 novembre, la IIIe Compagnie remonte en première ligne. Les positions ne se sont guère améliorées. Partout de l'eau, de l'eau, de l'eau… Léo fait partie des heureux qui, pour se loger, ont trouvé un trou d'obus à peu près sec, recouvert de deux grandes tôles ondulées cintrées en arc de cercle, le tout colmaté, au fond et des deux côtés, par de la boue et des gravats. L'ouverture malheureusement donne du côté de l'ennemi. Deux hommes peuvent s'y coucher, un troisième doit rester près de l'entrée, en position accroupie.

Léo et Thomann rampent vers l'intérieur. La nouvelle recrue du groupe, le huitième homme de l'escouade Malnoury, est condamné à rester assis. C'est un jeune "Rheinpfälzer" (bavarois du Palatinat Rhenan) dénommé Mundanjohl. Il n'est sorti que depuis quelques jours d'un centre de formation bavarois. Recroquevillé dans le trou, il est pourtant mieux loti que ceux des escouades Furzel et Stroßberger qui doivent séjourner à l'air libre dans des entonnoirs voisins, recouverts de leur toile de tente individuelle et s'accrochant aux bords pour ne pas glisser vers le fond. La pluie continue à tomber sans relâche. Mundanjohl ouvre sa bouche pour une question :
- Et maintenant ?
Thomann répond avec brutalité :
- On reste couché ! - La guerre est ainsi dans ce trou perdu.
- Mais, s'ils arrivent, et qu'ils nous mettent la main dessus ?
- Eh bien nous les suivrons, tout simplement.
En peu de temps, tout devient calme dans le trou. Épuisée, la jeune recrue s'est déjà mise à ronfler. Thomann et Léo entrechoquent encore leurs jambes engourdies qui tintent alors comme des bûches jetées les unes sur les autres. Serrés, très à l'étroit, dans un tout petit abri sombre et vétuste, perdus au milieu d'une forêt hachée en menus morceaux et d'un océan de cratères gorgés d'eau et de boue, le corps transi et la respiration haletante, les deux pauvres diables mettent beaucoup de temps à plonger dans un sommeil quelque peu perturbé mais profondément réparateur.

Dehors il continue à pleuvoir et à venter de plus belle. Combien de temps les trois hommes restent-ils ainsi ? ils ne le savent pas. Quoi qu'il en soit, il fait déjà jour lorsqu'ils soulèvent la toile de tente raidie par la crasse, accrochée à la toute petite entrée de leur abri. Ils aperçoivent un ciel blanc laiteux et sont heureux de pouvoir respirer un peu d'air pur.

- Il doit déjà être midi, pense Thomann qui s'étend à nouveau sous son manteau trempé.

Pas pour longtemps, hélas! Car, en plein milieu de l'après-midi, une effroyable tempête de feu sévit brutalement sur leur secteur. Le sol autour d'eux se met à vaciller. Une nuée d'obus bien groupés tombent sur le versant de la dépression où ils sont installés.

Ils se doutent qu'ils n'ont aucune chance de survivre s'ils en reçoivent un sur le toit. Ils entendent les éclats de fer et d'acier se ficher un peu partout autour de leur trou, voire ricocher sur leur tôle ondulée. Ils perçoivent le hurlement et les gémissements des projectiles qui filent au-dessus de leurs têtes. Les yeux hagards, ils voient par l'ouverture d'énormes nuages de vapeur, d'immenses fontaines de boue et des montagnes d'eau jaillir hors des entonnoirs lors des impacts et s'élever vers le ciel bas nuageux. Ils sont fiévreux, se serrent l'un contre l'autre, se contractent lorsqu'une explosion se produit dans le voisinage.

Plusieurs fois la jeune recrue s'est redressée en sursaut et, à chaque fois, s'est cognée violemment la tête au plafond très bas en tôle ondulée. A présent elle se cramponne à Léo. Finalement, elle se met à prier, à invoquer Dieu à haute voix. Brusquement, est-ce dû à la pluie ou au froid, elle se met à trembler, à se plier en deux, à tripoter nerveusement les boutons de son pantalon. Elle semble complètement perdue, ne sait plus que faire. Finalement, presque en pleurnichant, elle crie à Léo:
- Je n'en peux plus... J'ai besoin de faire...
Pris de pitié, Léo lui réplique presque aussitôt:
- Prends ta pelle et... tu jetteras ensuite tout dehors.
Mundanjohl s'exécute à toute vitesse. Malgré la terrible canonnade sévissant autour d'eux, Thomann ne peut s'empêcher d'éclater d'un rire bruyant. Et, avec sa grande langue, il proclame:
- Très loin derrière le front, dans les camps de formation, ils vous entraînent à tout: maniement du fusil, parademarsch, à gauche... gauche, demi-tour à droite, présentez armes!..., et le principal ils l'oublient.
- Est-ce que quelqu'un vous a seulement dit, comment on se tire d'affaire dans une situation comme la tienne?
La jeune recrue affirme que non. Alors Thomann de poursuivre
- C'est vrai que je suis un imbécile. Je devrais savoir déjà depuis longtemps que les planqués de dresseurs de recrues n'ont jamais eu l'occasion de connaître une telle situation embarrassante!

La tempête de feu n'a pas de cesse. Elle enfle même de façon gigantesque. Les déflagrations toutes proches coupent le souffle des trois malheureux qui ont grand peine à se réoxygéner compte tenu des nombreuses émanations de poussières et de fumées.
- C'est à n'y plus tenir! hurle Thomann qui rampe vers l'entrée où il se fait tout petit et se tapit non loin de la jeune recrue qui, à chaque

grosse explosion, ondule son corps comme le ferait un ver de terre que l'on aurait piétiné.

La fin de l'après-midi est proche. Soudain, un coup de tonnerre. Un obus vient de tomber directement derrière l'abri. Une coulée de glaise s'y engouffre. Un éclat gros comme la main se jette dans la petite mare devant l'entrée. Son contact brûlant avec l'eau froide dégage une bouffée de vapeur. Les hommes sont projetés dans les recoins. Les deux plaques de tôle ondulée glissent en partie l'une sur l'autre et s'enfoncent violemment dans la terre. La voûte n'est plus qu'à une cinquantaine de centimètres de Léo qui, couché au fond, a de la peine maintenant à se mouvoir. La jeune recrue, par contre, n'a plus de toit au-dessus d'elle.

Plus personne ne parle. Encore un autre impact aussi proche et il en sera fini des trois occupants. Ils en sont conscients. Le jeune soldat rampe vers l'arrière par-dessus le corps de Léo pour voir s'il vit encore. Il l'observe d'un œil hagard, lui passe la main sur la figure et dit avec un grand soulagement
- Il est encore chaud.

Léo entend ces mots joyeux et remplis d'affectation, mais ne peut prononcer une seule parole tant son émotion est grande. En jouant des coudes, il s'extrait lentement de son étouffante position.

Le soir et la nuit arrivent rapidement. Avec leurs pelles, et le plus rapidement possible compte tenu des circonstances défavorables, ils ont réaménagé très sommairement leur abri. Assis sur leur havresac et couverts de leurs manteaux détrempés, ils sont côte à côte sous la partie de toit restante. Aucun ne parle. Mais chacun, dans son for intérieur, espère qu'ils en réchapperont tous trois. Dehors, il pleut toujours. Les derniers obus sifflent au-dessus de leur tête. Puis c'est fini.

Ils s'extraient alors difficilement de leur tanière. Et malgré la pluie fine qui inonde leurs visages, ils sont heureux de pouvoir se tenir enfin debout, et ceci dans le calme. Dans le calme? Non! Car des cris étouffés de douleur leur parviennent d'une cavité toute proche. Ils s'y rendent avec difficulté à travers la fange environnante dans laquelle leurs pieds adhèrent comme des racines. Par un trou, une voix aiguë appelle désespérément:
- A l'aide! Venez nous aider!

En déplaçant à grand-peine de lourds madriers, ils extraient de la boue profonde: deux morts, quatre blessés graves, deux blessés légers. Il n'y a que le sous-officier qui dans cette escouade soit encore sain et sauf. C'est Adam Stroßberger, un Bavarois de la région du Main. La scène impressionne le petit groupe de Léo qui travaille avec ardeur au sauvetage. Le sang leur colle aux mains. Il se mélange avec la boue pour former une pâte nauséabonde. Entre-temps, d'autres silhouettes s'extraient également de leurs trous. Le sous-officier Manger pleure comme un enfant :

- Moi aussi, j'ai deux morts dans mon escouade, tous deux victimes d'une déflagration.

Tout le monde maintenant a été mis à l'abri. Les blessés graves râlent sous une tente de fortune. Des infirmiers leur appliquent des bandages de premiers secours. Deux des blessés meurent pendant ce traitement, d'une trop grande perte de sang. Il n'est pas possible de voir leurs plaies, car il fait trop sombre. A l'abri, mais néanmoins couchés dans la glaise, les blessés légers se sont assoupis. Tout est vraiment très triste.

Même le ciel verse ses larmes. Et à gros flots.

Léo et plusieurs autres camarades ont été désignés pour évacuer les morts et les blessés vers l'arrière. Cela parce que les hommes de corvée de soupe, qui habituellement exécutent cette tâche, ne sont pas arrivés. Attaque d'artillerie oblige. Auparavant Léo doit passer chez le commandant de compagnie qui l'accueille par ces mots :

- Demain, vous pourrez partir en permission. Vous avez déjà attendu suffisamment longtemps !

Léo oublie un instant toute l'horreur des dernières heures et ressent alors ce que des milliers de soldats ressentent au front lorsqu'ils peuvent rejoindre leurs familles. Le commandant de compagnie ajoute :

- Vous irez à l'arrière et vous vous présenterez à Damvillers au bureau du Régiment. Votre titre de permission est déjà signé…

Transporté de joie, Léo se met au garde-à-vous, remercie son supérieur et s'en va, après avoir effectué un demi-tour très énergique. Les morts et les blessés sont alors évacués du bois de la Wavrille entièrement pulvérisé. La tâche est extrêmement difficile, surtout avec cette boue tenace. Mais Léo n'en a cure. Il est tellement heureux qu'il ferait maintenant n'importe quoi, même traîner des cadavres jusqu'au petit matin.

A Ville-devant-Chaumont, il fait ses adieux à ses camarades. La séparation lui pèse énormément.

- Est-ce que je les reverrai tous ? Il est préoccupé maintenant par cette pensée. "Ils font partie de moi, et moi d'eux. Nous sommes tous de si bons amis. Est-ce que je les reverrai ? Quatorze jours c'est quand même long". "Et pourtant, c'est quand même tellement court" se dit-il, en pensant à sa permission.

2) Permission à Metz
(17 novembre 1917 - 30 novembre 1917)

Les premières journées de permission au pays messin se passent bizarrement pour Léo. Il ne veut, ni ne peut, penser au fait qu'il devra à nouveau repartir prochainement au front. Et il n'arrive pas à s'accoutumer à son chez soi. Tout lui paraît singulièrement étrange, même ses parents lui semblent avoir changé. Il est souvent assis en face de sa mère et baisse les yeux dès que celle-ci le regarde avec insistance, sa grande sensibilité et son extrême tendresse lui sont même quelque peu embarrassantes.

Cet après-midi, un ciel gris déverse une pluie très dense dans la Judenstrasse (En Jurue) qui jouxte leur maison. Léo reste donc cloué chez lui entre quatre murs. D'autant plus qu'actuellement les moignons de ses pieds le font souffrir. Ils l'embarrassent lorsqu'il marche. Et cela, justement maintenant, pendant sa permission !

Il aurait aimé, par-dessus tout, se promener à la campagne, essayer d'y retrouver son équilibre. Il n'arrive plus à s'adapter à quoi que ce soit. Un étrange sentiment d'angoisse s'est emparé de lui :
- N'aurais-je pas perdu le plus important, le contact avec mes parents ? Et aussi, la conviction qu'ici seulement je pourrai me rétablir des plaies profondes que la guerre a infligées à mon âme ?

En effet, quoi qu'il fasse, il n'est pas arrivé encore à évacuer de son esprit les horribles moments qu'il a vécus, voici à peine quelques jours, devant Verdun, dans les entonnoirs boueux et inondés de la Wavrille. Il essaie d'occuper son esprit. Ses yeux font le tour de la pièce. Elle est chaude et agréable, mais à cette heure-ci, déjà assez sombre. Il ne reconnaît que le lampadaire avec son abat-jour fleuri, sous la lumière duquel, pendant sa scolarité, il était souvent assis pour y faire ses devoirs.

L'ouverture translucide du grand fourneau à bois laisse filtrer vers le sol un faible reflet de braises incandescentes. Les rideaux sont grands ouverts. A travers les fenêtres, le bec de gaz, au coin de la maison voisine, envoie sur lui et sa mère une pâle lueur verdâtre. Tout lui paraît familier et intime et lui rappelle sa jeunesse. Tout est resté encore comme avant.

- Il n'y a que moi qui aie changé ? pense-t-il.

Il sent que sa jeunesse s'est éteinte. A présent, il est trop calme, trop sérieux, parfois même trop dur. Il est devenu homme. Il tressaille brusquement. Il sent une main glisser dans ses cheveux. Maintenant elle caresse ses tempes. Elle est pleine de chaleur, d'amour maternel.

189

Léo fait comme s'il ne remarquait rien. Sa mère sanglote à plusieurs reprises. Elle doit avoir les larmes aux yeux. Elle l'observe très longuement. Puis elle se baisse vers lui et presse ses lèvres sur sa bouche. Lui, voudrait éviter cette étreinte. Sa mère le remarque et soupire :

- N'ai-je plus aucun droit sur toi ?

Il a honte et la laisse faire.

- Oui, Mère, je suis encore ton enfant, murmure-t-il en pleurant à son tour.

- Tu es encore mon enfant, dit-elle courageusement, tu viens seulement d'avoir vingt et un ans.

Chaque matin, Léo consulte le calendrier accroché au mur, au-dessus de son lit. Sa vraie place n'est pas là. Il ne l'a apposé à cet endroit que pour découvrir, dès son réveil, combien de jours de "perm" il lui reste encore. Et il voit ainsi fuir le temps aussi vite que le soleil en cette fin d'automne.

Il est vrai que sa permission lui semble à présent tellement courte depuis qu'il s'est réhabitué à la vie civile. Tout est redevenu comme avant, bien qu'il soit devenu un autre être. Il a accoutumé une nouvelle fois son corps au fin duvet de son lit, son estomac s'accommode aux mets les plus délicats, il prend à nouveau tout son temps pour faire sa toilette, il porte des habits civils propres…

Il ne sort cependant que très rarement en ville. Il s'est, bien sûr, rendu dans les endroits qu'il fréquentait avant son incorporation : *Oberrealschule*, cafés, restaurants, églises…, mais partout il a constaté un grand vide. Bon nombre de ses amis sont à la guerre ou déjà enterrés depuis longtemps.

A la Bayernkaserne, il n'a reconnu qu'un seul élément de son premier régiment, le 4e Bavarois d'infanterie, un vieil adjudant claudiquant faisant fonction de vaguemestre. La caserne avait subi de nombreux bombardements d'avions français.

Les journaux ne citent que des victoires allemandes : "Le haut commandement allemand a fortifié ses positions sur la ligne Siegfried", "Les troupes anglaises sont repoussées fin novembre près de Cambrai", "Les bolcheviques prennent le pouvoir en Russie, le décret sur la paix publié le 8 novembre, entraîne le cessez-le-feu avec l'Allemagne"…

Chez lui, Léo évite les bavardages idiots et les questions stupides qui le dégoûtent. Il n'a raconté à sa famille que très peu de chose sur la dure réalité de la guerre. Elle n'y comprendrait rien et il ne ferait que l'inquiéter, inutilement. Son père Viktor préfère la technique de l'autruche. Il ne parle pas de la guerre. Mais au vu des listes de morts au front, qui sont placardées jour après jour sur les panneaux de la mairie, il se doute que la vie de Léo et de ses camarades en première ligne doit être très très difficile.

Les sœurs de Léo sont plutôt insouciantes et, comme elles le disent, préfèrent faire la fête avec ses amis permissionnaires et leur changer les idées. Seule sa sœur aînée Juliette, mariée à Adolf le cordonnier, a un point de vue plus réel sur la guerre. Son mari est actuellement au front en Russie, avec de nombreux autres Lorrains. Elle a remis à Léo une nouvelle paire de bottes spéciales qu'Adolf lui a façonnées pour qu'il puisse y glisser plus facilement ses moignons de pieds.

Plus le jour de ses adieux approche et plus la mère de Léo devient silencieuse. Et quand il la regarde ainsi, il ressent une drôle de sensation :
- Maman, tu es devenue vieille. Et cela l'attriste, au plus profond de lui-même.
- Que deviendrait-elle, si jamais il venait à disparaître ? Lui, le fils unique, le petit chouchou de la famille ?
Il est terrifié par cette pensée.

Arrive le dernier vendredi de novembre. Pendant la nuit, il a gelé et maintenant se lève un soleil radieux. Encore couché dans son lit, Léo est mal à l'aise. Dans deux jours on fêtera le premier dimanche de l'Avent et il ne ressent nullement la douce ambiance de Noël qui jadis, à cette époque, s'emparait si délicieusement de tout son être. Tout est devenu entièrement différent.
Aujourd'hui, il doit faire ses adieux. De sombres pensées l'étreignent. "Finies les belles journées en famille. Je dois à nouveau me plonger dans la nuit et l'enfer. Comme tout est éphémère !

Très agité, il se tourne et se retourne dans son lit. Comment calmer sa brusque inquiétude ? Il s'interdit d'épancher ses sentiments. Il n'est pas un lâche. Il s'est battu vaillamment, a été victime de graves gelures, s'est vu remettre des décorations, a toujours été un exemple de courage... Alors, pourquoi en ce moment se sent-il aussi faible ? Sa mère entre doucement dans la pièce et lui apporte son bol de café. Léo tressaille et sort sa tête des coussins. Ses yeux sont gonflés de larmes.
- Maman, est-ce déjà le moment ? chuchote-t-il d'une voix tremblotante.
- Non, mon fils, tu as encore le temps, ton train ne part qu'à 1 h 00 de l'après-midi.

Elle reste assise au bord de son lit. Ils ne parlent pas beaucoup. Mais Léo aperçoit déjà dans ses yeux la douleur de la très proche séparation. Ses traits aussi sont marqués par le chagrin et l'inquiétude. Il est découragé, incapable de consoler sa mère, juste à cette heure, où il devrait être fort. Mais il ne peut contrôler ses sentiments et s'écrie :

- Maman, chère petite maman, crois-moi, je reviendrai ! J'ai envie de vivre.

Puis il enfuit à nouveau sa tête dans les coussins. Il ne peut rien dire de plus.

Il ne sait pas combien de temps sa mère est restée à son chevet. Mais lorsqu'il lève à nouveau la tête, il aperçoit son uniforme, déposé avec soin sur sa chaise. Il est délavé, mais très propre et bien repassé. Son pantalon a quelques rapiéçages. Ils lui rappelleront toujours sa permission. C'est vrai qu'au front, on s'accroche au plus petit souvenir. On transporte avec soi, bien à l'abri dans son portefeuille ou son havresac, une photo, une petite croix, une fleur séchée, petites parcelles de son pays natal. Et avec elles, tout reprend vie lorsqu'au loin, on se retrouve dans des situations désespérées.

Les dernières heures à passer dans la maison familiale pèsent sur Léo comme un mauvais rêve. Il erre un peu partout dans les pièces. Voilà ses livres. Ils sont là comme il les a laissés un jour.

- Adieu, mes chers bouquins. Je vous ouvrirai à nouveau lorsque cela me sera permis. Et vous aussi, mes précieux diplômes…

Comme tout cela lui paraît déjà lointain. Et pourtant, il perçoit très nettement combien profondément il est lié avec tous ces objets. Et, ô combien difficile est cet adieu !

Il se retrouve avec armes et bagages devant ses parents. L'heure du départ est venue.

- Il y a un temps pour tout, déclare calmement son père. Ce dernier se domine, essaie de paraître indifférent à la situation, mais Léo ressent son trouble profond au travers de ses paroles un peu tremblotantes.

- Il faut y aller, dit Léo dans un souffle.

- Adieu papa, adieu maman. Je vous remercie pour tout ce que vous avez fait pour moi. Je m'en souviendrai toujours.

Paroles banales, mais prononcées avec grande émotion. Sa mère sanglote. Son père frissonne et veut dissimuler ses larmes. Ils l'accompagnent jusqu'au seuil de la maison. Ils voulaient aller avec lui jusqu'à la gare, mais il les a retenus. En Fournirue, des voisins le saluent amicalement. Lui essaie de cacher sa peine en se repliant sur lui-même.

- Porte-toi bien, lui lance de loin le patron du Café Mathis tout proche de la maison paternelle.

Les cloches de l'Eglise Notre-Dame sonnent l'Angelus de midi. Leurs sons le rendent encore plus mélancolique.

Le train démarre lentement. Léo reste encore un certain temps sur la plate-forme de montée. Il se sent à nouveau seul et abandonné. La tête lui tourne. Dans quatre semaines ce sera Noël.

Il ne peut s'empêcher de pleurer. Il doit le faire, même s'il veut rester vaillant. Il doit pleurer toutes les larmes de son corps. Après, il aura à nouveau le cœur plus léger.

3) Bois des Caures - Bois de Fays
(1er décembre 1917 - 6 janvier 1918)

Léo retrouve sa compagnie au camp de la Wavrille le samedi 1er décembre 1917 vers 14 heures. Arrivé assez rapidement en train la veille au soir à Montmédy, où il a passé la nuit dans un Foyer du Soldat, il est reparti ce matin en camion vers Damvillers avec d'autres permissionnaires. Là, il a erré dans plusieurs bureaux d'état-major avant de savoir que son groupe était actuellement au repos trois kilomètres plus au sud, dans le Wavrillelager.

C'est un camp implanté près d'Etraye, sur la pente entièrement dénudée d'une petite bosse qui jadis devait être très boisée. On y accède en effet par un petit-bois entièrement défiguré où croupissent des souches d'arbres éclatées et des branchages pulvérisés par la mitraille. Il se compose d'une multitude de petites baraques en bois très éparpillées et très exposées au vent.

Dans une légère dépression au bas de la bosse, des cuisines roulantes sont en pleine activité, leurs roues enfoncées dans la boue presque jusqu'aux essieux. Justement en ce moment elles crachent de leurs cheminées une fumée suffocante. Une odeur assez désagréable de rutabagas cuits s'échappe de leurs grands bacs de cuisson.

Par un petit sentier assez glissant fait de caillebotis, Léo se hisse vers le haut du promontoire où est implanté le local des bureaucrates de la Compagnie. Il se présente à l'adjudant de service qui, le sourire aux lèvres, l'accueille par ces mots, un peu familier :
- Déjà de retour, Monsieur le Lorrain ? tout en inscrivant très lentement, sur sa fiche individuelle, l'heure et la date de son retour dans l'Unité. Il est vrai que le poêle surchauffé qui rougit dans un coin, le pousse plutôt à la somnolence.

Léo récupère ses lourds paquets laissés dans l'antichambre et, dans le dédale des baraques, se met à la recherche de son groupe. Maintenant, il est à nouveau au milieu de ses camarades. Ceux-ci l'accueillent chaleureusement. Thomann, lui, tel un vautour, lance immédiatement des regards perçants sur ses paquets.

Au début, Léo est un peu intimidé. Le triste environnement dans lequel vit son groupe y contribue en partie. Tout est tellement sale. Les hommes ramènent avec eux, dans la chambre, de la boue de l'extérieur et peu à peu celle-ci s'est fixée à toutes les planches comme une grosse terre de labour.

Ses camarades semblent avoir changé en si peu de temps. Tous ont des visages hâves, flétris, dans lesquels ne brûlent que de gros charbons. Ils ont dû supporter pas mal de misères pendant l'absence de Léo. Ce dernier ne se hasarde pas à leur poser des questions. Il commence à défaire ses paquets. Il a l'impression d'avoir bénéficié d'un traitement de faveur et il aimerait réparer cela, bien que tous se soient réjouis qu'il ait pu retourner à Metz.

Sa brave mère lui a empaqueté beaucoup de choses, qu'elle a certainement puisées dans ses déjà maigres réserves. Aux camarades d'en profiter maintenant. Léo pose délicatement la grosse miche de pain sur la table et, tout à côté, un énorme pot de confiture de mirabelles. Très rapidement, chacun vient se tailler une épaisse tranche de pain avec son couteau de poche bien aiguisé et, à l'aide d'une grosse cuillère, tartine une bonne couche de confiture sucrée. Se mettent alors en route les muscles masticateurs. Le plaisir de pouvoir enfin manger à sa faim irradie les visages. Les hommes rient à nouveau, se mettent à plaisanter.
- Ah, les mères, comment les remercier ? déclare Thomann en joignant les mains et en baissant la tête.
- Quand tu en as encore une… chuchote une voix.

L'escouade est en fête. Tout est liquidé jusqu'à la dernière miette. Mais l'enthousiasme monte encore d'un degré lorsque Léo, avec sa gourde, sert à la ronde une sublime eau-de-vie de quetsches du pays messin. A la fin, tous fument encore ses cigarettes, les célèbres ZUBAN n° 6, dans leur emballage rouge. Et maintenant, assis aux quatre coins de la pièce, les paupières à moitié closes, les hommes rêvent à leur pays natal.

L'après-midi est déjà bien entamé. La lumière du jour n'entre plus que faiblement dans la chambrée désormais presque silencieuse. Silencieuse pour peu de temps seulement. La porte s'ouvre brusquement. Entre le sous-officier Kempf.

- Venez les gars, allons boucler notre paquetage. Dans une heure nous devrons aller à la Betonkaserne.

Léo apprend alors que, depuis quelques jours, le 31ᵉ Régiment Bavarois a été déplacé un peu plus à l'ouest sur la ligne de front et chargé d'occuper le secteur "Faywäldchen" (petit bois "Le Fays"). Derrière celui-ci se situe la Betonkaserne et le verrou du Bois des Caures (Caureswaldriegel). A l'instar de ses camarades, Léo se hâte de rouler son manteau et sa toile de tente autour de son havresac et de se préparer à une nouvelle montée en premières lignes.

La nuit suivante, le IIIᵉ Bataillon est à nouveau incorporé au front. Il occupe désormais la position tenue jusqu'alors par le 74ᵉ Régiment d'Infanterie.

Pris en charge par un détachement précurseur devant la Betonkaserne au Bois des Caures, le bataillon se scinde en deux parties. Deux compagnies montent en première ligne, les deux autres, dont celle de Léo, sont placées en réserve et occupent une *Stollenkaserne* (galerie souterraine) plus en arrière, dans le ravin du Joli-Cœur, tout à côté du poste de commandement du K.T.K. (*Kampftruppenkommandeur*).

La première ligne est une tranchée entièrement délabrée, saccagée par les pilonnages d'artillerie et manquant presque partout de réseaux protecteurs de barbelés. Elle se situe à peu près parallèlement au petit chemin qui de Beaumont, village en ruines, file à l'ouest vers Haumont. Des nids de mitrailleuses la défendent un peu plus en arrière.

L'ennemi a une vue plongeante sur le poste de commandement et la *Stollenkaserne* installés encore un peu plus au nord, ce qui ne permet malheureusement pas, de jour, d'y entrer ni d'en sortir.

C'est dans ce stollen que le groupe de Léo a trouvé refuge. Il est bourbeux et son couloir de circulation est envahi par les eaux, quasiment jusqu'à hauteur des genoux. Tels des colliers de perles, des gouttes d'eau ruissellent le long de ses murs, principalement vers midi lorsque la terre environnante, légèrement gelée, se réchauffe.

De jour, les hommes se tapissent dans le fond de la galerie. Elle est profonde et creusée dans la roche. Les précédents occupants de cette sombre crypte ont, avec des explosifs, taillée des niches dans cette roche, cavités tout juste assez grandes pour y loger le buste d'un homme. Les jambes reposent alors pour leur part sur des bois de mine qui flottent dans le couloir de passage. C'est dans cette curieuse position que Léo passe ses courtes journées d'hiver. Ses pieds sont des blocs de glace, son corps un monceau de boue gelée.

Bien que des petits braseros aient été installés sur les bois de mine, leur braise n'arrive pas à réchauffer les jambes. Enveloppés dans leurs toiles de tente, les hommes vivent ainsi comme des momies. Pour passer le temps dans cet environnement morne et sombre, certains s'amusent à observer la marche des aiguilles sur le cadran lumineux de leurs montres à gousset. D'autres devisent de niche à niche. Beaucoup dorment, se reposant des travaux et des marches de la nuit précédente. Tous attendent avec impatience la tombée de la nuit pour pouvoir sortir de cet enfer et respirer l'air un peu plus pur de l'extérieur. Et surtout pour accueillir avec grande joie les porteurs de la corvée de soupe.

Assis maintenant à l'extérieur, sur le tronc d'un arbre abattu, sa gamelle de haricots blancs sur les genoux, Léo est songeur et perdu dans ses pensées :
- Quelle triste situation nous vivons ici ! Nous luttons non seulement contre l'ennemi mais aussi contre l'eau, le froid, la boue, les rats, les poux... Nous nous défendons contre la grippe et les maux d'intestin, contre la fière typhoïde et la dysenterie. On nous vaccine à outrance avec des contrepoisons. Les médecins sont surchargés de travail. Les hommes grognent et ne veulent plus recevoir ces injections. Ils prétendent que cela infecte complètement le sang. Un grand nombre d'entre-eux font ressortir aussitôt le poison en pinçant fortement l'endroit piqué.

Les *Lazarett* à l'arrière sont remplis de personnages aux visages hâves et à la chair flasque. Les latrines sont saturées. Certaines compagnies n'ont plus qu'une puissance de feu de quarante fusils.

Les vieux officiers expérimentés sont de plus en plus rares. La plupart des officiers présents sont des lieutenants de réserve. Parmi eux de très jeunes étudiants qui proviennent en masse des usines de formation rapide d'officiers de Grafenwöhr et Döberitz. Ils sont tous plein de bonne volonté et plein de courage. Mais, à l'instar de la troupe, ils ne peuvent le prouver glorieusement. La guerre s'est enlisée ici dans la boue et la vase. Les hommes restent littéralement collés, englués, aux épaulements des tranchées. Et tout ceci, sous des masses de nuages sombres, couleur de plomb, qui ternissent encore plus le déjà triste panorama d'un paysage complètement défiguré. La pluie et la neige tombent en rafales sur une terre entièrement liquéfiée. C'est véritablement un très lourd fardeau qui, des deux côtés du front, pèse sur les épaules de pauvres hères envoyés sans aucune pitié dans cet horrible lieu de souffrance".

L'ennemi se tint tranquille quelques jours dans l'actuelle position du 31ᵉ Régiment. Son infanterie s'occupa très activement à remettre en état ses tranchées envasées et son artillerie n'effectua que quelques tirs de routine sur les positions arrière allemandes. Les 6 et 7 décembre pourtant, elle augmenta à tel point le nombre de ses tirs qu'une nouvelle attaque française fut envisagée et toute la 15ᵉ Division allemande mise en état d'alerte. Des obus chargés de gaz tombèrent en grand nombre sur le bois des Caures, le petit-bois Le Fays et le ravin du Joli-Cœur. L'attaque n'eut cependant pas lieu et, le 8 au soir, le feu faiblit très sérieusement pour s'éteindre en début de nuit.

Vu l'importance de cette attaque d'artillerie, les pertes bavaroises des derniers jours ne furent qu'assez légères. Malgré tout, deux morts, parmi eux hélas le vaillant lieutenant Hofmann (1ʳᵉ Compagnie) décédé le 9 de ses blessures graves du 6 décembre. A noter encore, huit blessés.

En ces jours perturbés, les activités de patrouille furent une nouvelle fois rendues très difficiles par la pluie et la boue. Pourtant, de temps à autre, une journée de gel, claire et ensoleillée, redonnait le moral à tous, ceci malgré les nombreuses interventions de l'aviation, qui, des deux côtés du front, profitaient pleinement de ces courtes périodes de beau temps.

Le 10 décembre, à trois heures du matin, un très important incendie, dû certainement à un poêle défectueux, éclata dans les baraquements dressés devant le stollen de l'état-major du régiment, dans le ravin du Joli-Cœur. En cinq minutes, toutes les constructions en bois étaient en flammes. Les officiers ne purent sortir de ce brasier que d'extrême justesse, en abandonnant néanmoins grand nombre de documents et d'équipements. Il n'y eut pas perte d'hommes, mais beaucoup y laissèrent toutes leurs affaires personnelles. Le *stollen* lui-même put être sauvé, en étant recouvert très rapidement d'une épaisse couche de terre. Par chance, le lieu du sinistre, situé très profondément dans un recoin du ravin, ne fut pas découvert par l'artillerie adverse, bien que l'embrasement soit vaste et très violent.

Le 14 décembre, le bataillon de Léo revint au repos dans son camp d'Etraye. Au cours des jours suivants, sa compagnie prépara, puis célébra joyeusement la fête de Noël. Peu de colis étaient parvenus de l'arrière ; au pays natal, on souffrait encore plus qu'au front des restrictions. Le blocus ennemi pesait lourdement sur l'Allemagne, où les vivres de première nécessité se faisaient de plus en plus rares. La cantine du camp d'Etraye avait amélioré l'ordinaire du jour de Noël en fournissant des denrées alimentaires très succulentes, ainsi que bière et tabac à volonté. De son côté, l'état-major du Groupement "Verdun - Est" y avait ajouté un demi-litre de vin par tête. Hélas, contrairement aux trois Noël de guerre précédents, il n'y eut pas de distribution de cadeaux individuels.

Le 21 décembre, Léo et son bataillon, ainsi que les deux bataillons des 30ᵉ et 32ᵉ Bavarois comme lui actuellement au repos à l'arrière, se tiennent en cours de journée au bord de la route Damvillers-Jametz, prêts à être passés en revue par sa Majesté l'Empereur d'Allemagne, qui rend visite aux troupes de la Vᵉ Armée. De nombreux malades et convalescents se sont déclarés guéris pour voir le *Kaiser*, et les troupes ont supporté de bon cœur la longue marche d'approche de nuit. Accompagné du *Kronprinz* allemand, Wilhelm II passe en automobile devant la très longue file de soldats lui présentant les armes, et s'arrête devant le général commandant la jeune 15ᵉ Division, à qui il adresse des félicitations pour la bonne tenue de ses trois bataillons. Il remet ensuite un certain nombre de croix de guerre (*Eiserner Kreuze*) à des valeureux combattants.

Le temps imparti à l'empereur pour passer ses troupes en revue avait dû être calculé trop chichement car le *Kaiser* passa un peu trop vite devant ses soldats qui, en cette importante période de la guerre, auraient aimé le regarder dans les yeux ou l'entendre leur adresser quelques mots de réconfort.

-o-o-o-o-

Le 22, le bataillon de Léo monte à nouveau en première ligne où il assure la relève du IIᵉ Bataillon, lequel fêtera à son tour Noël au camp de repos et rendra ensuite visite le 26 décembre, avec 226 de ses hommes, au théâtre des armées à Montmédy.

Ainsi se termine l'année 1917. La première année de guerre pour le 31ᵉ Régiment, mais pour certains de ses membres, comme Léo, déjà la quatrième. Les derniers jours de 1917, et les suivants de la nouvelle année, se passent calmement, sans activités guerrières particulières. Les pertes sous le feu ennemi restent modiques. Au cours des six semaines d'engagement dans la position du petit-bois Le Fays, le 31ᵉ Régiment a eu en tout : 20 morts (dont deux officiers), 54 blessés (dont un officier) et deux disparus. mais, ce long engagement dans les mauvaises positions de Verdun Est n'est pas resté sans influence et sans répercussions sur le Régiment. Le nombre de malades a très manifestement augmenté et, parallèlement, la faiblesse de sa puissance de feu est devenue préoccupante. Les quatre compagnies réunies ne peuvent plus offrir qu'environ une centaine de tireurs en première ligne. La force de frappe du Régiment est ainsi totalement insuffisante. Il en est de même dans les deux autres Régiments de la Division, notamment au 32ᵉ.

Bien qu'une attaque ennemie puisse certainement être encore repoussée grâce au grand nombre de mitrailleuses en place dans les différentes unités, il n'est désormais plus possible de lancer des contre-attaques. Les hommes en première ligne ne suffisent plus à assurer les postes de nuit et il doit être fait appel à la réserve. De plus, il n'y a vraiment plus personne pour assurer les travaux d'entretien des tranchées. Chez les officiers également, la pénurie d'effectifs est catastrophique. Le Commandant de Compagnie est souvent le seul officier encore en fonction dans certaines Compagnies.

Ainsi, une longue période de repos est devenue indispensable pour l'ensemble de la Division.

Le 6 janvier, la relève, si vivement souhaitée, est annoncée. Le 31e Régiment Bavarois est remplacé au front par le 142e Régiment d'Infanterie.

4) Au repos autour de Montmédy
(7 janvier 1918 - 14 février 1918)

Le IIIe Bataillon est relevé dans la nuit du 6 au 7 janvier. Il rejoint Damvillers à la marche puis, le lendemain, embarque dans un petit train à voie étroite qui le conduit à Montmédy où il est ravitaillé. Dans la soirée, Léo et sa compagnie rejoignent leurs nouveaux quartiers à Bazeilles, toute petite commune rurale située à 8 km plus à l'est sur la rivière Othain, au bord de la frontière belge. L'endroit est encore peuplé d'une partie de ses habitants français.

L'état-major s'installe à Chauvency-St-Hubert. Le 10 janvier, tout le 31e Régiment est au repos. Les hébergements et le ravitaillement sont très satisfaisants. Les hommes prennent des bains, passent dans les locaux d'épouillage ; certains partent en permission.

La région est belle, le paysage très varié. Officiers et troupiers se retapent rapidement. Du renfort parvient des centres de formation de recrues, environ 10 sous-officiers et 130 hommes pour le IIIe Bataillon.

Les dimanches sont jours de repos complet. La troupe assiste en très grand nombre aux offices des cultes protestant et catholique.

La première semaine est réservée à l'entretien personnel de l'habillement et des équipements et, par petits groupes, à la reprise en main de la discipline et aux exercices de développement de la force physique. Surviennent ensuite divers exercices au niveau de la compagnie.

Dès ce moment-là, Léo et son escouade remarquent une profonde modification dans les méthodes de formation de leur Armée.

En ce début d'année 1918, les conditions de guerre sont devenues plus favorables aux Allemands en raison de la cessation de combat des troupes russes. Ils peuvent alors, comme en 1914 et 1915, parvenir à nouveau à la victoire en reprenant l'offensive. Le rapport de force des troupes en présence leur est plus favorable que jamais. Ce nouvel état d'esprit ravit les hommes qui ne demandent rien de plus que de sortir de cette guerre de position qui les affecte depuis plus de deux années déjà. Ils se préparent avec joie à livrer une guerre de mouvement. Apparaissent en conséquence de nouvelles règles de combat. La puissance de feu qui jusqu'alors était offerte essentiellement par les fusils de l'infanterie, devient à présent du ressort d'un matériel plus performant : mortiers de tranchée, lance-grenades, mitrailleuses lourdes et légères… Et tout ceci avec l'appui de *Stoßtrupps* spécialisés.

Les hommes se rendent compte qu'ils ont beaucoup de choses à apprendre ou à réapprendre. Et pour les former, le manque d'officiers expérimentés se fait cruellement sentir. En effet, nombreux sont à présent les très jeunes officiers, formés uniquement à la guerre de position, qui conduisent les compagnies. Fin janvier, la formation au sein des compagnies s'étend aux bataillons et à de plus grosses unités. Des officiers supérieurs supervisent ces exercices.

Le 21, des manœuvres se déroulent au niveau de la brigade et quelques jours plus tard, une grande opération de transmissions a lieu au sein même de la 15ᵉ Division.

Le dimanche 27 janvier, grand jour de fête pour la célébration de l'anniversaire de Sa Majesté *le Kaiser*. Les offices religieux sont suivis de nombreuses réjouissances. L'ordinaire de la troupe connaît en ce jour une très nette amélioration.

L'état de santé du chef de corps du 31ᵉ Bataillon, l'*Oberstleutnant* von Hößlin, qui s'était détérioré et avait nécessité son rapatriement en Bavière, ne s'étant pas amélioré, il est, à sa demande, relevé de ses fonctions. Il avait dirigé son régiment depuis sa création. Le 31 du mois, il est remplacé par le major Reiß. La période de repos à l'arrière lui donne une excellente occasion de lier rapidement connaissance avec ses troupes.

Le 2 février, a lieu un grand exercice régimentaire autour de Montmédy. Son but est de permettre aux troupes de sortir de positions fictives de défense et de percer un réseau de tranchées représentant les premières lignes adverses. L'exercice connaît une pleine réussite.

Le 8 février, l'information tombe : "La 15e Division retourne sur le front de Verdun, dans le secteur d'Ornes, un peu plus à l'est de celui occupé précédemment". La déception est grande. Les hommes sont complètement abattus. C'est le triste retour à la guerre de position. Et encore et toujours devant Verdun, la mal aimée.

Le 10 février, le régiment tout entier assiste à Thonne-les-Prés à des offices religieux. Les catholiques à l'église paroissiale, les protestants dans le Grand Parc. Les responsables de la division, de la brigade et du régiment y sont présents au milieu de leurs soldats. Après les offices, le général Siebert, commandant la 15e Division, harangue l'ensemble des troupes réunies dans le Parc et les passe en revue. Celles-ci défilent ensuite devant lui au pas cadencé.

Le 12, dans la soirée, le 1er Bataillon du 31e R.I. Bavarois est embarqué à Montmédy-Sud et conduit à Romagne-sous-les-Côtes où il arrive peu avant 22 heures sous une pluie battante. Dans l'obscurité, il traverse rapidement à marche forcée les villages en ruines d'Azannes, Grémilly et Ornes, pour relever un peu plus loin en première ligne, le bataillon de combat du 48e R.I. Prussien. Le IIe Bataillon effectue le même déplacement le lendemain au soir pour remplacer en deuxième ligne le bataillon de réserve de la même unité prussienne.

Le 14 février au soir enfin, le bataillon de Léo, les compagnies de mitrailleuses et tout l'état-major sont conduits à Romagne d'où ils rejoignent à pied Mangiennes, leur nouveau lieu d'affectation.

5) Dans le secteur d'Ornes
(14 février 1918 - 23 juin 1918)

A Mangiennes, ils sont rejoints par des permissionnaires qui, de retour de la Mère Patrie allemande, leur font part des nouvelles qu'ils y ont recueillies : "La lassitude de la guerre et la contagion révolutionnaire affectent à présent l'Allemagne elle-même. Le mouvement a commencé le 28 janvier à Berlin, où les usines d'armement ont cessé le travail sur mot d'ordre des socialistes indépendants. Ces derniers ont affiché la revendication d'une "paix sans annexion" conforme aux quatorze points présentés par le Président américain Wilson et ont protesté contre l'attitude annexionniste des délégués allemands à Brest-Litovsk".

"La pénurie et la vie chère alimentent les troubles. Les prix ont triplé et les civils manquent de tout : les chaussures à semelles de bois, les costumes en ersatz, les aliments chimiques tentent de faire face aux besoins créés par le blocus allié. Affamés, les enfants des écoles ramassent les marrons et les fruits de cueillette dans les forêts. Le charbon est contingenté, les voyageurs civils ont du mal à trouver des trains. Un million de travailleurs sont entrés dans cette guerre révolutionnaire".

Mais Hindenburg et Ludendorf ont ramené l'ordre au début de février. Les usines ont été réquisitionnées, les meneurs expédiés au front. C'est ainsi que l'emprise de l'état-major sur le gouvernement du chancelier Hellwig est devenue totale.

Les combats de lever du blocus menés avec succès par les Français depuis la seconde partie de l'année 1916 ont conduit progressivement les Allemands à se retrouver presque entièrement sur la ligne de front où ils avaient lancé, plein d'espoir, leur grande offensive du printemps 1916. Verdun est à nouveau comme avant la forteresse imprenable, constante menace du front allemand, de l'Aisne jusqu'à la Lorraine.

Dans le cadre de la 15e Division, le 31e Bavarois est désormais affecté à cette portion de front située à 4 km au nord-est du fort de Douaumont, dans le secteur ORNES dont il occupe l'aile droite. C'est la position dénommée *Vauxkreuzstellung*, connue dans la région pour ne pas être très agréable. Cette position s'étend sur le haut de la côte d'Ornes qui s'élève au sud du ravin du même nom. Le village d'Ornes, sur sa pente nord, n'est plus depuis longtemps qu'un monceau de ruines.

Presque à l'endroit le plus élevé de la côte, là où le chemin rural, partant d'Ornes et allant en pente rapide en direction sud-ouest vers Douaumont, croise le petit chemin montant lentement en direction nord-ouest de Bezonvaux vers Beaumont, se dressait autrefois une croix dénommée "Croix de Vaux", pulvérisée depuis longtemps, qui avait donné son nom à la position.

Les premières lignes allemandes, creusées sur le plateau en haut de la côte, ne sont séparées que de quarante à soixante-dix mètres de celles des Français. Les lignes françaises bordent le plateau en haut du très profond "Ravin Brûlé".

Lors de sa prise en charge par le Régiment, le secteur n'est pas en trop mauvais état. La première ligne (K1) n'a pas encore atteint une profondeur réglementaire et ne possède devant elle qu'un léger réseau de barbelés. La profondeur de la deuxième ligne (K2), en revanche atteint presque partout les 180 cm et son réseau de communication est très bon. Il existe encore une troisième ligne (K3) sur la pente descendant un peu trop lentement vers le ruisseau d'Ornes.

Sur la pente opposée dénommée "Marienhöhe", - côte de la Vierge-Marie, sur laquelle subsistera toute la guerre durant, et malgré les innombrables bombardements, une statue presque intacte de Marie portant l'Enfant Jésus, s'ajoute une ligne de repli partiellement utilisable. Les abris existant un peu partout ne suffisent pas à caser toute la troupe lors de son arrivée.

A signaler cependant le point sensible de la position : son flanc droit. Sur cette aile, en effet, le front allemand amorce une courbe très prononcée vers le nord, au travers du Bois de Chaume dont n'émergent plus maintenant que quelques souches d'arbres noircis. Et sur ce flanc, le dominant, se dresse la butte du Bois des Fosses en possession des Français. De là, l'ennemi peut regarder sans obstacle dans le ravin d'Ornes, si important pour la circulation des troupes allemandes vers leurs arrières. Aussi, tout naturellement il le balaie de sa mitraille.

Heureusement, il est vrai, existe à cet endroit un genre de no man's land de près de cinq cents mètres où les patrouilles françaises ne s'aventurent que sporadiquement.

Les troupes amies les plus proches de l'aile droite, le Réserve-Infanterie Régiment n° 92, sont implantées 1 km plus à droite, au nord du Bois des Fosses.

Le 15 février, tout le régiment est en place. Malgré la grande déception perçue par ce dernier lors de sa nouvelle affectation, son moral est bon. Tout le monde s'est bien retapé, les effectifs viennent d'être complétés, les uniformes et les armes sont à nouveau en bon état.

Seuls les chevaux n'ont pas bénéficié d'une bonne période de repos. Surchargés de travail par les nombreux transports, nourris avec le très mauvais fourrage encore disponible, ils sont en très mauvais état. Ils sont en plus victimes de maladies de peau et de gale et couverts de vermine.

Lorsque le régiment vient occuper cette nouvelle position, grand nombre d'hommes pensent que ce n'est que pour une période transitoire. Et pas un seul, oui pas un seul, ne se doute et cela contribue considérablement à son bon état d'esprit, que quatre mois entiers s'écouleront encore avant que le régiment puisse dire définitivement adieu à Verdun !

Le secteur de la Croix de Vaux est calme lorsque le régiment s'y installe. Il y a bien quotidiennement quelques attaques d'artillerie ennemie sur les premières lignes allemandes et leurs arrières, mais l'infanterie adverse se montre particulièrement oisive et nonchalante. Lors des premières journées, on peut même apercevoir les hommes des postes de garde français se mouvoir dans leurs tranchées, à moitié cachés seulement. Leurs retranchements apparemment ne doivent pas être assez profonds. Et c'est pourquoi certainement qu'ils renoncent à tirer sur les postes allemands.

Mais cet arrangement tacite disparaît assez rapidement avec l'arrivée des Bavarois.

La météo, au début, se montre très favorable. Heureusement, car la pluie et la neige ont rendu la région encore plus monotone et inhospitalière qu'elle ne l'était déjà.

Par bonheur, l'intendance est des plus acceptables. Des produits crus et frais peuvent, en règle générale, être acheminés quotidiennement par camions, et de nuit, jusqu'à Ornes. De là, des groupes de porteurs les transportent dans le ravin d'Ornes où des cuisines relativement spacieuses sont implantées dans des abris souterrains à l'abri des tirs, cuisines dans lesquelles les aliments sont accommodés puis répartis pour la troupe. Le ravitaillement en munitions et en matériel est également bien réglé. Un petit train à benzène en assure le transport du "Divisions-Pionnierpark", à l'arrière, jusqu'à la station "Bergquelle" près d'Ornes, d'où des petits chariots à roulettes le relaient jusqu'au "Régiments Pionnierpark" d'Ornes. Le bataillon de réserve assure la suite du transport jusqu'aux premières lignes.

Au cours de leur séjour dans le secteur et à l'occasion de leurs nombreux déplacements entre le front et Mangiennes, leur lieu de repos, Léo et son groupe apprendront à connaître leurs différents lieux d'approvisionnement :

- Une très importante *Feldbäckerei* (boulangerie industrielle de campagne), implantée à Villers-lès-Mangiennes. Le "pain de munition" est livré à partir de là par une *Mehlkolonne* (boulangerie ambulante avec porteur) ;

- La *Korps-Schlachterei* (abattoirs - boucherie - charcuterie de Corps d'Armée) fonctionne dans la forêt de Merles. Là aussi, la marchandise doit être montée au front par des colonnes de transport ;

- Les magasins et les dépôts de produits divers sont installés un peu partout le long des voies ferrées encore existantes dans le nord-verdunois (des compagnies spéciales sont chargées d'entretenir ou de remettre en état ces lignes, vitales pour le bien-être des troupes, après chaque destruction). La grosse masse du ravitaillement est acheminée par la voie normale Montmédy-Azannes. Un commando spécial transborde ensuite les marchandises sur les trains à voie étroite qui circulent dans les zones plus exposées.

L'approvisionnement par voie ferrée concernant aussi les munitions, le matériel du génie et bien d'autres de toutes sortes, les lignes à voie étroite sont de ce fait surchargées. Une fois par semaine (en principe les lundis), les dépôts sont alimentés en matériel d'hébergement très divers : bougies, pétrole, carbure, alcool à brûler, alcool solidifié, lampes à carbure et à pétrole, pièces de rechange pour lampe, balais, charbon, charbon de bois, savon de Marseille, poudre de savon, matériel de campement (fibre de bois, copeaux de papier, etc.) :

- Les troupes montent en position avec leurs cuisines roulantes chargées et une réserve de rations ;

- Toutes les cantines vendent des bières de toutes natures, mais la bavaroise a le plus gros tirage. Un centre spécial de stockage de bière est d'ailleurs installé dans le bois de Thil près d'Azannes, tout proche du front ;

- Les intendants de campagne se chargent aussi d'utiliser les ressources du pays occupé pour soulager celles, à présent de plus en plus maigres, de la Patrie : récolte de foins, moissons, pommes de terre, fruits… ;

- En ce qui concerne le cheptel des habitants encore en place au nord de la Meuse, une petite part leur est réservée, le reste doit être livré aux dépôts militaires (une surveillance stricte est observée concernant les abattages clandestins). Les chevaux militaires sont mis dans les parcs pour économiser leurs rations.

Mangiennes où séjourne, en cette fin d'hiver, 1917/18 le IIIe Bataillon, devait être jadis une belle et riche localité, mieux construite et plus propre que tous les villages avoisinants. mais à présent, après deux années de guerre intense dans le secteur, la place a été vidée de ses habitants et la majorité de ses maisons est endommagée - les canons du fort de Douaumont, ne sont-ils pas là tout près, à moins de 15 km de distance ?

Les locaux encore en bon état ont été aménagés en dortoirs militaires. Dans une vaste grange, par exemple, sont installées pas moins de 300 couchettes en trois rangs superposés. Un régiment entier pourrait être logé dans la commune en cas de besoin.

Une nouvelle fois, Léo et son bataillon sont appelés à monter en première ligne, à la "Croix de Vaux". Vers cinq heures de l'après-midi, la marche d'approche est amorcée. Le soleil vient de disparaître derrière le Bois de Merles et lentement la nuit commence à tomber.

Dans les champs voisins, quelques corbeaux s'envolent en battant des ailes. Les Bavarois accordent une grande importance à ces oiseaux noirs. Cette fois-ci encore un des leurs déclare :
- Les corbeaux piaillent. Nous allons avoir de la poisse.
- Stupidité!" rétorque Thomann brutalement. Pourquoi justement aujourd'hui, alors que tous les jours nous sommes entourés de ces volatiles aux cris perçants ?

La marche se poursuit sur la route défoncée et verglacée qui, au travers de la forêt de Mangiennes, descend vers le front. La lune n'éclaire qu'avec peine la nuit naissante. A la lisière du bois apparaît la gare dénommée "Deutsche Eck" construite en bordure de route, au croisement avec la ligne à voie étroite allant d'Ouest en Est de Romagne-sous-les-Côtes à Billy-les-Mangiennes. Il y règne une très grande animation. La troupe s'y arrête un court instant pour absorber une boisson chaude servie devant des cantines ouvertes 24 heures sur 24.

La progression reprend vers le sud. A moins d'un kilomètre sur la droite se profile, dans la pénombre, la côte de Romagne, d'où sont partis en février 1916 les premiers tirs de canons de la bataille de Verdun. La colonne atteint le petit village d'Azannes.

La marche à travers la forêt a été difficile. Les hommes s'installent dans les fossés à l'entrée du village et y restent jusqu'à 22 h 30, moment où l'ordre de se préparer est lancé. La longue file s'élance vers la prochaine station, la gare de Gremilly, le long d'une ligne de chemin de fer à voie étroite à maints endroits défoncée. Les hommes avancent tels des fantômes dans un léger brouillard rampant. Écrasés sous le poids de leur paquetage, ils marchent à longs pas, le corps penché en avant.

Arrivés en ordre dispersé, ils se rassemblent autour des bâtiments destinés jadis au trafic des voyageurs et des marchandises, bâtiments criblés de balles et dont les briques sont répandues pêle-mêle aux alentours, comme des cubes d'un jeu de construction d'enfant. Il ne fait pas bon y séjourner longtemps car des salves d'obus s'abattent non loin de là sur la route.

Ils s'enfoncent alors dans le petit vallon conduisant à Ornes et, pour ne pas s'exposer plus longtemps aux obus, bifurquent rapidement dans un chemin de terre sur la droite.

La marche devient de plus en plus difficile car le sentier emprunté grimpe assez sensiblement vers le sommet de la "Côte de la Vierge", qu'ils atteignent après avoir marché longuement à l'orée d'une forêt déchiquetée : le Herbebois.

Le passage est rapide car des guides les prennent en charge pour les conduire aux premières lignes. Devant eux, le ravin très abrupt d'Ornes. Ils le descendent, presque collés à ceux qui les mènent. La piste est très glissante par endroit. Certains perdent l'équilibre, dérapent et descendent la pente couchés sur le dos. Des grenades à main, des fusils et des équipements divers descendent la pente çà et là.

Ils atteignent maintenant les ruines d'Ornes. Des maisons aux murs effondrés et calcinés. Des entortillements de fil de fer barbelé. Des enchevêtrements de poutres déchiquetées... Tout y est triste et pitoyable. Une véritable image de deuil que le léger voile de brouillard ne peut dissimuler.

Les hommes regardent cela avec appréhension. Ils sautent par-dessus de petits murets, passent à côté d'un grand mur délabré aux multiples fenêtres. Le bruit court que c'est une ancienne filature. Ce mur obscurcit la rue du village. Il faut dire qu'en fait il n'y a plus de rue. Plutôt un large ruisseau, sans bords, une étendue d'eau stagnante remplie de cette boue épaisse et visqueuse que l'on retrouve un peu partout. L'ancienne rue principale du village n'est plus qu'une suite de trous d'obus. Il en est de même de l'ancien lit du petit ruisseau, l'Orne, naissant dans la localité. Tous deux, rue et ruisseau, se sont réunis pour ne plus former qu'une seule surface marécageuse.

La marche dans ce cloaque est extrêmement difficile. Chaque pas nécessite un travail de force.
- Restez bien groupés ! entend-on à chaque instant.

Une odeur nauséabonde et rebutante émane de partout. Mélangée de plus à des relents de latrines, de phénol et de chlore.

Les hommes ont traversé avec peine ce ravin boueux et entreprennent à présent sur l'autre versant l'escalade vers les premières lignes. Depuis le cimetière d'Ornes, implanté déjà presque à mi-côte, jusqu'à la "Croix de Vaux" au sommet, un seul chemin, à moitié praticable, permet l'ascension : "le Grenadierweg" (sentier de l'Infanterie).

Combattants de Verdun, de Douaumont, du Bois des Fosses, de Vaux et du Bois de Chaume, vous le connaissez tous, le "Grenadierweg", ce boyau de communication criblé de balles et de trous d'obus, entièrement aplani sur tout son parcours, qui tel un oiseau de proie fond, droit comme un cierge, du ravin d'Ornes sur les premières lignes.

Le symbole de Verdun, ce Grenadierweg! Rectiligne, sans aucun détour, en droite ligne sur l'objectif à atteindre : le front.

Et juste en face, oui bien en face, les canons et les mitrailleuses du fort de Douaumont!

Des centaines et des centaines d'hommes y sont morts lors de l'attaque de Verdun en 1916.

Cette nuit-là, l'ascension est moins dangereuse. A certains endroits pourtant, des voix s'élèvent de certaines petites casemates environnantes :
- Faites en sorte de déguerpir d'ici le plus vite possible. Des fusées à retardement sont régulièrement envoyées dans votre chemin. Courez, courez, éparpillez-vous le plus possible.

Mais il faut continuer. La pente est rude, les bottes s'enfoncent dans la boue, la visibilité est faible… Brusquement, une rafale de mitrailleuse lourde balaye le secteur. Léo et ses hommes se plaquent contre terre. Des cris de douleurs s'élèvent un peu plus haut.

Pas le temps de s'apitoyer. Les ordres fusent d'un peu partout dans la colonne : *Weitergehen… weitergehen*! (continuez d'avancer!). Les hommes se remettent en marche. Quelques blessés légers redescendent haletants vers le fond du ravin. Des amis d'une autre compagnie. Mais soudain, un cri! "Attention, des morts! Des hommes à nous". Le message court de groupe en groupe vers l'arrière. Léo passe à côté d'eux. Ils sont trois, morts il y a quelques minutes seulement, lors de la rafale incroyablement bien ciblée par l'adversaire. Ils reposent comme s'ils dormaient. Leurs bottes sont maculées de la boue de l'Orneschlucht.

A grands pas, les hommes enjambent ou contournent les corps. Qui sont-ils? De la compagnie? L'adjudant Kempf reste sur place, attend les secouristes, fait déposer les corps sur le bas-côté et relever leur identité. Puis il rejoint ses hommes au plus vite. Le "Grenadierweg" semble ne pas avoir de fin. Les Français, pourtant, doivent être très proches.

En haut du coteau, le chemin tourne sèchement sur la droite. Au virage, un arbre, décapité à mi-hauteur, sert de poteau indicateur vers les premières positions du secteur de la Croix de Vaux. Pour le reconnaître parmi les autres, on a accroché à son sommet un vieux bouteillon criblé de balles ayant dû jadis servir au transport de la soupe.

Après avoir pataugé sur une centaine de mètres dans la boue de différents boyaux de communication du haut du Bois de Chaume, la 10e Compagnie assure la relève des hommes du Ier Bataillon. Le groupe de Léo se tasse alors tant bien que mal, avec deux autres escouades, dans un petit abri souterrain relativement sec, au lieu-dit "Kegelbahn" (Piste du Jeu de Quilles). Ce secteur avait été baptisé ainsi car du Nord au Sud il est traversé par la petite route forestière conduisant d'Azannes à la Ferme Chambrettes et, qu'à l'instar du Grenadierweg, il est en droite ligne sous les tirs à vue des canons du Fort de Douaumont. Bien entendu, hormis pendant les patrouilles de nuit, personne ne s'y hasarde. D'autant plus qu'en grande partie il se situe dans un genre de no man's land.

Ce secteur n'est pas renommé pour être l'un des plus meurtriers du front. Les avions adverses ne s'y aventurent que par beau temps. Les chutes d'obus y sont régulières, parfois avec expansion de gaz, mais le plus souvent de courte durée. Peu de patrouilles françaises essayent de s'y infiltrer. Son accès est d'ailleurs par endroits assez marécageux.

L'infanterie ennemie, pareille à celle des Bavarois, passe la plus grande partie de son temps à améliorer ses positions, en approfondissant ses tranchées et en les dégageant de leur eau et de leur boue.

A ce propos, il faut dire que les derniers jours de février 1918 et les premiers de mars sont extrêmement désagréables en ce qui concerne la météo. Il pleut à verse et sans arrêt et le secteur offre un véritable spectacle de désolation : les tranchées sont profondément embourbées, l'eau tombe goutte à goutte des plafonds et le long des murs des abris, les hommes sont trempés jusqu'aux os, celui qui doit s'aventurer dans les tranchées en revient transformé en colonne de boue ambulante.

Par ce temps plus que médiocre et malgré la tiédeur toute relative des combats, le 31e Régiment Bavarois, dont chacun des trois bataillons compte en moyenne 500 hommes, enregistre :
- 1 mort et 14 blessés en février
- 8 morts et 34 blessés dont 1 officier en mars.

Un changement début avril. Le bataillon de repos est logé désormais au "Schmiedeckelager" sur la côte de Morimont, à flanc de coteaux entre les villages de Romagne-sous-les-Côtes et Damvillers.

Et c'est dans ce nouveau camp de repos que se retrouvent Léo et ses hommes à la mi-avril. Ils sont à présent depuis près de six mois dans le secteur sanglant de la "Maasgruppe-Ost". Là-haut, plus au nord de la France, une offensive allemande entre Arras et La Fère a abouti fin mars à la prise de Saint-Quentin et à l'abandon par les Anglais du secteur de Montdidier.

Le 31ᵉ Régiment aurait aimé participer à cette offensive mais hélas il continue à verser son sang dans le bourbier de Verdun. Et cela révolte le petit groupe bavarois, tranquillement installé à lire la *Gazette des Ardennes* devant un des chalets du Schmiedeckelager. Le "Morimont" se dresse paisiblement derrière eux, coiffé par une lune bien joufflue. Des grillons stridulent dans les herbes environnantes et, face à eux, un énorme ballon captif d'observation est ramené très lentement à sa base dans une prairie de la Ferme des Mureaux, à l'orée de la forêt des Merles.

Lohner Thomann surtout ne peut pas concevoir que l'on puisse avancer dans d'autres secteurs du front. Une énorme ride lui barre le haut du visage. C'est le signe évident du sérieux de ses paroles. Mais ses camarades ne prêtent que peu d'importance à celles-ci. Et cela lui fait perdre son sang-froid. Il se redresse brusquement au milieu de ses camarades :
- Savez-vous seulement, ce que tout cela veut dire ? déclare-t-il à haute voix, les yeux injectés de sang. Ses voisins ne savent que répondre. L'un deux pourtant s'exprime d'une voix résignée :
- Cela signifie de nouvelles victimes… Cela présage la mort… Et tout cela n'a plus de valeur à présent, car la guerre est perdue depuis longtemps !
- Et cela rallonge les listes de pertes, déclare fermement un autre qui, après un court temps d'arrêt, ajoute :
- Savez-vous au fait combien longues sont déjà celles-ci ?
Comme il ne reçoit pas de réponse, il débite alors d'un ton doctoral :
- Mon village compte 620 âmes et, des 110 d'entre-eux qui jusqu'alors étaient au front, 55 seulement sont encore en vie. Quelques autres viennent de partir au service militaire. Et nous recensons 80 enfants environ qui n'ont plus de père !

Thomann réfute cette réponse en gesticulant. Elle ne lui convient pas, même s'il en saisit tout le sens tragique. Il a jusqu'alors mené une petite vie bien tranquille basée presque exclusivement sur le culinaire. Pouvoir, par exemple, enfourner de suite deux rations de soupe au pois et rêvasser ensuite longuement sans penser à autre chose.

Pour lui, les offensives engagées à présent sur le front de l'ouest ne peuvent avoir qu'un seul but : manger à sa faim, farfouiller dans le dépôt de vivres adverses et y récupérer des boîtes de viande et de conserves, du vin, des légumes…

Encore une fois, il pose sa question :

- Vous ne savez vraiment pas ce que de telles offensives peuvent nous apporter comme avantage ?

Personne ne répond. Thomann, lui, rit aux éclats. Il fait claquer sa langue et proclame solennellement :

- De telles offensives peuvent nous rassasier. Mes chers amis, nous pourrons à nouveau "bouffer" : du chocolat et du corned-beef, du pain blanc et de la purée de reine-claude…

Tous les hommes redressent la tête. Les paroles prononcées les font rêver d'un pays de cocagne. Ils se contemplent les uns les autres : des visages haves, des chairs flasques, des os fatigués dans des bottes détrempées, des pantalons déchirés et délavés, des tuniques salies et rapiécées… Oui, Thomann a raison. Son opinion résume parfaitement tout le contenu de la dure vie de soldat : manger… boire… dormir !

Résignés, les hommes se lèvent et vont chercher leur repas du soir. Le gros Jacob, le visage grave, soulève délicatement le couvercle de la cuisine roulante. Une odeur forte de navets s'en échappe. Chacun en reçoit un bouteillon à demi rempli, puis un pain de Kommiß fraîchement cuit, comme toujours à partager avec un autre homme. Tout est liquidé goulûment et, une heure après seulement, tous ont à nouveau faim.

En ces temps-ci, il faut de plus en plus se serrer la ceinture. Les stocks de nourriture s'épuisent. Les permissionnaires revenant des quatre coins de l'Allemagne rapportent la douloureuse nouvelle de la mort massive de personnes sous-alimentées. Leur nombre s'élèverait déjà à plus de cent mille. Tous, à présent, reconnaissent que le spectre de la famine plane sur eux. Et le message d'espoir lancé par Thomann s'empare de tout leur être.

- Nous voulons sortir de l'enfer de Verdun où nous commençons à avoir grand faim et où nous peinons de plus en plus dans les tranchées.

- Nous voulons passer à l'attaque, nous voulons obtenir une fin heureuse pour notre patrie.

- Nous resterons de bons et loyaux soldats. Et même si de temps à autre encore nous rouspétons, nous accomplirons toujours notre devoir avec le plus grand dévouement.

Sur ces paroles de fidélité, le IIIᵉ Bataillon repart à nouveau du "Schmiedeckelager", par Romagne, Azannes, Gremilly et Ornes, vers les premières lignes du "Vaux-Kreuz".

Il laisse derrière lui le Herbebois où le printemps naissant a fait apparaître quelques brins de verdure. Avec le désir farouche de tenir le coup, il gravite à nouveau le très pénible "Grenadierweg". Et avec une foi profonde en l'avenir, il occupe une nouvelle fois les tranchées de première ligne au bord de la "Kegelbahn", la meurtrière !

Le IIIe Bataillon entreprend aussitôt une série de patrouilles de reconnaissance dans le secteur ennemi. Il connaît déjà parfaitement ce terrain au-delà du no man's land de la Kegelbahn. Ses hommes n'y sont-ils pas déjà allés à plusieurs reprises au cours de leurs précédents séjours en première ligne.

Une première fois, ils s'y étaient introduits pour jeter dans les boyaux des journaux de propagande. Une autre fois, ils avaient ramené une grande bâche bien étanche et une caisse de grenades à main. Comme couronnement de la troisième nuit, ils rapportèrent un récipient métallique à fermeture hermétique, entièrement rempli de salade de pommes de terre. Ils l'avaient trouvé dans un abri inoccupé. Des porteurs français l'y avaient très certainement planqué pour se débarrasser de leur fardeau.

Lors de cette patrouille, ce fut une question de vie et de mort. Les Français les surprirent au moment où ils sortaient de la tranchée. Jusqu'au petit jour, ils y restèrent couchés, blottis les uns contre les autres, pendant que les grenades éclataient aux alentours comme des sons de timbales. Un à un, ils s'extrayèrent de cette zone de mort et se retrouvèrent à nouveau tous, sains et saufs, dans la tête de sape amie, où ils se jetèrent sur le mets exceptionnel rapporté. Ils avaient enlevé rapidement le couvercle du pot en fer-blanc et plongeaient avec délectation leurs grosses mains dans la délicieuse nourriture. C'était, au lever du jour, un spectacle véritablement étrange : sept hommes et un sous-officier assis autour d'un grand bouteillon, en train d'en extraire à pleines poignées une extraordinaire salade de pommes de terre.

Au cours de la nuit, deux sous-officiers sont appelés auprès du lieutenant Schmitt, responsable de la 10e Compagnie, pour y recevoir les instructions relatives à une nouvelle et très prochaine opération dans le secteur ennemi. Ils arrivent rapidement dans le bunker du commandant de compagnie et se présentent :
- Unteroffizier Hans Rupp !
- Unteroffizier Léo Malnoury !

Ils prennent place sur des caisses de munitions vides. On leur offre des cigarettes au goût raffiné qu'ils fument lentement avec grande volupté. Le lieutenant est vraiment un chic type et, comme le dit Rupp, le poète, "en pleine harmonie avec ses hommes comme l'est la pleine lune avec le romantisme d'une petite ville de province". Un certain temps s'écoule, plein de douce fraternité. Le Lieutenant s'empare alors d'une carte d'état-major qu'il étale sur une petite table, sous une lampe à pétrole, et déclare :

- Affaire difficile !

Il pose la pointe de son crayon sur certains points bien précis de celle-ci, en donne les coordonnées exactes puis communique ses directives.

Deux patrouilles vont sortir des lignes, Rupp à droite, Malnoury à gauche. Elles doivent se rencontrer chez l'adversaire, presque face au centre de la ligne de front contrôlée par la compagnie. Les deux groupes doivent prendre en tenaille un poste français repéré par les guetteurs ces derniers jours, et en faire prisonnier son équipage. Le plan leur paraît clair et leur semble même très simple, trop simple même si on ne pense pas à son exécution. Mais ils n'en sont pas encore là et ils diffèrent leurs réflexions. Une fois libérés par leur supérieur, ils repartent rapidement dans la nuit.

L'ambiance est très tendue cette nuit-là dans la position. Quelques étoiles scintillent au firmament. Peu de bruit. Quelques détonations seulement sur le Douaumont. Léo et son groupe descendent dans leur abri pour préparer des grenades. Léo glisse son pistolet dans la poche intérieure de sa tunique. Il l'a fixé auparavant à sa boutonnière avec une cordelette verte. Lohner Thomann lui, pour ne pas changer, manipule encore une boîte de viande. Maintenant il en fait glisser goulûment le contenu dans les profondeurs de son estomac. Ses voisins attirent son attention sur les dangers d'une blessure ventrale avec l'estomac plein. Thomann rigole et d'une voix éraillée déclare :

- Wurstegal ! (Ca m'est bien égal).

Les hommes montent l'escalier du *Stollen*. Dehors, ils retrouvent le groupe de Rupp déjà prêt. De rudes guerriers, grenades à mains à la ceinture. Ils partent vers la droite en direction de la Kegelbahn. Le groupe de Léo, lui, se glisse sur la gauche vers la tête de sape. Là, on lui indique le mot de passe. Pour cette nuit, il s'agit de "Düsseldorf". Il s'infiltre dans le réseau de barbelés passablement détérioré. Une odeur douceâtre flotte dans l'air. Il s'engage en rampant dans un terrain marécageux, gras, semblable à de la bouillie, truffé d'effrayants entonnoirs. A un moment donné, il s'arrête brusquement dans l'un de ceux-ci. Dans une rangée de barbelés, les hommes croient apercevoir des adversaires. Leurs tempes se mettent à battre plus rapidement, leurs corps sont traversés par un ardent courant sanguin. Puis aussitôt, ils frissonnent... Ils recherchent dans le noir quelques petites pierres et les lancent sur les cibles fantomatiques...

Rien ne bouge... tout reste calme !

213

Ils se sont trompés. Les masses sombres restent toujours impassibles. Ils se trouvent devant un réseau très serré de barbelés en accordéon. Un passage y est recherché. Un silence de mort règne dans la tranchée ennemie. Les Français ne les ont pas découverts. Le poste recherché doit se trouver légèrement sur la droite. Léo en tête, et par une brèche large et béante, le groupe s'engage dans le réseau de barbelés français, en laissant un homme en poste à l'arrière muni d'un pistolet à fusées éclairantes. Après le choc avec l'ennemi, il doit tirer l'un de ses projectiles, pour que le groupe puisse à nouveau retrouver le passage.

C'est avec un sentiment particulier que la patrouille se glisse dans la tranchée adverse, celui que la mort les guette? Devant eux, toujours aucun bruit, aucun mouvement. Les hommes restent pourtant là encore de longues secondes, comme enracinés. Puis ils se glissent très lentement vers la droite, où doit se trouver le poste. Ils le voient maintenant. Ils s'arrêtent un instant. Puis, à voix basse, se décident pour un coup de main court et meurtrier. Tous sont étrangement calmes, presque de glace.

Prêt à attaquer, Léo fait sauter le cran de sûreté de son pistolet. D'autres jettent des grenades qui, avec un bruit sourd, explosent au bord de l'entrée du poste. Alors, plein d'énergie, le groupe se précipite dans l'ouvrage et essaye de saisir des corps. Leurs mains fouillent et griffent tout l'espace envahi. Mais la position est vide. Les Bavarois éprouvent une très profonde déception.

Brusquement, ils se jettent et se collent contre un mur du poste. Ils viennent d'entendre des bruits de pas. Par la tranchée d'accès, arrive un groupe important de marcheurs. Ce sont des hommes du Génie, qu'ils distinguent au bruit métallique de leurs pelles. Certains parlent. L'un d'eux rit même presque à haute voix. Ils ne se doutent de rien. Les Allemands retiennent leur souffle. Un énorme danger se présente à eux. Ils s'apprêtent à se battre. Mais le groupe tourne à droite, justement à l'endroit où Léo avait consulté ses hommes avant l'attaque. Le bruit de leurs pas ne disparaît qu'au moment où le dernier homme s'évanouit dans la nuit.
- Ouf! susurre Thomann. *Schwein gehabt*! (On a eu du pot!).

Une exhalaison de sueurs s'échappe de son corps. Il en va de même chez tous les autres. Ils sortent du poste et s'avancent en tâtonnant vers la gauche. Pas contents du tout. Car ils n'ont pas fait un seul prisonnier.

A l'est, l'aube pointe déjà très légèrement à l'horizon. Ils visitent encore rapidement quelques tranchées aux alentours, à la recherche d'armes et de grenades à main. Mais en vain. C'est alors que Donat Kropf découvre, accroché à un pieu de soutien en forme de tire-bouchon, un petit fanion aux couleurs tricolores françaises. Il le détache et le remet à Léo, son Chef d'escouade, qui le plie rapidement dans sa poche. La patrouille se glisse alors sur le chemin du retour. Le jour se manifeste déjà en filigrane au travers des troncs décapités du Bois des Fosses.

Brusquement une volée de balles fouette l'air au-dessus de leurs têtes. Ils cessent d'avancer. Tombent alors devant eux des grenades à mains. Elles éclatent sourdement. Le groupe se plaque contre l'épaulement de la tranchée. Une fusée éclairante, tirée depuis la deuxième ligne française, monte en ondoyant vers le ciel. Les impacts de grenades sont maintenant de plus en plus proches. Un épais brouillard de fumée flotte au-dessus des lignes.

Pam… Ramm… Pam… Ramm… brruckhh… !

De nouvelles grenades explosent presque sur eux. Les hommes toussent, sont fiévreux, se mettent en boule, se protègent le plus possible. Léo tient son pistolet à la main, ses hommes leurs poignards. C'est alors que Thomann se met à beugler comme une bête sauvage :
- Mais, ce sont des grenades à manches, les nôtres !
Tout le groupe de Léo se met alors à crier en même temps :
- Arrêtez… Arrêtez… Vous allez nous massacrer !

Déjà, à quelques mètres, Rupp monte à l'assaut vers eux avec son groupe. Alors, tel un tigre, Thomann se précipite hardiment, et plein de sang-froid, sur le plus proche lanceur. Il lui fait sauter sa grenade des mains. La plus grande consternation règne alors sur le terrain. Ils se rendent compte qu'ils sont passés tout près d'une horrible catastrophe : s'entre-tuer entre amis ! Mais ils n'ont pas le temps de se lamenter. Déjà dans le camp français l'alarme a été donnée. Des tirs proviennent de leurs lignes arrière. Un canon se met à tonner. Les deux groupes s'élancent aussitôt vers l'arrière, au travers des tranchées et des entonnoirs. Les premières grenades tombent à présent devant eux sur le *no man's land*. Pris de panique, les hommes se jettent dans le réseau de barbelés, hélas précisément là où il est le plus dense.

Avec la meilleure volonté, Léo n'arrive plus à progresser. Il est coincé sous un cheval de frise qui lui déchire l'uniforme. Il fait un léger bond vers le côté. L'instinct de conservation s'empare de tout son être et le pousse en avant. Mais là, légèrement sur sa droite, il entend un cri :
- Aie… Aie… ! Emmène-moi avec toi, *Kamarad*.
Il reconnaît la voix du caporal Schäfer. Il délire. Léo essaye de le conforter de loin :
- Je vais essayer de te rejoindre, Anton !".

Les rafales de mitrailleuses françaises deviennent de plus en plus denses. Leurs tireurs sont montés en première ligne. Léo essaie de trouver une solution. La situation est épouvantable. Puisant dans ses dernières forces, il se traîne vers l'endroit où est couché son ami. Il a dû recevoir un projectile dans l'épaule. Sa vareuse est pleine de sang. Avec bien du mal il le sort de l'entortillement des barbelés et le tire un peu en avant. Une faiblesse toute particulière s'empare alors de son corps. Il n'en peut plus. Il s'écroule face contre terre. Il est tout proche de l'évanouissement. Le camarade blessé gémit à côté de lui.

Ils ne se doutent pas qu'ils sont à vingt mètres seulement de leurs positions. A cet endroit les deux lignes ennemies ne sont séparées que de cinquante mètres, tout au plus. Le Français est donc tout proche.
Complètement désespéré, Léo, à tout hasard, crie le mot de passe :
- Düsseldorf… Düsseldorf !
Miracle ? A gauche devant eux, une mitrailleuse lourde se met à tirer depuis leur ligne. Et, par-dessus leurs têtes, envoie sa semence mortelle vers l'ennemi qui, un court instant, s'arrête de tirer.

Et aussitôt, un homme sort à quatre pattes de la sape allemande. Ils voient comme son corps ondule au travers des barbelés. A présent, il s'approche, les découvre, veut les ramener. Son visage est noirci par la fumée et en partie recouvert de l'argile de ce coin maudit.
Léo le reconnaît pourtant aussitôt. C'est Lohner Thomann. Tous deux se regardent avec des yeux remplis de joie. Et de larmes de reconnaissance aussi pour Léo. Thomann lui crie :
- Vous êtes les derniers à vouloir rentrer dans nos lignes. Les autres y sont déjà tous. Quelques blessés, mais tous vivants !
Ensemble, et sous les tirs, ils ramènent alors péniblement leur équipier blessé dans leur tranchée, où pendant de très longues minutes ils restent prostrés, allongés à côté de la mitrailleuse et de ses caisses de chargeurs.
- J'ai bien cru que ma dernière heure était arrivée, déclare Léo en s'adressant à son ami blessé. Et celui-ci de répondre dans une sorte de râle :
- Oui… *Gott mis uns* !… Le Bon Dieu existe vraiment !… Sinon cette fois-ci… je n'en serais pas revenu".

Léo se souvient alors du petit fanion tricolore. Il se redresse lentement, sort le fanion de sa poche, le déplie et le laisse flotter dans le petit vent du matin. Dans la bande blanche verticale au milieu de la minuscule pièce d'étoffe (18 x 15 cm) est cousu un cœur sanglant, cerclé d'épines, d'où jaillit une flamme enveloppant une croix. Autour de ce cœur, une inscription brodée en fil jaune et en demi-cercle en haut et en bas du tissu :

"CŒUR SACRÉ DE JÉSUS"
"ESPOIR ET SALUT DE LA FRANCE".

- Ce n'est qu'un bout de chiffon, mais c'est émouvant, conclut Thomann, pour une fois sérieux. C'est le témoignage d'amour à leur patrie, de ceux qui, là en face, subissent les mêmes épreuves douloureuses que nous.

Le calme est revenu progressivement dans la journée. Le blessé a été transporté très rapidement à l'infirmerie de campagne d'Ornes. Grand nombre d'hommes du peloton Kempf se sont rassemblés devant l'abri du Stützpunkt Annweiler. A la demande de l'un d'eux, le petit fanion français passe de main en main. En fin de course, l'adjudant Kempf fait une proposition, que tous écoutent religieusement :
- L'un d'entre nous va se voir confier cette prise exceptionnelle... et s'il devait disparaître, c'est un autre qui devrait la prendre en charge... et ainsi de suite, le cas échéant, jusqu'à ce qu'un jour la guerre soit finie.*

* Jamais en cette journée mémorable, Hans Rupp, le meilleur ami de Léo, ne se doutait que c'est lui que le destin désignerait pour ramener dans sa patrie le petit fanion du "Vaux-Kreuz", après plus de quatre années de guerre. Il était le quatrième et dernier porteur, les trois autres ayant été tués successivement au cours de différents combats.

Les paroles du fidèle et très sympathique adjudant émeuvent toute l'assemblée. C'est le très croyant Florian Gaß, âgé de 19 ans, et venant de Großbardorf (Unterfranken), qui le premier se voit remettre le fanion.
- *Glück auf* ! (Bonne chance) lui dit, très ému, Lohner Thomann, en mettant ses grosses paluches rongées par le temps dans les siennes.
Le soir-même, le IIIe Bataillon est relevé par le second et s'en retourne au repos au Schmiedeckelager.

Pour un bataillon arrivant au repos pour une semaine, le programme est toujours le suivant : les deux premiers jours sont consacrés aux bains, à l'épouillage et à l'entretien des armes et des équipements. L'une des journées de la semaine est forcément un dimanche. Le matin, se tient alors un office et l'après-midi est consacré aux joutes sportives et aux appels. Restent donc encore trois jours pour des exercices de tir et du perfectionnement. Le dernier jour de repos, le septième, compte à nouveau pour les préparatifs à la montée en première ligne.

Le perfectionnement du bataillon de repos en ce temps présent, est poussé à l'extrême. Le haut-commandement allemand a tiré les conséquences des nombreuses découvertes faites lors des offensives entreprises dans le nord-ouest de la France ces mois derniers et veut en faire bénéficier toute l'armée allemande. Les troupes doivent donc étudier avec la plus grande application une série impressionnante de nouvelles directives et tout particulièrement celles ayant trait à une coopération rigoureuse entre toutes les armes de l'Infanterie lors de l'élaboration et de la préparation des attaques, et aussi, sur un plan plus spécifique, celle traitant de la lutte contre les nids de mitrailleuses adverses.

Au cours des semaines suivantes, le IIIe Bataillon reprend le cycle de ses rotations entre les premières et deuxièmes lignes et le camp de repos. L'artillerie adverse est relativement silencieuse pendant la journée, mais très souvent plus virulente en cours d'après-midi. Plusieurs attaques au gaz sur les positions bavaroises restent sans grands résultats. L'infanterie française procède à de nombreuses patrouilles devant les barbelés mais ne cherche pas le contact et se retire très rapidement si besoin est.

Les patrouilles allemandes, pour leur part, s'enfoncent plus profondément dans les lignes adverses et constatent que la première tranchée française est en partie grillagée et qu'elle n'est occupée que sporadiquement de jour, mais régulièrement de nuit, par des équipes mobiles. Il est remarquable de relever tout ce que les patrouilles bavaroises peuvent rapporter de jour des tranchées adverses temporairement abandonnées : du pain blanc français tant apprécié par les équipes, et un tout-venant allant de la boîte de conserve aux bottes en caoutchouc, aux lettres personnelles, aux munitions, et même à des armes. L'adversaire n'est pas encore dans le besoin.

L'ambiance pendant ce temps est particulièrement bonne et pour beaucoup grâce aux petites, et fructueuses, patrouilles de récupération précitées. Dans les rangs allemands subsiste toujours le sentiment de supériorité morale sur l'ennemi.

Le ravitaillement est convenable, la situation sanitaire satisfaisante sauf en quelques occasions comme en fin avril où le mauvais temps fait croître le nombre de malades. Ceci notamment parmi les officiers, victimes de la fièvre dénommée *Maasfieber*, sorte de fièvre de cinq jours.

Courant mai, le beau temps revient et la nature reprend ses droits, même si on ne le constate que très peu sur le sinistre champ de bataille. Ce n'est que très en arrière, après le Herbebois, que l'on commence à ressentir le printemps. Quelques pousses vertes sortent même de certains troncs mitraillés et déchiquetés. Mais lorsque les hommes s'en retournent plus en arrière vers le camp de repos, ils ont l'impression de se trouver dans un autre monde. Ils aperçoivent des prairies et des forêts bien vertes, des arbres fruitiers en fleurs. Ils revivent.

Vers la mi-mai, les lignes allemandes reçoivent de nuit des tirs d'artillerie bizarres. Par courtes salves arrivent de petits obus qui éclatent en ne faisant que peu de bruit, laissant croire ainsi tout d'abord à une attaque au gaz, provoquant par là même des alertes très dérangeantes pour le sommeil. Au petit matin il s'avère cependant que ce ne sont pas des gaz que l'ennemi utilise, mais un autre moyen de combat empoisonné : les tracts !

Une partie de ceux-ci sont des lettres, savamment polycopiées de soldats allemands prisonniers en France, qui dépeignent leur lieu de séjour comme un pays de lait et de miel et engagent leurs "pauvres camarades consommant de la marmelade comme repas du soir" à déserter. L'autre partie est constituée de tirages du journal *Leipziger Volkszeitig* dans lesquels, entre autres, est reproduit un discours très critique envers la guerre et le gouvernement allemand signé du député du *Reich* Cohn, social-démocrate indépendant, et un appel à la grève générale lancée par les responsables dudit parti.

Le tout, savamment utilisé par la propagande de guerre française pour répandre l'incitation à cesser le combat et à se rendre à l'ennemi dans les rangs de l'armée allemande, et obtenir ainsi le résultat que les Français n'arrivent pas à obtenir par les armes.

Quelques jours après, nouvel envoi massif de tracts français. Outre les incitations précédentes à la désertion, ces feuilles contiennent cette fois-ci un appel destiné tout spécialement aux troupes bavaroises, à savoir une invitation à ne plus combattre aux côtés des Prussiens. Même si, conformément aux ordres reçus, ces tracts doivent systématiquement être ramassés et remis à la hiérarchie, il est naturellement impossible d'éviter que quelques-uns d'entre eux restent entre les mains des combattants qui, dans l'ennui de la guerre de position, accueillent avec grand plaisir une telle prose inhabituelle. Ils reconnaissent toutefois que beaucoup d'informations contenues dans ces textes sont de vulgaires mensonges et de l'intoxication. Il n'empêche qu'il existe quand même dans les rangs bavarois certaines âmes plus fragiles.

Le 1er mai a eu lieu, au camp de repos, l'inauguration d'un *Soldatenheim* (Foyer du soldat) et d'un cinéma, chef-d'œuvre de l'*Hauptmann* Gilch, officier instructeur du régiment. Il récolte par la même occasion, parmi les membres du régiment, la somme considérable de 190 000 marks pour le huitième emprunt de guerre (8. *Kriegsanleihe*).

Ainsi se termine le mois de mai, aussi triste et ennuyeux que le mois précédent. Bien que les activités guerrières se soient légèrement réduites pendant cette période, les pertes du régiment restent quand même assez élevées :

- 9 morts (dont 1 officier), 59 blessés (2 officiers) et 2 disparus (1 officier) en avril ;
- 8 morts (1 officier), 43 blessés (2 officiers) et 1 disparu en mai.

Il est à noter aussi le mauvais état des chevaux, ce qui n'est pas surprenant vu la nourriture qu'ils reçoivent ; pour l'instant de petites rations d'orge au lieu d'avoine et pour le reste, du fourrage vert. On trouve à nouveau des chevaux couverts de gale.

Le mois de juin débute par des journées chaudes et ensoleillées. Le 31e Régiment Bavarois se trouve depuis près de cinq mois dans sa position actuelle. L'ennemi, qui a soustrait certaines de ses troupes dans le secteur pour les envoyer plus à l'ouest aider à contenir les grandes offensives allemandes, se borne maintenant à des envois journaliers de grenades, des tirs de mitrailleuses et des travaux de terrassement. Mais plus à aucune activité de patrouilles. Pour Léo et ses équipiers, il n'est plus possible de faire des prisonniers lors des patrouilles en terre adverse. Les guetteurs français s'enfuient systématiquement vers leurs lignes arrière à la moindre approche de groupes ennemis, appelant systématiquement leur artillerie à des tirs de barrage par l'envoi de fusées blanches.

Le IIIe Bataillon monte en première ligne dans la nuit du 6 juin et tente aussitôt plusieurs incursions en secteur ennemi, mais sans gros succès. Une de ses patrouilles subit même un grave accident. En rampant à travers un réseau de barbelés, un de ses hommes reste accroché à celui-ci avec la mèche trop sortie de sa grenade à main et provoque son explosion. Résultat : un mort, deux blessés.

A la mi-juin, le bataillon recule de quelques centaines de mètres pour effectuer des travaux de terrassement en deuxième ligne. Ce sont les derniers faits de guerre de Léo devant Verdun. Le 21 juin au soir, son bataillon est relevé par le IIIe Bataillon du 28e Régiment de Réserve Prussien et, à marche forcée, rejoint plus au nord le camp de passage de Pillon où ses hommes subissent le traditionnel épouillage, puis accède à de nouveaux quartiers le lendemain à Han-devant-Pierrepont, à l'extrême nord-est de la Meuse.

Au cours de ces deux dernières semaines, un beau temps persistant et un ravitaillement copieux et de qualité ont permis aux hommes de garder une bonne forme. Mais une maladie très contagieuse fait à présent son apparition : la grippe ! Au début, les cas sont isolés et soignés à l'infirmerie de Compagnie. Mais la croissance rapide du nombre de malades (34 le 18 juin, 52 le 19, 67 le 20, 148 le 25 !) est pour tous, source de grande inquiétude. Surtout pour le Ier Bataillon, le plus atteint par l'épidémie, connue plus tard sous le nom de grippe espagnole.

La grande offensive de Reims
(24 juin 1918 - 15 octobre 1918)

La 15ᵉ Division d'Infanterie Bavaroise est à présent en réserve à l'arrière du front, mais personne ne doute un seul instant que bientôt elle sera évacuée pour une grande offensive. L'ambiance est bonne dans le 31ᵉ Régiment malgré l'épidémie de grippe. Ses 3 bataillons coulent des journées paisibles dans le nord-est meusien entre Spincourt et Longuyon, dans des localités heureusement encore habitées par des populations civiles. On se réjouit d'être enfin sorti de l'enfer de Verdun et la perspective d'en arriver à quelque chose de tout nouveau agite les esprits. Cela se remarque notamment lors des manœuvres au cours desquelles un grand intérêt est accordé aux nouvelles formes de combat. De plus, le casernement est bon et le ravitaillement copieux bien que dans l'ensemble peu varié.

On vit de chaudes journées de juin. Dans les champs entourant les quartiers de repos, les moissons mûrissent et sont récoltées par les autochtones sous la conduite de responsables militaires. On utilise aussi à ce travail de nombreux prisonniers italiens sous la garde de soldats autrichiens. Combien nécessaire pour tous est la saisie de cette nouvelle récolte. On peut le remarquer aux rations de pain, mais plus encore à la nourriture que les chevaux reçoivent à présent.

Tous les exercices entrepris au cours des premiers jours de repos et de convalescence, sont conçus pour des combats offensifs, notamment les laborieuses séances de tir à balles. Le 28 juin a lieu un concours de tir à la mitrailleuse. Des officiers supérieurs tiennent aux officiers et commandants de compagnies, des conférences sur l'exécution des attaques et sur la coopération indispensable entre toutes les armes. En résumé tout le nécessaire est fait pour préparer la troupe à la grande tâche qui l'attend.

Le 29 juin, réception d'un petit renfort de troupes. Ce sont des hommes assez âgés, provenant de corps d'armées dissous en Roumanie, qui arrivent sur le front de l'ouest avec très peu d'enthousiasme et qui ne donnent pas une impression réjouissante. On remarque à ce moment-là les premiers signes d'altération de la discipline, signes heureusement encore méconnus au sein des troupes du front de l'ouest.

Le 30 juin, les responsables de la préparation des cantonnements sont rassemblés et embarqués dans des trains à Arrancy. Nul ne sait pour quelle destination. Puis arrivent les ordres pour une imminente évacuation. Les bagages superflus - et c'est incroyable ce qui a pu être amassé en 18 mois de guerre de position - doivent être emballés et livrés au dépôt de recrutement de la division, qui se trouve à Matton (Ardennes).

La grippe semble atteindre son point culminant. Le 1er juillet, le Régiment compte 378 malades. En grande majorité les cas de grippe sont passagers, il y a cependant des cas graves avec des maladies pulmonaires. Le tout doublement désagréable compte tenu du très proche déplacement.

Le soir du 2 juillet à minuit, l'état-major et les trois compagnies de mitrailleuses sont embarqués à la gare d'Arrancy ; l'évacuation commence. Jusqu'alors le but de l'opération était resté secret pour l'ensemble du régiment, y compris le chef de corps. Ce n'est qu'ici à la gare que des cheminots expansifs déclarent que tous ces transports courent déjà depuis des semaines, de jour comme de nuit, vers la Champagne, où "quelque chose d'important" est programmé.

Les jours suivants, les bataillons du régiment s'embarquent à leur tour avec les autres groupes de la division. L'accumulation des transports, peut-être aussi déjà l'usure du matériel ferroviaire, fait ressortir à cette occasion des modifications frappantes et peu réjouissantes par rapport aux transports précédents : heures de départ retardées, cadences extrêmement lentes avec en plus de nombreuses haltes, et cela malgré la circulation à deux voies. En outre un matériel roulant terriblement usé, sali, à la place des fenêtres en partie des planches, les banquettes capitonnées déchirées voire volées, plus aucun rideau, etc. Ici, à l'arrière du front et en Allemagne, l'ordre et l'économie semblent se craqueler peu à peu.

Les transports atteignent Rethel après quatorze heures de trajet. Ici commence la Champagne. On voit de toutes parts apparaître une terre blanche grisâtre, des formes de terrain très allongées, d'insignifiantes cultures. Après quatre heures supplémentaires de transport, le terme du voyage : Sault, au sud d'Asfeld-la-Ville (Ardennes), est atteint.

Bien que les armées allemandes aient remporté de grands succès locaux, toutes les offensives qu'elles ont menées depuis début 1918 ont capoté. Pour épuiser l'adversaire, il leur faut encore lui asséner de grands coups. L'état-major allemand envisage de porter son effort principal en Flandres contre les Anglais. Auparavant une attaque de diversion doit être poussée de part et d'autre de Reims, laquelle doit améliorer la situation à l'arrière, dans la poche de la Marne nouvellement conquise. On prépare pour cela les 7e, 1re et 3e Armées.

Les unités du 31e Régiment sont parvenues dans la zone de déploiement au cours des journées des 5 et 6 juillet, certaines avec d'importants retards (12 heures pour le IIe Bataillon). Ils amènent cependant presque tous leurs effectifs, malgré la grippe qui, selon toute apparence, est en voie de disparition. Personne d'ailleurs ne veut rester en arrière. Chaque bataillon a été renforcé en moyenne d'une trentaine d'hommes provenant du dépôt de recrutement.

Le régiment avec son état-major et ses trois bataillons au grand complet sont logés dans des quartiers gigantesques à Poilcourt-sur-la-Retourne à environ 5 km à l'ouest de Sault, approximativement à 18 km derrière les premières lignes allemandes.

Chaque transport, dès son arrivée, reçoit des consignes très strictes pour la dissimulation des déplacements de troupes dans la zone de déploiement. Comme toutes les précédentes offensives de grande envergure, la présente attaque massive ne peut réussir que si elle reste cachée à l'adversaire et qu'elle le surprenne. C'est pourquoi, de jour, les zones de déplacement et d'attaques paraissent comme dépeuplées; seules de petites sections peuvent se déplacer sur la route, les exercices ne pouvant avoir lieu que dans les prairies basses ou les clairières. A tous les croisements de route, des hommes du Landsturm surveillent la circulation. Dès la tombée de la nuit, les grands mouvements de colonnes se déclenchent sur les routes blanches, crayeuses, lumineuses jusqu'au lointain. La grande sécheresse est une protection contre les avions ennemis; d'épais nuages de poussières enveloppent chaque déplacement et se répandent comme un voile de brouillard protecteur sur la plaine. Chaque arbre, chaque buisson, tout est recouvert par cette couche de poussière blanche, laquelle pénètre aussi jusqu'au plus profond des abris.

Dès leur arrivée dans la zone de déploiement, les troupes reçoivent les premières indications sur leur affectation. La 15e Division d'Infanterie Bavaroise est mise à disposition de la 1re Armée commandée par le général d'infanterie Mudra. Cette armée, lors de la grande offensive, devra progresser vers le sud, à l'est de Reims. Elle a cependant deux gros obstacles à franchir: la rivière Vesle et le Canal de l'Aisne à la Marne.

Les bataillons utilisent aussitôt "La Retourne" qui coule non loin de leurs abris, pour effectuer des exercices de franchissement de cours d'eau. Ensuite, de tous côtés, et avec le plus grand zèle, on donne les dernières touches à la préparation de l'attaque. Des officiers de l'état-major, de l'Aviation et de l'Artillerie font des exposés sur les charges qui incomberont aux différentes unités, sur l'action commune de toutes les armes, mais aussi sur la gigantesque organisation du dispositif de combat. L'impression que l'offensive a été préparée de façon exemplaire, jusque dans ses moindres détails, crée une ambiance de confiance dans tout le régiment.

Le général von Gramich fait un exposé sur les préparatifs de l'attaque en matière d'artillerie. Pour le seul secteur de la division, 220 canons de tous calibres et 60 mortiers feront feu pendant 220 minutes. Ce rouleau de feu ne s'arrêtera que lorsque l'attaque se déclenchera. Si l'ennemi n'a pas, auparavant, obtenu de renseignements sur ces plans, la percée devrait réussir.

Le 6 juillet, aux toutes premières heures de la matinée, les responsables du régiment font la première reconnaissance du terrain pour la mise en place des troupes d'assaut. Le secteur dans lequel doit progresser le 31e est une ligne d'environ 1 km d'ouest en est, dans l'actuelle première ligne allemande située à 3 km au sud des villages de Beine et de Nauroy. Apparemment, une position jusqu'alors très tranquille, avec des tranchées en bon état et bien taillées dans la terre calcaire grisâtre. Seul le mont Cornillet, en possession des Français (1,5 km au sud-est de Nauroy), se dresse désagréablement sur son flanc gauche et permet à l'ennemi, dans ce terrain plat et accidenté et recouvert seulement de maigres forêts, de scruter de bien des manières jusqu'au cœur des tranchées.

La zone d'attaque qui, à partir d'ici, est affectée au régiment de Léo ainsi qu'aux troupes qui se déplacent à sa gauche et à sa droite, paraît périlleuse et ne pas pouvoir être conquise sans la supériorité de l'artillerie. Le terrain descend doucement, sur près de 6 km, à travers un dédale de positions françaises, jusqu'aux rives de la Vesle et du canal Aisne-Marne, pour remonter ensuite de la même manière vers les pentes de la Montagne de Reims. Une série de forêts, petites ou moyennes, recouvre la pente descendante. Très déchiquetées dans la zone du front, elles offrent une mauvaise protection aux abords de la voie romaine, vers laquelle se portera l'offensive.

Au cours des journées suivantes, les bataillons procèdent à plusieurs exercices sur l'eau, ou dans les terrains boisés à l'est de la route Poilcourt-Saint-Étienne-sur-Suippes : essais de percées, sorties rapides des tranchées dès la fin des tirs d'artillerie, coopération avec l'aviation… La canicule et la sécheresse rendent ce travail très pesant. Un dernier exercice a encore lieu le 9 juillet en présence du général de division. A l'issue de celui-ci, les 30ᵉ, 31ᵉ et 32ᵉ Régiments d'Infanterie Bavarois sont réunis dans le parc du château de Poilcourt. Le chef de division se fait présenter les troupes et leur précise toute l'importance des prochaines journées. La situation sanitaire s'est nettement améliorée. L'infirmerie ne compte plus que 134 hommes pour tout le régiment, 4 autres sont au *Lazarett*. La moyenne d'hommes par bataillon s'élève à 592. Tout le monde a un bon moral pour l'attaque et est sûr de son succès.

La marche du régiment et des autres corps de troupe de la division vers la position d'attaque débute dans la nuit du 10 au 11 juillet. Elle est programmée sur trois journées et réglée d'une façon admirable, à l'exemple des autres préparatifs d'attaque. Aucune des colonnes se déplaçant vers l'avant ne gêne une autre, que ce soit pendant le déplacement ou lors du bivouac. Tout se déroule bien entendu dans l'obscurité.

Tout ce qui n'est pas indispensable au combat, comme les trésoreries, les secrétariats, le train des équipages, demeure à Asfeld. Les chevaux doivent être remis à la division pour la formation d'une équipe de pontage. Pour pallier le manque de chevaux, chaque bataillon doit même se priver d'un attelage de cuisine roulante. En échange, chaque régiment se voit attribuer 20 mulets. Comme matériel roulant de combat, chaque bataillon est donc doté de deux véhicules pour mitrailleuses légères, deux véhicules pour lanceurs de mines, trois cuisines roulantes, une ambulance et quatre véhicules de ravitaillement.

Le IIIᵉ Bataillon arrive à l'aube du 11 juillet à son lieu de bivouac, le Roemerriegellager, dans les alentours d'Isles sur Suippes (Marne) où se sont installés le reste du Régiment et son état-major. Survient une pluie orageuse rafraîchissante. Dans une certaine mesure, elle supprime l'embarrassante poussière. Entre-temps, chaque bataillon a envoyé par avance ses officiers de jalonnement dans les positions d'attaque. Là leur sont données, le 11 juillet aux premières heures du matin, les instructions pour les deux journées de mise en place du dispositif. Le jour de l'attaque, tenu encore secret, est appelé jour "Y", le jour précédent "Y - 1".

La deuxième étape de la marche en avant a lieu dans la nuit du 11 au 12. Les trois bataillons et l'état-major s'installent dans deux camps (Hochkönigsburglager et Mühlheimerlager) à 3 km au sud-ouest de Saint-Masme. De nuit, les routes conduisant au front sont à présent très fréquentées : infanterie, colonnes de munitions, convois d'automobiles et camions de tous genres, artillerie... Et toujours se pose la même question : "Tout ceci, à l'insu de l'adversaire ?". Il y a bien, de nuit, survol d'avions ennemis sur les routes d'accès, mais apparemment les résultats de leur reconnaissance doivent être minces car ces routes, avec leur trafic important, sont épargnées par leur artillerie. Seuls, à l'avant, dans les premières lignes, sévissent les tirs habituels, lesquels, il est vrai, font exploser çà et là certains des dépôts de munitions répartis un peu partout sur le terrain.

Le 13 juillet est jour de repos : il n'y a aucun changement de position. Le calme dans les camps forestiers très ombragés est bienfaisant pour tous. Les compagnies rangent leur paquetage d'assaut. Chaque homme a comme équipement : 150 cartouches, 2 grenades à main, un havresac légèrement garni, avec une tente mais sans manteau, plus 2 gourdes et 5 boîtes de ration.

Le camp s'anime soudainement ; l'état-major de division vient de communiquer l'ordre d'attaque. Les régiments et les bataillons en prennent connaissance et l'étudient. L'offensive a été conçue comme suit : la 15e Division d'Infanterie Bavaroise (30e, 31e et 32e R.I.) progressera en direction de la voie romaine sur un axe orienté vers les villages de Wez et Thuisy. A sa droite, la 123e Division d'Infanterie Prussienne, à sa gauche la 3e Division d'Infanterie de la Garde. Cette dernière devra emporter le dominateur mont Cornillet. A l'arrière, suivra la 8e Division de Réserve Bavaroise. Au sein de la 15e Division, le 30e R.I. marchera à droite, le 31e (celui de Léo) à gauche, chacun avec deux bataillons en première ligne. Le 32e R.I. suivra le 31e.

Les chefs de corps font procéder à un appel et donnent les ordres de marche à la troupe réunie. Au 31e R.I., les deux bataillons de première ligne seront, à gauche le premier, à droite le troisième (Léo). Le deuxième suivra le premier à une distance de 400 m. Les couloirs dans lesquels attaqueront les bataillons ont été tracés sur des cartes et des croquis, lesquels exposent également la nature du terrain (forêts, prairies, tranchées, boyaux...). Les états-majors et les responsables de compagnies reçoivent une copieuse dotation de vues aériennes de la zone de déplacement. L'étude très détaillée du plan d'attaque, sa retransmission très précise aux différents groupes du régiment, l'information donnée sur les espaces à franchir lors de l'offensive, tout cela, exécuté avec la plus grande minutie, coûte beaucoup de temps et d'énergie.

Les commandants des compagnies de première ligne sont déjà montés le 13 juillet dans les positions d'attaque. Hélas, là, ils ont appris que les Français avaient fait des prisonniers la nuit précédente. Personne ne craint cependant une divulgation des préparatifs, car dans les rangs allemands, tout a été tenu secret aux troupes d'assaut. Il est procédé enfin, dans les bataillons et les compagnies, à l'étude de diverses possibilités de remplacements du commandement, lesquels remplacements ne s'effectueraient qu'en cas de pertes humaines extrêmes.

Le 13 juillet, à la tombée de la nuit, le régiment se met en route, pour occuper ses positions transitoires du jour "Y - 1". Cette évolution nocturne est la plus délicate de tout le déploiement, car tout le monde est d'accord sur le fait que, si l'adversaire connaît les intentions allemandes, il procédera dans les prochaines heures à de très importants tirs d'artillerie. Mais, s'il y a bien quelques avions ennemis qui illuminent les routes par des parachutages de fusées éclairantes, mis à part les habituels tirs de harcèlement - qui, il est vrai, détruisent cette fois-ci un gros dépôt de munitions dans les positions du régiment voisin, provoquant d'importants dégâts - rien d'exceptionnel ne se produit au cours de la nuit. Seul le IIe bataillon voit sa montée en ligne quelque peu perturbée par des obus chimiques qui, par endroits, gazent ses chemins de progression.

Tous les bataillons atteignent leurs positions d'attente, sains et saufs. Les états-majors des trois régiments s'installent, très à l'étroit, dans un abri au sud-est de Beine. Quant à la troupe, elle s'engouffre par petits groupes dans les galeries d'hébergement existantes.

La journée du 14 juillet se déroule ainsi sans perte, malgré un bombardement très vif, mais très dispersé et parfois mélangé de gaz, par l'artillerie adverse. Ce dernier jour avant l'attaque est un jour de tension croissante. Les dernières instructions sont données, l'armement une nouvelle fois passé en revue. Dans les galeries souterraines surpeuplées, les chances de réussite de l'offensive sont évidemment le sujet intarissable de discussions. D'autant plus que de folles rumeurs de la connaissance par l'ennemi de tout le déroulement de l'opération, par l'intermédiaire de déserteurs et de prisonniers, continuent à courir de plus belle. Pour se changer les idées, bon nombre d'hommes écrivent quelques mots à l'adresse de ceux qui impatiemment attendent leur retour au pays. D'autres jouent aux cartes, jetant leurs atouts sans s'en rendre compte. On devine qu'en pensée ils sont complètement ailleurs. Une pensée macabre d'ailleurs et qui martèle leur crâne : la mort ! Mais une lueur d'espoir, sécurisante et libératrice, envahit aussitôt leur cerveau : peut-être que demain, à cette heure-ci, je serai déjà loin d'ici, dans un hôpital de campagne... !

Le crépuscule ne vient que très lentement. A 22 h 00, lorsque la nuit est tombée, les bataillons vont occuper leurs positions d'attaque dans les premières lignes qui jusqu'alors étaient tenues par le 266e Régiment d'Infanterie. Et, bien que l'ennemi ait désormais amplifié ses tirs de harcèlement, tout se passe une nouvelle fois sans perte. A minuit, la mise en place du régiment pour l'offensive est achevée.

Le début du grand orage de feu est prévu pour 1 h 10 du matin. Sur tout le front, les montres ont été réglées à la même heure et partout, avec une impatience grandissante, des yeux dilatés par une excitation grandissante, fixent fébrilement leurs aiguilles. Léo serre nerveusement sa montre à gousset dans la paume toute moite de sa main. Les petites touches ne semblent pas se mouvoir.

Enfin, il est 1 h 00 du matin. C'est incroyable ce que le temps peut passer lentement ! 1 h 05, 1 h 07, 1 h 08, 1 h 09 et, aussitôt après, cela se déclenche. Mais pas d'un seul coup, malgré le réglage préalable parfait de l'ensemble des montres. Il faut plusieurs minutes avant que toutes les bouches à feu ne soient unies pour un concert d'enfer d'une ampleur et d'une violence sans doute jamais égalées jusqu'à ce jour. Et alors, plus aucun tir isolé n'est perceptible, mais uniquement un roulement permanent et le grondement d'un ouragan dans l'atmosphère. Dans toutes les tonalités, hurlants, sifflants, gémissants, les projectiles fendent l'air par-dessus ceux qui attendent ; en retour, leur parviennent le fracas et le vacarme des impacts.

Cette préparation d'artillerie doit durer trois heures et quarante minutes. L'assaut sera donné ensuite à 4 h 50 du matin. Malgré sa profondeur, l'abri où se tassent Léo et ses camarades est une véritable caisse de résonance. Tous les bruits de l'extérieur s'y répercutent et s'y amplifient. Pétrifiés, les hommes se regardent fiévreusement à la lueur de la chandelle qui se consume lentement.

Relevée de son poste de garde, une jeune recrue descend hâtivement le petit escalier en béton et s'écrie :
- C'est terrifiant ! Tout l'horizon ne forme plus qu'un unique haut-fourneau !
Inquiets, les hommes s'agitent sur les banquettes et les lits de camp. Ils sont impatients de sortir de ce trou, même si après il faudra monter à l'assaut. Il est 2 h 00 du matin. Malgré l'impressionnant bourdonnement des échanges d'artillerie, le calme est revenu peu à peu dans l'oppressante cavité. Soudain, le gong d'alerte retentit devant l'abri.
- Gaz, gaaaz, gaaaaaz… hurle-t-on vers l'intérieur.

Chacun se précipite nerveusement sur son masque à gaz et se fraye un chemin vers la sortie. Les attaques au gaz de l'artillerie allemande sont tellement denses que les nuages toxiques se rabattent sur les tranchées de son infanterie. Les verres des masques se ternissent et les petites flammes roses des impacts des obus scintillent comme des gouttes de feu dans les verres de lunettes. De longues minutes, les hommes restent enracinés au sol. Enfin, avec beaucoup d'hésitation, ils enlèvent à nouveau leurs appareils de protection. Le nuage s'est dissipé. La sueur perle sur leur front; leur corps est en ébullition.

Une agitation se manifeste à présent dans les alentours. Des formes assez floues passent en haletant dans la tranchée avec de petites échelles. A intervalles réguliers, elles creusent des trous dans la paroi et y apposent ces échelles.

- C'est là que nous devrons sortir, explique le sergent-chef.

A d'autres endroits, sur instruction des officiers d'artillerie, on place de gros châssis pour le passage des canons. L'infernal bruit d'enfer continue de plus belle. Tout baigne dans une mer de vibrations. Les yeux se fixent sur les traînées de gaz suffocant et les nappes de brouillard toxique. Les vapeurs de gaz phosgène et les affreux nuages d'acide picrique se faufilent à travers les réseaux de barbelés du no man's land et s'accumulent par endroits en de véritables murs de poison. Puis d'énormes mines s'y fondent à pleine allure et, par leur déplacement d'air, ouvrent de larges brèches par lesquelles les gaz s'en vont.

Ce n'est que très lentement que la lumière du jour se glisse sur un paysage défiguré… C'est un horrible éveil de la nature. Malgré tout, une alouette s'envole du bord d'un entonnoir et s'élève vers le ciel par une trouée dans la fumée et le brouillard. Une image bucolique, qui rend grotesque toutes les autres visions de cette guerre affreuse.

Après 4 h 00 du matin, chaque minute devient une éternité. Les aiguilles du cadran avancent paresseusement. Le cerveau est surexcité. Le sang bat dans les tempes. Les doigts tapotent nerveusement sur le boîtier du masque à gaz. On range consciencieusement son havresac sur lequel est posé le fusil. Puis les pensées s'évadent vers la famille, vers les proches. A cette heure, ils doivent dormir en paix, sans se douter de ce qui se passera ici dans moins d'une heure. Dans la matinée, ils liront sur les placards d'affichage de la Poste: "Une grosse offensive a été déclenchée en Champagne et sur la Marne". Et entre les lignes, ils déchiffreront: danger - mort - sacrifice. Beaucoup d'entre eux auront des craintes pour le destin de leur mari, de leur enfant; certains autres resteront indifférents, n'ayant rien à sacrifier.

Un nouveau coup d'œil sur la montre: 4 heures 10 minutes. La grande aiguille semble bloquée! Léo contemple longuement le cadran crasseux de sa montre à gousset dans la faible clarté de la chandelle de l'abri. Combien de fois l'a-t-il ainsi regardée, blotti devant des obstacles ennemis lors d'une reconnaissance, ou en hiver, au cours de patrouilles interminables dans la nature, ou encore en montant la garde, appuyé devant les meurtrières de la tranchée, attendant avec impatience la relève ? Mais cette nuit le cadran lui apparaît comme le visage d'un mauvais génie. Plus il le regarde, plus il se sent inquiet, troublé. Certains de ses camarades tournent nerveusement dans la chambrée pourtant très encombrée. Quelques autres échangent leurs adresses, pour qu'on écrive à leurs familles le cas où… Léo a donné celle de son père à son sergent-chef qui s'occupera de tout, à condition toutefois qu'il ne succombe pas avant lui.

Dehors, le feu de roulement a atteint son apogée. Les hommes sont désormais indifférents à tout ce tapage. Ils se lancent des regards rassurants et sentent combien ils sont étroitement unis en ces dernières minutes avant l'assaut. Certains ont même un sourire fataliste.

4 h 30 minutes. La voix de l'officier s'élève. Elle tinte étrangement :
- Nous y sommes, il faut sortir maintenant !
Chacun met son sac sur le dos, prend son fusil et grimpe vers la sortie. Les pieds sont lourds comme du plomb. A l'extérieur fourmillent déjà les assaillants. Ils se groupent aux positions d'attaque où ils reçoivent des grenades à main supplémentaires, quatre chacun, qu'ils attachent à leur ceinturon.

4 h 45 minutes. Les violents tirs d'artillerie se concentrent désormais sur la première ligne française. Collés contre la paroi protectrice de la tranchée, le regard perdu au loin, les hommes attendent dans le calme. Toute excitation est tombée. Les mains sont froides. Les dernières minutes s'écoulent dans une totale apathie. Enfin arrive la délivrance.

A 4 h 50 minutes, sur tout le front, la première vague d'assaut sort des tranchées. Après avoir franchi le parapet, elle s'arrête quelques courts instants, scrute l'horizon blafard, puis avance à pas lents comme le font les chasseurs lors d'une battue. La marche en avant s'effectue par files. Léo, à la tête des huit hommes de son groupe, est placé au milieu du dispositif de sa compagnie. Le puissant barrage d'artillerie déferle à présent loin devant, jusqu'à la Vesle, à hauteur des villages de Courmelois et Wez.

Sous le faible éclairage du matin, le paysage offre un visage terrifiant. Tout est haché en menus morceaux et retourné sens dessus dessous. La troupe contourne des entonnoirs aux bords jaunis par les gaz, franchit des amoncellements de branchages, de troncs déchiquetés, des souches criblées de balles, des réseaux de barbelés entortillés… Les pieds s'enfoncent dans des terres fraîchement retournées et encore fumantes. Un épais brouillard, mélange de poudre, de gaz, de fumées et de poussière de craie, recouvre le terrain.

Les files qui se fraient ainsi un chemin au travers de ce rideau protecteur se sont perdues de vue. Elles marchent en rangs serrés directement derrière le barrage roulant d'artillerie, s'orientant à la boussole. Souvent elles divergent de leur ligne d'attaque et s'entremêlent.

Dans les horribles nappes de gaz lacrymogènes, les hommes ressentent de grosses douleurs respiratoires. Ils toussent. Leur nez et leur gorge sont comme bouchés. Malgré tout, la première ligne ennemie est franchie rapidement. Elle a apparemment été évacuée. Seul un petit poste d'avant-garde, avec des hommes bleu horizon complètement hagards et terrorisés par le feu nourri qu'ils viennent de subir, livre un simulacre de résistance. Et, ô surprise, toutes les tranchées, tous les boyaux ennemis, toutes les positions intermédiaires rencontrées lors de la progression, apparaissent désormais cadenassés et encagés, comme on ne l'a encore jamais vu. Des portes et des barrages grillagés ont été réalisés avec la plus grande ingéniosité. Les franchir est chose très difficile.

Les uniformes pendent bientôt en lambeaux. Bien qu'avec peine, les files continuent leur marche en avant. Et toujours sans aucun tir ennemi. L'artillerie de ce dernier ne paraît cependant pas absente. On l'entend faire feu sur les lignes arrière. Cela n'est pas bon signe.

Vers 6 h 00 du matin, le IIIe Bataillon atteint les tranchées, vides elles aussi, de la deuxième ligne française ; cette dernière court parallèlement à l'ancienne voie romaine, à peine 500 mètres plus au nord.

Le jour se lève lentement. Il va faire chaud. Le paysage a changé de visage. Les étroites forêts saccagées ont cédé la place à de nombreux petits bosquets, eux aussi très déchiquetés. Le terrain, d'un aspect lunaire, descend en pente douce jusqu'au sillon de craie blanche dessiné par la voie romaine, puis jusqu'à la Vesle.

Le prochain espace à parcourir, pratiquement nu sur quelques centaines de mètres, ne laisse rien présager de bon aux attaquants, qui se pelotonnent les uns contre les autres. Mais on ne leur laisse pas le temps de réfléchir ; il ne faut pas rester trop groupé, d'autant plus que plusieurs obus viennent d'exploser quelques dizaines de mètres en arrière, au beau milieu du groupe d'hommes qui suit, et que de partout s'élèvent des cris de douleur et de détresse.

- Tous en avant ! hurle le sergent-chef, en brandissant ses grenades à main.

La 10ᵉ Compagnie s'engage en courant dans un gros boyau de communication adverse, le "boyau Eugène", qui s'estompe devant elle dans la pâle lumière de l'aube naissante. L'artillerie allemande y a sévi furieusement. On se croirait dans le lit desséché d'une rivière. Les parois sont effondrées et les sacs de sable des remblais gisent crevés comme de gigantesques entrailles. En de nombreux endroits, des barrages de barbelés empêchent le passage. Des charges d'explosifs les font disparaître. Le rouleau de feu qui jusqu'alors ouvrait la voie aux troupes d'assaut allemandes, a pratiquement disparu. L'ennemi par contre, amplifie à présent son tir de barrage sur les bataillons de réserve qui les suivent de très près. De trop près même parfois, au point de créer des embouteillages.

- Vorwärts - vorwärts ! En avant, en avant !

Les points d'impact, les gerbes de terre se multiplient à l'arrière. Plusieurs silhouettes titubent, tournoient dans un sauvage tourbillon et s'effondrent sur le sol crayeux en hurlant.

- Dépêchez-vous !

Le groupe de Léo se faufile au travers de lambeaux de barbelés qui, telles des griffes, se dressent vers le ciel. Le boyau est effondré sur plus de vingt mètres. Qu'importe, il faut progresser ! Complètement à découvert, pliés en deux, le sac sur le dos, le fusil à la main, les hommes se lancent une nouvelle fois en avant. Un craquement effroyable déchire brusquement l'espace. La poussière de craie se soulève partout devant eux. Venant d'un bosquet proche de la voie romaine, une salve de balles de mitrailleuse fend l'air par-dessus leur tête. Un corps s'écroule lourdement. Impossible de lui porter secours. Les hommes se jettent à terre et, à quatre pattes ou en rampant, regagnent une portion plus profonde du boyau. Déjà une nouvelle volée de balles martèle le remblai. D'autres salves retentissent dans le secteur voisin.

- C'est Franz qui a été fauché, crie une voix.

Muets, le souffle court, les hommes sont couchés sur le sol, comme enracinés. Certains sont pris de tremblement. D'autres réagissent rapidement. Ils dégoupillent leurs grenades à main, les balancent au loin vers le tas de terre derrière lequel la mitrailleuse sème la mort, puis profitent du nuage de poussière et de fumée créé par les explosions pour bondir hors de la tranchée et se lancer vers l'arme meurtrière.

Après quelques foulées seulement, plusieurs d'entre eux se plient en deux, gesticulent et, en poussant des cris atroces, s'effondrent au milieu des entonnoirs. Léo et les autres survivants plongent dans une tranchée voisine. Impossible de progresser en terrain découvert sans être haché menu. La mitraille empêche toute sortie frontale. Le nid de mitrailleuse ne peut être pris que par la droite. Sollicité par l'envoi de fusées éclairantes, le secours des canons d'accompagnement ne vient pas. Les pièces d'artillerie, empêtrées à l'arrière dans le dédale de tranchées, n'ont pas pu suivre. Il faut faire vite car l'artillerie française, elle, redouble d'activité et son terrible tir de barrage, de l'arrière vers l'avant, se rapproche de minute en minute des troupes d'assaut.

En rampant avec adresse dans un petit fossé d'écoulement d'eau, une dizaine d'hommes de la compagnie voisine ont pu se glisser dans un entonnoir tout proche du bosquet maudit. Sous-officier en tête, ils jaillissent de leur trou, courent en zigzagant vers le bosquet, dégoupillent leurs grenades et les projettent sur l'équipage de la mitrailleuse. Celui-ci, dans un dernier réflexe, tourne son arme vers les assaillants. Il en tue ou blesse plus de la moitié, y compris le gradé. Ceux qui restent debout lancent une deuxième volée de grenades. La mitrailleuse se tait instantanément.

Les survivants de la 10ᵉ Compagnie poursuivent alors aussitôt leur progression dans le "boyau Eugène", détruisent de nouveaux postes de résistance et font des prisonniers. Certains de ceux-ci déclarent qu'ils sont déjà au courant de l'offensive allemande depuis plusieurs jours. Les Bavarois accusent le coup. Fatigués et avachis, ils s'appuient aux parois du boyau.
- Alors, l'histoire des déserteurs était quand même vraie ! Ils savent tout, ils ont tout préparé, ils nous attendent !
- Ce n'est pas le moment de discuter, crient des voix venant de l'arrière. Le bataillon de réserve se mêle aux groupes d'assaut. Il faut avancer, encore et toujours !

Le tir de barrage français tombe sur leurs talons. Des avions à cocardes survolent les tranchées à moins de cinquante mètres de hauteur et larguent des fumigènes jaunes.

- Attention, ils vont diriger le feu sur nous ! lance Léo aux survivants de son groupe. Nous allons écoper à notre tour.

Les premiers obus passent en hurlant au-dessus de leurs têtes. Rrrram - Boummm ! Rrrram - Boummm ! Ils explosent dans leur dos en des geysers de fumée. L'espace n'est plus qu'un long gémissement, un long craquement ; la terre, une horrible braise. Les coups au but ont un effet dévastateur dans les tranchées surpeuplées. Des groupes entiers se couchent en poussant des cris de détresse et de désespoir. Ce ne sont plus que des mares de sang emplies de monceaux d'uniformes lacérés et de membres déchiquetés. La mort fait une riche moisson. Elle décime une grande partie du bataillon.

- En avant ! hurle un des derniers officiers encore en vie.

- Il est fou, pensent les hommes de Léo, qui estiment tous que cette offensive est désormais un acte de démence.

Malgré tout, ils avancent sous le feu des canons et des tirs de fusil qui giclent de partout. La voie romaine n'est plus qu'à une cinquantaine de mètres.

- En avant, en avant !

Un déluge de feu se déverse sur tout le secteur. La catastrophe arrive. Le terrain environnant se craquelle de toutes parts et, tel un ventre déchiré, crache ses entrailles. Des bosquets volent en l'air, comme projetés par de gigantesques catapultes. Des colonnes multicolores jaillissent hors de terre. Tout n'est plus que feu, fumées, poussières, vapeurs, gaz, bruits, lumières aveuglantes… Les hommes sont devenus sourds, leur respiration est haletante. Ils ne peuvent plus ni avancer ni reculer. Que peuvent-ils encore espérer ?

Le souffle des explosions les projette les uns sur les autres. Ils se relèvent, avancent de quelques pas, retombent aussitôt, rampent par-dessus des obstacles, se collent contre les parois encore existantes, écartent des barbelés, tirent sur des formes bleu horizon qui s'enfuient, réconfortent en passant des blessés qui réclament à boire, leur tendent leurs gourdes, reprennent leur progression…

8 heures.

Combien sont-ils encore ? Très peu apparemment. Une vingtaine tout au plus. Alors que voilà trois heures à peine leur file en comptait cinq fois plus ! Mais, ils ne sont pas seuls. Des mitrailleuses amies font entendre leur tacatacata - tacatacata… sur leurs flancs. Encouragés, ils se lancent vers la voie romaine maintenant toute proche. Cela n'a plus rien à voir avec la bravoure. C'est une course contre la mort ! L'explosion brutale d'un schrapnell élimine quelques hommes. Les autres sont projetés dans un profond entonnoir, parmi des morts entassés les uns sur les autres comme des bûches.

A l'avant de son groupuscule, Léo se hâte de ramper par-dessus des cadavres pour replonger une nouvelle fois dans le funeste mais protecteur boyau Eugène. La voie romaine est à portée de main ! Un nouvel obus frappe près de lui. Puis un autre. Celui-ci décide de son sort. Le temps d'une seconde, il sent le souffle de l'explosion. Puis c'est fini. Il ne sait plus rien. Le paysage environnant disparaît loin… loin… loin de lui. Il ne peut plus respirer ni remuer… Il est enseveli !

L'obus, qui a frappé de l'autre côté du parapet, l'a soulevé en explosant et l'a renversé d'un bloc au fond du boyau croulant qui s'est refermé sur lui. Sans plus se soucier désormais de rien, il s'enfonce paisiblement, confortablement, délicieusement dans un doux abîme sans fond. Il rêve. De quoi, il ne sait pas. Mais dans ce rêve il lui semble entendre des voix. Au début, très confuses, puis de plus en plus distinctes.

- Léo… Léo… *Unteroffizier* MALNOURY… !

Avec des pelles-pioches portatives, avec leurs mains, leurs genoux, sous le feu ennemi, ses camarades déblaient la terre grise crayeuse autour de lui. Ils ont reconnu leur chef à ses longues jambes qui, seules, dépassent de terre. A ses bottes surtout. Des bottes qu'il s'était fait faire spécialement, chez lui à Metz, pour y loger plus commodément les moignons de ses pieds, gelés dans les boues glacées des Flandres au nouvel an 1915. Le temps presse, il faut faire vite. La ligne de front s'est déplacée. Il semble que le bombardement ait suspendu son vacarme, que les obus tombent plus loin, ou moins fort, dans un air lourd qui les étouffe.

- Allez, encore !

Les poitrines halètent, deviennent douloureuses. Très vite une fatigue nette et cruelle s'enfonce entre les omoplates. Des crampes étreignent les bras…

- Vite ! Par ici ! On l'entend gémir là-dessous !

La terre lourde se soulève à peine. Une main émerge, dont les doigts terreux tâtonnent et s'agrippent. On tire, le bras vient peu à peu, la terre se soulève davantage. Les hommes qui tirent n'en peuvent plus. Ils se laissent tomber à la place où ils sont. Ils reprennent rapidement leur tâche, jusqu'à ce qu'elle réussisse. Enfin… ! C'est une motte toute blanche qui sort de terre, qui s'affale sur le côté et qui laisse apparaître des yeux d'homme dans un visage masqué de boue. Hagard, Léo vomit la boue fade qui emplit sa bouche, aspire l'air à pleins poumons. Il est choqué, commotionné, prostré, mais bien vivant. Il essaie de balbutier des mots que l'on ne comprend pas. Ses oreilles bourdonnent, sont pleines de sifflements. Il a l'impression que sa tête va éclater.

Deux visages aimables et familiers sont penchés sur lui. Léo ne semble pas les reconnaître. Et pourtant ils appartiennent à deux jeunes recrues de son groupe. L'un lui déchire sa tunique, lui masse la poitrine. Un autre le palpe rapidement partout. Il sent un liquide chaud et visqueux suinter à l'arrière de sa cuisse gauche. On le roule sur le côté. On lui ouvre fébrilement son pantalon : la chemise, le caleçon, tout n'est qu'un magma poisseux et sanguinolent.

- Il a dû recevoir un éclat d'obus !

- Je penche plutôt pour une grosse déchirure faite par un pieu ou un barbelé !

On lui bande la cuisse blessée avec son pansement individuel. Celui-ci est aussitôt rougi par le sang. On tente maladroitement de l'apaiser, de le réconforter.

- Cela aurait pu être plus grave, l'os, la grosse artère, les nerfs moteurs.

Des ombres sautent par-dessus le fossé.

- Allez les gars ! Il faut continuer !

Ses sauveteurs rampent hors du boyau. Avant de sortir, le plus jeune lui caresse tristement le visage. Puis, sous le feu adverse, ils se joignent à un autre groupe d'assaut et disparaissent. Léo est seul, perdu au milieu de cet enfer. Cela lui est bien égal à présent. Il est somnolent, a le vertige, ressent une douleur dans tout le corps. on subconscient lui indique toutefois qu'il est désormais hors de combat, que toute cette horrible histoire va prendre fin pour lui. Ses puissants maux de tête effacent rapidement cette agréable pensée... Il sombre dans l'inconscience, quand subitement deux poignées vigoureuses le soulèvent de terre, le tiennent sous les bras et le traînent hors du boyau. Il a mal partout. La plus poignante douleur lui vient pourtant du plus profond de lui-même, du cœur.

- J'abandonne mes vaillants camarades...

Une larme perle de ses yeux.

Au travers d'encombrantes broussailles et par-dessus d'innombrables éboulis et écueils de tous genres, deux infirmiers le ramènent vers l'arrière. Ils l'ont glissé sur un brancard fait de deux barres et d'une toile de tente pliée en deux et boutonnée. Léo pend au milieu. Il s'imagine qu'avec un peu d'aide, il pourrait peut-être faire quelques pas en boitillant. Il est beaucoup trop faible. Ses yeux se perdent dans un voile de brouillard. Il se laisse aller.

8 h 30 minutes.

La marche cahoteuse se poursuit au travers d'un terrain rappelant les montagnes russes. L'artillerie des deux camps y a sévi férocement ; un entonnoir touche l'autre. Les brancardiers y descendent, en ressortent, franchissent des barbelés puis redescendent, remontent, ainsi de suite, sans arrêt, sur plusieurs centaines de mètres. Plusieurs obus explosent encore aux alentours, quelques balles de fusils sifflent dans les airs.

Rien n'arrête la marche des deux hommes, ainsi que celle des nombreux blessés, qui, tête, bras ou jambe bandée, se dirigent par leurs propres moyens vers un point de repère au-delà de la crête de la colline, le petit village de Nauroy, qui brûle sous l'effet des précédents bombardements et émet une grosse colonne de fumée noire, visible partout à la ronde. Les deux porteurs ont les muscles fatigués et leur résistance faiblit. Leurs haltes sont de plus en plus fréquentes. Ils aboutissent, épuisés, dans un nouveau boyau de raccordement entre les lignes, le "Davoustgraben" qui, parallèlement au boyau Eugène, remonte vers les anciennes premières lignes des deux camps. Ce boyau est complètement encombré. Deux flux importants s'y croisent. D'une part, celui de ceux qui, sans aucune retenue ni aucun ménagement, se précipitent vers la ligne de front, bousculant et piétinant tout sur leur passage.

- *Vorwärts, vorwärts*, toujours *vorwärts* !

Rien ne doit les arrêter. Ce sont les bataillons de renfort, des groupes de mitrailleuses, des sapeurs du génie, des poseurs de lignes téléphoniques, des porteurs de marmites de ravitaillement, des messagers, des infirmiers...

La longue colonne de blessés engendre le flux inverse. Écrasée tantôt sur l'un des côtés du boyau, tantôt sur l'autre, elle se fraie péniblement son chemin dans cette grosse tranchée, zigzagant sans cesse, profitant du moindre trou dans la colonne descendante pour avancer de quelques pas, se jetant à nouveau rapidement contre une paroi, attendant une nouvelle éclaircie pour poursuivre dans de grandes souffrances sa lente progression vers le haut, tant attendu, de la colline.

La piste ne subit plus les tirs d'obus ; rares sont les balles de fusils qui s'écrasent encore sur les épaulements de la tranchée. La tempête semble s'éloigner. Seuls, dans les bas-côtés, les nombreux camarades, muets, aux visages déjà violacés, seuls les arbres éclatés, déracinés, jetés les uns par-dessus les autres, rappellent encore l'horreur de ce jour. Lors du franchissement d'un abri éventré et retourné, Léo glisse hors du brancard. Il gémit. On le recouche. Les yeux hagards, le visage marqué de gros bleus, il reste plongé dans sa torpeur. La file de blessés, la crête franchie, descend maintenant dans un vallon moins bouleversé, plus hospitalier. Soudain un cri :

- Là-bas, un drapeau blanc à croix rouge ! Le *Truppenverbandplatz* !

Il est 10 heures du matin. Le soleil tape de plus en plus fort. Fatiguée, épuisée par près de trois kilomètres de marche, difficile et dangereuse, au travers de l'effrayant champ de bataille, la colonne atteint avec grande peine le centre de premiers secours. De grandes tentes ont été dressées à la lisière du bois. Quelques arbres y sont encore intacts ; leur ombre procure aux blessés une fraîcheur revigorante.

Les hommes sont triés au fur et à mesure de leur arrivée. En principe, le *Truppenverbandplatz* ne dispense que des soins provisoires avant les transferts vers un centre plus important. Sur les grands blessés, des opérations de survie sont aussitôt pratiquées. Puis ils sont évacués au plus vite.

Léo a été allongé sur un brancard rigide parmi beaucoup d'autres victimes. Il a mal partout. Malgré la chaleur, ses membres sont glacés, son front couvert de sueurs froides. Pâle, les traits du visage décomposés, les yeux enfoncés et vitreux, le regard fixe, il respire irrégulièrement, presque imperceptiblement. Il ressent toujours ces bourdonnements et ces sifflements dans les oreilles. Le bandage de sa cuisse est gorgé de sang. Mais, fait nouveau, il retrouve peu à peu ses esprits. Un infirmier s'approche de lui ; un prêtre ou un pasteur très certainement, car il porte une croix autour du cou. Avec un petit linge, il lui lave le visage et les mains, lui mouille les lèvres avec un tampon de ouate imbibé d'eau, lui parle calmement, le rassure. Il lui fait une piqûre de sérum anti-tétanique, le couvre légèrement avec une couverture et lui dit d'une voix calme :

- On va s'occuper de votre blessure très rapidement. En attendant, reposez-vous encore quelques instants.

Environ un quart d'heure plus tard, deux brancardiers le transportent dans le bunker. Dès le seuil franchi, déjà dans la pénombre du couloir d'entrée, il renifle les odeurs fétides de déchets humains et de gangrène qui émanent de corps d'hommes dans la souffrance. Allongés sur des brancards à même le sol de pierre, ceux-ci attendent leur imminent départ. Il entend leurs gémissements et leurs respirations saccadées au travers même de ses propres maux d'oreilles.

Les porteurs l'allongent sur une table, dans une petite salle bien éclairée. Un docteur-assistant lui déchire le pantalon, un peu plus encore, lui enlève sa bande individuelle rougie par le sang, lui nettoie rapidement la plaie, la saupoudre d'antiseptiques, la couvre avec de la gaze et de la ouate, enveloppe le tout avec une large bande. Il termine son intervention par la pose d'une bande élastique juste en dessous de l'aine.

- C'est une grosse entaille. La plaie est importante mais nette et propre. Il ne devrait pas y avoir de grosses complications. On vous soignera au *Feldlazarett*... Au suivant !

Un infirmier lui accroche autour du cou une petite pancarte, fiche de renseignements. Elle porte ses coordonnées et un condensé de son état sanitaire et des soins qui viennent de lui être donnés, notamment l'heure de pose de son garrot. On le porte hors du bunker, le transporte vers la sortie du camp pour y attendre son prochain transfert. Le tout n'a pas duré plus de 10 minutes. Du travail à la chaîne vite fait. Vite fait, bien fait ?

11 heures. La journée est torride. A l'aide d'une glissière, le brancard de Léo est placé, avec celui d'autres blessés, dans un fourgon d'ambulance tracté par quatre chevaux. Ce moyen de locomotion est utilisable en

tous temps et tous terrains. Il convient parfaitement en cet endroit, car le chemin de champ sur lequel il s'engage, est truffé de profonds cratères.

Cahin-caha, le véhicule hippomobile franchit une nouvelle étape vers l'arrière du front. Petite étape certes, car le prochain point de ralliement des blessés se trouve à Pontfaverger, 8 km à peine plus au nord. mais étape difficile car, après avoir franchi le tortueux chemin de champ, les chevaux doivent encore traverser le petit village enfumé de Nauroy, où tout est en feu, puis longer le bas-côté de la route conduisant à Pontfaverger, route réservée aux transports vers le front de troupes fraîches, d'armements et de matériels.

Le trajet est calme, l'artillerie française a tourné ses canons vers d'autres zones de combat. Le convoi atteint peu avant 14 heures le point de ralliement recherché. Le petit bourg de Pontfaverger est encore presque intact. Les blessés y affluent de tous les côtés, et par tous les moyens possibles de locomotion. Ils sont des centaines ; les jours de grandes offensives, les centres regorgent de victimes. On les installe un peu partout : dans l'église, où des chirurgiens pratiquent des opérations, dans des salles de classes, à la mairie, dans de grands hangars spacieux, les officiers chez des particuliers…

Léo est déposé dans une grange. Un infirmier consulte sa fiche de renseignements, lui enlève le garrot. A chaque mouvement de l'intervenant, il pousse des cris. Une douleur lancinante, cuisante, traverse son organisme tout entier, plus spécialement sa poitrine et son ventre. Lorsque l'infirmier l'aide à uriner, il est prêt à s'évanouir. Il avait déjà ressenti cette violente douleur en recevant un coup de pied dans le bas-ventre lors d'un match de football disputé au Lycée.
- Ton choc dans la tranchée a dû être très violent mais, il y a ici trop de blessés graves à entreprendre avant toi ! Ils t'ausculteront à fond au *Feldlazarett*. En attendant, je vais calmer ta douleur. Il lui fait une piqûre de morphine. Léo ne tarde pas à s'endormir.

Quand il sort de sa torpeur, on est en train de l'extraire d'une ambulance automobile et de le charger dans un wagon à bestiaux. A chaque mouvement des porteurs, il ressent une décharge électrique dans tout le corps. Il gémit. On l'allonge sur de la paille. Son corps est trempé de sueur. Il a repris toute sa connaissance mais ses sifflements stridents dans les oreilles ne l'ont pas quitté. Il essaie de ne pas bouger, de respirer le plus doucement possible. Il a un nouveau pansement à la cuisse. Et un nouveau garrot.
- Où sommes-nous, demande un blessé ?
- Dans le centre de transit ferroviaire de Rethel, à 40 km au nord-est de Reims. A une heure à peine de l'hôpital de campagne de Charleville. Vous y serez avant 19 heures.

Et soudain se produit un événement fabuleux, féerique : ils perçoivent des voix de femmes, de joyeuses et claires voix de jeunes filles. Trois infirmières apparaissent à la portière. Celui qui ne l'a pas vécu, ne peut pas deviner ce que peut représenter, après des mois de rudes épreuves guerrières, le regard, la douceur, la présence d'une femme. Comme tous les autres, Léo est subjugué. Il ressent une profonde émotion. Vite rompue d'ailleurs par un blessé léger qui lance gaillardement à la ronde :

- Mesdames, pourquoi donc si loin à l'arrière ? Nous aurions eu tant besoin de vous au front…

- Nous n'y étions pas autorisées, Messieurs. Nous serions venues avec grand plaisir…

De nouveaux blessés arrivent encore et toujours, les wagons à bestiaux sont surchargés. Le train reste toujours près du quai de chargement. Qu'attend-il pour démarrer ? Une heure après, il y est encore. La chaleur est insupportable, les wagons sont restés au soleil toute la journée. Les hommes qui jusqu'alors se limitaient aux plaintes se mettent maintenant à protester avec vigueur. Le chef de station arrive. Les blessés doivent se faire à l'idée de rester encore quelques heures à quai, voire même la nuit. L'ennemi a bombardé le très proche pont de l'Aisne quelques heures seulement auparavant. Avec un train atelier blindé, des sapeurs du génie et des cheminots sont déjà occupés à rétablir la voie de passage.

Les hommes sont effondrés. Les infirmières arrivent, les soignent, leur distribuent de l'eau, du café, des cigarettes et même un peu de chocolat. Elles papotent, rient, essayent de les distraire, de leur faire mieux supporter leurs souffrances. Deux heures se passent sans aucun changement. Et brusquement, vers 21 heures, le train démarre. Sans aucune annonce préalable ! Il roule. Les quais, les dépôts, les maisons défilent à ses côtés et se perdent au loin. Soudain, il s'arrête à nouveau, dix minutes durant. Il repart, s'arrête encore. Enfin il roule. Il ne s'arrête plus. Derrière lui, le vacarme de la bataille s'amenuise peu à peu. A 21 h 30, il entre en gare de Charleville.

-o-o-o-o-

Charleville est une "ville étape" de l'armée allemande, c'est-à-dire une plaque tournante en territoire occupé, entre l'Allemagne et la zone des combats. Aussi connaît-elle une très grande animation, et tout spécialement dans sa gare et ses alentours.

Des trains y passent à grande vitesse, transportant des munitions, des pièces d'artillerie, des régiments qui changent de secteur, des chevaux, du fourrage, du ravitaillement, du matériel, des malades, des blessés, des permissionnaires, des prisonniers…

Au fil de ses nombreux quais se trouvent la poste, des réseaux de lignes télégraphiques et téléphoniques, des stations de télégraphie sans fil, des groupes électrogènes, une scierie, un centre de dépouillage...

Et tout autour, une agitation bruyante : mouvement incessant de convois de voitures, d'ambulances automobiles, de fantassins, de réservistes, de sapeurs du génie occupés à poser des lignes de chemin de fer, de ravitailleurs entassés devant les bureaux de l'intendance, de camions chargés de bois de mine, de fils de fer barbelés, de grenades à mains...

Sans oublier non plus les postes de police, les cantines, le foyer du soldat, les cafés réservés à la troupe, les magasins de souvenirs, les maisons closes...

Il règne encore une certaine luminosité lorsque le convoi sanitaire s'immobilise sur une voie de garage proche de la Meuse. Quelques immeubles voisins présentent des traces de récents bombardements. Au loin, en direction du nord, une colline verdoyante émerge sous les dernières lueurs du soleil. Les portes du convoi sanitaire coulissent sur leurs glissières. Un air plus frais s'engouffre à l'intérieur des wagons, mais il n'arrive pas à en chasser la puanteur.

Léo est relativement calme. Son regard est fixe, sa respiration irrégulière. Les sifflements n'ont pas quitté ses oreilles, mais il lui semble qu'ils se sont adoucis. Il a repris pleine connaissance. Il tente de se redresser. Une douleur fulgurante traverse tout son corps et l'en empêche. Une sensation d'étourdissement, de vertige s'empare de lui. Il est inquiet. Cette douleur permanente le tracasse : supportable par instants, elle est parfois cuisante et toujours lancinante. Il essaie de bouger les bras, de remuer ses doigts. Pas de problème, tout semble fonctionner. Au tour des jambes maintenant. Il replie lentement, très lentement la droite. Elle est ankylosée, mais elle répond à ses sollicitations.

La gauche est molle, et lourde, et humide. Elle lui semble sans consistance. Ne serait-elle pas paralysée par le garrot ? Et pourquoi ces élancements ? Il craint une inflammation, une infection ; qui sait, peut-être un début de gangrène ! Il a peur, s'énerve, s'affole, appelle les infirmiers. Mais il n'est pas seul à le faire. Autour de lui et dans les wagons voisins, d'autres blessés gémissent, crient, se lamentent. Beaucoup réclament à boire, les lèvres brûlantes, la gorge desséchée.
- Soif, soif, donnez-nous de l'eau !
Les infirmiers sont inflexibles.
- Rien à boire avant le contrôle d'un médecin !

Ils parcourent les wagons, marchent dans la paille souillée, enjambent les blessés, contrôlent les fiches individuelles de renseignements accrochées à leur cou. Celle de Léo est de couleur blanche.

- *Leichtverletzter* (blessé léger), lui dit le contrôleur qui desserre son garrot. Deuxième convoi.

Il lui faut donc attendre. De nombreux camarades sont emportés avant lui. Certains, dans un état critique, poussent de longs cris de souffrance. D'autres ne disent rien, ne bougent même pas. Sont-ils encore en vie?

La nuit maintenant est complètement tombée. A travers l'ouverture des wagons, on aperçoit des ombres qui se déplacent, des phares de voitures qui s'approchent, s'arrêtent, puis repartent. Des ordres sont lancés, des moteurs vrombissent, des portières claquent. Le tour de Léo arrive. Il est sorti de la paille et placé sans trop de ménagements sur un brancard. Il rouspète, regarde les porteurs d'un air mauvais. Mais ceux-ci restent indifférents, et même lui sourient.

On le glisse dans une ambulance. Elle sent le phénol, la pourriture, la sueur. Trois autres blessés y sont déjà; il est le dernier à être casé. On ferme les portières. La voiture se lance dans les rues cahoteuses de la ville. A côté de lui, au-dessus de lui, rien que des cris, des gémissements. Il ferme les yeux, essaie d'oublier ses propres douleurs. A chaque tournant de route, à chaque ornière de la chaussée, à chaque soubresaut du véhicule, celles-ci se réveillent et lui paraissent s'intensifier.

Le parcours heureusement n'est pas très long. L'ambulance franchit un portail et s'arrête devant le perron d'une grande bâtisse: un ancien pensionnat peut-être. Rapidement, il est transporté dans une grande salle d'accueil et placé sur une table métallique. Des aides-soignants lui enlèvent les bottes, le ceinturon, le pantalon gris-vert sali par la terre, le sang, la sueur, sa tunique de campagne aux galons de sous-officier, ses chaussettes, ses sous-vêtements… Le tout est placé dans un panier numéroté et emporté dans des locaux annexes pour un nettoyage succinct. Le contenu de ses poches (papiers officiels et personnels, photos, montre…) y a été ajouté dans un petit sac en tissu. En dégrafant sa montre-gousset, l'un des porteurs lui a fait remarquer que celle-ci avait subi un choc et que son couvercle vitré était brisé et les aiguilles enfoncées [1].

---

(1) Cette montre-gousset est en possession du rédacteur du présent livre, à qui ses frères et sœurs l'ont confiée. Réparée dès l'après-guerre, elle est toujours en bon état de marche. Ses aiguilles et son couvercle en verre ont, bien sûr, été changés, mais, fait émouvant, son cadran nacré comporte toujours, aux emplacements de 8 heures et de 7 minutes, la marque des perforations occasionnées par l'écrasement des aiguilles lors de l'ensevelissement de Léo.
Montre-gousset souvenir, véritable chronomètre figé dans le temps.

Une infirmière, femme bénévole de la Croix-Rouge, lui fait une toilette rapide à l'eau savonneuse chaude. Elle insiste tout particulièrement sur ses ongles incrustés de la crasse des tranchées, d'un bleu noirâtre comme du poison. Par chariot, il est transféré ensuite dans une salle d'opération voisine. C'est un petit local aux murs et plafonds blancs, sans cadre ni décoration, comme plancher une grande dalle de pierre. Dans les quatre coins une table d'opération. Au-dessus de chacune d'elles, une lampe à acétylène diffusant une belle clarté. Sur le côté, des petites tables roulantes pour les instruments et des armoires de rangement. Aux fenêtres, des voiles comme protection contre les mouches. Il fait très chaud dans la salle. Plusieurs médecins y opèrent simultanément, les mains gantées de caoutchouc, habillés d'un grand tablier en tissu étanche, galoches en bois aux pieds, masque stérile sur la bouche et le nez, et coiffe en tissu couvrant les cheveux. L'un d'eux, de grande stature, doté de petites lunettes rondes aux parements dorés, s'approche de Léo, consulte sa fiche de renseignements et lui dit :

- Tu as crié tout à l'heure lorsque l'on t'a porté sur la table. En dehors de ta jambe bandée, où ressens-tu tout particulièrement des douleurs ?

- A la poitrine surtout ! Mais aussi au ventre... aux parties... Le souffle de l'explosion de l'obus a dû me projeter violemment contre une paroi de la tranchée, avant que celle-ci ne s'écroule sur moi !

Le médecin le palpe de tous côtés, lui demandant de remuer les bras, les doigts, les jambes, les orteils (mais il n'en a plus !), les yeux (ses pupilles sont dilatées). Il l'ausculte, lui prend le pouls, la tension, le fait respirer fort, puis tousser. Léo s'exécute, plutôt mal que bien. Au fur et à mesure de son rapide examen clinique, le médecin livre ses observations à un sous-officier sanitaire qui en prend note sur une fiche. Léo en retient quelques bribes :
- pâleur... sueurs froides... température basse... bourdonnements d'oreilles... pouls rapide... choc nerveux atténué... a retrouvé toute sa connaissance... ;
- multiples ecchymoses et coupures sur le visage et l'avant du corps ;
- douleurs costales, intercostales, pleurales très aiguës... fractures de côtes flottantes côté droit ayant entraîné déchirure du foie avec faible épanchement de sang dans l'abdomen ;
- tension élevée au-dessus de la zone d'épanchement... ictère bénin ;
- après soins cuisse gauche, sera transféré dans *Kriegslazarett in die Heimat* (en Allemagne) pour soins complémentaires et examens de laboratoires - Bandage léger de la cage thoracique pendant le transport. Position couchée sur côté gauche - Sédatifs légers - Alimentation liquide minimale jusqu'au *Lazarett*.

Le médecin appelle deux assistants et leur demande de soulever Léo, de le coucher sur le flanc gauche et de le caler en glissant un coussinet derrière ses reins, un autre devant l'abdomen. Il commence à lui enlever sa grosse bande tachée de sang. Elle colle par endroits. Il la coupe avec des ciseaux stériles et l'arrache de la cuisse par petites saccades. A chacune d'elles, Léo raidit son corps. Mais ce faisant, il ressent à chaque fois une violente douleur dans la poitrine. Il transpire à grosses gouttes. Son nez se pince, sa respiration s'accélère. Il crie !

- *Ruhe bewahren* (gardez votre calme), *Herr Unteroffizier* ! lui intime d'un ton sec le médecin, qui à présent a enlevé la bande. Une plaie importante apparaît à l'arrière de la cuisse gauche.

Le médecin demande à l'*Opérationsschwester*, religieuse éprouvée par une longue expérience, de nettoyer la cuisse meurtrie. Avec de l'éther, elle désinfecte le tour de la plaie, la badigeonne plusieurs fois de teinture d'iode, puis désinfecte la plaie même avec un antiseptique, le Baume du Perou, et la couvre d'une serviette stérile. Couché sur le côté, Léo attend que le jeune médecin, occupé à une autre table, vienne le soigner. Il est impatient de connaître son diagnostic. La douleur dans la cuisse lui semble brusquement beaucoup plus forte que celle qu'il ressent par moments dans la poitrine. Le temps passe, il s'énerve, se met à remuer.

- *Ruhig bleiben* (du calme) !

Le jeune médecin revient. Il opère depuis plusieurs heures déjà et sait que son patient subit comme lui une grosse pression physique et nerveuse. Il lui parle pour l'occuper, le calmer :

- Voyons comment se porte notre vaillant combattant.

Il enlève la serviette protectrice, la jette dans un bac à linge sale et lui inspecte minutieusement la plaie avec de petits écarteurs.

"Veuillez noter, *Sekretär* !

- *Schnittwunde* : blessure provoquée par un instrument tranchant (certainement coup violent porté par un sauveteur sur la cuisse avec une pelle-bêche très affûtée, lors de l'extraction de la victime de la tranchée) ;

- profonde entaille verticale d'environ 20 centimètres, à l'arrière de la cuisse gauche ;

- lésions veineuses, musculaires et de vaisseaux capillaires ;

- pas d'atteinte de l'artère fémorale ;

- bords de la plaie en assez bon état, affilés et lisses ;

- début d'infection très localisée, due à la présence d'un petit morceau de tissu du pantalon dans la plaie ;

- blessure suturée sur place avant transfert en Allemagne.

La religieuse lui injecte une légère dose de morphine pour le mettre en état de somnolence. Elle tire ensuite un petit rideau à hauteur de son cou pour soustraire l'opération à sa vue et bien définir le champ opératoire.

- Tout est prêt ? Tout a été enregistré ? demande le médecin.

Le secrétaire:

- Herr Unteroffizier, pourriez-vous m'épeler votre nom? Je n'arrive pas à le déchiffrer. Il n'est pas très lisible sur votre fiche de renseignements tâchée de sang!

Léo:

"M... A... L... N... O... U... R... Y..., MALNOURY.

- *Ein echter französicher Namen* (un nom typiquement français), s'exclame le médecin. Vous êtes Alsacien? ... Lorrain?

- Lorrain.

- De quel endroit?

- De Metz.

- Non! ce n'est pas vrai! (en français). C'est là que je suis né, il y a une trentaine d'années, d'un officier prussien en garnison en ville et d'une mère sarroise! J'ai fait ensuite toutes mes études de médecine à Strasbourg.

L'infirmière rase la cuisse de Léo. Elle lui appose ensuite le masque à éther. Le docteur poursuit:

- Ah: Metz, la cathédrale..., l'esplanade..., la "Münchner Bräu"..., le lycée impérial de la place Saint-Vincent..., les belles jeunes filles de l'Obertochterschule (École supérieure de jeunes filles)...

Il jette un regard malicieux à la vieille religieuse. Celle-ci semble le connaître et feint l'indifférence.

- Eh bien, *mein lieber* Monsieur Malnoury, on va faire de notre mieux pour vous retaper. Vous avez la belle blessure, celle qui ne tue pas, mais qui vous permettra de rester éloigné du front six semaines au moins.

Dès la fin de l'opération, vous serez installé dans un train sanitaire et, dans deux jours ou trois, vous serez soigné comme un prince dans un superbe hôpital militaire allemand.

Il dit vrai, mais Léo ne l'entend plus, plongé dans son sommeil narcotique. Et quand, après plusieurs heures, dans la matinée du 16 juillet, il reprend ses esprits, il est installé sur une couchette d'un wagon de blessés légers, dans un très long train sanitaire qui longe la frontière franco-belge et roule vers le Rhin.

-o-o-o-o-

Le train traversera le Luxembourg, longera la vallée de la Moselle de Trier (Trèves) à Koblenz, puis vers le nord celle du Rhin jusqu'à hauteur de Remagen, d'où Léo, après deux longues et douloureuses journées de trajet sera transféré en ambulance jusqu'à la station thermale de Neuenahr. Le Réserve-Lazarett *est logé dans un ancien hôtel de luxe, le Grand Hôtel Flora, hôtel ayant comporté au début du siècle 120 chambres et salons ainsi que des bains minéraux.*

*Le paysage environnant est bucolique. D'un côté, les forêts natu-
relles de la montagne Eifel, de l'autre des vignes idylliques collées au
flanc des pentes et, au centre, proche de l'hôpital militaire, le cours de
l'Ahr. Léo sera soigné pendant huit jours (du 19 au 26 juillet) dans cet
établissement surchargé de blessés provenant du front de l'Ouest. Et
c'est tout naturellement, qu'une fois apte à se déplacer sans assistance
médicale spéciale, il cédera sa place à de nouveaux arrivants, grands
blessés. Il sera alors transféré au loin, dans un autre* Réserve-Lazarett, *sur la frontière germano-russe, celui de Pleschen (actuellement
Pleszew en Pologne), à une centaine de kilomètres au sud-est de Posen
(Poznan). Il mettra deux nouvelles journées pour traverser l'Allemagne d'Ouest en Est. Il recevra des soins dans cet hôpital de campagne
du 28 juillet au 6 août. Il le quittera, avec sur son bulletin de sortie la
mention g.v.i.H. - 2 monate (*Garnisonsdienstverwendungsfähig in der
Heimat*). Ainsi, il n'est pas renvoyé au front, mais heureusement pour
lui seulement reconnu "apte au service auxiliaire pour 2 mois dans une
garnison allemande".*

*Après un nouveau parcours de deux jours (7 et 8 août) dans des
trains réguliers à travers l'Allemagne, il rejoindra le 9 août son nouveau lieu d'affectation, la Compagnie de Convalescents du 1ᵉʳ Bataillon
du 17ᵉ Régiment d'Infanterie Bavarois à Germesheim, ville forteresse
installée au bord du Rhin à 20 km au nord de Karlsruhe. Il y séjour-
nera jusqu'au 15 septembre suivant, date à laquelle il sera détaché pour
quatre semaines, comme instructeur, au 1ᵉʳ Bataillon de réserve de
mitrailleurs du 2ᵉ Corps d'Armée bavarois à Landau, ville toute proche
de Wissembourg en Alsace du nord.*

*A la fin du stage (donc à l'issue de ses deux mois de services auxiliai-
res), avec une section de mitrailleurs, avec quelques nouvelles recrues
et un groupe de militaires revenant de permission ou sortant comme
lui de convalescence, il est une nouvelle fois envoyé au front. Dans son
calepin il note : mercredi 16 octobre 1918, départ gare de Landau. Destination : le nord de la Meuse ?*

Pendant les séjours en hôpital et la convalescence de Léo (fin d'été 1918),
son régiment, le 31ᵉ Bavarois, a continué à se battre contre les troupes françaises à l'est de la Champagne. Il a, en bonne partie, été décimé à Som-
mepy-Tahure au nord de Suippes. Il a rassemblé alors ses survivants, plus
au nord encore, à Machault, puis, le 5 octobre s'est retiré dans la région de
Rethel, où il s'est remplumé avec des renforts venus de l'arrière.

Le 9 octobre, avec la 15ᵉ Division Bavaroise, il est affecté à la 5ᵉ
Armée Allemande à Buzancy (Ardennes). Le 13 octobre il réintègre les

premières lignes du front entreSaint-Juvin et Saint-Georges, à l'est de Grandpré, en plein cœur des côtes de l'Argonne.

Ces premières lignes occupent, sur 1 200 mètres, la pente du "Körnertal" (Ravin aux Pierres), à savoir la position dite "Brunhildestellung", composée de plusieurs groupes d'abris et de tranchées, et protégée par une maigre bande de barbelés. Une position en fait plus apparente sur les plans que bien aménagée en réalité.

A son aile droite se dresse un petit réseau fortifié portant l'appellation "Krimhildestellung", coiffé par une colline s'élevant à 206 mètres, le "Kaiserberg".

Une autre colline, très pentue (268 mètres), et parallèle à la première, forme l'aile gauche du front, au nord de St Georges.

Entre les deux, le "Brückental", petite vallée traversée par un maigre ruisseau bordant le hameau d'Alliépont.

Le transfert au front de la 15ᵉ Division Bavaroise ayant eu lieu sans problèmes majeurs, les troupes retrouvent bientôt le moral. La puissance de feu du régiment s'élève à 350 armes, tous calibres confondus.

La journée du 14 octobre est calme. Mais, dès le 15 octobre au matin, c'est l'attaque en force des troupes américaines. Avec leurs casques en forme d'assiettes renversées, leurs combattants se ruent vers les lignes allemandes. C'est un carnage des deux côtés. Attaques et contre-attaques se succèdent sans cesse toute la journée, mais sans finalement rien changer à la situation. Et le soir, les positions sont exactement celles du début de matinée.

Le 31ᵉ Bavarois est exsangue : 5 officiers sont morts ainsi que 40 sous-officiers et hommes de troupe. Le nombre de blessés est important. Le manque d'effectifs et de munitions, ainsi qu'une artillerie allemande trop pauvre ont rendu les combats encore plus difficiles face à la puissance américaine. Énorme puissance, heureusement amoindrie par le manque d'expérience guerrière de ses combattants. Leurs morts tapissent aujourd'hui entièrement les deux côtés de la route Saint-Juvin - Saint-Georges.

La nuit suivante est éprouvante pour les Bavarois. Ils sont en alerte constante en premières lignes et le manque d'abri les oblige, état-major compris, à végéter dans des tranchées humides, enveloppés dans leurs toiles de tente. Le 16 octobre, nouvelles attaques américaines, ciblées cette fois-ci sur l'aile gauche tenue conjointement avec le 30ᵉ R.I.B. Ces attaques sont une nouvelle fois repoussées avec d'énormes pertes pour l'agresseur.

Les troupes bavaroises se sont bien comportées, mais il est à noter une augmentation très sensible du nombre de leurs combattants quittant, avec ou sans prétexte, la ligne du front, pour se réfugier loin à l'arrière, le plus souvent près des cuisines roulantes. Ceux qui restent en place malgré tout sont, pour la plupart des anciens, ceux qui luttent déjà depuis des années, donc les plus éprouvés.

Le temps est pluvieux et froid, la position, un paysage lunaire et marécageux, les postes de veilles, remplis d'eau, les munitions et le ravitaillement, totalement insuffisants, la troupe en place, à bout de souffle. En plus, les maladies s'amplifient. Les effectifs disponibles sont au plus bas. Près de 50 hommes sont sur le flanc. C'est donc avec grande joie que, le 17 octobre en cours de nuit, ces derniers accueillent un renfort de 100 hommes venus de l'arrière.

Parmi eux, Léo !

Bataille de l'Argonne face aux Américains
(16 octobre 1918 - 6 novembre 1918)

En gare de Landau, Léo avait été embarqué avec tout son groupe dans un train spécial, encadré très rigoureusement par la Feldgendarmerie, train qui l'avait emmené rapidement à Stenay où avait lieu la répartition des renforts. Certains de ceux-ci, dont Léo, avaient été transférés de suite, par camion, jusqu'à Busancy, puis nourris et équipés sur place. Tous étaient, là encore, surveillés très étroitement, pour éviter les désertions. Dès la tombée de la nuit, ils avaient rejoint, à pied, les positions de première ligne du 31e Régiment.

Le 17 octobre 1918 au matin, Léo se retrouve donc une nouvelle fois au front.

La journée est relativement calme. Il est affecté à l'extrême aile droite du secteur tenu par son régiment, dans la "Krimhildestellung", où il retrouve avec plaisir quelques copains qui ont combattu en été avec lui en Champagne. Le secteur de Léo ne comporte que quelques tranchées isolées, difficiles à entretenir, ainsi qu'une double rangée de rouleaux de barbelé, mais aussi plusieurs abris en très bon état. Le terrain de tous côtés est déchiqueté, transformé en marais et remplis de trou d'eau. Derrière la pente opposée, on entend les Américains qui font des travaux de terrassement.

A partir du 18 octobre, le temps s'améliore, ce qui tout naturellement occasionne une augmentation des tirs d'artillerie adverse et des raids d'aviation. De nombreuses escadrilles, la plupart du temps ennemies, survolent les positions et bombardent les arrières. De temps en temps surviennent des combats aériens, qui naturellement distraient les fantassins.

Le 19 octobre, la puissante artillerie américaine pilonne le Kaiserberg pendant de longues heures. Le ravitaillement du groupe de Léo est impossible pendant toute la journée.

Le 21 octobre, un bataillon ennemi, sous couverture d'un puissant tir d'artillerie, parvient à pénétrer et à s'installer dans la "Körnermulde" (fond du Ravin aux Pierres). L'artillerie allemande l'oblige à se retirer.

Et toujours avec des pertes très importantes. Les effectifs américains doivent être pléthoriques sur le front de l'Argonne !

S'écoulent ensuite quelques journées plus calmes. Elles sont les bienvenues, car la situation sanitaire du régiment est préoccupante. Les maladies dues au froid se multiplient dans le bourbier du secteur : diarrhée, pieds enflés, rhumatismes... De plus, tout le monde souffre de la vermine. Quelques jours de repos à l'arrière pourraient améliorer la situation, mais il n'en est rien, faute de renforts suffisants. Gros problèmes aussi à l'état-major du régiment. Vu leur épuisement, plusieurs officiers doivent être retirés du front.

On note cependant quelques faits réconfortants : le ravitaillement parvient assez régulièrement à présent aux premières lignes. Du thé chaud avec schnaps est distribué assez généreusement aux défenseurs qui pataugent pendant des heures dans les trous individuels de tir. Des chaussettes neuves sont fournies pour remplacer celles qui pourrissent à cause de l'humidité dans les bottes jamais enlevées, lesquelles sont hélas le plus souvent trouées, percées, usées jusqu'à la trame.

Le 25 octobre, les troupes apprennent la réponse donnée, en termes très fermes, par le président des États-Unis Wilson aux propositions d'armistice allemandes. Cette réponse précise que l'armistice ne sera signé qu'à une seule condition : s'il rend impossible la reprise de la guerre par les Allemands. Il maintient son exigence d'élimination des "maîtres militaires" et des "autocrates monarchistes".

Léo constate qu'il ne souffle mot du sort de l'Alsace et de la Lorraine dont il avait pourtant évoqué le retour à la France dans son message annuel de début d'année 1918 au Congrès américain. Les camarades de Léo sont pessimistes. Ils sentent bien maintenant que, vu leur situation actuelle, les Allemands devront fatalement se soumettre à la décision des Alliés. Mais quand ?

Derrière le front, dans de nombreuses étapes, on peut voir circuler des tracts incitant la troupe non seulement à désobéir aux ordres donnés mais, plus grave encore, à exécuter froidement ses officiers ; ceci visiblement à l'instar des révolutionnaires russes.

Les derniers jours d'octobre s'écoulent plus calmement, mis à part de très importants mais très sporadiques tirs de l'artillerie américaine, les plus souvent sur l'arrière des premières lignes. Les 29 et 30 octobre, le front reste même bizarrement trop calme. On n'entend presque plus aucun tir. Les patrouilles ne signalent aucun mouvement dans les tranchées adverses. Cela paraît suspect.

Des bruits de plus en plus nombreux circulent sur une attaque prochaine de l'ennemi. Des colonnes de tanks sont signalées, ainsi qu'une importante concentration de cavalerie, etc, etc.

Les conversations sur cet armistice toujours hypothétique se multiplient dans les tranchées : "Est-ce que l'attaque sera encore déclenchée avant la conclusion de cet armistice ? Ou bien l'offensive n'est-elle prévue que dans le cas où celui-ci avorterait ?". On sollicite beaucoup l'avis des officiers à ce sujet. Voir la fin de ce combat inégal, reste le plus grand souhait de tous. Mais pour l'instant, c'est le besoin de repos qui se manifeste en premier lieu dans toutes les discussions
- Et si les pourparlers capotaient ?
- C'est justement dans ce cas que tout devrait être tenté pour résister et épargner à la patrie les horreurs de la guerre sur son propre territoire !

Toujours chez les Allemands cette volonté farouche de protéger la "*Heimat*", le pays natal !

Alors, lorsque le 30 octobre tombe la nouvelle de la défection de l'Autriche, le dernier allié de l'Allemagne, le voisin proche des Bavarois, le moral des hommes tombe au plus bas. La patrie est désormais exposée, abandonnée à l'ennemi. Désespoir et découragement se lisent sur les visages. C'est un coup dur asséné au moral de la troupe. Tous les échecs subis ces derniers temps sont insignifiants au regard de cette honteuse nouvelle. Et malgré cela, quand le 1er novembre, au petit matin, se déclenchent les premiers tirs préparatoires à une offensive ennemie, toutes ces fatigues, toutes ces réflexions sont oubliées. Chacun se retrouve fidèlement à son poste de combat, ne pensant plus qu'à la tâche qui lui a été confiée.

L'effectif du 31e Régiment est, à ce jour, de 14 officiers et 410 sous-officiers et hommes de troupe.

A 4h30, un feu roulant d'artillerie mêlé de gaz et de fumigènes se déverse sur les deux ailes du secteur pour l'encager. Il apparaît très clairement que cette fois-ci c'est la grande offensive adverse qui est lancée.

A partir de 6h30, ce feu d'artillerie s'étend, avec une plus grande intensité encore, sur les premières lignes et les positions arrière de repli. Les hommes, postés chaque huit pas, masque à gaz sur le visage, subissent difficilement cette épreuve, mais résistent malgré de très importantes pertes.

A 6 h 50, l'offensive s'engage sur toute la ligne. L'ennemi attaque en au moins quatre vagues d'assaut. Malgré l'important tir de préparation adverse, les mitrailleuses allemandes, bien camouflées, sont restées prêtes à tirer et elles tirent toutes, et à plein régime. Quant aux infanteristes, ils tirent debout, sans appui sur l'épaulement des tranchées.

C'est un nouveau carnage. L'attaque américaine capote mais elle leur a quand même permis d'installer quelques mitrailleuses très près des lignes adverses. Grâce à elles, les Américains lancent rapidement une seconde attaque. Ils atteignent les abords des tranchées allemandes et rassemblent un nombre assez important de leurs hommes dans les entonnoirs du réseau de barbelé de la "Körnermulde". Les adversaires sont prêts à en venir au corps à corps lorsqu'une importante contre-attaque, rapidement menée par une section d'assaut (*Stoßtrupp*) allemande venue en renfort, obligent les hommes en tenue kaki à décrocher. Ils sont rejetés au loin, toujours avec de lourdes pertes. Un Américain fait prisonnier rapporte que deux de leurs compagnies étaient prêtes à l'attaque près du "Körnertal". Les tirs d'artillerie demandés pour les détruire sont trop faibles pour les en déloger.

Pendant que l'aile droite de la ligne de front du 31ᵉ R.I.B. repousse ainsi totalement les assauts adverses, le malheur frappe son aile gauche. Déjà, pendant les précédentes actions couraient sur celle-ci des informations très alarmantes tels que : le groupe X, en partie dispersé, a dû se retirer ! ou encore : le groupe H, en pleine débandade, recherche une position de repli !, etc, etc. Même si ces mauvaises nouvelles sont souvent exagérées, on retrouve là une situation déjà plusieurs fois vécue auparavant par le bataillon de Léo. Celui-ci avait résisté courageusement et repoussé les assauts ennemis, et voilà que cet ennemi, après avoir enfoncé une troupe voisine, lui tombe dessus par le flanc et presque déjà dans le dos.

Et de fait, à présent les Américains se précipitent en masse par la gauche, vers une ligne Imecourt-Landreville. Compte tenu de cette situation favorable, ils lancent, bien entendu aussitôt, une troisième attaque dans le "Körnertal". Les mitrailleuses allemandes les déciment dès leur sortie du ravin. Ainsi une nouvelle fois ils sont repoussés. Et toujours avec autant de pertes.

Lors de cette dernière attaque, l'état-major du 31ᵉ Bavarois s'est bien rendu compte qu'il n'a plus d'appui sur sa gauche et que derrière lui, sur le Kaiserberg, les groupes de mitrailleurs manquant cruellement de munitions, se mettent l'un après l'autre à décrocher. Pire encore, une quatrième attaque permet aux Américains de s'établir à portée de jets de grenades à mains. Il devient urgent de quitter la position d'autant plus que les effectifs se sont considérablement réduits.

Un petit groupe de mortiers et de mitrailleuses légères est aussitôt posté sur le Kaiserberg pour permettre aux survivants du régiment de se retirer vers l'arrière et s'établir peu avant midi dans les forêts au nord de la route Champigneulles-Alliépont. L'encerclement est évité. Par malchance, les pertes s'accroissent alors encore sensiblement du fait, hélas, de la propre artillerie, mal informée, qui s'est mise à tirer sur ce secteur ami et que nul message ne parvient à faire cesser.

Une bonne nouvelle toutefois : la soudure avec les régiments-frères de l'aile droite est rétablie. De ce côté, les troupes allemandes ont à nouveau un front uni. Il n'en est malheureusement pas de même, plus à l'est de Saint-Georges où, chaque jour un peu plus, l'ennemi enfonce le reste du front de la 15e Division et des unités voisines.

Dans les derniers jours d'octobre, il a encerclé et capturé le 30e Bavarois tout entier puis, après avoir pris Landres, a foncé vers Landreville qu'il occupe désormais.

Il s'approche de Bayonville et menace l'important bourg de Busancy. Les maigres effectifs survivants de la 15e Division risquent à chaque instant de se retrouver une nouvelle fois en position d'être pris à revers. Ils sont obligés de reculer de nuit et par temps humide, brumeux et froid, sous le feu nourri des canons à longue portée ennemis. Ils prennent position le lundi de la Toussaint dans les collines proches de Vaux en Dieulet où, pendant deux jours entiers et au prix de pertes sensibles, ils endiguent les nouvelles attaques américaines du secteur.

Des cuisines roulantes ont rejoint les troupes, des convois de camions livrent du matériel de terrassement, des munitions, du ravitaillement. La compagnie de Léo qui ne compte plus qu'une cinquantaine de fusils, livre un dernier combat les 3 et 4 novembre dans l'immense Bois Dieulet, au sud de Beaumont en Argonne.

Un dernier repas chaud est servi aux abords de la Ferme Belle-Vollée, mais celui-ci n'est que de courte durée car l'ennemi est signalé dans les proches alentours. Il commencerait même déjà l'encerclement de la ferme. La situation devient intenable. Les Américains progressent partout.

L'état-major de la 5e Armée donne alors l'ordre à la 15e Division de se retirer sur la ligne de défense Anvers-Meuse (Sedan-Mouzon-Stenay). Comme dans tous les autres régiments, les deux tiers des combattants du 31e R.I.B. se mettent en marche, le dernier tiers reste en arrière-garde pour retarder l'ennemi le plus longtemps possible.

A marche forcée, sur des routes défoncées, surchargées de troupes et soumises à un déluge d'obus américains, le groupe de Léo traverse les dernières forêts du nord de l'Argonne, franchit la Meuse près de Mouzon, où il peut dormir quelques moments dans des baraques, puis la rivière Chiers quelques kilomètres plus à l'est avant de s'installer le 4 novembre au soir, totalement épuisé, à Osnes, en banlieue nord de Carignan.

Le 5 novembre est entièrement consacré au repos. A l'exclusion de son état-major et de ses services d'intendance, le 31e R.I.B. n'a plus qu'une force de frappe de 375 hommes.

Les nouvelles générales du front sont maigres. De très gros combats se dérouleraient en Flandres et dans le proche secteur. On entend en effet sans cesse le bruit des canons qui pilonnent non loin les routes et les villages. Les Américains tenteraient le franchissement de la Meuse et menaceraient l'artère vitale du front allemand, la ligne de chemin de fer ouest-est : Mézières-Sedan-Montmédy.

Dure réalité de cette guerre : tous les jours des hommes tombent pour contraindre leurs adversaires au recul et ces derniers acceptent de se faire tuer pour enlever leur matériel et leurs armes des régions envahies et opérer les destructions que leur commandement juge nécessaires. Les nouvelles de la patrie allemande font complètement défaut.

Il est visible, en revanche, que le relâchement de la discipline et du bon ordre à l'arrière du front s'amplifie de façon surprenante. Mais heureusement pas dans tous les corps de troupe.

Cela débute dans les innombrables colonnes en marche vers les frontières belges. Pour beaucoup d'entre-elles, les actuels mouvements de retraite sont synonymes d'arrêt de la discipline. Des drapeaux rouges et des insignes divers font leur apparition. Enfreindre les règlements devient monnaie courante. Le 31e R.I.B. reste, mis à part quelques rares irresponsables, une troupe toujours prête à intervenir et à laquelle on peut totalement se fier.

Tout d'abord de nuit, mais bien vite aussi de jour, on peut entendre l'appel menaçant, né de la révolte, et lancé principalement à l'encontre des officiers et des troupes marchant toujours encore en rangs ordonnés :
- *Die Lichter aus, Messer raus* ! (Éteignez les lumières, sortez les couteaux).

Ensuite, c'est le pillage des véhicules en panne de carburant mais aussi déjà des entrepôts et magasins bordant les voies de retraite. Des émeutes éclatent à Carignan. Le régiment reçoit la mission d'y envoyer un détachement armé pour y rétablir la discipline. Léo est de patrouille de nuit dans la localité.

Le 6 novembre, aux premières heures du matin, un message du chef de la division ordonne au régiment de se tenir prêt à poursuivre son retrait. Destination Jamoigne en Belgique. Les sacs sont préparés très rapidement. Vers 9 heures, dès que la route de Florenville est libérée par d'autres troupes également en retraite, les hommes se mettent en marche. La pluie de la veille a cessé, la route est bonne mais la progression de ce flot humain n'est que très lente. Tant mieux pour Léo qui souffre atrocement des pieds. Depuis plusieurs jours, il ne fait que marcher, marcher, marcher. Avec des bottes et des chaussettes trempées, ses moignons sont devenus extrêmement sensibles. Les petites haltes pendant le trajet ont été beaucoup trop rares pour qu'il puisse se soigner correctement. Il suit néanmoins le mouvement comme les autres. La troupe se comporte bien, le moral est bon. C'est bien normal puisqu'on tourne le dos au front.

Devant Florenville, vers midi, le long convoi du 31e R.I.B. fait halte. Peu avant, il a franchi la frontière belge et a laissé derrière lui la France que, depuis sa constitution début 1917, il n'a jamais quittée. Depuis son entrée en Belgique, des images inhabituelles se présentent à lui. Plus de maisons détruites, de champs éventrés ; une population très animée dans les rues, des magasins ouverts, des restaurants en pleine activité. Toutes sortes de choses que la plupart d'entre-eux n'ont plus vues depuis très longtemps.

Déjà de nombreuses maisons sont pavoisées par les Belges aux couleurs de leur pays car pour eux l'occupation allemande touche à sa fin. Ils accueillent néanmoins dignement les combattants allemands épuisés. Certains d'entre eux font même des achats dans les commerces locaux.

Les fantassins déjeunent près des roulantes. A côté d'elles, les chevaux de l'intendance broutent paisiblement le foin d'une grange voisine. Tout semble calme, irréel. Un appel est effectué pour dresser la liste exacte des présents. Des survivants, devrait-on dire. Des infirmiers parcourent les rangs, dispensant des soins aux souffrants. Léo montre ses pieds meurtris, qu'on lui badigeonne d'une crème très épaisse et très grasse.

Vers 14 heures, le 31e R.I.B. quitte les abords de Florenville et se dirige vers Jamoigne en vue de rejoindre encore Arlon dans la soirée et de se rapprocher de la frontière allemande. Léo n'en fait plus partie.

Retour progressif sur Metz jusqu'à l'armistice
(6 novembre 1918 - 11 novembre 1918)

Peu de temps auparavant, il a été convoqué par son lieutenant, commandant de compagnie :

- Unteroffizier MALNOURY, nous vous renvoyons à la Compagnie de convalescents à Germesheim. Pour vous soigner. Vous êtes Lorrain... Vu les événements actuels, que vous devez déjà connaître, il est préférable pour vous de ne plus nous accompagner plus loin... Vous avez toujours été un soldat courageux et fidèle. Et un bon camarade... Merci...

- Voici votre ordre de transfert... Un train sanitaire pour Saarbrücken doit récupérer des blessés en gare en cours d'après-midi...

- Bonne route !... Rompez !

Léo se met au garde-à-vous, salue, fait demi-tour et s'apprête à quitter le camion de commandement, lorsque, d'une voix très émue, le lieutenant lui souffle encore, à voix basse :

- *Auf wiedersehen, Léo... und viel Glück !*". (Au revoir, Léo... et bonne chance !).

- A vous aussi, *Herr Leutnant*. Et merci".

Bien que très troublé, Léo se dit que ce n'est pas le moment de craquer, d'autant plus que son unité est prête à partir. Il n'a que le temps de récupérer son casque, son arme et son paquetage, de faire des adieux trop rapides à ses vieux copains de combat, à noter furtivement quelques adresses personnelles..., et avec deux autres fantassins il se retrouve sur le chemin de la gare toute proche. Un train est à quai, gardé par un important cordon militaire. Léo doit présenter son ordre de transfert pour le franchir. Ce que ne peuvent faire quelques déserteurs qui, semble-t-il, essaient par tous les moyens de monter dans les trains à destination de la Mère Patrie.

Léo trouve assez difficilement une place libre dans un wagon de marchandises, au milieu de pauvres gars comme lui, pas rasés, aux uniformes sales et usés, aux relents de tabac, de transpiration, de blessures mal soignées... C'est un peu la cour des miracles. Mais, tous se sentent très heureux dans ce train quittant le front tout proche et roulant à présent à vitesse réduite vers des zones plus tranquilles. Plus tranquilles ? Apparemment seulement, car le soir, lors de l'entrée du train en gare de Luxembourg Ville, le timbre strident d'une sirène perce brusquement le silence. Au même moment, des canons commencent à tonner. "Des avions ! Des avions ennemis !".

Toutes les lumières s'éteignent. De nombreuses personnes courent le long du convoi : cheminots, civils et militaires cherchent protection dans les souterrains et les caves. Léo les suit.

Les canons de D.C.A. tirent avec beaucoup d'acharnement. Le bombardement commence. La première bombe a dû tomber sur la gare, les suivantes sur les voies et bâtiments aux alentours. Des cris s'élèvent dans la nuit et parviennent aux oreilles de Léo et des militaires réfugiés avec lui dans un petit entrepôt. Des dames de la Croix-Rouge et des pompiers courent de-ci delà, sur les quais. Puis le calme revient progressivement. Seuls les canons continuent à tonner. Des projecteurs fouillent le ciel.

Par haut-parleurs, les militaires valides sont conviés à se rendre à la "*Verpflegungsstation*" (cantine) installée sur le quai n° 1... Les blessés sont nourris et soignés dans les wagons. La cantine abonde de militaires de toutes armes, certains déjà là depuis plusieurs jours. Selon leurs dires (clin d'œil à l'appui) ils recherchent toujours leur régiment ! Léo comprend que tout cela ne peut plus durer longtemps. La discipline, l'obéissance aveugle, la "*deutsche Ordnung*" (le bon ordre allemand) ont disparu.

Ceux qui reviennent de permission font part de la misère qui règne dans la plus grande partie des foyers allemands.
- Nous ne pouvons plus l'endurer !..., il faut que cela cesse le plus rapidement possible !...Nous n'avons plus de vivres, plus de munitions, plus de réserves !
Pour se faire de l'argent, certains vendent leurs couvertures militaires. Les civils achètent tout.

La pagaille règne dans la gare. Plus personne ne se laisse dire quoi que ce soit. Des violences sont commises contre des supérieurs, on parle à voix feutrée de faits de toutes sortes : les marins allemands se seraient mutinés et apporteraient la révolution. Ils se déploieraient déjà dans le nord de l'Allemagne et occuperaient les gares de Brunswick et Cologne...

En cours de nuit du 6 au 7 novembre, après réparation de certaines voies endommagées, le train de Léo signale son départ vers Trèves et Sarrebruck. Une foule de militaires l'envahit. Des vols sont signalés.

Léo est heureux d'avoir été à la cantine avec tout son équipement. Avec un ami de rencontre, un Alsacien, il se terre dans un wagon de voyageur, chacun à tour de rôle surveillant les affaires de l'autre pendant ses courtes périodes de sommeil. Une fois la frontière luxembourgeoise franchie, le train sanitaire parvient assez rapidement à Sarrebruck, où les grands blessés sont pris en charge par la Croix-Rouge.

Léo se renseigne sur les correspondances. Les trains régionaux ne sont plus très nombreux mais tout de même très réguliers et, chose étrange dans ces périodes troubles, très souvent encore ponctuels. Et de fait, Léo peut encore rejoindre sa Compagnie de Convalescents à Germesheim dans la soirée du 7 novembre. Comme il y règne un calme relatif, une bonne nuit de sommeil et une journée de repos lui permettent de récupérer de ses grosses fatigues.

Le 9 novembre, après certaines occupations personnelles ou administratives, il se rend à l'infirmerie peu avant midi. Le cadre a beaucoup changé depuis son dernier séjour, il y a trois mois à peine. Un jeune médecin l'examine assez superficiellement, les infirmiers ne sont plus très nombreux, beaucoup de médicaments font défaut, un certain laisser-aller règne un peu partout…

A midi la nourriture est rationnée et pas très bonne. Les hommes de troupe rouspètent dans leur coin, la hiérarchie ne se montre plus beaucoup. L'ambiance reste cependant assez paisible. Brusquement, dans l'après-midi, un homme se précipite dans les chambrées en hurlant :
- Kameraden, des marins mutins de Kiel sont là près de la gare. Ils ont, paraît-il, déjà pris le pouvoir à Magdeburg, Düsseldorf, Coblence… C'est la Révolution !

Tout le monde se précipite dans la rue, où déjà se répandent les bruits les plus incroyables et où une nouvelle sensationnelle en remplace très rapidement une autre, déjà tout aussi extraordinaire :
- Le Kaiser a dû abdiquer…, des plénipotentiaires allemands ont rejoint le Quartier Général des Alliés à Rethondes et ont demandé l'Armistice…, des fraternisations entre ouvriers et militaires ont lieu un peu partout…, les officiers sont arrêtés, on leur arrache les épaulettes, leurs sabres sont brisés…, c'est la fin !

Les cafés sont pris d'assaut, les vendeurs de boissons, de bière notamment, font fortune. Malgré la misère régnant dans la ville, les gens dans la rue semblent satisfaits. Ils se réjouissent de la fin prochaine de la guerre.

Soudain, vers 17 heures, des détonations près de la gare. Les rues se vident. C'est la fuite dans tous les sens. Des mutins, aidés de nombreux déserteurs, ont voulu prendre d'assaut un train de ravitaillement et d'équipements militaires. La troupe régulière est intervenue avec les armes et les a chassés. Il y aurait des blessés. Léo prend ses jambes à son cou et fonce vers la caserne. Là il faut à présent montrer patte blanche. La garde est en tenue de combat et a été doublée. Tous les rentrants doivent présenter leurs papiers et passer par une petite porte protégée par des sacs de sable. A l'intérieur, c'est l'interrogation : Que faut-il faire ? Que va-t-il se passer ?

Léo se hâte vers le bureau d'un de ses amis officiers, le trésorier-payeur (*Zahlmeister*) du régiment. Les portes sont cadenassées, les volets barricadés, les couloirs gardés. Il le retrouve devant le "*Kasino*" (mess des officiers).
- *Mein lieber Léo. Alles geht schief für uns Bayern* ! (tout est foutu pour nous autres Bavarois). La Révolution est à Munich ; des comités de soldats, d'ouvriers et même de paysans ont pactisé. Des casernes ont été prises par les mutins... La dynastie des Wittelsbach est destituée... La Bavière a été déclarée république... On dit même que le roi Ludwig III se serait enfui et que le drapeau rouge flotterait sur la cathédrale de la capitale bavaroise. C'est le désordre total, le chaos !

Il a les larmes aux yeux. Soudain il se reprend et sourit :
- Mais, c'est vrai. Toi, tu n'es pas Bavarois, tu es Lorrain ! Alors suis-moi vite. J'ai vu que les clauses exigées par les alliés pour la signature de l'armistice étaient affichées dans la salle de lecture du Kasino. Je crois qu'on y parle de ta province.

Léo dévore des yeux le papier affiché. Et c'est le choc. Un seul point, un seul l'intéresse désormais :
- L'Alsace-Lorraine est restituée à la France.

Pour lui à présent, tout est clair. Sa place n'est plus ici. Il faut qu'il rejoigne Metz au plus vite. Il fonce vers le secrétariat de la compagnie ; plusieurs Alsaciens en sortent déjà. Ils lui expliquent que le chef de corps est prêt à envoyer immédiatement en permission tous les ressortissants des provinces annexées. Dès lors, c'est le sauve-qui-peut. Les paquetages sont bouclés en grande vitesse, les armes rendues à l'armurerie, les titres de permission retirés auprès du major, les musettes remplies, très modestement seulement, aux cuisines (les vivres sont rares en cette fin de guerre). Puis ce sont les adieux ultra-rapides aux copains, un contrôle long et rigoureux des papiers et du paquetage (pas d'arme surtout !) au poste de garde et enfin la course vers la gare. Les salles d'attente et les quais grouillent de militaires de toutes armes rentrant au bercail.

Un train venant de Mannheim est annoncé par haut-parleur. Il semble déjà complet en entrant dans la gare. Avant même l'arrêt, il est pris d'assaut. Les hommes se poussent, se bousculent avec leurs paquetages, s'insultent... La hiérarchie n'existe plus. Ce sont les plus forts qui l'emportent. En un rien de temps, les compartiments sont remplis à ras bord.

Le personnel du train se donne toutes les peines du monde pour empêcher les masses qui affluent de toutes parts, de monter sur les toits des wagons ou de rester sur les marchepieds. Les portières sont difficilement fermées. Un coup de sifflet et le train repart. Le quai est encore rempli de mécontents restés sur place.

Il est environ 21 h 30. Le train roule assez lentement et s'arrête souvent sans raison apparente, presque toujours en rase campagne. Léo est assis sur son paquetage, tassé entre d'autres militaires dans le couloir d'un wagon très détérioré et non chauffé. Il souffre des pieds qu'il ne peut pas bouger. Qu'importe, il roule vers... Vers quoi au fond ? sa patrie légale, la Lorraine allemande ? Ou déjà sa future nouvelle patrie, la France ? Pour l'instant, fatigué comme il est, il se contente de rouler vers son pays natal. De toute façon, aucun armistice n'est encore signé. Qui sait ce qui peut se passer ?

Après avoir subi, à l'arrêt de Karlsruhe, les mêmes assauts tumultueux qu'à Germesheim, et roulé encore quelque temps dans la nuit froide, son train entre en gare de Strasbourg, le 10 novembre 1918 vers 3 heures du matin. De suite, des individus mi-civils, mi-militaires, se précipitent sur la locomotive et fixent des drapeaux rouges sur le devant de sa carcasse. La révolution socialiste a atteint Strasbourg ! Peu de temps auparavant, des marins venus de la Baltique ont maîtrisé les postes militaires de la gare à la suite d'un coup de main insignifiant. Une dépêche officielle de Berlin aurait demandé aux troupes régulières d'éviter toute effusion de sang. Ainsi, nulle part dans cette gare, le mouvement révolutionnaire n'a rencontré de résistance.

Il en est encore de même à présent. D'autant plus que tous les passagers des trains voyagent à titre individuel et ne reçoivent d'ordres d'aucun supérieur. Les mutins aux brassards rouges, en revanche, lancent leurs directives à tous vents :
- Les officiers et les soldats doivent enlever leurs galons et leurs cocardes militaires, il faut élire des *Soldatenräte* (comité de soldats).

Bon gré malgré, petits gradés (comme Léo) et soldats s'exécutent. Les officiers supérieurs ont disparu. Les rares civils présents sont ahuris. Élire des comités de soldats, il n'en est pas question. La foule des soldats plantés sur les quais, dont beaucoup de déserteurs, n'est là qu'en transit et ce qui les intéresse surtout, c'est d'atteindre au plus vite le terme de leur voyage : leur foyer.

Et de manger aussi ! On sort les victuailles des paquetages, on achète des bocks de "*Kriegsbier*" aux buvettes, on discute ferme de la paix imminente, de la grande fraternité des peuples... On s'interpelle de quai à quai, beaucoup même déjà en français... C'est un jour de joyeuse et folle pagaille. Et c'est merveille de constater que tout se passe paisiblement et fraternellement. Mais dès l'annonce du départ prochain d'un train pour Metz, c'est une nouvelle fois la ruée pour accéder aux wagons. Le coup de sifflet du départ très perturbé est donné en fin de nuit.

Le 10 novembre au matin, le convoi entre lentement par le Sablon, en gare de Metz. Certaines voies sont éventrées, plusieurs bâtiments sont sérieusement endommagés. Les escadrilles d'avions alliés maîtrisent, paraît-il, l'espace aérien messin et, de jour comme de nuit, la ville subit les alertes aériennes. La gare tout particulièrement est la cible des bombardements. Il ne fait pas bon d'y séjourner trop longtemps. C'est pourquoi, le train de Strasbourg se vide très rapidement.

Sur les quais flottent quelques drapeaux rouges. La veille, la ville est tombée aux mains des révolutionnaires. Malgré tout, il est encore demandé aux militaires de montrer leurs titres de permission à la sortie de la gare. Mais beaucoup d'entre eux quittent la gare par des chemins détournés.
A l'extérieur règne un tumulte indescriptible. Des escouades de soldats et des colonnes de transport se croisent dans les rues. Des civils cherchant à franchir au plus vite possible le Rhin pour rejoindre leur région d'origine, se bousculent aux portes de la gare et devant les guichets. Sur les murs, des proclamations civiques en appellent à l'autodiscipline, à l'accomplissement consciencieux des devoirs, à la concorde. Les brasseries sont bondées. La bière coule à flots, autant dans les gosiers des Allemands de souche que dans ceux des Lorrains. Des cris fusent de-ci delà :
- Vive la liberté, Vive la révolution !

Léo, son paquetage sur le dos, se hâte de rentrer chez lui. Il n'a qu'une idée en tête : retrouver sa famille, enlever son uniforme et, en civil, faire la fête. C'est ainsi que le 10 novembre 1918 vers midi, il rentre chez lui à Metz au 1, en Jurue. Pour lui, la guerre est finie.

Le lendemain, 11 novembre 1918, est signé l'Armistice.

Après l'armistice du 11 novembre 1918

Inutile de le préciser, le retour de Léo à Metz fut fêté dans la plus grande réjouissance. Déjà avec ses parents, ses sœurs et sa proche parenté, le jour de son arrivée. Mais que dire du lendemain 11 novembre 1918. Dès la première heure du matin, une foule cosmopolite vient le saluer : des voisins, des amis, des Lorrains rapatriés comme lui... Les visiteurs sont si nombreux qu'il n'est plus possible d'accéder par l'escalier très étroit au logement des parents.

On se rabat alors sur le Café Mathis tout proche. Viktor, le père de Léo, est au comptoir avec le patron du café. Tous deux se sont mis d'accord pour offrir un tonneau de bière à l'assemblée. Les chopes se vident à grande vitesse. Et pour une fois, Viktor participe à la "beuverie", lui habituellement si sobre. Il est vrai qu'on ne fête pas tous les jours le retour d'un fils unique. Rosalie, sa femme, ne quitte pas Léo des yeux. Elle répète partout à la ronde :
- C'est le plus beau jour de ma vie. Mon enfant chéri est revenu... Handicapé certes, mais vivant. Voyez cependant sa mauvaise mine !
Ce que Léo ne lui a pas dit, c'est le rêve horrible qu'il a fait la nuit dernière. Il a vu des tranchées, des barbelés, des mitrailleuses, des hommes qui tombaient..., et on lui disait :
- Il faut y aller, il faut y aller !
Il s'est réveillé en sursaut, pris de transes, complètement vidé. On l'avait prévenu, cela lui arrivera encore plus d'une fois à l'avenir. Mais il faut oublier tout cela, se montrer gai et joyeux, avoir le cœur à la fête. Comme tous les autres ici présents dans le café.

Léo sait cependant parfaitement qu'aujourd'hui ils ne fêtent pas seulement son retour, mais aussi le fait que, grâce à l'Armistice, leur belle ville de Metz, jusqu'alors préservée en grande partie des horreurs de la guerre, ne sera plus attaquée. Les troupes alliées n'avaient-elles pas, selon les rumeurs, programmé comme en 1914 sur l'axe Nancy-Morhange une offensive pour le 14 novembre prochain ?

Dans toutes les églises, protestantes et catholiques, on avait fait des veillées de prières pour la préservation de la ville. Et Monseigneur Bentzler, l'évêque allemand de Metz, avait même annoncé publiquement qu'en cas de salut, une statue de reconnaissance à la Vierge Marie serait érigée au cœur même de la ville.

Au fait, dans quelle situation se trouve la capitale mosellane en ce lundi 11 novembre 1918 ?
Depuis le matin, des convois ininterrompus de soldats allemands reviennent du front. La route de Verdun (Moulins, Metz) est sillonnée de véhicules ramenant du matériel et des armes. Les conducteurs et les soldats accompagnant ces convois ont, sans exception, arboré le drapeau rouge.

Quelle différence entre ce spectacle lamentable et le départ des troupes allemandes au début d'août 1914 ? Pourtant, de temps en temps encore, des soldats d'infanterie marchent groupés, bien ordonnés, mais avec beaucoup de peine sur la chaussée engluée. Tous ces hommes sont profondément las. Éprouvés par la révolution sociale, ils s'en vont hâves, décharnés, épuisés, humiliés, dans des uniformes usés, déchirés, délabrés, sans galons ni décoration. Ils n'ont plus qu'un désir : rentrer au plus vite dans leurs foyers. Ils doivent pourtant poursuivre leur marche jusqu'au Rhin au moins, par un hiver précoce (moins 16 degrés), étant peu ravitaillés et passant les nuits dans de mauvais cantonnements. Et tout cela, en constatant la joie d'habitants, qui ne leur sont certes nullement hostiles et qui compatissent même à leurs souffrances en leur remettant boissons et vivres à leur passage, mais qui préparent déjà avec ferveur l'arrivée toute proche des vainqueurs. Une période pour eux très pénible et aussi très courte car, en application de certains points du traité d'armistice, ils n'ont que huit jours pour quitter le territoire mosellan. Pendant ce court laps de temps, ce territoire reste encore interdit aux forces alliées.

Beaucoup d'immigrants, allemands de souche, profitent du passage de leurs troupes pour les accompagner avec toutes sortes de moyens de locomotion et rejoindre ainsi au plus vite les frontières du Rhin.

En ce qui concerne les soldats alsaciens-lorrains qui avaient, comme Léo, servi dans l'armée allemande, ils s'en retournent peu à peu et très lentement (faute de moyens de locomotion) dans leurs foyers. Ils ne sont plus considérés comme militaires et, pour éviter tout incident, doivent revêtir une tenue civile.

Depuis le 9 novembre, la cité messine est sous la coupe d'un conseil d'ouvriers et de soldats qui s'est installé dans les locaux de l'hôtel de ville où, là aussi, on a hissé les drapeaux rouges de la révolution.

Ce conseil révolutionnaire et une quantité importante de déserteurs et d'isolés ont tout d'abord exercé des violences, des réquisitions, des désarmements... et partout où ils intervenaient, occasionné le plus grand désordre : dépôts militaires vidés, stocks embarqués et évacués, parfois vendus, souvent pillés.

Tout particulièrement les magasins d'approvisionnements ou d'habillements.

Le calme est pourtant intervenu assez rapidement, les ordres étant désormais donnés par le gouverneur de la forteresse, mais avec l'accord préalable des comités d'ouvriers et de soldats.

Pour éviter de nouvelles violences, un appel est lancé le 12 novembre aux citoyens de la ville de Metz et tout spécialement aux soldats alsaciens-lorrains déjà de retour dans leurs foyers, pour la formation immédiate d'une "Garde Civique Messine".

Son but est d'assurer la défense contre le pillage ainsi que le maintien de l'ordre pendant la période transitoire où les troupes allemandes seront encore présentes, mais aussi et surtout, pour préserver ce que civils, militaires, services publics, administrations germaniques... auront laissé, une fois qu'ils seront partis.

Dès l'affichage de cet "Appel aux Citoyens de la Ville de Metz", Léo bien entendu se présente à l'hôtel de ville. Il y est enregistré sous le numéro 254.

On lui remet un laissez-passer, un brassard rouge (*Armbinde*), une chemise, un caleçon et une paire de bottes. (Il ne les portera jamais et les remettra plus tard à son beau-frère, le cordonnier Adolf, à son retour du front de l'Est. Un prêté pour un rendu !).

Il se retrouve avec des officiers, sous-officiers et soldats lorrains de Metz et des alentours revenus du front. L'effectif est assez maigre : 1 400 hommes seulement pour une si grande ville-forteresse.

Une liste des lieux de présence de la garde civique est rapidement dressée : les forts, les différentes casernes, la citadelle, la *Kommandatur*, les arsenaux, les parcs à munitions, les parc-autos..., l'Intendance, le *Lazarett*, la *Reichsbank*, les journaux, les moulins, les *Stadtwerke* (électricité-gaz-eau), la gare centrale, l'ancienne gare, les gares de marchandises et de banlieue, la station téléphonique, le séminaire, les abattoirs, le lycée, l'*Oberrealschule*...

Léo est affecté comme sous-officier responsable du poste de garde (6 hommes) à la Grande Boucherie de Garnison (*Garnisonschlachterei*) qui occupe un très grand bâtiment du Friedhofsplatz (Place Chambières), proche du Pont des Grilles.

L'endroit lui plaît car il n'est pas éloigné de son domicile, en Jurue. L'environnement aussi car, compte tenu des stocks de viande conservés encore dans les salles réfrigérées, il ne risque pas, comme il le dit en riant, de "mourir de faim". Le stock fond cependant assez rapidement car les troupes affamées, en transit à Metz, reçoivent des bons de sortie de viande à la *Kommandatur*, place Saint-Thiébault, et envoient leurs intendants et leurs bouchers récupérer leur dotation à la Boucherie de Garnison.

Curieusement, sur un grand tableau accroché dans la salle de garde, est encore indiquée la provenance des derniers arrivages de bêtes :

VIEHLIEFERUNGEN

- *Großvieh* (gros bétail) : Firma Simon Wertheimer ;
- *Schweine* (porcs)   : Firma Falk - Hannover ;
- *Hammel* (moutons)   : Firma Nadel - Montigny ;
- *Kälber* (veaux)   : Firma Feller - Rodemack.

Si tout se passe à peu près bien ici, dans la Boucherie de la Garnison, les pillages continuent néanmoins dans d'autres dépôts, et dans certaines casernes au fur et à mesure du départ de leurs troupes. La Garde Civique, très embryonnaire, fait ce qu'elle peut, tentant de sauvegarder notamment les magasins de vivres. Un pilleur est tué. Elle est dissoute le 17 au soir, après avoir touché une petite allocation votée par le Conseil municipal. Léo perçoit 6 x 12 = 72 Mark pour six jours de présence. Il émarge sur une *Lohnliste* - bordereau de paiement (toujours classé aux Archives municipales de Metz). Le lendemain matin, les derniers soldats allemands quittent la ville. Ils sont presque aussitôt remplacés par des patrouilles du 5ᵉ Régiment de Chasseurs à cheval, premiers éléments précurseurs de l'armée française, qui assurent dès lors l'ordre dans la cité.

Les journaux français *Le Lorrain*, *Le Messin* et *Le Courrier de Metz* prennent la relève du quotidien allemand *Die Metzer Zeitung* qui a cessé sa parution la veille en faisant ses adieux au public.

Ils sortent le jour-même leur premier numéro qui comporte en première page, et en énormes caractères d'imprimerie, un appel lancé à leurs lecteurs messins :

En ce tant attendu mardi 19 novembre 1918, Léo se rend donc en ville. Il monte vers la cathédrale. Les premiers drapeaux tricolores ont dû être accrochés aux fenêtres et balcons dès le lever du jour. Des Alsaciennes et des Lorraines, en costume folklorique, s'élancent vers l'Esplanade au-devant des glorieux vainqueurs. Les immigrés allemands se sont calfeutrés chez eux, inquiets sur leur sort.

Une partie de la foule attend place d'Armes. Trop longue attente ! Un avion qui survolait la ville en rasant la foule s'est abattu, paraît-il, non loin de là. Huit morts aux dernières nouvelles. Léo contemple la cathédrale. Pas un drapeau ! Elle est nue, belle, impressionnante voire glaciale dans cette ville en fête. La foule attend toujours le défilé. Que se passe-t-il ? Nouvelle explication : le général Mangin qui voulait entrer à Metz en tête de ses troupes sur une belle bête fine et fringante, est tombé de son cheval, se fracturant des côtes. Il a été hospitalisé.

Voilà qu'on entend des chants, des fanfares. La Mutte se met en branle… Enfin les troupes ! Des cris s'élèvent, des vivats, des bravos, des hourras, mais bizarrement, le tout… plutôt modérément. Sur cette place ventée et froide, dans cet immense plein air…, une solennité d'église, un silence pieux. Le Lorrain ne crie jamais sur le passage d'un drapeau. Mais chacun entend son cœur battre. Et celui de Léo, en ce moment, bat très fort! Des inconnus s'embrassent, se sourient, se congratulent:

- Nous sommes de nouveau chez nous, nous Français à Metz, nous Messins en France!

Tout près de Léo, brusquement, des voix discordantes, pleines d'une méfiance étonnante:

- Voyez donc cela! Ici on entend encore parler allemand…, les plaques de rues sont encore en allemand ainsi que les enseignes des magasins, des administrations…, l'évêque est un allemand… Après l'armistice il a encore fait chanter le *Te Deum* d'action de grâce en allemand. Metz est vraiment pleine de boches! Rien que des boches!

Léo est écœuré! Toujours et encore ces attaques contre les Alsaciens-Lorrains. Déjà, dans l'armée allemande, au cours de la guerre qui vient de se terminer, il n'était pas très recommandable d'être Alsacien-Lorrain. Pour grand nombre de soldats, allemands de souche, une telle étiquette était synonyme de "traître" et de "déserteur". Et pourtant, les statistiques le prouvaient, leur région enregistrait autant de morts et de blessés que les autres provinces allemandes. On ne contestait pas que l'Alsacien-Lorrain était un soldat sérieux et consciencieux, on lui reprochait uniquement ses états d'âme. On ne le comprenait pas. Et pourtant, n'était-ce pas une monstruosité, alors que de nombreux anciens combattants lorrains de la guerre de 1870 vivaient encore, que de contraindre leurs enfants à se battre, l'arme à la main, contre la France, leur ancienne patrie?

Léo, comme grand nombre de ses amis lorrains, combattants allemands de 1914-1918, eut à souffrir à plusieurs reprises de ces raisonnements fallacieux. Eux, "traîtres", "déserteurs", alors que dans le froid et sous une pluie d'obus et de mitraille, dans des tranchées boueuses et envahies par les rats, ils se battaient côte à côte, comme des frères? Et voilà que cela recommençait! Ici même, place d'Armes, au cœur de la cité messine! Être Alsacien-Lorrain n'était à nouveau pas recommandable après la conclusion de l'Armistice, pour tous ceux qui pendant la guerre étaient restés à Metz ou avaient servi dans l'armée allemande. Pour les frères retrouvés de "l'Intérieur", seul celui ayant sacrifié sa région natale et opté pour la France pour ne pas devoir porter le casque à pointe prussien était considéré comme un français exemplaire. Les autres étaient tous des "Boches", voire tout au moins des "pro-boches".

Léo décide aussitôt de retourner chez lui. Pour chasser l'écœurement de son esprit, il se remémore alors les lignes écrites quelque temps déjà auparavant, dans le journal français *L'Alsacien-Lorrain*, par l'exilé messin à Paris, le chanoine Collin, directeur du journal *Le Lorrain* interdit de parution en Moselle dès le début de la guerre de 1914 :

Que notre cœur et notre esprit s'en aillent sur tous les champs de bataille où nos pauvres enfants d'Alsace et de Lorraine sont tombés sous l'uniforme allemand et en apparence pour la cause allemande. Ne nous y trompons pas. Suivant en cela les conseils des sages qui voyaient le plus clair dans notre politique d'Alsace-Lorraine, ils avaient accepté de faire leur service en Allemagne pour revenir ensuite plus facilement au village y perpétuer la place de la famille, y garder la terre et les traditions, y entretenir le caractère et la physionomie de la race et conserver à nos cités et à nos bourgs leurs mœurs, leur mentalité, leur éducation française. Ce sont nos petits soldats, revenus des régiments allemands, qui ont empêché une invasion plus considérable du pays par tous les immigrés qui attendaient leur place pour s'y mettre ; en servant dans l'armée germanique et en se facilitant ainsi le moyen de vivre ensuite chez nous et d'y faire souche, ils servaient l'Alsace et la Lorraine, laissez-moi dire toute ma pensée, ils servaient la France puisqu'ils lui gardaient ses deux filles. Et pourtant ils meurent d'elle sous les balles de ses fils, leurs frères, ou celles de leurs alliés.

Ô ironie du jeu de la politique et des batailles. Combien de jeunes gens d'Alsace et de Lorraine sont partis avec la douleur de donner leur vie pour une marâtre détestée. Saluons-les bien bas : leur sacrifice est plus méritoire parce plus inconnu et plus incompris. Nous tous surtout, qui sommes du cher pays de là-bas, n'oublions pas ceux qui sont morts pour nous chez l'ennemi, ils sont plus dignes de compassion. Confondons-les affectueusement dans nos souvenirs et nos prières à ceux de leurs camarades qui ont pu franchir la frontière avant la mobilisation et qui sont aujourd'hui dans nos tranchées, vivants ou morts, mais Français.

Plus tard, quand le drapeau tricolore nous aura reconduits chez nous, il faudra penser à ces morts-là, victimes anonymes du militarisme allemand et qui, en fin de compte, auront été plus utiles à leur patrie, l'Alsace-Lorraine et la France qu'à l'Allemagne.

Nous autres, en tout cas, nous leur devons en ce moment un souvenir spécial et une prière de reconnaissance.

Léo rentre chez lui rasséréné.

Les autorités françaises s'installent progressivement dans la place de Metz. Elles demandent implicitement aux soldats alsaciens-lorrains de se présenter avant le 31 décembre devant une "commission de triage", en vue de leur démobilisation. Les intéressés devront pour cela se rendre au fort de Wittenberg (rebaptisé fort Saint-Privat), implanté à l'orée du terrain d'aviation de Frescaty. Cette "commission de triage" est d'une extrême sévérité et n'autorise le retour dans leurs foyers qu'aux militaires ayant fait preuve de loyauté envers la France et en droit de réclamer la nationalité française (Alsaciens-Lorrains ayant parmi leurs ascendants un Français ou une Française). C'est le cas pour Léo. Cependant, vu la foule de demandeurs, il ne reçoit officiellement son certificat de démobilisation qu'au début de l'année 1919.

Il peut alors se mettre à la recherche d'un emploi. Dans les professions libérales, le commerce, la banque, la fonction publique et l'enseignement… beaucoup d'emplois pouvant lui convenir sont vacants, car trop rares sont les Lorrains qualifiés pour les occuper. Il est alors fait appel à de nombreux français "de l'Intérieur". Quelques-uns s'intègrent et participent à la vie locale, plus spécialement les Lorrains venus des autres départements. Les autres, qui ont la nostalgie des pays de soleil, sont de passage et déplorent la persistance de l'empreinte germanique et de ces "lois locales", différentes de celles de la République.

Quel emploi rechercher ? Léo n'a aucune hésitation. Fort de sa solide formation reçue à l'*Oberrealschule* et encouragé intensément par son père qui ne jure que par l'administration municipale, il s'adresse en tout premier lieu, aux services de la mairie de Metz.

Il a la grande chance de bien connaître un membre influent du Conseil municipal, Nicolas Jung. Ce dernier, né à Roussy-le-Village en 1852, avait eu le triste privilège de vivre la tragédie de 1870. Ayant ressenti une vive amertume avec l'annexion, il était "entré en politique" aux côtés des protestataires qui défendaient l'identité française de l'Alsace-Lorraine annexée. Il avait été élu au Conseil municipal de Metz en 1901 et ne l'avait plus quitté. Homme pondéré et excellent administrateur, il avait été nommé adjoint en 1907 et premier adjoint en 1914.

Voici quelques jours, courant novembre 1918, le gouvernement français, conscient de son patriotisme et de sa sollicitude constante envers la population messine, a fait appel à lui lorsqu'il a mis en place la première municipalité d'après-guerre, au sein de laquelle, très rapidement, il s'est taillé une solide réputation de gestionnaire (Il sera maire de Metz du 10 juin 1922 jusqu'à sa mort le 26 avril 1924).

Léo le connaît très bien. Et Nicolas Jung connaît très bien Léo. Il a été l'un de ses professeurs lorrains tout au long de sa formation, avant-guerre à l'*Oberrealschule* locale. Il était devenu le véritable ami, voire même le confident, des élèves messins de souche. Cette amitié, Léo l'avait ressentie lorsque Nicolas Yung était venu prendre de ses nouvelles, chez lui en Jurue, lors de sa permission de convalescence pour pieds gelés, en septembre 1915. Il avait même apporté à cette occasion une bonne bouteille de vin blanc de sa région natale des côtes de Moselle, pour "arroser" avec lui et sa famille, son 63e anniversaire, qui tombait justement ce 17 du mois.

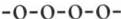

Avec tous ces atouts en main, et une fois régularisées toutes ses affaires militaires, Léo est embauché à la mairie de Metz. Il y fait sa grande entrée le 1er février 1919, dans les énormes bâtiments de la place d'Armes. Sur son bureau, un petit écriteau :

Léon MALNOURY, écrivain à la IIIe Section.

Le 18 mai 1920 en exécution du traité de Versailles du 28 juin 1919 qui rend l'Alsace-Lorraine à la France, il est réintégré de plein droit dans sa qualité de Français. Léo est désormais devenu Léon. Il entame une nouvelle vie, civile cette fois-ci. Elle sera riche en événements, souvent heureux, un laps de temps regrettables, mais hélas beaucoup trop courte.

Père de famille de six enfants, quatre filles (Alice, Andrée, Jacqueline, Marie-Claire) et deux garçons (Jean et Jacques), directeur commercial de l'importante Société d'alimentation à succursales multiples "Les ÉCO", implantée en Alsace et en Lorraine, il succombera brusquement à une crise cardiaque le 7 février 1944, la veille de ses 48 ans, peu de temps avant la libération de Metz des troupes "nazies" de la Seconde Guerre mondiale, au travers desquelles il n'aura jamais reconnu ses compagnons d'armes et de souffrances de la dure guerre de 1914-1918.

-o-o-o-o-

État des Services Militaires - Guerre de 1914-1918
de Léo Viktor MALNOURY
domicilié 1, En Jurue à Metz

10 mai 1871 (pour mémoire) : Par le traité de paix signé à Francfort le 10 mai 1871, la France cède à l'Allemagne les départements du Bas-Rhin, du Haut-Rhin et de la Moselle, ainsi qu'une partie du département de la Meurthe. Les populations de ces territoires deviennent allemandes (*Elsaß-Lothringer*).

8 février 1896 (pour mémoire) : Naissance de Léo (nationalité allemande) à Deutsch-Avricourt (*Lothringen*) - Avant 1871 : Avricourt (Meurthe).

2 août 1914 (pour mémoire) : Fin de scolarité de Léo à l'*Oberrealschule* de Metz Classe 1 B - *Einjährige Freiwillige* (Volontaires d'un an).

-o-o-o-o-

3 août 1914 : L'Allemagne déclare la guerre à la France.

Le 17 septembre 1914 : Incorporation de Léo comme *"Einjährig Freiwilliger"* au 4ᵉ Régiment d'Infanterie Bavarois à METZ (***Königlich Bayerischen 4. Infanterie = Régiment*** "König Wilhelm von Würtemberg"), Bataillon de réserve - Dépôt de recrutement n° 1 - Friedrich Karl Kaserne appelée Bayernkaserne, près de l'ancienne gare - 8 semaines de formation.

21 septembre 1914 : Serment (*Eid*) au *Kaiser* et au roi de Bavière.

11 novembre 1914 : Affectation à la 2ᵉ Compagnie du Bataillon de réserve.

23 décembre 1914 : Départ pour le front du nord : Metz - Sedan - Villeneuve d'Ascq (en train) - Comines, frontière belge (camion).

-o-o-o-o-

Le 24 décembre 1914 : Affectation au 5ᵉ Régiment d'Infanterie Bavarois au front, à Saint-Eloy (Flandres Belges - 4 km au sud d'Ypres) - (***Königlich Bayerischen 5. Infanterie=Régiment*** "Großherzog Ernst Ludwig von Hessen") - 1ᵉʳ Bataillon - 1ᵉʳᵉ Compagnie - Combats de position.

2 janvier 1915 : A les pieds gelés dans les tranchées marécageuses.

Du 3 janvier 1915 au 5 janvier 1915 : Premiers soins au *Feldlazarett* 11 à Comines.

6 janvier 1915 : Départ en train sanitaire (*Lazarettzug*) vers l'Allemagne.

Du 10 janvier 1915 au 26 juillet 1915 : Admission au HKB Réserve-Lazarett à Hofgeismar près de Cassel (Hessen) - Privatkaserne I.

27 juillet 1915 : Muté à la Compagnie de Convalescents n° 1 du Bataillon de réserve n° 1 du 5ᵉ Régiment d'Infanterie Bavarois à Bamberg en Bavière.

2 septembre 1915 : Muté à la 2ᵉ Compagnie du même bataillon, toujours à Bamberg (Oberfranken).

3 septembre 1915 : Est nommé caporal hors cadre (*überzähliger Gefreiter*).

Automne 1915 : Est envoyé en stage au Centre de formation des sous-officiers à Hammelburg (20 km au N-O de Schweinfurt - Unterfranken). Ensuite retour au bataillon de réserve à Bamberg.

21 décembre 1915 : Est nommé *"überzähliger Unteroffizier"* (sergent hors cadre).

Du 1ᵉʳ mars 1916 au 4 décembre 1916 : Est détaché comme *"Aufsichts-Unteroffizier"* (sous-officier surveillant) au pénitencier militaire d'Oberhaus (*Strafanstalt*), Nebenstelle (annexe) Amberg - Forteresse à Passau (frontière autrichienne sur le Danube) - Est affecté simultanément à la 2ᵉ Compagnie de Convalescents du 1ᵉʳ Bataillon de réserve du 5ᵉ Régiment d'Infanterie Bavarois.

30 mars 1916 : Est pris en charge administrativement par la 3ᵉ Compagnie (Compagnie de Garnison) du 2ᵉ Bataillon de réserve du 5ᵉ Régiment.

5 décembre 1916 : Fin du détachement à Passau - Est appelé au Dépôt de recrutement n° 1 - 2ᵉ Bataillon de réserve du 5ᵉ Régiment d'Infanterie bavarois à Bamberg - Fait fonction de *"Waffeninstrucktion-Unteroffizier"* (sergent instructeur pour l'armement) dans le cadre de la formation prochaine de la nouvelle 15ᵉ Division d'Infanterie Bavaroise (30ᵉ - 31ᵉ et 32ᵉ Régiment d'Infanterie Bavarois).

15 janvier 1917 : Est nommé *"Etatmäßiger Unteroffizier"* (Sous-officier avec affectation).

-o-o-o-o-

16 janvier 1917 : Création du tout nouveau *Königlich Bayerischen 31. Infanterie = Régiment* - Léo affecté à la 10ᵉ Compagnie du 3ᵉ Bataillon mis sur pied à Bamberg - Participe avec d'autres sous-officiers à un important stage de formation de chefs de file et de chefs de section (deux semaines au Centre de formation de Hammelburg).

Du 2 février 1917 au 3 mars 1917 : Regroupement de tout le 31ᵉ R.I.B. à Annweiler dans la Pfalz (Palatinat - 15 km à l'Ouest de Landau) - Formation au combat.

Du 4 mars 1917 au 28 mars 1917 : Transport du 31ᵉ R.I.B. à Charleville (Ardennes) - Entraînement à la guerre de position dans les massifs des Ardennes, près des boucles de la Meuse, à Bogny-Montherme.

29 mars 1917 : A partir de Charleville, transport ferroviaire du 31ᵉ Régiment vers le front de Lorraine - Trajet par Metz- Bensdorf (Bénestroff) et Anslingen (Azoudange) puis marche vers Moussey-Oberschirzingen (ferme de Haute Xirxange).

Du 30 mars 1917 au 8 mai 1917 : Au front dans la forêt de Parroy (10 km au N.E. de Lunéville) - Combats de position.

9 mai 1917 : Participe à la prise d'armes de la 15ᵉ Division d'Infanterie lors du passage de sa Majesté le roi Ludwig III de Bavière à Düß (Dieuze).

Du 10 au 11 mai 1917 : Le 31ᵉᵐᵉ R.I.B. quitte la Lorraine. Transport ferroviaire depuis Rixingen (Rechicourt) vers l'Aisne, par Metz - Diedenhofen (Thionville)-Sedan-Charleville-Liart-RozoysurSerre-ArrivéeàResigny (40 km au Nord de Reims) - Installations des quartiers à Dizy le Gros.

Du 12 mai au 20 mai 1917 : Le 31ᵉ R.I.B. est en réserve - Tirs, manœuvres, essais de masques à gaz, instructions sur les stoßtrupps, les mitrailleuses légères MG 08/15.

Du 21 mai au 20 juillet 1917 : Le 3ᵉ Bataillon de Léo en première ligne au sud de Corbeny (Aisne), à 2 km de Craonne, sous le Winterberg (plateau de Californie), extrémité est du Chemin des Dames - Subit la dernière poussée des troupes françaises dans le secteur - Très durs combats. Léo perd quatre des huit hommes de son groupe (un disparu, trois morts).

Du 21 juillet 1917 au 20 août 1917 : Période de repos et de formation (en réserve de la 7ᵉ Armée) au camp de Sissonne (est de Laon) et à Vigneux près de Montcornet (50 km au nord de Reims).

31 juillet 1917 : Léo se voit attribuer la "*Eisernes Kreuz 2. Klasse*" (Croix de fer).

Du 21 août 1917 au 22 août 1917 : Embarquement en gare de Rozoy. Transport ferroviaire via Sedan jusqu'à Stenay (Meuse), puis marche vers le Sud : Dun sur Meuse - Brieulles sur Meuse - Ensuite transport en camion par Dannevoux et Septsarges jusqu'à la butte de Montfaucon puis marche vers le front de la rive gauche de la Meuse jusqu'au bas de la cote 304, près du village détruit de Bethincourt (nord-ouest de Verdun).

Du 23 août 1917 au 16 octobre 1917 : Attaque française - Très durs combats près du ruisseau de Forges (Forgesbach), le long de la route Malancourt-Bethincourt - Ensuite plusieurs opérations dans le bas du secteur Mort-Homme - cote 304 - Camp de repos dans la forêt de Septsarges.

Le 17 octobre 1917 : Transfert du 31ᵉ Régiment sur la rive droite de la Meuse (nord de Verdun). Le 3ᵉ Bataillon marche jusqu'au camp de repos de Damvillers (passage de la Meuse à Sivry).

Du 18 octobre au 22 octobre 1917 : Repos et remise en état du 31ᵉ Régiment dans ses nouveaux quartiers.

Le 23 octobre 1917 : Montée au front du 3ᵉ Bataillon. Marche de nuit par Ville-devant-Chaumont jusqu'aux premières lignes, 3 500 mètres plus au sud, près du village détruit de Beaumont.

Du 24 octobre 1917 au 8 janvier 1918 : Guerre de position dans le secteur du bois de la Wavrille, du Bois des Caures, du Bois Le Fays (Joli Cœur), de la Hessenschlucht et de la Küchenschlucht ... Le Camp de repos (Wavrille-Lager) se trouve à présent à Etrayes à 2 500 m au sud-ouest de Damvillers.

Le 21 décembre 1917 : Le 3ᵉ Bataillon du 31ᵉ R.I.B. ainsi que deux autres bataillons des 30ᵉ et 32ᵉ R.I.B. sont passés en revue, sur la route de Damvillers à Jametz, aux abords de Peuvillers, par le Kaiser Wilhelm II (Guillaume II) et le Kronprinz.

Le 9 janvier 1918 : Le 3ᵉ Bataillon du 31ᵉ R.I.B. quitte le front et son camp de repos d'Etrayes d'où il est transporté par voie ferrée jusqu'à Montmédy - Marche jusqu'au village de Bazeilles-sur-Othain (Ruhequartier).

Du 10 janvier 1918 au 11 février 1918 : Tout le 31ᵉ Régiment est au repos. Des permissions sont accordées (Léo ??) - Bains, épouillage, tirs, entretien de l'habillement et de l'armement, formation psychologique au combat et aux nouvelles formes d'attaques, manœuvres…

Le 24 janvier 1918 : Attribution à Léo de la *"Bayerische Militär Verdienstkreuz 3. Klasse mit Krone und Schwerte"* (Croix du mérite bavarois avec couronne et épées).

Le 10 février 1918 : Offices religieux pour tout le 31ᵉ R.I.B. à Thonne-les-Prés. Dans l'église, pour les catholiques, dans le grand parc, pour les protestants, puis défilé devant le général commandant la Division, le général Siebert.

Du 12 février 1918 au 21 juin 1918 : Nouvelle affectation du 31ᵉ R.I.B. au front de Verdun (Rive droite de la Meuse). Cette fois-ci dans un secteur plus à l'Est que le précédent, à savoir celui d'Ornes (Vaux-Kreuz Stellung - position de la Croix de Vaux), avec camp de repos à Mangiennes. Les premières lignes françaises sont à 25 mètres, en bordure du Bois des Caurières, le Fort de Douaumont, sur les hauteurs, encore 4 km plus au Sud - Toujours la guerre de position, avec opérations fréquentes dans les lignes adverses.

Le 1ᵉʳ avril 1918 : Le camp de repos est transféré de Mangiennes au "Schmiedeckelager" sur la pente nord du Morimont (au Nord-Est de Romagne sous les Côtes).

Le 7 avril 1918 (Citation relevée dans le livre-mémoire du 31ᵉ R.I.B.) : "Les Sous-Officiers RUPP et MALNOURY avec quelques volontaires de la 10ᵉ Compagnie s'infiltrent deux fois de suite en reconnaissance dans les proches premières lignes adverses, les trouvent inoccupées. Ils en rapportent tout ce qui leur était possible : pain blanc, masques à gaz et grenades à main… Lors de leur deuxième visite, ils tombent sur un détachement de sapeurs fort de 40-50 hommes. Il en résulte un très vif échange de grenades à main. La patrouille revient avec plusieurs blessés légers, mais au complet".

Le 13 mai 1918: Léo se voit remettre la *"Eisernes Kreuz 1. Klasse"* (Croix de fer).

Du 22 juin 1918 au 2 juillet 1918: Le 31ᵉ R.I.B. est relevé dans son secteur d'Ornes et se retire en position de réserve. Le 3ᵉ Bataillon de Leo prend la direction du nord et marche par Pillon jusqu'à ses nouveaux quartiers de Han-devant-Pierrepont (Meuse). Epidémie de grippe espagnole - Manœuvres, séances de formation, tirs…

Du 3 juillet au 10 juillet 1918: Embarquement du 31ᵉ Bataillon à la gare d'Arrancy-sur-Crusne (S.O. de Longuyon), direction front de Champagne. Trajet par Rethel jusqu'à Sault au sud d'Asfeld puis Poilcourt-sur-la-Retourne (Ardennes) à 20 km au nord de Reims - Exercices préparatoires à une grande offensive.

Du 11 juillet au 14 juillet 1918: Montée progressive à pied, trois nuits durant, vers les tranchées de départ de la grande offensive, situées entre la Voie Romaine (actuelle D 31) et les villages de Beine et Nauroy.

15 juillet - 4 h 50: Début de l'offensive baptisée "Friedensturm".
15 juillet - 8 h 10: Léo est enseveli et blessé par la proche explosion d'un obus, puis évacué vers l'arrière: *"Trupenverbandplatz"* (Centre de soins) près de Nauroy, centre de tri de Pontfaverger, embarquement ferroviaire à Rethel. Hôpital de Charleville dans la soirée.

Du 16 au 18 juillet 1918: Transport en train sanitaire vers l'Allemagne jusqu'au *Réserve-Lazarett* de Neuenahr dans le massif de l'Eifel, non loin du pont de Remagen sur le Rhin.

Du 19 juillet au 26 juillet 1918: Séjour à l'Hôpital de Neuenahr.

Les 27 et 28 juillet 1918: Transfert vers un autre hôpital, à la frontière Est de l'Allemagne.

Du 28 juillet au 6 août 1918: Séjour à l'hôpital de Pleschen (frontière russe à l'époque). En sort avec la mention: g.v.i.H = *Garnisonsdiensverwendungsfähig in die Heimat - 2 monate* (2 mois), à savoir apte au service dans une ville de garnison allemande.

Les 7 et 8 août 1918: Transport vers Germesheim (sur le Rhin, 20 km au nord de Karlsruhe).

Du 9 août au 15 septembre 1918: Affecté au Ersatz Bataillon du 17ᵉ Régiment d'Infanterie Bavarois - Compagnie de convalescents.

Le 18 août 1918: Attribution à Léo de "l'Insigne noir des blessés".

Du 16 septembre 1918 au 16 octobre 1918: Détaché pour formation à la 1ʳᵉ Compagnie de réserve de mitrailleurs du 2ᵉ Corps d'Armée Bavarois à Landau.

Du 17 octobre 1918 au 6 novembre 1918: Retour au front dans le 3ᵉ Bataillon du 31ᵉ R.I.B. Secteur Argonne - Nord, entre Grandpré et Busancy - (Brunhilde = Krimhilde Stellung) - Très durs combats contre les Américains. Participe début novembre au repli de son Régiment très décimé, par Mouzon et Carignan jusqu'à Florenville (Belgique).

Le 7 novembre 1918: Retourne en train au Ersatz-bataillon du 17ᵉ R. I.B. à Germesheim - Compagnie de convalescents.

Le 9 novembre 1918: Est envoyé en permission à Metz pour 15 jours. Révolution allemande à Metz, drapeau rouge sur la cathédrale.

Le 11 novembre 1918: Armistice - La Lorraine à nouveau française. Evacuation progressive des troupes allemandes de la ville jusqu'au 18 novembre 1918.

Du 12 au 18 novembre 1918: Participe avec les soldats indigènes alsaciens-lorrains, se trouvant actuellement dans leur foyer à Metz, à la garde civique instaurée pour le maintien de l'ordre et de la tranquillité jusqu'à l'entrée en fonction du nouveau Gouvernement. Est affecté, avec le n° 254, comme chef de poste à la "*Garnisonsschlachterei*" (abattoir-boucherie de garnison).

Le 19 novembre 1918: Entrée des troupes françaises à Metz.

Le 20 novembre 1918: Libération du service militaire allemand (date figurant sur son état signalétique et des services allemand - *Militär Dienstzeitbescheinigung* - établi après guerre).

Le 30 novembre 1918: A la suite d'une prescription du gouverneur général de Metz, Léo, en tant que militaire alsacien-lorrain, se présente à la très rigoureuse commission militaire de triage de Metz, installée au fort Saint-Privat, à côté du terrain d'aviation de Metz-Frescaty. Là (réception d'un certificat), il est autorisé officiellement par le Lieutenant Berjou, président de la commission, à rentrer dans ses foyers à Metz, rue Jurue n° 1, où il se tiendra à la disposition de l'Autorité militaire française, après s'être fait inscrire à la mairie.

Le 18 mai 1920 : Il est réintégré de plein droit dans la qualité de Français, en exécution du traité de paix du 28 juin 1919.

Lettre de Hans Rupp,
compagnon d'armes bavarois de Léo

Albertshofen, le 17 février 1933

Mon Cher Malnoury,

Ma joie a été indescriptible, lorsque j'ai reçu ta bonne lettre du 15 courant. Elle est posée là devant moi sur la table et je repense à tout comme dans un rêve, de vieilles images renaissent en moi. Tout reprend forme et vie et je n'arrive pas à concevoir que déjà 15 longues années se sont écoulées depuis lors.

Pour moi, c'est comme si je marchais une nouvelle fois comme jadis dans le groupe du chef d'escouade, le Sarrois Johann Kempf, c'est comme si j'étais au front quelque part devant Verdun dans un abri humide et ruisselant. Enfin c'est comme si j'entendais le sifflement des grenades qui aujourd'hui me paraissent si inoffensives et qui me raccrochent à de vieux et affectueux souvenirs, aussi paradoxal que cela puisse paraître… La camaraderie ressurgit flamboyante. J'ai l'impression d'entendre mes copains de tranchée me dire : "Nous ne faisons qu'un seul bloc ; ensemble nous avons donné l'assaut, ensemble nous avons subi, ensemble nous avons souffert, ensemble nous avons versé notre sang. Nous avons appris à connaître l'amitié, nous étions de véritables, d'authentiques amis.

Et puis je te vois aussi, toi le grand et maigre sous-officier avec la EK1 (Croix de fer de 1re classe). Tu dois te rappeler comment, ensemble, nous avons effectué la dangereuse patrouille près du Vaux-Kreuz (Croix de Vaux) dans le bois de Chaume. Tu as obtenu alors la EK1 et moi le grade d'adjudant (Vize-Feldwebel).

Te rappelles-tu, comment, à la fin d'une nuit pleine de risques, nous avons rejoint notre Commandant de Compagnie SCHMITT dans son abri de commandement pour lui transmettre notre rapport.

Comme tout cela est déjà loin ; un rêve dans notre monde actuel plein de discorde et d'ingratitude, un monde sans camaraderie ni amour du prochain.

Dans ma vie, je n'ai plus qu'un seul souhait : nous retrouver encore une fois tous pour nous serrer la main et passer ensemble une nuit entre vieux "FRONTSCHWEINE" (les cochons du front) à jouer au 17 et 4.

Ce n'est pas du romantisme guerrier qui m'anime mais le souvenir nostalgique de mes braves anciens camarades des années 1917 et 1918. Car la camaraderie on ne la retrouve plus à présent dans notre monde matérialiste.

Je me réjouis profondément de savoir que ton avenir se présente désormais sous un aspect favorable.

Je songeais déjà depuis longtemps à t'écrire car ton adresse, je l'ai retrouvée au cours de l'année écoulée dans un petit calepin souillé que je portais jadis sur moi au cours de toutes nos pérégrinations. Comment ton adresse s'y est inscrite, les Dieux seuls le savent. Comme je le feuilletais dernièrement une nouvelle fois, j'ai pris la plume sans hésiter et t'ai écrit.

Voici environ deux années est paru, écrit de mes propres mains, un important livre de guerre *Wettlauf mit dem Tode* (Course contre la mort) que l'on compte parmi les meilleurs du genre. Il ne glorifie pas la guerre, il ne souille pas la patrie, il reste objectif et donne une image véridique des événements que j'ai vécus à la guerre.

Je te transmets ci-joint ce livre. Il te rappellera à toi aussi, et dans les moindres détails, les faits que tu as vécus pendant cette guerre. Car toi aussi tu les as vécus avec la 10ᵉ Compagnie du 31ᵉ Régiment Bavarois d'Infanterie.

Plusieurs anciens du 31ᵉ m'ont déjà adressé des lettres de reconnaissance et même, parmi eux, l'ancien Chef de Corps, Oberst Ritter von Reis.

Lis à présent cet ouvrage en toute tranquillité et laisse-le agir sur toi. Alors, je te serais reconnaissant si, en tant qu'ancien camarade de Compagnie, tu me transmettais ta critique ; je l'inscrirai avec d'autres dans un livre d'or. Précise bien que nous étions des solitaires qui avons beaucoup supporté ensemble.

Je veux maintenant te laisser jeter un regard sur ma vie d'après-guerre. J'ai été gravement blessé (par un éclat d'obus à l'occiput) lors des durs combats du 18 juillet 1918 le long de la Voie Romaine près de Nauroy et Beine. Par malheur je fus encore, par la même occasion, sérieusement gazé par de l'ypérite française. Pendant plusieurs jours, je suis resté aveugle et des lambeaux de chair me tombaient du corps. On m'a transporté dans un *Lazarett* à Charleroi, où je suis resté 6 semaines.

A moitié rétabli, je me suis déclaré à nouveau volontaire pour le front parce que la "bouffe" (nourriture sucrée des Prussiens) me rendait encore plus malade.

J'ai été affecté à une Compagnie de convalescents à Rethel d'où j'ai été muté chez les Aviateurs à Schleissheim près de Munich. Je m'étais déjà inscrit en avril pour l'Aviation.

Après une parfaite formation comme observateur d'artillerie (j'avais été promu officier entre-temps), je devais monter au front le 8 novembre 1918.

La Révolution a éclaté à Munich dans la nuit du 8 au 9 novembre et tout a pris fin.

J'ai fait alors des études dans une école normale et en janvier 1920 j'ai été nommé instituteur.

J'exerce cet emploi depuis lors dans un village près de Würzburg.

Je suis marié depuis 1921 et j'ai un fils de dix ans.

Je consacre une partie de mes temps libres à l'écriture et ai publié jusqu'à présent six œuvres, qui ne m'apportent hélas aucun bénéfice financier. Je suis trop idéaliste pour cela. Il est vrai que chez nous, en Allemagne, seuls les éminents "canons de la Littérature" peuvent faire commerce de leurs œuvres.

Je me tire honnêtement d'affaire avec mon maigre traitement d'enseignant. Quand il m'arrive d'être mécontent, je me dis alors : " Là-bas, tu avais encore beaucoup moins, tu t'es mis la ceinture et à présent tu as au minimum encore quelque chose à "bouffer".
Excuse mes triviales expressions guerrières, mais c'est ainsi que l'on s'exprime le mieux.

Que nous réserve l'avenir, on ne le sait pas.

J'espère quand même que naîtra enfin le calme, un juste équilibre dans le monde et l'amour de la paix, de sorte que les peuples ne souffrent plus de la guerre.

Donne-moi, veux-tu, rapidement de tes nouvelles et explique-moi plus précisément ta situation.

Je serais très heureux si tu pouvais recommander mon livre à tes connaissances. Il est ni haineux, ni critique, il narre simplement comment un fantassin allemand a combattu et souffert au front.

Salue de tout cœur de ma part ta chère épouse, tes enfants et tes parents qui ont dû certainement t'entourer de toute leur affectation.

Et toi, Cher Malnoury, mon vieux, mon bon, mon inoubliable camarade du front, reçois le salut le plus cordial de ton fidèle

Hans RUPP

Bibliographie

Militär-Paß des Untffz. MALNOURY Leo

Militär-Dienstzeitbescheinigung, Zentralnachweisamt München

Kriegsstammroll n° 773 5. R.I.B.
Kriegsstammroll n° 2292 31. R.I.B.
Kriegsstammroll n° 6833 17. R.I.B.
Bayer. Haupstaatsarchiv - Abt IV Kriegsarchiv, München

Die Bayern im Großen Krieg 1914-1918, Bayerischen Kriegsarchiv München, 1923

Krankenbucheintragungen
- Res. Laz. Hofgeismar
- Res. Laz. Neuenahr
- Res. Laz. Pleschen
Krankenbuchlager, Berlin

Kriegstagebuch des K.B. 31. Inf. Reg., Verlag Max Schick, München, 1929
Kriegstagebuch des K.B. 4. INF. REG., Verlag Max Schick, München, 1929
Kriegstagebuch des K.B. 5. INF. REG., Verlag Max Schick, München, 1929

Bier-Zeitung der Einjährigen 1B von 1913-1914, Ober-Realschule zu Metz

Das Bayernbuch vom Weltlkrieg 1914-1918, Verlagsbuchhandlung chr. BELSER A.G., Stuttgart 1930

BORCHARD (A.)/ SCHMIEDEN (V.), KriegsChirurgie, Verlag Johann Barth, Leipzig, 1917

CORBIERE de la (Th.), Les Maires de Metz, Editions Serpenoise

DENIS (Général C.R.), *La Garnison de Metz 1870/1918*, Editions Serpenoise, 1995

NOBECOURT (R.G.), *Les Fantassins du Chemin des Dames*, Edition Bertout, Luneray, 1983

RUPP (H.) *Wettlauf mit dem Tode*, , Frankenverlag Sommer/Schorr – Feuchwangen, 1931

THOMAS (A.), *Catherine soldat*, Editions Serpenoise, 1989

Achevé d'imprimer sur les presses
de l'Imprimerie Fort-Moselle

Dépôt légal n° 08020147 - 1er trimestre 2008